Was tun, wenn er nicht stubenrein werden will, wenn er die größte Freude daran hat, die Wurst vom Tisch zu klauen oder Fahrradfahrern hinterherzujagen und in die Waden zu beißen? Die Journalistin Alexandra Senfft und die Hundeexpertin Ira M. Strege zeigen in ihrem praktischen Handbuch, wie sich solche Probleme von Anfang an vermeiden lassen. Die Autorinnen kennen viele einfache und wirksame Tricks, die die Kommunikation mit dem Vierbeiner erleichtern. Eine harmonische, kooperative Partnerschaft zwischen Halter und Hund kann nur entstehen, wenn es unmißverständliche Regeln gibt, die der Hundehalter bestimmt. Neben den Erziehungsmaßnahmen, die umfassend erklärt werden, enthält dieses Handbuch alles, was man als Hundebesitzer wissen muß: Worauf man beim Kauf achten sollte, richtige Pflege, die häufigsten Krankheiten, Körpersprache und Verhalten des Hundes, Wissenswertes über verschiedene Hundegruppen, Verhaltensregeln für Kinder im Umgang mit Hunden und vieles mehr. Ein Glossar mit wichtigen Begriffen und ein Adressenverzeichnis runden das Buch ab.

Alexandra Senfft, geboren 1961, arbeitet als freie Journalistin und Wissenschaftlerin. Seit vielen Jahren beschäftigt sie sich intensiv mit verschiedenen Methoden der Hundehaltung und -erziehung und der komplexen Beziehung zwischen Mensch und Hund. Sie hat selbst zwei Hunde.
Ira M. Strege, geboren 1972, leitet die »Dogs' University«, eine Hundeschule, in Wiemersdorf bei Hamburg. Dort werden Hunde individuell ausgebildet zum Beispiel zum Familien-, Schutz- oder Behindertenhund. Darüber hinaus können Hundehalter den richtigen Umgang mit ihren Hunden lernen. Ira M. Streges Kenntnisse stützen sich auf eigene wie auf Studien namhafter Verhaltensforscher.

Alexandra Senfft
Ira M. Strege

Die große Hundeschule

Verhalten, Pflege, Erziehung

Mit einem Vorwort von Dr. Dorit Urd Feddersen-Petersen
und Fotos von Heidi und Hans-Jürgen Koch

Deutscher Taschenbuch Verlag

Wichtiger Hinweis

Die diesem Buch zugrundeliegenden tiermedizinischen For-
schungsergebnisse und Empfehlungen entsprechen dem Stand
der Wissenschaft bei Fertigstellung des Buches. Da sich die medizinische Wissenschaft jedoch ständig weiterentwickelt, können zukünftige neue Erkenntnisse der Forschung nicht ausgeschlossen werden. Die hier genannten tiermedizinischen Ratschläge und Behandlungsmethoden sollen kein Ersatz für eine
tierärztliche Beratung sein. Generell muß die tierärztliche
Empfehlung vor einer Selbstbehandlung von Hunden stehen.

Originalausgabe
März 1999
2. Auflage Januar 2001
© 1999 Deutscher Taschenbuch Verlag GmbH & Co. KG,
München
www.dtv.de
Umschlagkonzept: Balk & Brumshagen
Umschlagfoto: © IFA-Bilderteam
Zeichnung S. 400: © Rahel Schale
Satz: Fotosatz Amann, Aichstetten
Gesetzt aus der Times Ten Roman 10/12˙ (QuarkXPress)
Druck und Bindung: C. H. Beck'sche Buchdruckerei,
Nördlingen
Gedruckt auf säurefreiem, chlorfrei gebleichtem Papier
Printed in Germany · ISBN 3-423-36129-8

Inhaltsverzeichnis

Der Blindenführhund (Berufshund) 58 • Der Behindertenbegleithund (Berufshund) 61 • Der Gehörlosenhund (Berufshund) 62 • Der Therapiehund (Berufshund) 63 • Der Schutzhund (Berufs- und Hobbyhund) 64 • Der Suchhund (Berufs-
und Hobbyhund) 66 • Der Rettungs- und Lawinensuchhund
(Berufs- und Hobbyhund) 66 • Der Jagdhund (Berufs- und
Hobbyhund) 68 • Der Hütehund (Berufs- und Hobbyhund)
69 • Der Herdenschutzhund (Berufshund) 70 • Der Schlittenhund (Berufs- und Hobbyhund) 71 • Der Rennhund (Berufs-

springt übertrieben und vor allem an fremden Menschen hoch
353 • Der Hund »reitet auf« 354 • Der Hund rauft häufig mit
Artgenossen 355 • Der Hund ist gegenüber Artgenossen zu unterwürfig 359 • Der Hund hat Angst vor bestimmten Artgenossen oder Menschen 359 • Der Hund streunt 360 • Der Hund
jagt Wild, Rad- oder Autofahrer 361 • Der Hund benimmt sich
schlecht beim Tierarzt 363

Danksagung

Für die freundliche Unterstützung bei diesem Buch bedanken
wir uns sehr herzlich bei:

Susanne Beischer, Psychologin, Hamburg

Dr. Dorit Feddersen-Petersen, Ethologin, Universität Kiel

Ursula Grahovac, Biologin, Bünsdorf

Dagmar Walther, Tierärztin, Hamburg

Frank Wolff, Tierarzt, Oberndorf/Oste

und ganz besonders bei:
Kirsten Jürgens, Tierärztin, Hollnseth

Vorwort

Es ist der Wolf, der zum Hund wurde, da gibt es keine Zweifel mehr. Auch der Genetiker Wayne hat diese Abstammung 1997 durch Analysen der Erbsubstanz von Hunden, Wildcaniden und Wölfen zweifelsfrei bestätigt: Am Anfang war der Wolf.

Der domestizierte Wolf und der Mensch passen nicht zufällig so ideal zueinander: Wölfe verfügen über ein hochdifferenziertes Sozialleben, ähnlich dem des geselligen Menschen. Ihre Domestikation erfolgte einstmals aus gutem Grunde, und im Zuge ihrer Haushundwerdung paßten sie sich dem Menschen immer vielfältiger an, bestachen durch soziale Flexibilität. Sie veränderten sich tiefgreifend auf genetischer Grundlage, wurden Kumpane, von ihren menschlichen Sozialpartnern vielfältig genutzt. Hunde brauchen Menschen, um sich störungsfrei entwickeln zu können. So wurden sie abhängig von uns. Dieses sei nicht als »hündische Ergebenheit« mißverstanden, vielmehr zu sehen als Zeichen engster Verbundenheit. Für den sozialen Bereich scheint eines insbesondere für die Zeit der frühen Entwicklung entscheidend: die Entstehung einer positiv-emotional geprägten sozialen Beziehung zum Menschen. Ist diese Bindung an bestimmte Menschen erst einmal gefestigt, so sind die Junghunde zum einen »offener« im sozialen Bereich, sie gewinnen soziale Sicherheit, nehmen häufiger Sozialkontakte zu Fremden auf und werden zum anderen für ihren Menschenpartner immer besser einschätzbar in ihren Reaktionen Hunden wie Menschen gegenüber.

Und wir brauchen sie ja auch: In einer zunehmend urbanisierten und technisierten Welt ist es der domestizierte Wolf, der uns lehrt, ab und zu innezuhalten, um nicht nur über Emotionen und Bindung zu ihm, sondern vielleicht auch über uns und unser Leben zu reflektieren. Psychologen fanden heraus, daß Hunde so etwas wie Cotherapeuten sein können, wenn kranke oder einsame Menschen sich auf sie einlassen wollen. Ist allerdings Ablehnung oder Gleichgültigkeit ihnen gegenüber da, vermögen auch Hunde nichts. Sie »wirken« nicht auf Krankenschein. Hunde wecken oftmals tief schlummernde Emotionen, mögen sehr wichtig sein für die soziale Entwicklung von Kindern, sind aber doch weit mehr für uns: Sie sind ein wesentlicher Bestandteil unserer Geschichte. Sie gehören zu uns.

Doch leider wird dieser ideale Gefährte von etlichen Menschen immer weniger verstanden. So kommt es zu Problemen, deren Ursachen zu einem Großteil soziologischer Natur sind, in der Naturentfremdung des Menschen zu suchen sind. Dem wollen die beiden Autorinnen dieses lesenswerten Buches, das zum Nachdenken wie zum Widerspruch anregt, das handfest erklärt und packend von Hunden und Menschen berichtet, entgegenwirken. Möge es uns so erspart bleiben, unsere Hunde zu verlieren.

Kiel, Februar 1999   Dr. Dorit Urd Feddersen-Petersen

Einleitung

Mit fliegenden Schlappohren kam er auf mich zugestürzt. Groß war er und pechschwarz. Kurz vor mir bremste er scharf ab, nur um sogleich an mir hochzuspringen. Seine Zunge fuhr mir quer über das Gesicht. Dieser stürmische Begrüßungskuß überraschte mich, schließlich kannten wir uns nicht. Die Tierhilfe wollte mir den Hund vermitteln, und ich war gekommen, um ihn zu besichtigen. Aufgeregt sprang er um mich herum, seine heftig wedelnde Rute prügelte meine Beine, und abermals war er im Begriff, mich anzuspringen. Seine Besitzer versuchten vergeblich, ihn zum Sitzen zu bringen. Der kräftige Rüde – vermutlich eine Neufundländer-Hovawart-Mischung – hieß Timmy. Er war ein Jahr alt und lebte seit einigen Wochen bei ihnen. Seine ersten Besitzer hatten ihn als kleinen Welpen erstanden, aber er war ihnen als Wohnungshund bald zu groß geworden. Bei seinen neuen Haltern, einer Familie von Landwirten, jagte Timmy voller Begeisterung Schafe: Deshalb sollte er jetzt weggegeben werden. Ich entschloß mich, den Hund zu übernehmen. Er war von prächtiger Statur, und mir gefiel seine freundliche Art. Besonders entzückte mich, wie Timmy mit hochgeschobenen Ohren fragend den Kopf neigte, sobald ich ihn ansprach.

Über Hunde wußte ich damals nicht viel. Meine einzigen Erfahrungen mit diesem Haustier stammten aus der Kindheit. Ich hatte auch nicht viel gelesen, um mich auf den neuen Mitbewohner vorzubereiten. Daß Hunde schwierig sein können, kam mir nicht in den Sinn. Mir war auch nicht bewußt, daß Charakter, Veranlagung und Bedürfnisse von Hunden sehr unterschiedlich sein können. Ich wußte nur, daß Timmy einen neuen Namen brauchte: Ich nannte ihn »Léon«-Löwe, denn ich fand, er sah trotz seines dunklen Fells wie einer aus.

Doch als hätte ich es heraufbeschworen, zeigte sich bald, daß der Name auch seinem Verhalten entsprach, Léon war ungebärdig und alles andere als gut erzogen. Mit etwas mehr Erfahrung wäre mir das schon bei unserer ersten Begegnung aufgefallen. Léon tat alles, was ein Familienhund nicht tun sollte: Er tobte als erster durch die Tür, zog gewaltig an der Leine und stürzte sich haltlos auf sein Fressen. Ich habe ihn so manches Mal erwischt, wenn er, mit den Vorderpfoten aufgestützt, am Herd stand und aus den Töpfen schlabberte. Wollte ich den großen Hund am Halsband greifen, schnappte er nach meiner Hand. Bis zum heutigen Tag mag er es nicht, wenn man ihm die Rute bürstet – vermutlich haben die Kinder, mit denen er aufgewachsen ist, zu heftig daran gezogen. Rief ich ihn, tat er, als sei ich Luft, und lief geradezu in die entgegengesetzte Richtung. Léon reagierte bestenfalls auf die Aufforderung »Sitz«! – aber nur nach Lust und Laune. Alle anderen Worte schienen ihm fremd.

Mir war rasch klar, daß ich den Löwen bändigen mußte, bevor mein Leben mit ihm zum Alptraum würde. Ich las viele Bücher und informierte mich bei Fachleuten. Doch obwohl ich Léon die meisten seiner Unarten abgewöhnen konnte und er viel lernte, änderte sich an der allgemeinen Situation nichts. Er respektierte mich nicht und blieb in letzter Instanz immer sein eigener Herr. Er besaß eine Fundgrube an Tricks, mit denen er immer wieder erreichte, wonach ihm der Sinn stand. Die Führung in seiner sozialen Gruppe zu übernehmen, hatte er in seinen ersten zwölf Lebensmonaten schließlich perfekt gelernt. Er war sehr triebhaft, temperamentvoll und unausgeglichen. Unerträglich wurde es, als er in der Phase der Geschlechtsreifung begann, seinen Führungsanspruch auch bei anderen Rüden anzumelden. Ob Dackel oder Dogge, Léon war streitsüchtig und wollte stets der Stärkste sein. Am schlimmsten war es, wenn er an der Leine war. Schon beim Anblick eines vermeintlichen Kontrahenten ging er zum Angriff über; ich konnte ihn dann kaum noch halten. Als Welpe hatte er offensichtlich wenig Gelegenheit gehabt, mit Artgenossen zu spielen und ein gesundes Sozialverhalten zu entwickeln. Das machte mir zunehmend Angst, und ich beschloß, professionellen Rat zu suchen.

Ich lernte Ira M. Strege kennen, die Chefin der »Dogs' University« in Wiemersdorf bei Hamburg. Einmal wöchentlich arbeiteten wir mit meinem Hund. Schritt für Schritt mußten Léon und ich alles lernen, was zur Grundausbildung eines Hundes gehört. Heute ist er ein umgänglicher und liebenswürdiger Gefährte. Er hat mich und meine Regeln akzeptiert, und wir sind unzertrennlich geworden. Mittlerweile gehört auch ein zweiter Hund zu unserem Haushalt, den ich zu uns holte, als er noch ein Welpe war, und von Anfang an richtig erzog. Hätte ich damals geahnt, welche Schwierigkeiten mich mit Léon erwarteten, hätte ich ihn vermutlich nicht aufgenommen. Doch da er sich nun mal in meiner Obhut befand, wollte ich mich mit ihm auseinandersetzen. Ich wollte es mir nicht einfach machen und ihn weiterreichen oder gar ins Tierheim geben – ein Schicksal, das viele Hunde, vor allem großwüchsige Rüden, ereilt. Gemeinsam haben wir es geschafft, ein gutes Team zu werden, und ich bereue nicht, mich auf das Abenteuer mit dem Löwen eingelassen zu haben.

Dieses Buch kann ich jetzt nur schreiben, weil ich mich notgedrungen intensiv mit dem Verhalten und der Erziehung von Hunden beschäftigt habe. Seit ich so viel über diese sozialen und vielschichtigen Lebewesen weiß, fällt mir auf Spaziergängen oder auf Hundeplätzen immer wieder auf, wie wenig die meisten Hundehalter von ihren Schützlingen wissen und welche Fehler sie bei der Erziehung machen. Die Hundetrainerin und -therapeutin Ira Strege kann ein Lied davon singen. Seit

Jahren arbeitet sie vor allem mit problematischen Hunden, deren Zahl aufgrund falscher Erziehung ständig zunimmt. Ira Strege und ich sind gleichermaßen Autorinnen dieses Buchs. Die Hundetrainerin hat mich fachlich beraten und ließ ihre Erfahrungen mit Hunden verschiedenster Rassen und verschiedenen Alters in dieses Buch einfließen, während ich die Aufgabe übernommen habe, unser beider Wissen schriftlich festzuhalten und in Buchform zu bringen.

Das Ziel dieses Handbuchs ist es, die wichtigsten Aspekte des Zusammenlebens mit einem Hund aufzuzeigen. Angesprochen sind all jene Leser und Leserinnen (der Einfachheit halber künftig in der männlichen Form erwähnt, die Hundehalterinnen mögen es uns verzeihen, sie sind genauso gemeint), die überlegen, sich einen Hund anzuschaffen, und diejenigen, die bereits einen haben – Anfänger ebenso wie Fortgeschrittene. Das Buch ist als Gesamtlektüre, aber ebenso zum Nachschlagen einzelner Themen gedacht. Wir berichten über die richtige Hundehaltung und erklären alle wesentlichen Erziehungsmethoden praktisch, Schritt für Schritt. Es gibt einfache und wirksame Tricks, die die Kommunikation mit dem Vierbeiner erleichtern, und viele Möglichkeiten, einen schwierigen Hund zu korrigieren. Je besser ein Hund erzogen ist, um so größer sind die Freiheiten, die man ihm zugestehen kann. Unser Ansatz in diesem Buch beruht auf der Erkenntnis, daß die beste Beziehung zwischen Halter und Hund auf gegenseitigem Respekt und der Achtung der Bedürfnisse und Grenzen des anderen beruht. Damit das gemeinsame Leben harmonisch verläuft, sollte der Hund sich den Regeln seines Halters und seiner Umgebung anpassen. Die Aufgabe des Halters ist es, sensibel auf die individuelle Persönlichkeit seines Hundes einzugehen und dessen Rechte zu wahren. Er ist für das Benehmen und für das Wohl seines Hundes verantwortlich.

Wir können in diesem Buch natürlich nicht alle Fragen zum Thema Hund beantworten, denn Hunde sind verschieden wie ihre Halter. Am wichtigsten erscheint uns, unseren Lesern das Verhalten ihrer Schützlinge zu erklären. Denn nur wer seinen Hund versteht, kann ihn auch richtig führen und erziehen. Zu einer Beziehung gehören bekanntlich immer zwei: Der Halter sollte deshalb in der Lage sein, nicht nur den Hund, sondern gleichermaßen sein eigenes Verhalten zu analysieren, um es gegebenenfalls zu korrigieren – auch darauf werden wir eingehen. Die Beziehung zwischen Halter und Hund ist für beide ein Anpassungs- und Lernprozeß. Wer sich auf seinen Hund einläßt, kann seine Wahrnehmung schärfen und sein Leben insgesamt bereichern.

Alexandra Senfft und Ira M. Strege
Osten-Altendorf und Wiemersdorf im Februar 1999

TEIL I

Hundehaltung

In den vielfältigen Darstellungsformen, die er (der Hund) in der menschlichen Geschichte erhielt und erhält – als Gehilfe im Bereich der Jagd, als Hüter der Herden, als Standesattribut des Adels, als Beschützer der Kinder, als Tröster der Einsamkeit –, hat er unter den Tieren schon immer eine Sonderstellung eingenommen.
Helmut Brackert, Cora van Kleffens

Heutzutage sind viele Großstadtmenschen von den Anforderungen der modernen Welt überfordert und aufgrund privater oder beruflicher Probleme ungeduldig und gereizt. Diese Faktoren erschweren das Zusammenleben der Menschen und belasten nicht zuletzt auch die Beziehung zu ihren Tieren. Selbst, wenn es schon fast ein Allgemeinplatz ist, soll auch hier nochmals erwähnt sein: In unserer hochtechnisierten und materialistisch orientierten Welt ist das Verhältnis der Menschen zur Natur nachhaltig gestört. So manches Schulkind kennt Tiere nur als Spielzeug, aus Büchern oder dem Fernsehen. Ein natürlicher, intuitiver Umgang mit Tieren ist nicht mehr selbstverständlich. Viele Eltern sind sich dieser Problematik bewußt und versuchen daher, ihren Kindern den Kontakt zu Haustieren zu ermöglichen. Doch häufig wissen sie zu wenig über die artgerechte Haltung der Tiere. Hunde sind ausgesprochen soziale und anspruchsvolle Wesen und spielen innerhalb eines Familiengefüges eine wichtige Rolle. Daher treten hier häufiger

Probleme auf als bei pflegeleichteren Haustieren wie etwa Hamstern, Meerschweinchen oder Kanarienvögeln. Ein Hund kann ein zuverlässiger und freundlicher Begleiter innerhalb seiner sozialen Gruppe, der Halterfamilie werden, vorausgesetzt, die Beziehung basiert auf Einfühlungsvermögen und gegenseitigem Respekt.

In hochzivilisierten Gesellschaften werden Tiere häufig ignoriert und mißhandelt – so das eine Extrem, oder maßlos verhätschelt und vermenschlicht – so das andere. Symbolüberfrachtet repräsentieren Tiere eine heile Welt und ein Stück der vom Untergang bedrohten Natur. Das macht sich beispielsweise die Werbung zu eigen: Viele Produkte verkaufen sich besser mit Hund, Katze, Pferd oder Panther als Lockmittel. Tierliebe, sagt der Psychologe und Zoologe Jürgen Körner, ist »Die Sehnsucht des Menschen nach dem verlorenen Paradies« (›Bruder Hund und Schwester Katze‹). Gerade Hunde lassen sich bei diesem Streben nach Natürlichkeit und sozialer Wärme leicht instrumentalisieren, denn sie sind anhänglich, treu und – anders als Katzen – sehr gelehrig. Sie sind ideale Haustiere, weil sie als gesellige Rudeltiere ein soziales Gefüge brauchen und sich den gegebenen Strukturen anpassen können.

Der Hund als Haustier

In der Bundesrepublik Deutschland leben rund fünf Millionen Hunde in 13 Prozent aller Haushalte. Im Vergleich zu anderen europäischen Ländern ist das wenig: In Frankreich sind es circa 38 Prozent der Haushalte.

Das Angebot auf dem internationalen Hundemarkt ist groß, die Palette der verschiedenen Hundetypen mittlerweile kaum noch überschaubar: Es gibt nahezu 400 Hunderassen sowie unzählige Mischlinge. Sie alle stammen von circa fünf Grundtypen ab. Nach Auskunft des Vereins für das Deutsche Hundewesen (VDH) werden jährlich etwa 500 000 Welpen benötigt, um die Nachfrage zu decken. 60 Prozent dieser Welpen sind Rassehunde, 40 Prozent Mischlinge.

Rassehunde haben spezifische Merkmale und Fähigkeiten, die sich je nach Interesse und Lebenswandel für verschiedene Halter eignen. »Promenadenmischungen« sehen zwar nicht immer edel aus, können aber genauso gute Qualitäten haben wie Rassehunde. Bei Mischlingswelpen unbekannter Herkunft läßt sich oft nicht voraussagen, wie groß sie werden und welche genetischen Anlagen sie haben. So mancher ersteht einen niedlichen Welpen, der bald zu unerwarteter Größe heranwächst oder keinerlei Interesse für die Aufgaben zeigt, die man ihm zugedacht hat. Die volkstümliche Meinung, Mischlinge seien intelligenter und gesünder als ihre reinrassigen Artgenossen ist nicht richtig. Bestenfalls kann man annehmen, daß kunterbunt gekreuzte Hunde eine genetische Vielfalt aufweisen, die sie gegen bestimmte rassetypische Erbkrankheiten resistenter machen. Hunderassen sind Modeerscheinungen und meist ein Zeichen der Zeit. Die gegenwärtigen Favoriten sind Golden Retriever und Huskies. Die einen gelten als anhängliche, brave Familienhunde, die anderen als freiheitsliebende, nicht gänzlich zähmbare Tiere. Immer mehr Menschen schaffen sich Wolfsmischlinge und andere »exotische« Tiere an. Doch viele von ihnen wissen nicht, wie mit diesen halbwilden Tieren umzugehen ist, und gefährden dadurch sich selbst und ihre Umwelt.

Der Hund, das legen neue wissenschaftliche Computerberechnungen nahe, ist möglicherweise schon 135 000 Jahre alt. Vor etwa 14 000 Jahren gesellte er sich zum Menschen, vermutlich zunächst als Jagdgefährte. Seit über einem Jahrhundert rätseln die Wissenschaftler über den Ursprung der Hunde: Waren ihre Vorfahren Wölfe, Schakale, Kojoten, Wildhunde oder Füchse?

Durch genetische Untersuchungen ist mittlerweile eindeutig bewiesen, daß der Hund vom Wolf abstammt. Die Kieler Ethologin Dorit Feddersen-Petersen fand heraus, daß Wölfe mit bis zu 75 verschiedenen Gesichtsausdrücken kommunizieren – Ausdrucksformen, die Haushunde in dieser Vielfalt nicht mehr beherrschen. Im Laufe der Domestikation (Haustierwerdung) und durch Züchtung haben Hunde viele mimische Fähigkeiten verloren oder verändert. Sie setzen stattdessen verstärkt ihre Stimme ein, vermutlich, weil sie sich dem Menschen durch Lautäußerungen besser als durch die Körpersprache verständlich machen können. Das Sozialverhalten von Wölfen gibt gewiß Aufschluß über die Kommunikation von Haushunden, denn in vielem ähnelt sich ihre Sprache; identisch ist sie indes nicht.

Individuelle Merkmale

Bei Haushunden sind Aussehen, Verhalten und Veranlagung zwar durch rassespezifische Merkmale geprägt, doch auch innerhalb einer Rasse hat jeder Hund individuelle Eigenschaften; keiner ist mit einem anderen identisch. So können Golden Retriever beispielsweise lebhaft, robust, draufgängerisch, triebhaft und apportierfreudig sein. Es gibt aber auch ruhige, sensible, ängstliche oder wenig triebhafte Retriever. Hunde empfinden auch körperlich unterschiedlich. Manche reagieren auf sanfte, andere mehr auf kräftige Berührungen. Einige sind an den Pfoten kitzlig, andere am Bauch. Die einen lieben Wasser, die anderen scheuen es. Viele Eigenschaften eines Hundes sind genetisch bedingt und ein Ergebnis der jeweiligen Zucht. Eine besonders wichtige Rolle spielt jedoch auch die Prägung durch das soziale Umfeld, das den Hund schließlich zu dem macht, was er ist.

Aufgrund ihrer engen sozialen Bindung und dem fortgeschrittenen Anpassungsprozeß drängen sich Parallelen zwischen Mensch und Hund mitunter auf: Es ist deshalb zu einem gewissen Grad zulässig, das zur Verfügung stehende Vokabular zu benutzen, um einen Hund, sein Verhalten und seine Beziehung zum Menschen zu beschreiben. Doch es ist ein Unterschied, ob ein Hund nur mit menschlichen Ausdrücken belegt oder ob er zugleich wie ein Mensch behandelt wird! Hunde denken nicht wie Menschen, sie haben andere Bedürfnisse und nehmen ihre Umwelt anders wahr. Gleichwohl sind sie ebenso wie Menschen gesellige Wesen und haben dieselbe Fähigkeit, in einem Lernprozeß Erfahrungen zu verknüpfen und auf neue Situationen zu übertragen.

Kommunikation und Wahrnehmung des Hundes

Hunde erleben die Welt überwiegend durch ihre Nase – ihr wichtigstes Organ. Was für den Menschen die Augen, ist für den Hund der ausgeprägte Geruchssinn. Hunde haben rund 300 Millionen Riechzellen, ein Mensch dagegen nur etwa fünf Millionen. Über sein Riechorgan erkundet und definiert der Hund seine Umgebung. So kann er zum Beispiel anhand der Duftmarke eines anderen Hundes erkennen, was für ein Artgenosse es war, welche soziale Stellung und welches Geschlecht er hat. Ein Rüde kann eine läufige Hündin über viele Kilometer riechen. Hunde sind auch in der Lage, anhand feinster Gerüche festzustellen, ob Gefahr droht, ob jemand Angst hat, Freund oder Feind ist. Ihrer phänomenalen Geruchsfähigkeit wegen kommen sie bei der Jagd, bei der Polizei, dem Zoll oder bei Rettungsarbeiten zum Einsatz und leisten dort Dienste, die durch keine Technik zu ersetzen sind.

Hunde hören wesentlich besser als Menschen, Töne erkennen sie aus mindestens viermal so großem Abstand, und sie unterscheiden Klanghöhenunterschiede von weniger als einem Achtel eines Tons. Weniger ausgeprägt ist dagegen ihre visuelle

Wahrnehmung: Hunde sehen nicht scharf. Sie erkennen beweg-
liche Objekte besser als stehende, und wahrscheinlich sehen sie
größtenteils nur schwarz-weiß oder in fein abgestimmten
Grautönen. Wie Katzen können sie allerdings in der Dunkel-
heit sehen. Der Augenkontakt ist für sie ein bedeutendes Kommunikationsmittel: Leithunde behalten ihr Rudel stets im Blick
und fixieren einzelne Mitglieder mit den Augen. Der Augenkontakt wirkt bis zu einer Entfernung von 18 Metern.

Hunden entgeht zudem kein Stimmungsumschwung der
menschlichen Seele. Nicht selten durchschauen sie ihre Halter
besser als umgekehrt. Viele Hundehalter glauben daher, ihr
Hund könne sie verstehen und mit ihnen »reden«. In Fernseh-
filmen, in denen Hunde die Helden spielen, wird der falsche
Eindruck vom denkenden Hund noch verstärkt. Doch auch
wenn ein Hund riechen kann, ob jemand ängstlich oder mutig,
traurig oder fröhlich ist, kann er diese Empfindung nicht rational verarbeiten. Die Vermutung, der Mensch könne mit dem
Hund kommunizieren, ist nur insofern richtig, als Hunde fein-
ste Töne, Gerüche und Gesten unterscheiden können. Je nach
Erfahrung übersetzen sie diese Signale in ihre eigene Sprache
und gegebenenfalls in erlernte Handlungen. Wenn Sie Ihren
Hund bitten, zu sitzen, so tut er das, weil er auf das Wort »Sitz!«
bzw. auf den Klang dieses Wortes konditioniert ist und nicht,
weil er »verstanden« hat, aus welchem Grund Sie das von ihm
verlangen. Sind Sie ärgerlich und beschimpfen ihn, so wird er
sich vielleicht ducken und den Eindruck erwecken, er habe ein
schlechtes Gewissen. In Wahrheit aber reagiert er nur auf Ihre
laute Stimme und Ihre – möglicherweise unbewußt – drohende
Körperhaltung. Gedanken über die Ursache Ihrer Verärgerung
macht er sich dagegen nicht.

Es soll Hunde geben, die epileptische Anfälle ihrer Besitzer
im voraus fühlen können. Sie spüren ferner, wenn die Witte-
rung umschlägt, ein Gewitter aufzieht oder ein Erdbeben be-
vorsteht. Aus diesem Grund wird oft vom »sechsten Sinn« des

Hundes gesprochen. Früher glaubte man, daß dieser sechste Sinn Lawinensuchhunde in die Lage versetze, Überlebende unter dem Schnee aufzuspüren. Tatsächlich aber haben Hunde einen Infrarotempfänger, durch den sie Wärme fühlen – deshalb können sie Lebende leichter als Tote finden.

Allen wissenschaftlichen Untersuchungen zum Trotz ist das Bedürfnis, dem Hund – mehr als jedem anderen Tier – menschliche Eigenschaften anzudichten, weit verbreitet. »Es gibt kaum ein anderes Lebewesen, das so häufig und so gründlich mißverstanden wurde und wird, wie der Hund. In ihn werden Wünsche und Hoffnungen projiziert, er soll die unterschiedlichsten Lücken füllen im Sozialbereich des Menschen, kurz, er wird mehr oder minder gründlich vermenschlicht« (Feddersen-Petersen: Hundepsychologie).

Der Hund betrachtet den Menschen nie als das, was er wirklich ist: Er hält ihn vermutlich für einen Artgenossen, wenn auch zweifellos für einen recht sonderbaren.

Verantwortung, Zeit und Geld:
Was Sie bedenken sollten,
bevor Sie sich einen Hund anschaffen

Die Treue eines Hundes ist ein kostbares Geschenk, das nicht minder bindende moralische Verpflichtungen auferlegt als die Freundschaft eines Menschen.

Konrad Lorenz

Bissig sei der Hund und verhaltensgestört, behaupten seine Besitzer: Der Mischling wird zur Amateurzüchterin zurückgebracht, die ihn fassungslos wiederaufnimmt. Der Hund ist erst zehn Wochen alt, von absonderlichem Verhalten keine Spur. Der Kleine ist nur verspielt und benutzt beim Balgen, wie jeder andere Welpe auch, seine spitzen Milchzähne. Hunde lernen als Welpen, ihre Bisse zu hemmen. Die sogenannte »Beißhemmung« bedeutet, daß Hunde nicht mit der Absicht zubeißen, ihr Gegenüber zu verletzen, sondern Bisse nur andeuten. Sie greifen mit ihrem Fang lose in das Fell an der Kehle, am Nacken oder Rücken des anderen Hundes, ohne dessen Haut dabei mit den Zähnen zu durchdringen. Sie lernen das von Artgenossen, aber auch von ihren Haltern, die ihnen Grenzen beim Spielen setzen und sie korrigieren, wenn sie im Eifer des Gefechts mal zu heftig zwicken. Geht ein Hund mit einem anderen zu grob um, so fiept der Betroffene und sein Gegenüber läßt sofort los. Richtig sozialisierte und gesunde Hunde beißen daher nicht. Sie tun dies nur im Notfall, wenn ein entsprechend starker Reiz ihre Beißhemmung außer Kraft setzt. Dazu müßten sie jedoch extrem provoziert oder gereizt werden.

Diese Facette des Hundeverhaltens war den Besitzern des Welpen unbekannt. Sie hatten das Tier zu Weihnachten als Überraschung für die Kinder gekauft. Nun, da das Fest vorbei und die Geschenke in Regale und Schränke verpackt waren, stand der Hund im Weg: tolpatschig, noch nicht ganz stubenrein und mit eigenen Bedürfnissen. Die Besitzer waren nicht darauf eingestellt, viel Aufhebens um das Tier zu machen. Bevor sie das putzige »Wollknäuel« ins Haus holten, hatten sie sich keine Gedanken über das Zusammenleben mit ihm gemacht. Der Welpe hatte Glück, daß er zur Züchterin und seiner Mutter zurückgebracht wurde.

Ein Hund braucht Zeit

Viele angehende Hundehalter wissen nicht, daß ein Hund ein Rudeltier ist und als Familienmitglied nach seiner Art zu respektieren ist. Er braucht viel Zuwendung und nimmt beträchtliche Zeit in Anspruch. Spontankäufe, ohne reifliche Überlegungen getätigt, führen nur selten zum gemeinsamen Glück. Wer überlegt, sich einen Hund anzuschaffen, muß über genügend Zeit und Geld verfügen und bereit sein, sich ihm mit Bedacht und von Herzen zu widmen. Der Faktor Zeit wird häufig unterschätzt. Ein Welpe braucht viel Kontakt und Fürsorge. Er sollte anfangs möglichst nicht alleine gelassen werden und sowohl drinnen als auch draußen ständig beaufsichtigt werden. Er könnte sonst lebensgefährliche Elektrokabel, teure Möbel oder Schuhe anknabbern oder unter ein Auto geraten. Erziehung und Spiel sind die wichtigsten Komponenten, auf die eine feste Bindung zwischen Hund und Halter aufbaut. Der Welpe braucht zudem vielseitige Begegnungen mit anderen Hunden. Deshalb sollte stets Zeit bleiben, um ihn auf Welpenspielplätze oder in Parks mitzunehmen, wo er auf andere Hunde treffen kann. Zudem sollte man ihn sorgsam füttern, pflegen, impfen und entwurmen. Außerdem sollte man ihn mit viel Geduld an alles heranführen, was er für sein späteres Leben kennen muß. Das kann bedeuten, daß er Auto-, Zug- und Busfahrten üben und fremde Situationen bewältigen muß, damit er seinem Halter später ohne Scheu überallhin folgen kann (→ »Auf die Prägung kommt es an«, S. 46).

Der Zeitaufwand für einen ausgewachsenen Hund ist nur unbedeutend geringer als für einen Welpen, denn er sollte regelmäßig trainiert und gefordert werden. Für viele Hundehalter ist es sinnvoll, über den privaten Übungsrahmen hinaus einen anerkannten Verein oder eine Hundeschule zu besuchen. Die Erziehung eines Hundes ist keine Sache von Stunden, Wochen und Monaten, sondern ein Prozeß, der Jahre dauert. Hunde sind – anders als häufig angenommen – bis an ihr Lebensende lernfähig. Wenn der Junghund in die Geschlechtsreife kommt, wird der Halter in der Regel zusätzlich gefordert, denn in der pubertären Phase braucht der Hund eine besonders intensive Führung. Es beginnt die Zeit der Selbstbehauptung. Jetzt entwickeln viele Rüden auch ein Konkurrenzverhalten gegenüber Geschlechtsgenossen. Für den Hundehalter ist jede Entwicklungsphase des Hundes ein neuer Abschnitt in der Beziehung zu ihm. Er muß sich jeweils mit dem veränderten Verhalten auseinandersetzen und entsprechend darauf reagieren.

Hunde brauchen Beschäftigung

Es gibt Hunde, die weniger, und Hunde, die besonders viel Beschäftigung brauchen. Die Zeit für mindestens drei tägliche Spaziergänge von insgesamt zwei bis vier Stunden, sollte man aber stets haben. Ob Sonne, Regen, Schnee oder Eis, der Hund will raus. Viele Hunde benötigen darüber hinaus zusätzliche Bewegung zum Beispiel durch die Begleitung ihrer Halter bei Fahrradfahrten oder durch sportliche Aktivitäten und Spiele. Zeitintensiv ist auch die Pflege eines Hundes. Bei vielen Rassen muß das Fell regelmäßig gebürstet und gereinigt werden, bei einigen langhaarigen Rassen dauert das täglich bis zu 40 Minuten. Hundeohren, vor allem Schlappohren, müssen regelmäßig nachgesehen und gereinigt werden, damit sie sich nicht entzünden. Auch Augen und Zähne bedürfen der Reinigung, und bei Hunden mit Falten im Gesicht müssen die Zwischenräume ausgewaschen werden (Entzündungsgefahr). Bei feuchtnassem Wetter säubern die meisten Halter nach jedem Spaziergang Fell und Pfoten ihres Hundes, damit in der Wohnung nicht alles verdreckt. Bei langhaarigen Hunden bleibt oft Kot im Fell hängen, wenn sie sich lösen – ein weiterer Fall fürs Reinemachen. In der Sommerzeit heißt es in vielen Gegenden: »Kampf den Zecken und Flöhen«! Das kann mitunter zeitaufwendig sein.

Nach dem ersten Lebensjahr muß ein Hund für Routineimpfungen und -untersuchungen mindestens einmal jährlich zum Tierarzt. Kranke Hunde bedürfen besonderer Zuwendung – was vor allem für Berufstätige ein Problem ist. Zeit kostet freilich auch der Einkauf von Hundefutter und sonstigem Bedarf. Sie sollten je nach Rasse mindestens zwei bis drei Stunden täglich für Ihren Hund einplanen. Das ist ein großer Teil Ihrer Freizeit! Und nicht zu vergessen: Wochenenden, Feiertage oder Urlaub kennen Hunde nicht.

Kosten

Nicht unwesentlich ist auch der finanzielle Aspekt. Bei gewissenhafter Haltung können sich die jährlichen Grundhaltungskosten (Futter, Pflege, Haftpflichtversicherung, Steuer, Routineuntersuchungen und Impfungen beim Tierarzt) für einen großen Hund auf 2000 Mark belaufen. Dazu kommen möglicherweise Ausgaben für Hundekekse und Kauknochen, eine Decke, einen Korb, für Halsband und Leine, Putz- und Desinfektionsmittel, Shampoos, Bürsten, Kämme und Spielzeug.

Welpen und Junghunde zerknabbern häufig Gegenstände im Haus, die neu angeschafft werden müssen. Vereine, Hundeschulen und Hundetrainer bieten ihre Dienste auch nicht umsonst an. Vielleicht benötigt man auch einen Zaun für den Garten, ein Gitter und einen Schonbezug fürs Auto oder sogar ein größeres Auto, um einen großen oder mehrere Hunde zu transportieren. Die Unterbringung in einer Hundepension während der Urlaubszeit kann die Gesamtkosten weiter in die Höhe treiben.

Natürlich kostet ein Dackel weniger als ein Bernhardiner: Er frißt weniger, und auch das Hundezubehör ist größenbedingt billiger. Es wird allerdings oft viel Geld für überflüssige Hundeartikel wie Kleidungsstücke, Schleifen oder Glitzerbänder ausgegeben.

Jährliche Grundhaltungskosten für einen großen Hund (Mittelwert)

Futter	1200,– DM
Steuer (je nach Gemeinde zwischen 36,– und 276,– DM)	100,– DM
Haftpflichtversicherung	200,– DM
Tierarzt	250,– DM
Bedarfsartikel (Leinen, Halsband, Decke, Spielzeug usw.)	150,– DM
Pflegemittel	50,– DM
Gesamtkosten	1950,– DM

Im Haus brauchen Hunde nicht viel Platz, gleichgültig wie groß sie sind, vorausgesetzt, sie bekommen genügend Auslauf. Einem ausgelasteten Hund gefällt der enge Raum und die Nähe zu seinem Halter. Es ist allerdings ratsam, Hunde, vor allem solcher Rassen, die für Hüftleiden anfällig sind, bis zur Vollendung des ersten Lebensjahrs nicht regelmäßig Treppen steigen zu lassen. Eine Wohnung im vierten Stock in einem Haus ohne Aufzug könnte daher problematisch sein. Auch wenn der Hund krank, alt oder bewegungsunfähig ist, kann das zum Problem werden.

Persönliche Bindung

Abgesehen vom Kosten- und Zeitaufwand, bedeutet die Haltung eines Hundes eine erhebliche Bindung, sowohl physisch als auch psychisch. Als Halter sind Sie stets für das Wohlergehen Ihres Hundes verantwortlich. Sie sollten sich daher darüber Gedanken machen, wo Sie ihn unterbringen können, wenn Sie zum Beispiel verreisen. In Ferienzeiten und bei beruflich bedingter Abwesenheit kann der Hund Sie nicht immer begleiten. Es sollte deshalb Verwandte, Freunde oder Nachbarn geben, die ihn in diesen Zeiten betreuen. Im Notfall bleibt nur die Unterbringung in einer Hundepension. Urlauber, die ihre Hunde ins Ausland mitnehmen wollen, müssen wissen, daß die meisten Länder strenge Gesundheitsauflagen haben und Hunde manchmal monatelang in Quarantäne verbringen müssen, bevor sie einreisen dürfen. Manche Hundehalter sind aus diesem Grund zum Beispiel noch nie in Großbritannien gewesen.

»Love me, love my dog« (Liebst du mich, liebst du meinen Hund), lautet ein englisches Sprichwort: Wer seinen Hund als Begleiter und Freund betrachtet, will ihn auch möglichst viel um sich haben. Doch nicht alle Menschen mögen Hunde, und manche haben Angst vor ihnen. Seien Sie deshalb darauf gefaßt, daß sich vielleicht einige Freunde oder Bekannte von Ihnen zurückziehen werden. Vielleicht aber werden sogar Sie selbst den Kontakt reduzieren oder abbrechen, weil es Sie befremdet, wenn jemand Ihren Hund nicht leiden kann. Ein Hund sollte im übrigen nur angeschafft werden, wenn alle Familienmitglieder eines Haushalts daran Interesse und Spaß haben und gewillt sind, Erziehung und Pflege gemeinsam zu tragen – sonst wird seine Anwesenheit früher oder später zur Belastung.

Die emotionale Bindung an einen Hund kann sehr groß sein, daher sollten Sie bereits jetzt an die Zukunft denken: Wie stabil sind Ihre privaten und beruflichen Lebensumstände? Sind Sie in den kommenden Jahren noch fit genug, um den Hund zu versorgen? Sind die Kinder, deren Spielgefährte er sein sollte, bald aus dem Haus? Ziehen Sie um in eine andere Stadt oder in eine andere Wohnung, wo Hunde nicht gestattet sind? Es gibt viel zu bedenken, bevor man sich einen Hund anschafft. Der Hund, das darf man nie vergessen, begleitet einen vielleicht 16 Jahre und manchmal länger!

Weniger Arbeit und mehr Spaß? Was Sie bedenken sollten, bevor Sie sich einen zweiten Hund anschaffen

Die Rechnung ist einfach: Die Grundhaltungskosten für Futter, Gesundheit und Pflege verdoppeln sich bei zwei Hunden. Vielleicht muß sogar ein größeres Auto angeschafft werden. Viele Menschen nehmen an, daß zwei Hunde sich miteinander beschäftigen und daher eine zeitliche Entlastung bringen. Das ist nicht richtig. Zwei Hunde – auch wenn sie die Gesellschaft des anderen genießen – machen mehr Arbeit. Das individuelle Bedürfnis nach Bewegung und Beschäftigung reduziert sich für den einzelnen Hund nicht. Außerdem müssen beide Hunde gepflegt und tierärztlich versorgt werden. Sie tragen die doppelte Menge Schmutz ins Haus. Wird der eine krank, dann meist auch der andere. Zudem läßt sich der ältere leicht von den Dummheiten des jungen Hundes anstecken und umgekehrt.

Und, was nicht zu unterschätzen ist: Gemeinsam fühlen sich die Hunde stärker. Da Sie sich jeweils nur auf einen Hund konzentrieren können, nutzt der andere schnell die Gelegenheit, um sich kleine oder große Freiheiten herauszunehmen. Die Erziehung und Führung von zwei Hunden erfordert mehr Anstrengung und Aufwand. Beschäftigen Sie Ihre Hunde nicht ausreichend, so werden sich die beiden stark aufeinander, nicht aber im gewünschten Maße auf Sie beziehen.

Sind Sie auf die zusätzlichen Belastungen und Kosten eingestellt, ist als nächstes zu überlegen, ob der zweite Hund ein Rüde oder eine Hündin sein soll. Zwei Hunde desselben Geschlechts können, auch wenn anfangs alles friedlich verläuft, in der Geschlechtsreife zu Erzfeinden werden: Der jüngere Hund könnte die übergeordnete Stellung des älteren anfechten, eine Hündin könnte eifersüchtig auf die andere werden. Oft wird die Ordnung des Rudels auch durch falsches Eingreifen vom Menschen gestört. Gelegentlich enden solche Konflikte in blutigen Auseinandersetzungen. Ist es erst einmal so weit, ist die Beziehung zwischen den Hunden in aller Regel nicht mehr zu flicken. Einfacher ist das Verhältnis zwischen Rüde und Hündin. Doch was tun, wenn die Hündin läufig wird? Die Hunde müßten dann getrennt oder einer von beiden muß kastriert werden, falls Sie nicht ständig Welpen im Haus haben wollen, was tierschutzrechtlich auch nicht zu verantworten wäre. Auch nach der Kastration kann es aber sein, daß der Rüde noch Interesse an seiner Dame zeigt und sie immerzu besteigen will.

Haben Sie sich für einen zweiten Hund entschieden, muß der andere sich zunächst an den neuen Mitbewohner gewöhnen. Das ist anfangs nicht immer einfach, denn der Ersthund will verständlicherweise seine Privilegien und sein Revier verteidigen: Es kann zu Streitereien und Eifersüchteleien kommen. Führen Sie den Neuankömmling daher behutsam an Ihren Ersthund heran, so daß sich die beiden zunächst auf neutralem Boden beschnüffeln und kennenlernen können. Bringen Sie die beiden

Hunde später in Ihrem Garten oder auf der nächstgelegenen Wiese zusammen. Von dort gehen Sie mit beiden nach Hause.

Unter den Hunden wird sich rasch eine Rangordnung etablieren, die ihr Zusammenleben reguliert. Diese Ordnung müssen Sie unbedingt respektieren! Sie sollten die Hunde gemäß ihres Rangs behandeln, sonst beschwören sie Konflikte herauf. Keinesfalls sollten Sie den rangniedrigen Hund gegenüber dem Leithund bevorzugen, aus Vorliebe oder Mitleid etwa. Unabhängig von Größe, Alter oder Geschlecht: Der dominante Hund muß auch bei Ihnen Vorrang haben. Er bekommt sein Futter und seine Belohnungen zuerst. Er darf als erster mit einem Spielzeug spielen. Auf Spaziergängen hat er seinen festen Platz: »Bei Fuß« läuft er grundsätzlich immer dicht an Ihrer Seite und der zweite Hund außen oder umgekehrt. Die Hunde als gleichberechtigt zu behandeln ist ebenfalls nicht richtig und kann erbitterten Streit verursachen. Gehen Sie nicht dazwischen, wenn der ältere Hund den jüngeren erzieht, ihn drohend auf den Rücken wirft, ihn anfaucht oder nach ihm schnappt, ihm das Futter oder die Kauknochen wegfrißt – es ist das Recht des Ranghöheren. Sie sollten sich nur dann einmischen, wenn die Hunde ernsthaft aneinandergeraten und Gefahr droht, daß sie sich gegenseitig verletzen. Sie behandeln den unterlegenen Hund nicht schlecht, wenn Sie den ranghöheren Hund bevorzugt behandeln – im Gegenteil, er kann sich seiner Stellung jederzeit gewiß sein und sich in dieser Struktur aufgehoben fühlen. Sie tun Ihren Hunden und sich selbst keinen Gefallen damit, wenn Sie die natürliche Ordnung stören.

Haben sich die Hunde gegenseitig akzeptiert, werden sie zwar meist miteinander spielen, Spaziergänge, Training und Beschäftigung werden sie aber dennoch weiterhin benötigen. Der ältere, vermutlich bereits ausgebildete Hund wird wenig Interesse für die Ausbildung des Anfängers zeigen. Sie sollten die Hunde deshalb zunächst getrennt voneinander trainieren. Beide müssen zudem lernen, auf ihre Namen zu hören, um unabhängig Aufgaben ausführen zu können. Hunde haben außerdem unterschiedliche Interessen: Der eine spielt eventuell gerne Ball, der andere begleitet seinen Halter lieber auf Fahrradtouren. Mehrere Hunde im Haus fordern von Ihnen viel Zeit, Geld, Organisation, Disziplin, Phantasie und Beweglichkeit.

Hunde brauchen Grenzen

> *Wenn beide, Sie und Ihr Hund, sicher sind, daß er nicht mehr und nicht weniger als ein Hund ist, steht Ihrem gemeinsamen Spaß nichts mehr im Weg.*
>
> Carol Lea Benjamin

Russel ist ein großer Mischlingsrüde. Seine Besitzer erwarben ihn als Welpen und zogen ihn auf wie einst schon ihren Sohn: antiautoritär. Das Paar meinte, man dürfe den Hund seiner Natürlichkeit nicht berauben; er könne seine Persönlichkeit besser entfalten, gestehe man ihm nur möglichst viele Freiheiten zu. Man sah sich bestätigt, denn das Zusammenleben mit Russel verlief zunächst unbeschwert. Seine Streiche und Aufmüpfigkeiten verbuchte man unter welpenhaftem Verhalten. Kein Problem, bis er in die Geschlechtsreife kam: Da war er plötzlich nicht mehr das nette, tapsige Hundchen, sondern ein aggressives und nervöses Tier. Er unterwarf wahllos jeden Rüden, knurrte seine Besitzer an und schnappte gelegentlich sogar nach ihnen.

Das Ehepaar suchte Rat bei Ira Strege. Sie begann damit, das soziale Gefüge von Haltern und Hund und vor allem bestimmte Verhaltensweisen der Halter zu analysieren. Der Hund sollte nun unter anderem lernen, sich auf Anforderung in die Unterwerfungsposition »Platz!« zu legen. Russel hatte aber eine hohe Stellung in seiner Familie, die er jetzt nicht so einfach aufzugeben gedachte. Mit viel Geduld machte der widerspenstige Hund dennoch allmählich Fortschritte. Die Skepsis der Ehepartner gegenüber Streges Erziehungsmethode verflog, als sie sahen, wie Russel seine Trainerin stets ausgelassen und begeistert begrüßte. Er schien sich mehr über sie als über seine Halter zu freuen. Das hatte Wirkung: Nun begannen auch seine Besitzer, sich gegenüber ihrem aufbegehrenden Hund durchzusetzen. Russel fügte sich immer mehr und befolgte bald auch den wichtigen »Platz!«-Befehl (→ S. 330). Er wurde ruhig und ausgeglichen, mit Artgenossen ging er fortan friedlicher um. Zwischen ihm und seinen Haltern entwickelte sich eine zunehmend starke Bindung. Das Ehepaar gestand sich schließlich ein, daß die antiautoritäre Erziehung ihrem Hund – wie übrigens auch schon ihrem Sohn – nicht gut getan hatte.

Dem Rüden Russel fehlten klare Strukturen und Grenzen. Er war durch seine uneingeschränkten Freiheiten überfordert, und die Tatsache, daß er in seiner Familie keinen festen Platz hatte, war für ihn ein Konflikt. Von seinen Haltern nicht geführt, hatte er selbst die Leitung der Familie und somit aus seiner Sicht eine große Verantwortung übernommen. Doch wie sollte er als Rudelchef entscheiden, was für ihn und seine Halter richtig war? Verunsichert und überfordert reagierte Russel auf diese Situation nervös und aggressiv. Erst als seine Halter ihm gegenüber mit Bestimmtheit auftraten, kam er zur Ruhe. Russel war zwar ein schwieriger Fall, sein Verhalten war jedoch nicht ungewöhnlich: Jeder Hund kann zu einer Belastung werden, wenn er nicht erzogen wird. Ein Pinscher kann ebenso zum Haustyrannen werden wie ein Neufundländer. Ist es erst einmal so weit, ist auch die Beziehung zum Halter gestört.

Rangordnungsverhalten von Wölfen und Hunden

Hunde sind wie ihre Vorfahren, die Wölfe, Rudeltiere. Gruppenzusammenhalt, eine strenge Hierarchie und verläßliche Sozialstrukturen sind für sie lebensnotwendig. Je straffer die Arbeitsteilung im Rudel organisiert ist, um so stärker sind Gemeinschaftsgefühl und Kooperation – und um so differenzierter sind die Kommunikationsmittel der Tiere untereinander. Das Verhalten der Hunde untereinander läßt sich gut auf Parkwiesen beobachten: Welpen erproben ihre Kräfte beim Spiel. Erwachsene Hunde toben miteinander, ignorieren sich zuweilen und bekämpfen sich mitunter sogar, wenn ein ungezogener oder verhaltensgestörter Hund darunter ist. Ältere Hunde erziehen junge und greifen schlichtend ein, wenn sich die Kleinen zu heftig balgen.

Wölfe im Rudel leben in einer Rangordnung und nach festen Regeln, an die sich jedes Mitglied hält. Jeder weiß, was er vom anderen erwarten kann. Diese Struktur ist friedensstiftend, denn ohne sie wäre das Rudel durch ständige Rangordnungskämpfe und Streitereien um Nahrung dem Untergang geweiht.

Ein Rudel wird – etwas vereinfacht ausgedrückt – von einem Leitwolf und einer Leitwölfin geführt. An zweiter Stelle der Rangordnung kommt die »Gefolgschaft«, und an niedrigster Stelle stehen die Jungwölfe, Welpen, Kranke und gelegentlich auch Ausgestoßene aus anderen Rudeln.

Ein Leitwolf hat herausragende Eigenschaften. Er ist intelligent, ruhig und geduldig, loyal und tolerant. Gleichzeitig ist er konsequent, geradezu pedantisch streng und unerbittlich. Er hat es nicht nötig, sich zu streiten, denn seine Autorität ist allseits anerkannt. Nie ist er unkontrolliert. Als Alphawolf wandert er aufrechten Gangs zwischen seinen Untergebenen umher, und wer ihm im Weg liegt, muß sich umgehend erheben. Falls nötig, schaut er seinem Gegenüber direkt und kontrollierend in die

Augen. Alle weichen seinem Blick aus, und keiner wagt es, herausfordernd zurückzustarren. Die Mitglieder seines Rudels – deren Untergebenheit er regelmäßig prüft – zollen ihm demütig Respekt. In seiner Gegenwart ducken sie sich und legen unterwürfig die Ohren an. Sie lecken ihm die Lefzen und bieten ihm die Pfote. Er läßt das majestätisch und fast teilnahmslos über sich ergehen. Es ist allein seine Entscheidung, wann er mit welchem Tier Kontakt aufnimmt. Aufdringlichkeiten werden mitunter geduldet oder durch eine kräftige Rüge geahndet. Haben sich Rudelmitglieder ungezogen benommen, werfen sie sich meist schon von selbst ergeben vor ihm zu Boden, sobald er sie ins Visier genommen hat. Ansonsten diszipliniert er sie, indem er knurrend mit seinem Fang über ihre Schnauze greift, sie am Nacken oder Hals schüttelt oder sie auf den Rücken wirft. Oft reicht es, wenn er sie nur anstarrt oder sich steif vor ihnen aufbaut, um unerwünschtes Verhalten zu unterbinden. Die Mitglieder seines Rudels folgen ihm auf Streifzügen – er bestimmt dabei meist die Richtung, leitet die Hatz nach Wild ein, und wenn es ihm beliebt, frißt er als erster. Er hat grundsätzlich immer Vortritt. Sein Schlafplatz ist für die anderen tabu, und strategisch wichtige Stellen sind ihm vorbehalten – das sind vor allem höher gelegene und zentrale Plätze. Keinesfalls darf ein anderer über ihn steigen, wenn er ruht. Allerdings beharrt er nicht stur auf seinen Rechten. Oft hat er es gar nicht nötig, seine Privilegien in Anspruch zu nehmen und läßt anderen den Vortritt. Der Rudelführer verliert seine Position in der Regel erst, wenn er alt, krank oder verletzt ist.

Rangordnung zwischen Mensch und Hund

Die Struktur eines Wolfsrudels ist bedingt auch auf das soziale Gefüge von Mensch und Hund übertragbar. Ob zwischen Hunden und Menschen allerdings die gleiche »lineare Rangordnung« besteht wie unter Artgenossen, wird neueren Untersu-

chungen zufolge bezweifelt (Feddersen-Petersen: Verhaltensstörungen). Die Aufgabe des Halters ist es, die Regeln des Zusammenlebens sowie die Rolle, die der Hund in seiner sozialen
Gruppe spielen soll, zu definieren. Hat der Hund seinen Platz
akzeptiert, ist die wesentliche Grundlage der Erziehung schon
geschaffen. »Selbst der durchsetzungsfähigste Hund«, so die
amerikanische Hundetrainerin Carol Lea Benjamin, »ist für
das Gefühl von Ruhe, das von klarer Führung ausgeht, empfänglich. Indem Sie das Kommando übernehmen, befreien Sie
Ihren Welpen von der Last des Entscheidungfällens, der Verteidigung und Führung. Er kann sein gut strukturiertes Leben mit
wenig Sorgen genießen. Seine einzige Sorge ist es, Ihnen zu gefallen« (Benjamin: Mother knows best).

Doch nicht allein um der Tiere und ihrer Halter willen ist eine
ordnende Beziehungsstruktur nötig. Ein sozialverträglicher
Hund tut auch seiner Umwelt gut. Gerade in Großstädten, wo
die Streßfaktoren für alle Lebewesen erheblich sind, müssen
Hunde anpassungsfähig sein. Unablässig bellende, streitsüch-
tige, beißende oder jagende Hunde sind für Menschen, ganz besonders Kinder, aber auch für andere Hunde, ein Ärgernis oder
sogar eine Gefahr.

Es gibt allerdings viele Hundeliebhaber, die auf dem Standpunkt stehen, jeder Hund könne allein mit »Bestechungskek-
sen« und viel Liebe zu einem angenehmen Begleiter erzogen
werden. Sie glauben, die wahre Partnerschaft zum Hund ent-
stehe erst durch Gleichberechtigung – ihn bewußt zu führen
und konsequent zu korrigieren zerstöre die Beziehung. Das ist
rein menschlich gedacht und auf den Hund bezogen gründlich
falsch! Eine harmonische, kooperative Partnerschaft entsteht
erst durch klare Verhältnisse in der Beziehung und durch unmißverständliche Regeln, die der Halter bestimmt. Wenn jeder
weiß, wo er steht, herrscht Friede. Dann gibt es keine Ränke-
spiele, keine Auseinandersetzungen oder Konflikte. Das bedeutet aber nicht, daß man den Hund »bricht« oder »mit harter

Hand« führt. Das Zusammenspiel, das gegenseitige Geben und Nehmen, ist ausschließlich eine Frage des Vertrauens. Der Hund ist entspannt und fühlt sich geborgen und sicher, wenn er in seinem Halter einen selbstbewußten Begleiter sieht, den er respektieren kann (→ »So lernt Ihr Hund, Sie zu respektieren«, S. 266). Auch dem Biologen und Hundeforscher Eberhard Trumler mißfiel die Vorstellung, der Hund solle sich seinem Halter unterwerfen. Er sprach stattdessen von »Anhänglichkeitsbezeugungen«, die der Hund seiner Bezugsperson entgegenbringt.

Als Haustiere sind Hunde vom Menschen abhängig. Sie erwarten, daß ihre menschlichen Gefährten die Regeln des Zusammenlebens bestimmen. Tun diese das nicht, ziehen sich viele Hunde verunsichert zurück oder übernehmen selbst die Führung. Manchem Hundehalter scheint es bewußt oder unbewußt zu gefallen, wenn sein Hund ihm die Entscheidung darüber abnimmt, wann er frißt und was in den Futternapf kommt, wenn der Hund das Sofa oder das Bett als sein eigen betrachtet und dieses Territorium mit Zähnen verteidigt, wenn er entscheidet, wann, wohin, in welchem Tempo und wie lange spazierengegangen wird, ob das Haus ohne ihn verlassen werden darf oder wer zuhause Einlaß erhält – um nur einige der häufigsten Probleme zu nennen, mit denen Hundehalter zu kämpfen haben. Generell ist es wenig vergnüglich, wenn ein Hund über das Leben seines Halters bestimmt. Es gibt aber Hundehalter, die die Probleme mit ihren vierbeinigen Gefährten als Tatsache hinnehmen. Damit tun sie aber sich selbst, ihrer Umwelt und auch ihren Hunden keinen Gefallen. Denn die meisten Hunde, die zuhause die Führung übernommen haben, geraten früher oder später auch in Konflikt mit ihrer Umgebung. Sie wachsen ihren Haltern über den Kopf und werden zu einer lebensbestimmenden Belastung. Sie sind unausgeglichen und gereizt und können sogar unberechenbar und gefährlich werden. Trotz ihrer dominanten Art plagt diese Hunde täglich die Entscheidungsnot: Den für sie widernatürlichen Einflüssen der zivilisierten Welt ausgesetzt, sind ihrem Handlungsspielraum künstliche Grenzen gesetzt – menschliche Grenzen, die sie nicht verstehen können. So ist es in Deutschland beispielsweise nicht möglich, daß Haushunde Rudel organisieren und auf »Jagd« nach Abfällen, Ratten und Mäusen gehen. Wäre dies erlaubt, könnten Hunde im Prinzip selbständig über ihr Leben bestimmen, wie etwa die verwilderten Hunde von Monte Gordo an den Stränden Portugals, (s. a. Photos, S. 242). Für Haushunde bedeutet ein führungsloses Leben dagegen Streß, und dauerhafter Streß hat zur Folge, daß sie sich unnatürlich verhalten. Hunde, die ohne Anleitung und Korrektur durch ihre Halter aufwachsen, entwickeln in der Regel kein festes Wesen. Es gibt nur sehr wenige Hunde, die ohne Führung und Ausbildung ausgeglichen sind.

Warum es immer mehr Probleme mit Hunden gibt

In den meisten Fällen hat der Hund gar kein Problem, sondern er benimmt sich nur wie ein Hund; wir hingegen haben das Problem, ihn im falschen Moment davon abzuhalten, ein Hund zu sein.

John Fisher

Obwohl die Zahl der in Deutschland lebenden Hunde statistisch gesehen konstant geblieben ist, nimmt die Zahl schwieriger Hunde zu. Die Ursachen sind vielfältig und lassen sich überwiegend auf menschliches Fehlverhalten zurückführen. Grund ist aber auch manchmal die genetische Veranlagung der

Hunde. Verantwortlich ist auch hier meist wieder der Mensch. Realitätsferne Idealisierung, maßlose Verhätschelung, verantwortungsloser Züchtungs- bzw. Vermehrungswahn, die Jagd nach Siegertrophäen auf Hundeausstellungen und bei Ausbildungswettbewerben oder krimineller Mißbrauch von Hunden als Kampfmaschinen: Die Hundehaltung ist oft weit davon entfernt, artgerecht zu sein und ist manchmal regelrecht absurd. Allzu häufig schaffen sich Menschen aus falschen Gründen einen Hund an, vielleicht, weil der Nachbar auch einen hat oder etwa, weil sie ihn als Statussymbol brauchen, um anderen zu imponieren. Grund für die Anschaffung eines Hundes kann gleichwohl sein, daß er Haus und Hof bewachen oder als Jagdhund dienen soll. Sei es aus Prestige, als Vorwand oder für eine einzige spezifische Aufgabe: Wenn ein Hund ausschließlich als Mittel zum Zweck, wie ein Stück Ware erstanden wird, entwickelt sich rasch ein gestörtes Verhältnis zwischen Halter und Hund.

Mangelnde oder falsche Erziehung

Wie im vorigen Kapitel bereits besprochen, ist einer der häufigsten Fehler in der Hundehaltung eine mangelnde oder falsche Erziehung. Vor allem Halter von Rüden, die im allgemeinen durchsetzungsfähiger als Hündinnen sind, bekommen dann Schwierigkeiten. Untersuchungen zufolge sind etwa 70 Prozent der Problemhunde (überwiegend unkastrierte) Rüden und 30 Prozent Hündinnen. Oft wissen Halter nichts über das Wesen ihres Hundes und gehen unsensibel mit ihm um. Sie führen ihn zu grob oder zu weich, oder betrachten ihn sogar als Partnerersatz. Das Ergebnis: Es herrschen dauerhafte Mißverständnisse; der Hund versteht nicht, was sein Halter von ihm erwartet. Bei Hunden mit ruhigem und zurückhaltendem Charakter mögen die Versäumnisse ihrer Besitzer nur geringen sichtbaren Schaden anrichten, doch bei den meisten anderen Hunden treten früher oder später Komplikationen auf, die sich zu einer alltäglichen Belastung für alle Beteiligten entwickeln können. Unkontrollierte Hunde gehorchen nicht, sie reagieren ängstlich oder aggressiv, raufen mit Artgenossen, beißen, laufen fort und dominieren ihre Halter subtil oder offensiv. Gerade Hunde, bei denen eine umfaßende Prägung in den entscheidenden Entwicklungsphasen versäumt wurde (→ »Auf die Prägung kommt es an«, S. 46), können später äußerst problematisch werden.

Neurotische Hunde gibt es aber auch aufgrund falscher Haltung. Zum Beispiel, wenn sie die meiste Zeit isoliert im Zwinger oder allein und gelangweilt im Hausgarten verbringen müssen. Schlechte Ratschläge von inkompetenten Hundetrainern, dubiosen Züchtern oder dilettantischen Privatpersonen führen ebenso dazu, daß unerfahrene Halter ihre Hunde falsch behandeln. Selbst Tierärzte sind nicht immer die besten Ratgeber, denn im allgemeinen sind sie auf Krankheiten spezialisiert – nicht auf die Psyche und das Verhalten ihrer Patienten. Doch auch wenn sie es besser wüßten: Wie sollten sie im Rahmen ihrer Praxisstunden in der Lage sein, das Verhalten des vorgeführten Hundes zu analysieren, die Ursachen des unerwünschten Benehmens herauszufinden und obendrein noch Gegenmaßnahmen für den Hundehalter zu entwickeln? Ein scheinbar kleines Problem kann viele verschiedene Ursachen haben und ist meist Teil komplexer Zusammenhänge. Der Hundehalter sieht vielleicht nur, daß sein Hund auf dem Spaziergang regelmäßig davonläuft und auf Ruf nicht folgt. In Wahrheit aber ist es komplizierter: Der Hund respektiert seinen Halter nicht, er hat vielleicht zu wenig Auslauf und Beschäftigung. Es würde daher vermutlich nicht ausreichen, nur das Herankommen mit dem Hund zu üben.

Hund und Halter
passen nicht immer zusammen

Schwierigkeiten treten besonders dann auf, wenn Menschen sich Hunde auswählen, denen sie nicht gewachsen sind, oder wenn das Paar nicht zusammenpaßt. Große und selbstbewußte Hunde gehören nicht in die Obhut körperlich schwacher oder zu nachgiebiger Halter. Besonders beschäftigungsbedürftige Hunde können bei gestreßten Berufstätigen, die wenig Zeit haben, kaum glücklich werden. Temperamentvolle Laufhunde überfordern ältere Menschen, und schwer erziehbare Hunde oder Hunde mit einer problematischen Vergangenheit eignen sich nicht für jemanden, der noch keine Erfahrung hat. Hunde sind auch kein Geschenk für Kinder, die damit nicht umzugehen wissen.

Eine nicht zu unterschätzende Ursache problematischer Verhaltensweisen bei Hunden sind psychische Probleme der Halter selbst. Hunde sind sensibel und registrieren jede emotionale Regung und jedes körperliche Signal des Menschen. Ängstlichkeit, Minderwertigkeitskomplexe oder Aggressionen übertragen sich auch auf ihr Gemüt (→ »Der Hund als Schatten der Seele«, S. 221). Umwelt- und Zivilisationsprobleme, die die Menschen überfordern und überreizen, tun ihr übriges, um die Beziehung zum Hund zu belasten. Hunde sind häufig auch verstört, weil sie vernachläßigt, mißhandelt oder für gewaltsame Zwecke wie zum Beispiel für illegale Hundekämpfe mißbraucht werden. Hunde können sich allerdings auch absonderlich verhalten und sich verweigern, weil sie Schmerzen haben oder krank sind.

Überzüchtung

Einen negativen Einfluß auf das Sozialverhalten von Hunden kann nicht zuletzt auch eine Überzüchtung haben. Züchter können die Nachfrage nach manchen Rassehunden manchmal kaum noch befriedigen. Es kommt zu längeren Wartezeiten und höheren Preisen. In diese Marktlücke stoßen unseriöse Züchter im In- und Ausland, die Hunde als Billigware »wie am Fließband« produzieren, ohne dabei auf die charakterlichen oder körperlichen Eigenschaften der Elterntiere zu achten. Das internationale Geschäft mit Hunden boomt. Händler importieren die Tiere aus dem Ausland und verkaufen sie über vielfältige Kanäle mit gefälschten Ahnentafeln und Impfpässen an unerfahrene, teils aber auch erfahrene, Hundeliebhaber. Trotz vielfacher Warnungen vor solchen Machenschaften finden sich immer wieder gutgläubige Käufer, die später ein böses Erwachen haben. Viele dieser Hunde sind schwerkrank und verhaltensgestört. Vor allem wenn bestimmte Rassen in Mode geraten – wie zum Beispiel der Golden Retriever – werden sie verantwortungslos vermehrt. Das Ergebnis sind Erbkrankheiten wie etwa die Hüftgelenksdysplasie (HD), Augenleiden oder Verhaltensstörungen. Selbst bei seriöser Zucht lassen sich genetische Fehlentwicklungen nicht immer ausschließen, auch hier können einzelne Welpen aus einem Wurf mit hervorragendem Stammbaum ängstlich oder aggressiv werden.

Nicht unschuldig an Fehlzüchtungen sind auch viele Amateurzüchter, weil sie bei einer geplanten Paarung die genetischen Anlagen der Elterntiere oder deren Vorfahren nicht beachten. Bei diesen Zufallszuchten kommen oft Hunde zur Welt, die eigentlich keiner haben möchte – vor allem, wenn es keine reinrassigen Hunde sind.

Die Gründe, warum Hunde problematisch werden, sind so zahlreich, daß sie in einem Buch nicht alle erwähnt werden können. Jeder Hund mit schwierigem Verhalten ist ein Fall für sich, der individuell beurteilt werden sollte. Es gibt keine Patentrezepte, denn alle Hunde sind verschieden – nicht anders als ihre Halter, die ihr Leben maßgeblich prägen. Viele Verhaltensstörungen oder problematische Verhaltensweisen lassen sich beheben, vorausgesetzt sie sind nicht genetisch bedingt, was zum Glück noch die Ausnahme ist. Meist ist aber viel Geduld, Engagement und professioneller Rat erforderlich. Allerdings ist nicht alles, was so manche Hundehalter als Verhaltensstörung definieren, auch wirklich eine (→ »Verhaltensstörungen«, S. 214). Immer wieder mißverstehen Menschen die Signale und Körpersprache ihres Hundes und empfinden sein Verhalten als unnormal. Um Problemen von vornherein vorzubeugen, sollte man sich zunächst genau überlegen, welcher Hund zu einem paßt (s. a. »Elf Hundegruppen«, S. 140). Danach kommt es dann auf die richtige Prägung und Erziehung an. Doch selbst wenn bereits Probleme aufgetreten sind, gibt es fast immer noch Lösungsansätze.

Auf die Prägung kommt es an

Verkehr, Baulärm, Fahrradfahrer, Menschenmengen, Stimmengewirr und Geschrei, rennende Kinder, Hunde, unterschiedlichste Gerüche, Schritte im Treppenhaus, klappernde Teller, schlagende Türen, rauschendes Badewasser, weinende Säuglinge, lachende oder streitende Nachbarn: diesen und anderen Reizen ist ein Großstadthund ausgesetzt. Er lebt auf engem Raum zusammen mit seinen Haltern, darf häufig in deren Schlafzimmer nächtigen – manchmal sogar in deren Bett – und sie bei Autofahrten begleiten. In der Regel ist seine Bewegungsfreiheit auf Wohnung, Haus oder Garten begrenzt, und er ist darauf angewiesen, mehrmals täglich zum Spaziergang ausgeführt zu werden. Wegen des Verkehrs muß er dabei viel an der Leine gehen. Entgegen der häufig geäußerten Ansicht, Hunde in der Stadt zu halten sei Tierquälerei, genießen viele Hunde bei richtiger Haltung das Stadtleben, das durch regel-

mäßige Hundekontakte und eine abwechslungsreiche Geruchs-
welt für sie besonders unterhaltsam ist. Das Leben des Hundes
auf dem Land ist dagegen relativ reizarm: Kühe, Pferde, Schafe,
Katzen und andere Haustiere sind seine Welt. Selten begegnet
er anderen Hunden. Die Geräusche und Bewegungen einer
Stadt sind ihm unbekannt. Meist ist es seine Aufgabe, den Hof
zu bewachen, auf dessen Gelände er sich bewegen kann. Spaziergänge oder Ausflüge finden selten bis nie statt. Er kennt oft
nur die Nachbarn, den Postboten, die fahrende Bäckerin oder
einige andere regelmäßige Besucher. Der Hund von Landwirten schläft meist getrennt von der Familie, in der Küche oder im
Stall. Autos kennt er oft nur von außen. Käme er in die Stadt,
würden ihn die vielen neuen Reize in Angst und Schrecken versetzen. Wenn er noch jung ist, kann er die starken Eindrücke in
der Regel verarbeiten und sich bei sorgfältiger Heranführung
allmählich an die neue Umgebung gewöhnen, ist er jedoch
schon zu sehr vom Land geprägt, wird er sich wahrscheinlich
immer schwer tun, ein Großstadthund zu werden. Ein Großstadthund, vertraut mit ständig neuen Umwelteinflüssen und
Reizen, hätte dagegen weniger Mühe, sich auf dem Land zu-
rechtzufinden. Allerdings könnten ihn Kühe und Traktoren
zunächst sehr verängstigen.

Das sind nur einige der Rahmenbedingungen, in denen Hunde
aufwachsen können. Hunde leben in zwei Sozialfeldern, im
Sozialfeld Mensch und im Sozialfeld Hund. Legte man beide
Felder auf eine Waagschale, müßte die des Sozialfelds Mensch
etwas schwerer sein. Es gibt Hunde, bei denen eines der beiden
Sozialfelder zu stark ausgeprägt ist. Hundehalter sollten in diesem Fall Situationen vermeiden, durch die das Ungleichge-
wicht noch gefördert wird. Zum Beispiel bei Hunden, die immerzu nur Ball spielen wollen und sich für andere Hunde nicht
mehr interessieren. Oder – im umgekehrten Fall – bei Hunden,
die sich nur noch für Artgenossen interessieren: Werden solche

Hunde während der Ferienzeit auch noch in einer Pension untergebracht, in der alle Hunde zusammen gehalten werden, so verlieren die Halter sie vermutlich vollends an das »Sozialfeld Hund«.

»Unter Prägung versteht man die einmalige und unumkehrbare Einbringung von spezifischen individuellen Erfahrungen in angeborene Verhaltensprogramme innerhalb einer begrenzten Zeitspanne« (Bernauer-Münz/Quandt nach R. Gattermann: Problemverhalten). Es gibt viele Faktoren, die bei der Prägung eines Hundes eine Rolle spielen: Ist der Welpe beim Züchter mit vielen Eindrücken und Reizen konfrontiert worden, oder wurde er isoliert gehalten? Lebt der Hund bei ausgeglichenen und geduldigen oder unzufriedenen und nervösen Menschen? Wächst er mit Kindern auf, lebt er bei einem kinderlosen Paar, bei jungen oder älteren Menschen? Wird er in die Familie miteinbezogen oder ist er von gemeinschaftlichen Unternehmungen ausgeschlossen? Lernt er viele Menschen und Hunde kennen oder hat er nur wenig Sozialkontakte? Wird er konsequent oder willkürlich, resolut oder nachgiebig erzogen? Je nach Umwelteinflüssen und Erfahrungen entwickeln Hunde völlig unterschiedliche charakterliche Eigenschaften – sogar Geschwisterhunde, die sich im Welpenalter im Wesen sehr ähneln, können sich später stark voneinander unterscheiden. Der eine mag zufrieden, friedlich und gehorsam, der andere nervös, gereizt und ungebärdig sein.

Unabhängig von der Prägung und von angelernten Verhaltensweisen gibt es außerdem angeborene Eigenschaften, die die Grundzüge des Hundecharakters bestimmen. Auch deshalb können Hunde aus unterschiedlichen Würfen und natürlich auch Geschwisterhunde, bei gleicher Prägung und gleicher Behandlung, in Temperament und Gemüt grundlegend verschieden sein. Von Geburt an selbstbewußte Hunde können durch eine entsprechende Prägung verstärkt dominantes Verhalten erlernen. Eine angeborene Dominanz kann durch die richtige Prägung und Erziehung aber auch eingeschränkt werden. Auch auf Hunde mit unterwürfigem Charakter kann man regulierend einwirken. Trotz guter Veranlagungen kann ein Hund durch schlechte Prägung oder schockierende Erlebnisse nachhaltig verstört werden. Es gibt allerdings einige sehr wesensstarke Hunde, die trotz negativer Prägung ihre guten Eigenschaften bewahren.

Die Hauptprägungsphase eines Hundes ist zwischen sechster und achter Lebenswoche. In dieser Zeit ist der Hund am aufnahmebereitesten: Alle Eindrücke und Reize seiner Umwelt haben jetzt eine nachhaltige Wirkung auf ihn. Mit nichts kann er sich später wieder so unkompliziert vertraut machen wie in dieser Zeit. Es ist deshalb grundsätzlich ratsam, einen Hund schon in der achten Lebenswoche zu sich zu holen. Er ist dann noch besonders form- und prägbar. Wenn er beim Züchter, bzw. dort wo er geboren wurde, Menschen und Tiere kennengelernt und gute Erfahrungen gemacht hat, sind das die besten Voraussetzungen für seine Integrierung in die neue soziale Gruppe. Schwieriger kann die Einführung eines älteren Hundes in eine neue Gemeinschaft sein. Er ist bereits stark durch seine Vorgeschichte beeinflußt – und die dort erfahrene Prägung entspricht nicht immer den Lebensumständen des neuen Halters. Es ist deshalb hilfreich, wenn man die Vorgeschichte eines Hundes kennt, bevor man ihn aufnimmt. Es läßt sich dann eher voraussagen, ob ein Zusammenleben mit ihm angenehm oder problematisch werden wird. Hunde, die in den entscheidenden Lebensphasen falsch oder gar nicht geprägt wurden, kann man kaum noch umprägen und oft nur schwer erziehen. Es sind überwiegend Problemhunde, die auf Artgenossen und Menschen aggressiv oder überängstlich reagieren und sich auch sonst absonderlich verhalten. Besonders häufig kommt das bei Hunden vor, die als Welpen von ihrer Umwelt isoliert wurden. Hunde, bei denen die richtige Frühprägung versäumt wurde, entwickeln nie dieselbe starke Bindung an ihre Halter wie Hunde, die vom Welpenalter an artgerecht gehalten, liebevoll erzogen und in engem Kontakt mit Menschen groß geworden sind.

Als Hundehalter sollten Sie von Anfang an überlegen, mit welchen Situationen Sie Ihren Hund vertraut machen wollen: Soll er Sie in Zukunft beim Einkaufen, ins Büro, ins Restaurant und zum Friseur begleiten, oder soll er, außer auf Spaziergängen, stets zu Hause warten? Soll er mit Ihnen Auto, Bus oder Bahn fahren? Wollen Sie später Kinder haben, oder gibt es in Ihrem sozialen Umfeld viele Kinder, so daß Sie ihn mit deren wilden Bewegungen und dem Geschrei vertraut machen sollten? Leben Sie mit Ihrem Hund auf dem Land und planen, später einmal in die Stadt zu ziehen? Es hilft, wenn Sie eine Checkliste erstellen, in der sie Ihre täglichen Aktivitäten, Hobbies und Zukunftspläne vermerken und Ihren Hund dabei miteinplanen. Sie sollten ihn von der achten Lebenswoche an mit all jenen Eindrücken und Reizen vertraut machen, die ihn sein Leben lang begleiten werden. Selbst der Besuch beim Tierarzt will geübt sein! Von der achten bis zehnten Lebenswoche sollte der Hund allerdings auf keinen Fall mit übermächtigen Reizen und schockierenden Erlebnissen konfrontiert werden, denn das ist die Phase der größten »Angsteinprägung« (s. a. »Die Entwicklungsphasen des Hundes«, S. 180). Alles was den Hund in dieser Zeit erschreckt, kann ihm einen Schaden fürs Leben zufügen.

Was die soziale Prägung Ihres Hundes angeht, so sollten Sie gelegentlich auch Ihr eigenes Verhalten beobachten und analysieren: Ist Ihr Hund ängstlich, weil Sie es sind? Ist er angespannt, weil Sie ständig unter Druck stehen? Ist er schnell reizbar und nervös, weil Sie sich zuhause zu oft streiten? Der Hund kann ein Spiegel menschlichen Verhaltens sein (→ »Der Hund als Schatten der Seele«, S. 221).

Hunde brauchen Beschäftigung

Das größte Problem der modernen Hundehaltung ist die Langeweile.
Heidi Bernauer-Münz, Christiane Quandt

Die Hundehalterin kehrt von der Arbeit zurück. Abermals hat ihre Schäferhündin Kira die Wohnung verwüstet: Sie hat Mäntel und Jacken durcheinandergeworfen, Schuhe angeknabbert, Kissen zerfetzt und anderes Unheil angerichtet. Die Halterin ist wütend und reagiert ratlos mit Schlägen. Die Ursache der Zerstörung ist jedoch nicht schwer zu erraten: Kira ist unterbeschäftigt und frustriert. Die Langeweile ist für sie Streß, der sich verstärkt, wann immer ihre Bezugsperson das Haus ohne sie verläßt. Die einjährige Hündin ist weder ausgebildet, noch wird sie regelmäßig spazierengeführt: Kira ist überwiegend sich selbst überlassen. Ihre einzige Beschäftigung ist es, einige Male am Tag im kleinen Garten hin und her zu laufen und Fremde am Zaun anzubellen. Führungslos, verunsichert und gelangweilt macht sie ihrem Ärger durch blinde Zerstörungswut Luft, sobald sie alleine gelassen wird.

Auf Anraten einer Hundetrainerin beschäftigt sich die Halterin seit kurzem ausgiebig mit Kira. Sie trainiert täglich mit ihr, vertraut ihr Aufgaben an und bietet ihr ausreichend Auslauf. Seitdem ist die Hündin ausgeglichen und ruhig.

Aufgaben im Rudel

Wölfe oder Wildhunde, die im Rudel leben, bilden eine perfekt aufeinander eingespielte Jagdgemeinschaft. Je größer das Rudel, um so größer sind die Überlebenschancen, und um so rascher und erfolgreicher kann Beute gemacht werden. Jedes Ru-

del hat seine eigene Ordnung, die sich von der anderer Rudel
unterscheidet, und jedes Tier hat seine Aufgabe. Selbst die Fort-
pflanzungsrituale sind geregelt: Im allgemeinen darf nur die
Leithündin Junge bekommen – vom Leithund selbstverständlich. Auf diese Weise ist gesichert, daß nur die Stärksten und
Gesündesten zur Welt kommen und nicht zu viele Welpen
gleichzeitig großgezogen werden müssen. Nur in Ausnahmefällen werden mehrere Hündinnen zugleich befruchtet, etwa
wenn die Gruppe vom Aussterben bedroht ist oder wenn das
Rudel groß genug ist, um realistische Chancen zu haben, alle
Jungen durchzubringen. Denn jeder Wurf bedeutet zusätzliche
Arbeit und zusätzliches Risiko für die Gemeinschaft.

Bei afrikanischen Wildhunden kann es vorkommen, daß einige Hündinnen nach der Leithündin noch Junge zur Welt
bringen – meist überleben diese jedoch nicht, weil sie von der
Leithündin getötet werden. Sie versucht auf diese Weise die
Überlebenschancen ihrer eigenen Welpen zu verbessern. In
sehr großen Rudeln kommt es jedoch durchaus vor, daß mehrere Würfe zur Welt kommen und am Leben bleiben. Dafür
gibt es zwei Erklärungen: Vielleicht schafft die Leithündin es
nicht, die Läufigkeit und Fortpflanzung zu vieler anderer
Hündinnen zu unterdrücken. Vielleicht sieht sie ihre Welpen
aber auch nicht gefährdet, weil das Rudel groß genug ist, um
alle Jungen ausreichend zu ernähren.

Etwa zweimal täglich versammeln sich die Mitglieder eines Rudels zur Jagd. Wölfe beginnen zu heulen, um die Jagd einzuleiten.
Die Junghunde dürfen die Jäger begleiten, zunächst aber nur als
Beobachter, denn sie müssen auf die gefährliche Jagd noch vorbereitet werden. Meist sind sie erst mit einem Jahr voll ausgebildet. Sobald die Jäger Wild aufgespürt haben und die strategisch
ausgefeilte Hatz beginnt, werden die Jungtiere als Zuschauer ins
Abseits verbannt. Unterdessen hüten andere erwachsene Rudelmitglieder und die Mutterhündin die Welpen und jene Jung-

hunde, die noch nicht mit auf die Jagd dürfen. Sie spielen mit ihnen und schützen sie vor Raubtieren. Die Jäger sind je nach Wildbestand einige Stunden, manchmal auch den ganzen Tag unterwegs. Wildhunde haben mitunter ein Jagdrevier von mehreren hundert Quadratkilometern und können bei der Jagd schneller als 60 Stundenkilometer laufen. Sobald sie ihre Beute erlegt haben, schlagen sie sich hastig die Mägen voll, damit ihnen keiner etwas davon streitig machen kann. Zunächst fressen die Jüngsten, darauf achten die Leithunde. Bei Wölfen hat der Ranghöchste Vorrang. Anschließend eilen die gesättigten Tiere zu den Welpen und deren »Babysittern«, zurück. Es ist Fütterungszeit: Die Welpen und Jungtiere lecken den Jägern die Lefzen, die daraufhin Brocken ihrer Mahlzeit hervorwürgen. Auch die Mutterhündin wird auf diese Weise gefüttert. Danach ist Ruhezeit. Die Tiere dösen zufrieden und erholen sich von der Jagd. Später steht intensives Spiel auf dem Programm. Jagd und Spiel sind die beiden Hauptbeschäftigungen im Rudel. Natürlich fallen auch andere Aufgaben an, wie etwa die Erziehung der Jungen, die Markierung und Verteidigung des Reviers oder Erkundungstouren nach einem neuen Revier. Die Disziplin und Struktur des Rudels bleibt stets gewahrt. Für Wölfe und Wildhunde ist es natürlich, ihre Pflichten und Aufgaben zu erledigen, denn nur so können sie ihren Fortbestand sichern.

Domestizierte Hunde haben keine natürlichen Aufgaben

Domestizierte Hunde müssen nicht um ihr Überleben kämpfen. Sie brauchen sich um ihr tägliches Futter keine Sorgen machen, und ihre Fortpflanzung wird meist von Menschen kontrolliert. Tierärzte kümmern sich um ihre Gesundheit, und kein Raubtier lauert, um sie anzugreifen. Das größte Problem der modernen Hundehaltung ist daher die Langeweile. Tatsächlich versäumen es die meisten Halter, ihre Hunde ausreichend zu beschäftigen. Viele glauben, Hunde wollten nichts anderes als ihre Ruhe und Schlaf. Doch nur weil Haushunde keine natürlichen Aufgaben haben, heißt das nicht, daß sie sich damit zufriedengeben, den ganzen Tag zu entspannen: Wovon sollten sie sich denn erholen, wenn sie nicht arbeiten?

Trotz Domestikation haben auch Haushunde noch natürliche Instinkte und Rituale. Sie haben unterschiedlich ausgeprägte Jagd- und Beutetriebe, und ihnen wohnen zumindest ansatzweise noch jene Instinkte inne, die sie zum Überleben in der freien Natur benötigen würden. Hunde, die unterbeschäftigt sind, suchen sich selbst Aufgaben, die meist nicht im Sinne ihrer Halter sind: Sie zernagen, was immer ihnen zwischen die Zähne kommt, toben Fahrradfahrern und Autos hinterher, verbellen wahllos jeden Passanten am Zaun und denken sich allerlei anderen Unsinn aus. Manche Hunde zerbeißen sich aus Langeweile sogar die eigenen Gliedmaßen oder lecken sich wund. Gelangweilte Hunde finden meist einen Weg, um sich Unterhaltung zu verschaffen. Dabei können sie unerträgliche Nervensägen sein und erheblichen Schaden anrichten. Vor allem für sehr lebhafte, wachsame, intelligente und lernbegierige Hunde ist Unterbeschäftigung eine Qual. Ihre Unterforderung und ihren Energieüberschuß kompensieren sie mit Übersprungshandlungen. Viele werden nervös und zappelig. Einige werden auf Dauer aggressiv, andere stumpfen ab und werden apathisch.

Hunde brauchen Aufgaben und Impulse, die ihr Leben abwechslungsreich machen. Es reicht nicht, sich einen Hund anzuschaffen und ihn dann im Garten den ganzen Tag sich selbst zu überlassen. Hunde wollen geführt und gefordert werden. Es ist wichtig für sie, »gebraucht zu werden«. Man kann oft beobachten, daß Hunde, die in das berufliche Leben ihrer Halter eingebunden sind, und diese täglich begleiten dürfen (zum Beispiel Hunde von Schäfern), besonders ausgeglichen sind.

Da Hunde ihre Umwelt überwiegend durch ihre feine Nase wahrnehmen, wollen sie stets neue Gerüche aufnehmen. Der eigene Garten ist schnell ausgekundschaftet und auf Dauer wenig abwechslungsreich, denn neue Düfte kommen selten hinzu. Spaziergänge bedeuten Hunden deshalb vielleicht ebensoviel wie den meisten Menschen ein gutes Buch oder ein spannender Film. Zu erschnüffeln, wer zuvor ihres Weges gegangen ist, ob Rüde, Hündin, eine Katze oder sogar ein Hase, ist für Hunde ein Abenteuer und sorgt für Abwechslung.

Aufgaben schaffen

Es reicht nun aber nicht, allein den Geruchssinn der Hunde zu befriedigen. Genauso wichtig ist es, sie mental zu stimulieren, sie in Kontakt mit Artgenossen zu bringen, sie spielen zu lassen und ihnen viel Bewegung zu verschaffen. Ideal ist es, wenn Hunde, ihren Eigenschaften gemäß, arbeiten oder sich mit Sport und Spiel beschäftigen können (→ »Berufs- und Hobbyhunde«, S. 57). Wer einen Hund als reinen Familien- oder Begleithund hält, sollte für ihn künstliche Aufgaben schaffen. Das gilt besonders für Rassen, die aufgrund ihrer genetischen Anlagen besonders rege und aktiv sind und viel arbeiten müssen, um zufrieden und ausgeglichen zu sein, zum Beispiel Hüte- oder Schlittenhunde (→ »Elf Hundegruppen«, S. 140). Trainieren Sie regelmäßig mit Ihrem Hund, bringen Sie ihm neue Aufgaben bei, fordern Sie ihn. Spielen Sie mit ihm Fußball oder Frisbee, lassen Sie ihn apportieren oder von Ihnen gelegten Fährten folgen. Nehmen Sie ihn auf Fahrradtouren mit, wenn er besonders viel Bewegung braucht, allerdings nicht vor Vollendung des ersten Lebensjahres, um seine Hüften und Gelenke zu schonen. Verlangen Sie beim Fahrradtraining anfangs nicht zuviel, sondern bauen Sie es langsam auf. Ihr Hund wird sich allmählich an die von Ihnen gewählte Distanz gewöhnen. Wenn Sie das Training allerdings immer weiter aufbauen und steigern, müssen Sie damit rechnen, daß Ihr Hund bald nicht mehr mit einer halben Stunde Fahrradtraining zufrieden sein wird, sondern sein übliches Pensum braucht, um ausgelastet zu sein. Daher sollten Sie sich vorher überlegen, wie lange Sie täglich mit ihm unterwegs sein wollen.

Bei »Arbeitsbeschaffungsmaßnahmen« für Hunde sind der Phantasie keine Grenzen gesetzt. Werden Sie erfinderisch, und überlegen Sie sich Aufgaben, die Ihr Hund übernehmen kann. Setzen Sie ihn im Haushalt ein: Er kann den Futternapf oder die Zeitung, die Leine oder andere Gegenstände für Sie holen. Machen Sie Suchspiele mit ihm, bringen Sie ihm Tricks und Kunststücke bei (→ »Kleine Kunststücke und Spiele«, S. 364). Auch Problemlösungen sind eine gute Beschäftigung: Gehen Sie zum Beispiel an der Leine mit Ihrem Hund spazieren. Wenn Sie unterwegs auf einen Baum stoßen, gehen Sie auf der einen, der Hund vielleicht auf der anderen Seite daran vorbei. Die Leine wird sich dabei um den Baumstamm legen und Ihr Fortkommen bremsen. Helfen Sie dem Hund jetzt nicht, indem Sie ihm nachgehen – er selbst soll das Hindernis umgehen und auf Ihrer Seite weiterlaufen. Es kann ein Weilchen dauern, bis er das verstanden hat – geben Sie ihm zunächst ein wenig Hilfestellung. Lassen Sie Ihren Hund beim Spaziergang auch mal auf ein umzäuntes Gelände oder eine Wiese mit mehreren Zugängen laufen und gehen Sie selbst außerhalb des Grundstücks weiter. Seine Aufgabe ist nun, ohne Ihre Hilfe einen Ausgang zu finden.

Natürlich muß auch beim Beschäftigungsprogramm das Maß stimmen. Für den Hund ist zuviel genauso ungesund wie zuwenig Beschäftigung. Überreizte und überlastete Hunde, die keinen Moment sich selbst überlassen bleiben, sind überfordert. Hunde, die von ihren Haltern vermenschlicht als Partner- oder Kinderersatz dienen müssen, die von morgens bis abends verwöhnt und nicht artgerecht gehalten werden, sind auch keine

beneidenswerten Geschöpfe. Es sei hier abschließend noch be-
merkt, daß physische Beschäftigung allein nicht ausreicht, um
einen Hund als guten Partner zu gewinnen. Wenn er seinen
Halter nicht respektiert und folglich dessen Regeln mißachtet,
hilft keine Beschäftigung der Welt, um ihn zu einem umgäng-
lichen Hund zu machen. In dem Fall muß zunächst grundsätzlich an der Beziehung gearbeitet werden (→ » So lernt Ihr
Hund, Sie zu respektieren«, S. 266).

Berufs- und Hobbyhunde

Sie schützen, hüten und wachen, sie treiben, jagen und appor-
tieren, sie suchen, retten und helfen, sie ziehen Schlitten, laufen
Rennen, treten im Zirkus auf und dienen als Schoßwärmer:
Hunde sind überaus vielseitige Haustiere. Fast alle Rassen wurden ursprünglich für bestimmte Zwecke gezüchtet: Terrier und
Pinscher als Rattenfänger und um Füchse im Bau aufzustö-
bern, der Sibirische Husky und der Alaskan Malamute als
Schlittenhund, der Lapphund als Hüter von Rentieren und der
Norwegische Elchhund als Elchjäger. Der Dackel sollte Dachse
aufspüren, der Golden Retriever apportierte erlegtes Wild, und
der Deutsche Schäferhund war ursprünglich dafür vorgesehen,
Schafe zu hüten. Als Mitglied einer Arbeitsgemeinschaft unter-
stützten Hunde den Menschen früher regelmäßig bei der täglichen Arbeit und waren ihm somit von praktischem Nutzen. In
unserer westlichen Welt leben Hunde und Menschen dagegen
überwiegend in Freizeitgemeinschaften. Die meisten Rassehunde werden nur noch als Familien- und Begleithunde gehalten. Allerdings gibt es auch in der heutigen Zeit vielfältige Ein-
satzmöglichkeiten für Hunde.

Im folgenden finden Sie einige »Berufe«, die Hunde heute tatsächlich noch ausüben. Einige davon lassen sich auch als Freizeithobby betreiben.

Der Blindenführhund (Berufshund)

Unendlich geduldig begleitet der Blindenführhund seinen Halter. Dicht läuft er neben ihm in einem weißen Geschirr, manchmal durch zwei rote Kreuze gekennzeichnet, durch das er seinen blinden Partner führt. Mit Hilfe von Handzeichen und verbalen Anweisungen macht der Blinde seinem Hund deutlich, was er will. Die Anweisungen erfolgen entweder auf italienisch (Schweizer Ausbildungsmethode) oder auf deutsch. Quer durch belebte Stadtteile geleitet der Hund seinen Halter über Kreuzungen, durch öffentliche Anlagen und Gebäude. Auf Kommando sucht er einen Fußgängerübergang, und beim Überqueren von Straßen wartet er am Bordstein, bis er von seinem Halter den Hinweis zum Weitergehen bekommt – der Blinde entscheidet nach Gehör, ob er weitergehen kann. Sicher bringt sein Hund ihn auf die gegenüberliegende Straßenseite. Stetig lenkt der Blindenführhund seinen Halter um Hindernisse herum und weist durch Zögern zum Beispiel auf Treppen hin. Wenn der Blinde sich setzen will, fordert er seinen Hund auf, eine Sitzmöglichkeit zu suchen. Sobald der Hund fündig geworden ist, legt er seinen Kopf auf den Platz oder bleibt stehen, so daß der Blinde weiß, daß er sich setzen kann. Der Blindenführhund sucht Busse, Straßenbahnen, Taxis oder Züge und zeigt den jeweiligen Einstieg an. In Bahnhöfen oder Postämtern macht er durch Stehenbleiben auf die Schalter aufmerksam. Er darf seinen Halter mit Einschränkungen in Lebensmittelgeschäfte, Restaurants, Arztpraxen, Kirchen und andere öffentliche Gebäude begleiten. Sogar auf Flugreisen ist er als Begleiter erlaubt.

Ein gut ausgebildeter Blindenführhund läßt sich nicht durch fremde Hunde, Menschenmengen, großen Lärm oder durch andere Reize von der Arbeit ablenken. Konzentriert und zuverlässig verrichtet er seinen Dienst. Passanten sollten ihn bei seiner Tätigkeit nicht stören, und andere Hundehalter verhalten sich rücksichtsvoll, wenn sie ihren Hund beim Auftauchen eines arbeitenden Blindenführhunds an die Leine nehmen. In der Ausbildung wird der natürliche Trieb des Blindenführhundes, seine soziale Gruppe zu verteidigen, gedämpft: Scheu und Aggression gegenüber Fremden sind unerwünscht. Der Blindenführhund ist kein Schutzhund, gleichwohl dürfte seine bloße Präsenz auf mögliche Übeltäter abschreckend wirken. Dem Blinden vermittelt er jedenfalls ein Gefühl von Sicherheit. In Ausnahmefällen, etwa bei einem Überfall, würde der Hund seinen Halter höchstwahrscheinlich verteidigen, vorausgesetzt es besteht zwischen beiden eine intakte soziale Bindung. Blindenführhunde werden in der Regel kastriert, so daß die ohnehin schon hohe Reizschwelle dieser Hunde durch eine zusätzliche Beruhigung ihrer Triebe noch weiter heraufgesetzt wird.

Ein gut geführter Blindenführhund bekommt ausreichend Gelegenheit, sich durch viel Freilauf und beim Spiel mit anderen Hunden auszutoben. Für seinen Halter ist das zugleich eine Möglichkeit, mit anderen Hundebesitzern und Passanten in Kontakt zu kommen. Blindenführhund und Halter haben eine enge Beziehung: Tag und Nacht sind sie zusammen. Der Hund steht jederzeit zur Verfügung, wenn sein Halter eine Stütze oder Begleitung braucht. Er verhilft dem Blinden zu mehr Unabhängigkeit, Selbstbewußtsein und Kontakt zur Außenwelt.

Es sind im allgemeinen Schäferhunde, Golden und Labrador Retriever, die zu Blindenführhunden ausgebildet werden. »Von potentiellen Blindenführhunden wird Wesenssicherheit, ruhiges bis mittleres Temperament, Ausdauer sowie gute Assoziations- und Kombinationsbegabung erwartet« (Grahovac:

Verhaltensbeziehung zwischen blinden Menschen und ihren Führhunden). Während ihres ersten Lebensjahrs leben die ausgewählten Hunde meist bei Züchtern oder Privatleuten oder sie kommen in »Patenfamilien«, wo man sie speziell fördert. Die Ausbildung erfolgt zwischen dem 12. und 18. Lebensmonat und dauert sechs bis acht Monate, d. h. man geht von 300 bis 400 Übungsstunden aus. Der zukünftige Halter des Hundes wird drei bis vier Wochen lang geschult, bevor er ihn übernehmen darf.

Die Tatsache, daß der Hund erst nach der Ausbildung zu dem Menschen kommt, den er führen soll, schafft manchmal Probleme: Mancher Hund findet aufgrund seiner Vorprägung und seines Trainings mit einem Ausbilder nicht den richtigen Bezug zu seinem neuen Partner und respektiert ihn nicht ausreichend. In Deutschland müssen Blinde keinen Eignungstest für die Haltung eines Hundes absolvieren. Es kommt deshalb durchaus vor, daß Hundeführer über das Wesen und die Bedürfnisse ihres Hundes nicht aufgeklärt sind, Fehler machen und die Beziehung daher nicht harmoniert. Ist der Hund darüber hinaus schlecht ausgebildet, kann die beiderseitige Frustration groß sein.

Es gibt rund 25 deutsche Blindenführhundschulen, von denen nach Aussage von Experten nur sechs bedingt empfehlenswert sind. Da die Ausbildung von Blindenführhunden kein anerkannter Beruf ist, kann grundsätzlich jeder hierfür ein Gewerbe anmelden. Das Ergebnis ist dann oft unbefriedigend. Vor der Kostenübernahme für einen Hund verlangen die Versicherungen jedoch eine Prüfung durch einen Experten. Erst nach bestandener Prüfung gilt der Hund als Blindenführhund, für den die Versicherung bei Bedarf bezahlt.

Ein Blindenführhund kostet etwa 15000 bis 40000 Mark. Von den rund 120000 Blinden in Deutschland haben bislang nur 1,5 Prozent einen Blindenführhund. Das liegt vielleicht daran, daß die Kostenübernahme früher nicht gesichert war und viele Hunde unzureichend ausgebildet sind. Zweifellos muß man aber auch einen Bezug zum Hund haben, wenn man sich zu einem Zusammenleben mit ihm entschließt. Mittlerweile übernehmen die Krankenkassen ca. 26 000 bis 28 000 Mark der Kosten – nach strenger Prüfung, ob ein Hund notwendig ist. Blindenführhunde sind die einzigen Hunde, die die Krankenkassen als »Hilfs- und Heilmittel« anerkennen.

Die Tendenz, sich einen Hund anzuschaffen, so die Vorsitzende des Deutschen Blindenführhundhaltervereins, steigt. Blinde in Begleitung eines Hundes stoßen in der Öffentlichkeit überwiegend auf Zuspruch und Akzeptanz. Mitunter werden sie aber auch von schlecht informierten Passanten kritisiert: Es sei Tierquälerei, einen Hund für diese Arbeit zu mißbrauchen. Aber gegen den Einsatz von Blindenführhunden bestehen aus tierethischen Gründen keine Bedenken, vorausgesetzt, die Hunde bekommen ausreichend Auslauf und haben eine gute Beziehung zu ihren Haltern.

Der Behindertenbegleithund (Berufshund)

Viele körperlich Behinderte sind an den Rollstuhl gefesselt. In Begleitung eines Hundes fühlen sie sich unabhängiger und somit zufriedener. Sie haben stets ein aufmerksames Wesen an ihrer Seite, das ihnen hilft und in allen Situationen zuverlässig zu ihnen hält. Hunde werden speziell für die unterschiedlichsten Behinderungen ausgebildet und assistieren sogar Kindern. Allerdings ist nicht jedes Kind reif genug, die Verantwortung für den Hund zu übernehmen, weshalb manche Fachleute hier Bedenken äußern. Behindertenbegleithunde können den Alltag ihrer Halter durch viele kleine »Schnauzengriffe« erleichtern. Fallbeispiel Einkaufsbummel: Ein Sprung des Hundes, und die Zimmertür öffnet sich. Ein weiterer Sprung an den

Schalter sorgt für Licht. Der Hund zieht eine Schublade auf, damit sein Halter die Haustürschlüssel herausnehmen kann. Fällt der Schlüssel versehentlich zu Boden, hebt der Hund ihn wieder auf. Auf dem Weg zum Einkaufszentrum geht er neben dem Rollstuhl her. Dort angekommen läuft er die Treppe zum Geschäft hoch, während sein Halter unten auf ihn wartet. Der Verkäufer kennt den Hund. Er holt den Einkaufszettel und das Geld aus einer Satteltasche auf dessen Rücken und steckt die bestellte Ware hinein.

Behindertenbegleithunde können Haustürklingeln drücken, Zeitungen aus dem Postkasten ziehen, den Notrufknopf auf speziellen Telephonen betätigen, den Telephonhörer abnehmen und viele andere Aufgaben verrichten. Solange sie sich genügend bewegen und ausruhen können, machen sie ihre Arbeit offenbar gerne. Die Verbundenheit mit ihrem Halter ist dafür natürlich Voraussetzung.

Als Behindertenhunde kommen vor allem Retriever, Schäferhunde oder Mischlinge zum Einsatz. Ihre Ausbildung dauert ein bis zwei Jahre und muß vom Halter selbst bezahlt werden, da Behindertenbegleithunde, anders als Blindenführhunde, von den Krankenkassen bislang nicht anerkannt werden.

Der Gehörlosenhund (Berufshund)

Gehörlosenhunde wandeln Umweltgeräusche in sichtbare Signale um. Klingelt es an der Haustür, sucht der Hund seinen Halter und führt ihn zur Quelle des Geräuschs. Sei es, daß ein nahendes Auto hupt, ein Baby schreit, der Wecker klingelt oder das Schreibtelephon für Gehörlose rattert: Der Hund macht seinen Halter auf die Geräuschquelle aufmerksam. Er kann ihn zudem in vielen Fällen auch psychisch aus der Isolation holen, die ihm seine Behinderung häufig auferlegt.

Der Therapiehund (Berufshund)

Therapiehunde sollen alten, depressiven, seelisch und körperlich kranken Menschen sowie kranken Kindern durch ihre bloße Anwesenheit Trost und Zuneigung schenken. Doch auch bei Rheumakranken, Herz- und Kreislaufpatienten sowie bei Patienten mit Erkrankungen des Bewegungsapparats leisten sie kostbare Dienste: Sie sollen die Kranken während der Behandlung motivieren, sich zu bewegen. Therapiehunde werden häufig als Familienhunde gehalten, vor allem wenn Kinder erkrankt sind. Sie werden jedoch auch als Besuchsdiensthunde zum Beispiel in Alten- und Pflegeheimen, in Kindergärten, Gefängnissen, Sterbekliniken, Behinderten- und Jugendheimen und manchmal sogar in streßerzeugenden Großraumbüros eingesetzt.

Einige Therapiehunde gehören einer Institution an. Sie leben nicht in einer Bezugsfamilie, daher ist dies eine sehr umstrittene Form der Hundehaltung. Die Bedürfnisse des Hundes kommen hier meist zu kurz. Therapiehunde brauchen starke Nerven, ein ausgeglichenes, stark menschenbezogenes und ruhiges Wesen. Deshalb ist eine intensive und sorgfältige Prägung, die von Geburt an alle nur denkbaren Umwelteinflüsse, Menschen und andere Tiere miteinbezieht, die beste Voraussetzung für einen wesensfesten Hund. Therapiehunde sind vor allem Streichelhunde. Gutmütig müssen sie es ertragen, ständig angefaßt zu werden, was bei der mitunter eingeschränkten Motorik älterer oder behinderter Menschen nicht immer angenehm ist. Ein Hund mit einer niedrigen Reizschwelle würde unter diesen Bedingungen rasch nervös und unberechenbar. Der Verband Therapiehunde Deutschland züchtet speziell die für diese Aufgabe besonders geeigneten Golden Retriever und Collies und bildet sie für ihre zukünftige Aufgabe auch aus. Die Ausbildung eines Therapiehunds dauert im allgemeinen zwei bis drei Jahre und kostet mindestens 22000 Mark. Der Einsatz von Therapiehunden ist in Deutschland neu, gewinnt jedoch an Interesse.

Der Schutzhund (Berufs- und Hobbyhund)

Der Schäferhund rennt auf Kommando dem sich entfernenden Figuranten hinterher, der trotz eines warnenden Rufs des Hundehalters nicht stehenbleibt. Der Hund stellt und verbellt ihn. Als der Mann sich umdreht und vorgibt, mit einem Knüppel auf das Tier einschlagen zu wollen, beißt der Hund ihn in den Schutzärmel. Er verbeißt sich solange in den Arm des »Einbrechers« bis sein Halter »Aus!« ruft. Der Schäferhund läßt sofort von dem Mann ab und setzt sich bellend vor ihn. Bei der nächsten Übung rennt er auf Befehl los und sucht hinter dem ersten »Versteck« – einer eigens dafür aufgestellten Schutzwand – nach dem Figuranten. Fehlanzeige. Auf Handzeichen seines Halters rennt er zum nächsten »Versteck«, bis er den Mann gefunden hat und stellt ihn, indem er sich wiederum bellend vor ihn setzt.

Bevor ein Hund die Schutzdienstprüfung ablegen kann, muß er zwei weitere Prüfungen bestanden haben. Zunächst die Ausdauerprüfung. Sie besteht aus einer 20 Kilometer langen Fahrradtour mit einer Unterbrechung, in der Herz und Pfoten untersucht werden. Zudem macht der Halter hier einige »Unterordnungsübungen« mit seinem Hund. Ist die Ausdauerprüfung erfolgreich abgeschlossen, wird die Begleithundeprüfung absolviert (→ S. 76).

Die Schutzdienstprüfung selbst besteht aus drei Teilen, dem oben beschriebenen Schutzdienst, der »Unterordnung« und der Fährtenarbeit. Bei der Fährtenarbeit muß der Hund auf einer langen Strecke mehrere Gegenstände aufspüren, deren Fund er bekannt gibt, indem er sich hinlegt. Dabei ist Perfektion gefragt: Der Hund soll bei der Suche mit der Nase stets tief am Boden bleiben, niemals hochschauen und bestenfalls auch um kein Haaresbreit von der Fährte abkommen, selbst dann nicht, wenn der Wind den Fährtengeruch verschiebt. Während der gesamten Übung darf der Halter seinem Hund keine Hilfen geben. Die Ausbildung zum Schutzhund dauert mindestens zwei Jahre.

Schutzhunde kommen auch »beruflich« zum Einsatz: Sie sind professionelle Mitarbeiter bei der Polizei oder Wachdiensten. Werden sie als Hobbyschutzhunde eingesetzt, geht es dagegen in erster Linie um Spaß und Pokale. Sofern Hunde hierbei nicht überbeansprucht werden, haben sie am anspruchsvollen Training durchaus Freude. Als Schutzhunde werden vor allem Rassen ausgebildet, die von Natur aus verteidigungsbereit sind, zum Beispiel Schäferhunde, Rottweiler, Dobermänner, Hovawarts oder Riesenschnauzer. Die Halter können sich durch das Training den rassebedingten, ausgeprägten Schutz- und Wachinstinkt ihrer Hunde zunutze machen, in eine konzentrierte Arbeit umwandeln und vor allem kontrollieren. Letzteres ist besonders wichtig, denn Wach- und Schutzdiensthunde können im alltäglichen Leben gefährlich werden, wenn ihre Aggressionsbereitschaft aufgrund mangelnder Führung nicht in Schach gehalten wird. Durch das gezielte Training sind sie dagegen im Ernstfall abruf- und kontrollierbar. Ein nicht im Schutzdienst ausgebildeter Schutzhund entscheidet möglicherweise selbst, ob es sich um einen »Ernstfall« handelt oder nicht. Er könnte knurren oder beißen, wenn er meint, sein Schutz sei notwendig. Ein ausgebildeter Schutzhund aber reagiert ausschließlich auf Befehl. Die Ausbildung ist bei diesen Rassen nicht nur wichtig, um das Beißen, sondern vor allem um das sofortige Ablassen zu trainieren. Bei den Vereinen, die eine Schutzdienstausbildung anbieten, gibt es erhebliche Unterschiede, was die Qualität und die Ansprüche anbetrifft. Wenn Sie mit Ihrem Hund eine solche Ausbildung machen wollen, sollten Sie sich vorher genau darüber informieren, wie in den jeweiligen Vereinen gearbeitet wird.

Der Suchhund (Berufs- und Hobbyhund)

Die Hündin schnüffelt aufgeregt am hinteren Teil des Autos. Der Beamte öffnet den Kofferraum des Fahrzeugs, und mit einem Satz springt sie hinein. Nach einer weiteren intensiven Geruchsprobe stupst sie mit der Nase zuerst ihren Hundeführer und dann den Fund, einen Sack Rauschgift, an. Andere Hunde würden, je nach Ausbildung, stattdessen bellen oder mit dem Schwanz wedeln. Aufgrund ihres phänomenalen Riechorgans kommen viele Hunde beim Zoll und bei der Polizei zum Einsatz. Sie stöbern Drogen, Sprengstoff und Waffen auf. Meist verrichten Schäferhunde, Schnauzer und Schweißhunde diese Tätigkeit. Sie sind ebenfalls aktiv, wenn es darum geht, untergetauchte oder verirrte Personen aufzuspüren. Suchhunde müssen während der Arbeit regelmäßig abgelöst werden, damit sie eine Pause machen können, denn das Suchen ist sehr anstrengend. Das Suchen von Personen kann übrigens auch als Hobby betrieben werden. Aber auch hier sollte man darauf achten, daß man den Hund nicht überanstrengt.

Der Rettungs- und Lawinensuchhund
(Berufs- und Hobbyhund)

Langsam schwebt der Hubschrauber über dem von einer Explosion erschütterten Stadtteil. Von oben seilt sich ein Rettungshelfer ab – vor seinen Bauch geschnallt ein Hund, der diesen akrobatischen Akt mit stoischer Ruhe über sich ergehen läßt. Sie landen am Boden und nehmen unverzüglich ihre Arbeit auf. Mit äußerster Vorsicht sucht der Hund in den Trümmern nach Verschütteten. Sein Gleichgewicht unter diesen Bedingungen zu halten, hat er während des Trainings gelernt. Wie eine Gemse klettert er inmitten des Gerölls. Als unter ihm einige Steine nachgeben, er den Halt verliert und abzurutschen droht, gerät er nicht in Panik. Konzentriert und ohne sich ablenken zu lassen, setzt der Retter auf vier Beinen seine Suche fort. Sein Halter dirigiert ihn aus der Entfernung durch Hand- und Rufzeichen. Dank seiner guten Nase wird der Hund bald fündig und weist durch Bellen auf den Verschütteten hin, den die Rettungshelfer auf schnellstmöglichem Weg bergen.

Lawinenunglück in den Bergen. Eine Gruppe von Skifahrern ist verschüttet. Der Bergungstrupp trifft an der Unglücksstelle ein, die Suche beginnt. Die Führer und ihre Hunde schwärmen aus. Jetzt kommt der Infrarotempfänger in der Nase der Hunde zum Einsatz. Sie können damit die Körperwärme verschütteter Personen erspüren. Früher dachte man, die Fähigkeit, Lawinenopfer aufzuspüren, beruhe auf einem sechsten Sinn. Heute ist bekannt, daß seine ungewöhnliche Nase mit ihrem Wärmeempfänger dem Hund dazu verhilft, Überlebende aufzuspüren. Sobald die Hunde im Schnee auf Verschüttete stoßen, machen sie ihre Führer durch Graben, Bellen oder Schwanzwedeln darauf aufmerksam. In der Vergangenheit waren es vor allem Bernhardiner, die als Lawinensuchhunde zum Einsatz kamen. Mönche setzten diese großen Hunde erstmals 1750 als Reisebegleiter auf dem St. Bernhard-Paß ein. Diese führten Wanderer durch Schnee, Eis und Nebel und retteten bis 1897 etwa 2000 Menschen vor dem Erfrieren. Durch Überzüchtung sind viele Bernhardiner mittlerweile so schwer geworden – anstelle von circa 50 Kilogramm wiegen sie bis zu 80 –, daß sie für diese Art von Einsatz untauglich sind.

Heute arbeiten vor allem Mischlinge, Border Collies und Schäferhunde als Rettungs- und Lawinensuchhunde. Voraussetzung für diese Arbeit ist ein freundliches Wesen, Nervenstärke und körperliche Leistungskraft. Bevor sie eingesetzt werden, müssen die Hunde anspruchsvolle Prüfungen bestehen. Ihre Halter brauchen eine medizinische Ausbildung sowie Kenntnisse über den Gebrauch von Landkarten, Funkgerät und Kompaß. Beide werden jedes Jahr erneut geprüft. Rettungshunde werden bei der Suche nach Verirrten und Vermißten eingesetzt. Sie unterstützen die Polizei bei großangelegten Suchaktionen und orten Personen nach Verschüttungen und Explosionen. Viele Führer arbeiten ehrenamtlich und verpflichten sich, mit ihren Hunden für Einsätze im Inland zur Verfügung zu stehen. Im Ausland ist die Teilnahme freiwillig. Diese Tätigkeit kann Leben retten und basiert ausschließlich auf einer vertrauensvollen Teamarbeit von Hund und Halter.

Der Jagdhund (Berufs- und Hobbyhund)

Das Reh ist angeschossen und geflüchtet. Der Schweißhund sucht erregt nach seiner blutigen Spur, der Schweißfährte. Die Nase dicht am Boden, verfolgt er sie in langsamen Tempo. Der Hund kommt niemals von der Fährte ab – bis er das Reh gefunden hat. Bayrische Gebirgsschweißhunde, Hannoversche Schweißhunde und Alpenländische Dachsbracken erledigen diese Aufgaben bei der Jagd. Laufhunde, meist Beagle, Bracken oder Bassets, hetzen das Wild auf einer Treibjagd in der Meute. Dabei geben sie »Spurlaute« von sich, das heißt, sie bellen unablässig, bis sie das Wild gestellt haben.

Auch der Vorstehhund stöbert Wild auf. Sobald er es entdeckt hat, bleibt er reglos stehen (»vorstehen«), bis der Jäger zur Stelle ist und schießt. In der typischen Vorstehhaltung hat der Hund in höchster Anspannung ein Vorderbein hochgezogen und ist fast wie erstarrt. Als Vorstehhunde werden vorwiegend der Deutsche Kurz- und Drahthaar, der Münsterländer, Pointer oder Setter eingesetzt. Der Deutsch-Drahthaar Verein ist der Vorstehhund-Zuchtverein mit den meisten Mitgliedern.

Stöberhunde – Deutsche Wachtelhunde und alle Spaniels –

sollen verstecktes Wild aufstöbern und aus der Deckung treiben.

Apportierhunde haben die Aufgabe, erlegtes Wild und Federwild aufzunehmen und zum Jäger zu bringen. Sie lernen, die Beute äußerst sanft in den Fang zu nehmen, so daß keine Bißmarken entstehen. Retriever sind die geborenen Apportierhunde. Das englische »retrieve« bedeutet zurück-, hervor-, heraus- und herunterholen. Retriever lieben Wasser, weshalb sie geschossenes Federwild gerne auch aus Gewässern apportieren.

Die Ausbildung zum Jagdhund kann von einem halben Jahr bis zu drei Jahren dauern. Manche Jäger arbeiten mit mehreren Hunden zugleich oder nehmen auch einen Falken zu Hilfe. Der Jäger (hier: »Falkner«) schickt den Vorstehhund voraus, damit er Wild aufspürt. Sobald der Vorstehhund Erfolg hat, informiert er den Jäger durch »Vorstehen« über die Position des Wilds. Der Jäger schickt daraufhin seinen Falken los und lenkt ihn durch Rufen, Pfeifen und Armschwenken an die richtige Stelle. Unterdessen hält der Vorstehhund bewegungslos seine Stellung, die Pfote bleibt hochgezogen. Der Falke in der Luft und der Vorstehhund warten. Zu guter Letzt kommt der Stöberhund zum Zuge. Er treibt das Wild – zum Beispiel einem Hasen – aus der Deckung. Nun greift der Falke ihn und hält ihn fest, bis der Jäger dazukommt.

Der Hütehund (Berufs- und Hobbyhund)

Hütehunde treiben Schafe und Kühe und helfen dem Schäfer, die Herde beisammenzuhalten. Der Schäfer kommuniziert mit seinem Hund durch Pfeifen, Rufen und Handzeichen. So kann er den Hund blitzschnell an eine gewünschte Stelle leiten. Je nach Rasse haben Hunde verschiedene Methoden, um das Vieh voranzutreiben. Einige zwacken es in die Hinterbeine, andere fixieren es mit den Augen – solange bis das Herdentier in die gewünschte Richtung läuft. Es gibt auch Hunde, die über die Schafsrücken hinweglaufen, um zu dem Schaf zu gelangen, das aus der Reihe tanzt. Auf diese Weise sind sie schneller und haben einen besseren Überblick über die Herde. Hütehunde sind immer in Bewegung, stets arbeitsbereit und dabei ausgesprochen flink und wendig. Border Collies, Australian Shepherds und Cattle Dogs sind für diese Aufgabe am besten geeignet. Das Hüten läßt sich ebenfalls als Sportart im Verein betreiben. In großen Hütewettbewerben können Halter die Geschicklichkeit ihrer Hunde zur Schau stellen.

Der Herdenschutzhund (Berufshund)

Aufgrund ihres weißen Fells sind sie in der Schafherde kaum zu erkennen. Das hat seinen guten Grund, denn Herdenschutzhunde sind sozusagen das offensive Mitglied einer Schafherde. Sie beschützen die Schafe vor Angreifern, insbesondere vor Wölfen. Schlägt ein Rudel Wölfe zu, versuchen die Herdenschutzhunde, die Eindringlinge in die Flucht zu schlagen oder sogar zu töten. Herdenschutzhunde – vor allem der ungarische Kuvasz und der italienische Maremmano-Abruzzese – sind sehr unabhängig und selbständig. Einen menschlichen Begleiter brauchen sie nicht. Sie arbeiten alleine, ohne Anweisungen eines Hundeführers. Das offensive Schutzverhalten und ihre ausgeprägte Unabhängigkeit sind Eigenschaften, die Herdenschutzhunde zu schwierigen Haushunden machen. Es widerspricht ihnen sich anzupassen. Sie haben es im Blut, auf eigene Faust zu wachen, Entscheidungen zu treffen und zu handeln – und das auf großen Ländereien. Auf Bauernhöfen leben diese Hunde noch relativ natürlich, denn hier können sie die ursprünglich für sie vorgesehene Arbeit bis zu einem gewissen

Grad noch erledigen. Anders in einer Großstadtwohnung: Hier werden sie vor Frustration oft aggressiv und unkontrollierbar, leider häufig mit dem Ergebnis, daß sie eingeschläfert werden müssen. Herdenschutzhunde sollten, wenn sie in Situationen leben, in denen sie von Menschen abhängig sind, nur von erfahrenen Hundeführern gehalten werden.

Der Schlittenhund (Berufs- und Hobbyhund)

In einigen Ländern, wie vor allem in Alaska oder Grönland, sind Schlittenhunde für Menschen oft das einzige Fortbewegungsmittel. Vor einen Schlitten gespannt, transportieren sie über weite Strecken und unter extremen Witterungsbedingungen Personen und Gepäck. Im Sommer, der in diesen Breitengraden sehr kurz ist, arbeiten die Hunde nicht. Wenn die Nahrungsmittel knapp sind, werden viele von ihnen während der arbeitsfreien Zeit ausgesetzt, damit sie sich selbst um die Beschaffung ihres Futters kümmern. Im Herbst werden sie dann wieder zur Arbeit eingesetzt.

Legendär ist die Geschichte der Schlittenhunde und ihrer Halter, die 1925 eine ganze Stadt in Alaska vor dem Tod retteten. Die Diphterie war ausgebrochen. Mehrere Schlittenhundeführer und ihre Hunde legten innerhalb von fünfeinhalb Tagen eine Strecke von 1200 Kilometern zurück – trotz heftiger Unwetter und Minustemperaturen von unter 40 Grad Celsius. Gerade noch rechtzeitig konnten sie die schneeverschüttete Stadt mit den notwendigen Medikamenten versorgen. In Erinnerung an diese Leistung wird noch heute jährlich auf derselben Strecke eines der härtesten Schlittenhunderennen veranstaltet, das »Iditarod«. Dabei müssen 1820 Kilometer von Anchorage nach Nome bewältigt werden.

Auch in Deutschland werden Schlittenhunderennen veranstaltet. Sofern die Hundehalter dieses Hobby maßvoll betreiben, ist es eine überaus sinnvolle Beschäftigung für die Schlittenhunderassen, deren Welt das Laufen ist: Huskys, Samojeden, Grönländer, Alaskan Malamutes und Alaskan Husky Mischlinge. Mit dem hiesigen Klima kommen die Hunde im allgemeinen gut zurecht, denn unsere sommerlichen Temperaturen ähneln denen des kurzen Sommers in Alaska. Das Fell der Schlittenhunde wirkt wie eine Isolationsschicht: Es kann Temperaturschwankungen von minus 40 bis 30 Grad über Null ausgleichen. In Deutschland dürfen diese Hunde bei Temperaturen bis zu 15 Grad Celsius an Schlittenhunderennen teilnehmen.

Schlittenhunde haben in der Regel einen sehr selbstbewußten Charakter. Während bei fast allen anderen Hunderassen ein wesentlicher Bestandteil der Ausbildung die sogenannte »Unterordnung« ist, gilt bei Schlittenhunden das Gegenteil: Sie sollen ihre Dominanz nicht nur bewahren, sie soll in der Ausbildung sogar noch gefördert werden. Schlittenhunde aus guten Zuchtlinien neigen im übrigen nicht zu Aggression gegenüber Menschen, und sie sind auch keine Wachhunde. Ihre dominante Art richtet sich deshalb nicht gegen den Schlittenführer, den sie als Partner anerkennen. Schlittenhunde müssen selbstbewußt sein, damit sie dem Schlittenhundeführer stets voraus laufen und den Schlitten ziehen. Anders als andere Hunde, sollten Schlittenhunde während des Trainings durchaus an der Leine ziehen und vorausstreben.

Eine weitere Schlittenhundesportart ist das sogenannte Pulka-Fahren. Dabei zieht der Hund den Pulkaschlitten, hinter dem der Hundeführer mit Skiern hängt und beim Vorankommen hilft. Falls kein Schnee liegt, wird diese Sportart mit Rädern durchgeführt. Beim Pulkasport joggt der Hundeführer hinter der Rollpulka her.

Der Rennhund (Berufs- und Hobbyhund)

Windhunderassen eignen sich besonders für den Rennsport. Sie sind sehr athletisch, langbeinig, feingliedrig und zäh. Zu den 13 verschiedenen Windhunderassen zählen unter anderem Greyhounds, Afghanen, Windspiele, Salukis, Barsoi und Whippets. Sie alle sind begeisterte Läufer, die hohe Geschwindigkeiten erreichen. Die Greyhounds sind die schnellsten unter ihnen. Sie können bis zu 70 Stundenkilometer erreichen.

Beim Rennen jagen die Hunde eine Hasenattrappe, die von einem Wagen gezogen wird. Sie starten aus sechs Startboxen ins Rennen, entweder drei bis sechs Hündinnen oder drei bis sechs Rüden. Gemischte Starts gibt es nur, wenn nicht genügend Hunde zum Rennen gemeldet sind. Die Rennbahn ist oval und je nach Rennstrecke 280, 350 oder 480 Meter lang. Bei großen Rennen werden Doping-Kontrollen durchgeführt, denn mitunter wird durchaus gedopt, um die Hunde zu Höchstleistungen zu bringen. Die meisten Windhunde nehmen jährlich an sechs bis acht Rennen teil. In der übrigen Zeit führen ihre Halter sie selten auf die Rennbahn und trainieren auch nicht viel mit ihnen, da sie ihre Energien für den Wettkampf aufsparen sollten. Die Windhunde werden jedoch meist ausreichend spazieren geführt, allerdings nur an der Leine, denn sonst würden sie aufgrund ihrer genetischen Veranlagung bei einer sich bietenden Gelegenheit jagen.

Eine sinnvolle Beschäftigung für die feinnervigen, aber außerordentlich kräftigen Windhunde ist es, ihre Halter auf Fahrradfahrten zu begleiten, wobei sie jedoch nur traben und nicht länger als 20 Minuten unterwegs sein sollten. Auf diese Weise wird die Kondition der Hunde allmählich aufgebaut, aber erst beim eigentlichen Rennen abgefragt.

Eine weitere Rennsportart ist das Cursing, bei dem die Hunde paarweise auf einem Feld über Barrikaden springen müssen. Dabei verteilt eine Jury Geschicklichkeitspunkte.

Auf deutschen Rennbahnen ist das Wettgeschäft bei Hunde-
rennen bislang untersagt, in Irland, England, den USA und
Spanien hingegen ist es legal. Das hat zu einer kommerziellen
Ausbeutung der Tiere geführt, die häufig unter sehr schlechten
Bedingungen gehalten und teilweise getötet werden, sobald sie
keine Preise mehr einbringen. Tierschützer schätzen, daß beispielsweise in Irland etwa ein Viertel der 20 000 jährlich neu registrierten Greyhounds nach Beendigung ihrer »Karriere« als
Rennhunde umgebracht wird. Erik Ziemen, der schwedische
Wolfs- und Hundeforscher spricht in diesem Zusammenhang
von »Nutz- und Wegwerfobjekten«. Die Mißhandlung der
Rennhunde hat auch in Deutschland Tierschützer auf den Plan
gerufen, die sich für die Rettung der Hunde einsetzen und versuchen, sie an Familien zu vermitteln.

Der Ausstellungshund (Berufs- und Hobbyhund)

Wer professionell und innerhalb eines anerkannten Verbands
Hunde züchtet, muß regelmäßig Ausstellungen besuchen, um
seine Hunde einem Richter vorzustellen und bewerten zu lassen. Ausstellungen bieten Züchtern die Gelegenheit, sich über
den Stand der Rassezucht zu informieren, sich untereinander
auszutauschen, potentielle Deckrüden für ihre Hündinnen
oder deren Nachzucht zu begutachten und Reklame für ihre eigene Zucht zu machen. Rassehundzuchtschauen im In- und
Ausland sind vor allem Informationsbörsen, die für Züchter
wichtig sind. Viele Teilnehmer sind aber auch Privatleute, die
das Ringen um Titel als Hobby betreiben.

Die Hunde werden meist in unterschiedlichen Altersklassen
begutachtet. So gibt es zum Beispiel die Jüngstenklasse (6–9
Monate), die Jugendklasse (9–18 Monate) und die Offene
Klasse (ab 15 Monaten). Darüber hinaus gibt es noch die Ge-
brauchshundeklasse, die Championklasse (ab 15 Monaten für

Hunde, die bereits Titel erworben haben), die Ehrenklasse (für Hunde mit dem Titel »Internationaler Schönheitschampion«) und die Veteranenklasse (für Hunde ab 8 Jahren). Rüden und Hündinnen werden getrennt bewertet.

Auf Spezialzuchtschauen sind nur Hunde einer Rasse zu sehen, auf Allgemeinen Rassehundzuchtschauen, Internationalen Rassehundzuchtschauen oder Bundessieger-, Europasieger- und Weltsiegerausstellungen werden zum Teil Hunderte von Rassen vorgeführt. Bei besonders wichtigen Ausstellungen kommen oft Tausende von Hunden zur Prüfung.

Auf Ausstellungen sind Titel wie die »Anwartschaft auf das nationale Schönheitschampionat« (CAC) oder die »Anwartschaft auf das Internationale Schönheitschampionat« (CACIB) zu erwerben. Den Titel »Internationaler Schönheitschampion« erhält ein Hund, der vier CACIBs unter drei verschiedenen Richtern in drei verschiedenen Ländern gewinnen konnte. Beurteilt wird bei den Prüfungen nicht nur das Aussehen, sondern bei einigen Rassen auch das Gangwerk des Hundes: Der Richter achtet auf den Bewegungsablauf bei Schritt und Trab, auf Vortritt und Schub sowie Stellung von Vorder- und Hinterhand. Bei den meisten Rassen spielt das Wesen und die Leistungsfähigkeit des Hundes eine gewisse, wenn auch nur untergeordnete Rolle. Hunde, die den Richter beißen, werden disqualifiziert.

Leider gibt es unter den Ausstellern immer wieder ein paar »schwarze Schafe«. Sie verstoßen gegen die Vorschrift und manipulieren das Aussehen ihres Hundes, weil er kleine Schönheitsfehler hat. Und obwohl das Kupieren von Hundeohren in Deutschland seit 1987 gesetzlich verboten ist, sieht man auf den Schauen zum Beispiel kaum einen Dobermann, dessen Hängeohren nicht operativ aufgerichtet wurden. Die Richter scheinen diesen Gesetzesverstoß zu ignorieren, denn die Hunde werden nicht von der Beurteilung ausgeschlossen. Auch die

Tatsache, daß Dritte am Ring stehen und regelwidrig die Aufmerksamkeit ihres Hundes auf sich zu ziehen versuchen, damit er drahtig stehen bleibt und gespannt in ihre Richtung schaut – was sich bei der Prüfung freilich besser macht als ein unaufmerksamer, unruhiger Hund –, hat oft keine weiteren Konsequenzen. Manche Hunde, die sich auf Ausstellungen zu nervös oder gar hysterisch verhalten, werden von ihren Haltern sogar mit Beruhigungsmitteln ruhig gestellt, damit sie den strapaziösen Tag überstehen. Und damit Hündinnen, die zum Ausstellungsbeginn läufig geworden sind, trotzdem an der Schau teilnehmen können, scheuen sich einige Halter nicht, sie mit Hormonen (Anti-Läufigkeitsspritze → S. 129) behandeln zu lassen. All diese Maßnahmen sind sicher nicht im Sinne der Hunde und laufen fairen Wettkampfbedingungen zuwider.

Ausstellungen sind für Hunde häufig sehr anstrengend. Schließlich verbringen sie fast einen ganzen Tag auf dem Ausstellungsgelände, unter unzähligen Menschen und anderen Hunden. Der Lärm, die Hektik und die Fülle von Gerüchen sind für viele verwirrend. Bei der Vorführung müssen sie sich zudem stark konzentrieren. Es gibt allerdings auch Hunde, die es anscheinend genießen, im Mittelpunkt zu stehen und sich zur Schau zu stellen. Jeder Halter, der seinen Hund ausstellen will, sollte zunächst dessen Belastbarkeit einschätzen und ihn dementsprechend einsetzen.

Sport- und Vereinsangebote für Hund und Halter

Die Begleithundeprüfung

Die Anforderungen bei der Begleithundeprüfung sind je nach Verein unterschiedlich. Geprüft wird, ob der Hund sozialverträglich ist und eine Grundausbildung absolviert hat, das heißt, ob er ein zuverlässiger Begleiter ist. Für Halter und Hund kann es motivierend sein, auf ein Ziel wie die Prüfung hinzuarbeiten. Der Begleithundepaß ist aber auch Voraussetzung für einige Vereinssportarten, und im Falle eines juristischen Streits oder eines Unfalls sichert er dem Halter unter Umständen eine bessere Rechtsposition. Bei der Prüfung wird in der Regel erwartet, daß der Hund leinenführig ist, »bei Fuß« geht, sich auf Anweisung vom Halter trennt, sitzt und »Platz!« macht, im »Bleib!« verharrt, sich abrufen läßt, sich im Straßenverkehr ruhig und gelassen verhält und auch bei Knallgeräuschen wie Schüssen unbefangen bleibt.

Welpenspielgruppen

Die meisten Vereine bieten Spielstunden für Welpen an, bei denen die Hunde den Umgang mit Artgenossen lernen und mit verschiedenen Situationen vertraut gemacht werden sollen. Ziel ist es, die Hunde ausreichend zu prägen, ihre Nerven zu stärken und sie sozialverträglich zu erziehen. Welpenspielgruppen sind vor allem für Hunde wichtig, die im Alltag selten Kontakt mit Artgenossen und unterschiedlichen Umwelteinflüssen und -reizen haben. Hierbei besteht allerdings die Gefahr, den Hund an das Sozialfeld Hund zu verlieren (→ S. 47). Man sollte die Aufmerksamkeit seines Hundes daher auch während der Welpenspielstunde gelegentlich auf sich ziehen.

Agility

Agility ist das englische Wort für Beweglichkeit, Wendigkeit, Geschmeidigkeit. Agil müssen Hunde in der Tat sein, um bei diesem aus England stammenden Sport mitzumachen, bei dem es vor allem um das Überwinden von Hindernissen geht. Die Größe spielt dabei keine Rolle, auch die Kleinsten wie etwa der Chihuahua können teilnehmen. Weniger geeignet ist Agility für sehr schwere und große Hunde, deren Glieder, Gelenke und Rücken zu sehr beansprucht würden. Junge Hunde, die noch nicht ausgewachsen sind, sollten nur an niedrige Geräte herangeführt werden, damit ihre Gelenke geschont bleiben. Beim Agility müssen die Hunde auf einem Parcours Hindernisse überwinden, durch Reifen springen, sich durch Tunnels schlängeln, über Laufstege und Wippen balancieren, Slalom laufen und andere akrobatische Geschicklichkeitsübungen verrichten. Die vom Richter festgelegte Strecke darf zwischen 100 und 200 Meter lang sein. Der mitlaufende Halter leitet seinen Hund durch Rufen und Fingerzeichen durch den Parcours und feuert ihn an. Das kann nur funktionieren, wenn der Hund aufmerksam ist und auf Ruf gehorcht. Der Parcours wird in verschiedenen Durchgängen immer wieder verändert. Agility ist eine gemeinsame Freizeitbeschäftigung, die Halter und Hund viel Spaß machen kann, bei der allerdings auch nicht übertrieben werden sollte.

Tanzen mit dem Hund

Das Tanzen mit dem Hund kommt aus den USA. Dort wird es »Canine Freestyle« genannt. Es fordert dem Hund große Beweglichkeit, Gehorsam und Aufmerksamkeit ab. In Begleitung eines menschlichen Tanzpartners und schwungvoller Musik legt der Hund vier Minuten lang kreative Sprünge, Drehungen und Rollen aufs Parkett, flitzt durch die Beine seines Partners, tippelt mit den Pfoten, schlägt die Rute im Takt und steht auf den Hinterbeinen.

Fly-Ball

Der Hundeführer schickt seinen Hund los. Dieser springt über vier Hürden im Abstand von drei Metern, mit einer Höhe von 20 bis 40 Zentimetern zur Flyball-Maschine und tritt dort auf ein Trittbrett. Die Maschine katapultiert durch diesen Auslöser einen Ball in die Luft. Der Hund muß den Ball fangen und ihn so schnell wie möglich zurück über dieselben Hindernisse zum Hundeführer bringen, der an der Startlinie wartet. Sobald der Ball überreicht ist, wird der nächste Hund ins Rennen geschickt. Es laufen jeweils zwei Hundeteams gleichzeitig. Das schnellere Team gewinnt. Mitmachen können alle Hunde, die wendig sind und gerne Ball spielen.

Turnierhundsport

Beim Turnierhundsport geht es um kombinierte Disziplinen, bei denen Hund und Halter zum Beispiel auf einer festgelegten Strecke von 75 Metern gemeinsam Hürden überspringen, andere Hindernisse überwinden und Slalom laufen. Zu dieser Sportart gehört auch ein Geländelauf von zwei bis fünf Kilometern und ein Wettkampf ähnlich eines Staffellaufs, der sich Combinations-Speed-Cup (CSC) nennt.

Haltung und Pflege des Hundes

Der Schlafplatz

Ruhe ist für Hunde ebenso wichtig wie Auslauf und Beschäftigung. Dauerhafte Überreizung durch Umwelteinflüsse zum Beispiel durch rastlose Kinder, die dem Hund keinen Rückzug gönnen, durch zu viele Besucher, Lärm oder durch anhaltende Hektik in betriebsamen Büros macht Hunde nervös, unausgeglichen und manchmal unberechenbar. Jeder Hund sollte einen geschützten Ruheplatz haben, an den er sich jederzeit zurückziehen kann. Unter Umständen ist es ratsamer, den Hund auch mal allein zuhause zu lassen, anstatt ihn überallhin mitzunehmen und immer wieder neuen Reizen auszusetzen. Je mehr ein Hund durch Auslauf, Arbeit und Abwechslung beschäftigt ist, um so größer ist sein Verlangen nach Ruhepausen und Schlaf. Wichtig ist für Hunde der ungestörte Tiefschlaf. Auch Hunde träumen. Sie zucken dabei mit den Gliedern, machen Laufbewegungen, winseln, bellen oder fiepen. Das wird von ihren Haltern oft mißverstanden. Sie meinen, der Hund habe einen Alptraum oder sei krank, und wecken ihn. Doch auch Hunde sollten träumen dürfen – vielleicht verarbeiten sie dabei, ähnlich wie Menschen, ihre Erlebnisse.

Der Hund sollte einen festen Schlafplatz haben. Ob in einem Korb, auf einer Decke, einem Kissen oder einem Fell spielt keine Rolle. Er sollte nur nicht in unmittelbarer Nähe von Wärmequellen wie Heizung oder Kamin (Vorsicht Funken!) liegen. Besonders empfindliche Hunde, die zum Beispiel an Gelenkentzündungen und -veränderungen leiden, oder kurzhaarige, große Hunde sollten nicht auf kalten Fliesen liegen, sie brauchen eine Unterlage. Für Hunde, die gerne schwimmen oder bei feuchtem Wetter und Regen viel draußen sind, empfehlen sich Thermodecken, die die Nässe aufnehmen und nach unten abgeben. Hunde legen sich bisweilen gerne auf kalte Fußböden, meist, wenn ihnen zu warm ist. Das ist häufig im Sommer der Fall.

Erstaunlich viele Halter nehmen ihre Hunde mit ins Bett. Hunde, die dieses Privileg genießen, spielen im Leben ihrer Halter oft eine übergeordnete Rolle. Als Rudeltiere haben Hunde ein großes Bedürfnis, stets in der Nähe ihrer Halter zu sein, auch nachts. Es tut ihnen gut, nicht nur den Alltag, sondern auch die Ruhephasen mit ihren Sozialpartnern teilen zu dürfen. Der Beziehung zwischen Halter und Hund ist es vermutlich bekömmlich, wenn der Vierbeiner neben dem Bett seines Halters auf dem Boden schlafen darf. Es ist deshalb nicht grundsätzlich falsch, den Hund mit ins Schlafzimmer zu lassen, vorausgesetzt nicht nur der Hund, sondern vor allem auch Sie wünschen es. Entscheidend ist, ob Sie mit Ihrem Hund zurechtkommen und in der Lage sind, ihm unter Umständen den Zugang zu Ihrem Reich zu verbieten. Sehr selbstbewußte und schwierige Hunde, die ihre Halter dominieren, sollten jedoch nie auf das Bett oder Sofa dürfen. Lassen Sie Ihren Hund auch nur dann in Ihr Schlafgemach, wenn Sie sicher sind, daß Sie ihm das auch in Zukunft jederzeit verbieten können: Was ist, wenn er zu alt geworden ist, um die Treppe zum Schlafzimmer zu erklimmen? Wie könnte ein neuer Lebenspartner auf Ihren Liebling im Schlafzimmer reagieren und umgekehrt? Was, wenn Sie ein Baby bekommen? Sollten Sie den Hund eines Tages seiner liebgewonnenen Gewohnheit berauben und ihn in die Einsamkeit verbannen, würde er es Ihnen, nicht zu unrecht, übel nehmen und sich vielleicht verstoßen fühlen.

Viele Hunde werden isoliert im Zwinger oder draußen in einer Hundehütte gehalten. Das ist nur akzeptabel, solange der Hund ausreichend Auslauf und »Familienanschluß« hat. Optimal ist diese Unterbringung dennoch nicht, denn Hunde verstehen sich als Teil ihrer sozialen Gruppe und wollen am Leben ihrer Halter teilnehmen. Zu lange in den Zwinger gesperrt oder gar angekettet, verläuft ihr Alltag reiz- und lieblos. Hunde, die unter solchen Umständen gehalten werden, werden häufig nicht als Tiere mit eigenen Bedürfnissen betrachtet. Viele von ihnen werden aggressiv und stumpfen ab. Wo immer ein Hund gehalten wird, sollte er jedenfalls nie zu lange allein bleiben müssen. Hunde, die zu wenig Ansprache haben, verkümmern seelisch und verfallen mitunter auch körperlich.

Fütterung

Die Freßstelle des Hundes sollte sich an einer Stelle befinden, an der er ungestört fressen kann. Frisches Wasser muß immer bereit stehen, und die Futterschüssel sollte nach dem Fressen gereinigt werden, vor allem im Sommer, wenn Fliegen ihre Eier legen. Welpen bekommen zunächst mehrere kleine Portionen Futter, in den ersten Lebensmonaten mindestens viermal täglich. Im Laufe des ersten Lebensjahrs reduziert man die Rationen langsam. Es gibt unterschiedliche Philosophien über die Ernährung erwachsener Hunde: Einige Tierärzte empfehlen zwei Fütterungen pro Tag, andere nur eine. Wieder andere meinen, daß der Futternapf stets gefüllt sein sollte, da Hunde nur so viel essen, wie sie wirklich brauchen. Zwei kleinere Mahlzeiten täglich anstelle einer großen, dürfte in jedem Fall eine gute Rationierung sein. Sie können zum Beispiel morgens und mittags oder mittags und abends füttern. Zu beachten sind bei der Einteilung Ihre Ausführzeiten. Denn eine der wichtigsten Grundregeln beim Füttern ist: Nach dem Fressen sollten Hunde mindestens eine Stunde ruhen. Jedenfalls sollten sie in dieser Zeit nicht toben oder sich anstrengen, denn eine lebensgefährliche Magendrehung könnte die Folge sein. Eine weitere lebenswichtige Regel: Füttern Sie niemals Schweinefleisch, es könnte Ihren Hund töten (s. a. S. 87).

Viele Hundehalter meinen, ihrem Hund einen großen Gefallen zu tun, wenn sie ihn abwechslungsreich füttern. Das ist im Prinzip richtig und unter Umständen sogar empfehlenswert, denn der Hund sollte sich nicht auf ein einziges Nahrungsmittel fixieren: Vielleicht mag er es plötzlich nicht mehr oder die Futtermarke wird nicht mehr produziert. Es könnte ihm dann schwer fallen, sich an eine andere Futtersorte zu gewöhnen. Es ist demnach sinnvoll, zwischen Trocken- und Dosenfutter sowie Selbstgekochtem zu variieren. Zu beachten ist bei dieser Methode jedoch, daß der Hundedarm nicht auf eine rasch wechselnde Ernährung eingestellt ist. Die Darmflora ist träge und kann sich an neue Kost nur langsam gewöhnen. Bei zu rascher Umstellung der Nahrung gerät der Darm durcheinander. Durchfall oder auch schlimmere Erkrankungen können die Folge sein. Stellen Sie deshalb nur schrittweise auf eine neue Futtersorte oder Selbstgekochtes bzw. Fleisch um. Mischen Sie zum alten Futter mit jedem weiteren Tag größere Portionen des neuen hinzu, so daß der Hund sich auf die neue Kost einstellen kann.

Die Freßgewohnheiten jedes Hundes sind verschieden: Manche picken sich nur winzige Portionen heraus, andere verschlingen gierig, was immer sie angeboten bekommen. Diese Gewohnheiten hängen mit der frühen Lernerfahrung zusammen, denn »Welpen aus sehr großen Würfen und Welpen, deren Mutter wenig Milch hatte, entwickeln fast immer ein aggressives Futterverteidigungsverhalten« (Bernauer-Münz und Quandt: Problemverhalten). Bei Hunden, die sehr gierig fressen, ist es einen Versuch wert, den Futternapf eine Woche lang unablässig aufzufüllen, so daß jederzeit Futter vorhanden ist. Achten Sie jedoch unbedingt darauf, daß Trockenfutter voll aufgequollen ist, damit der Hund seine Rationen richtig einschätzt (→ S. 85). Der Hund wird sich höchstwahrscheinlich abgewöhnen, bei jeder Mahlzeit zu fürchten, es sei die letzte gewesen. Er wird sich zwar übermäßig vollfressen, sich vielleicht sogar übergeben, doch nach und nach wird er auf Nachschub vertrauen und seine Portionen von selbst reduzieren. Falls das allerdings nicht geschieht und der Hund zu dick wird, sollten Sie ihn auf Diät setzen und sein Futter wieder selbst angemessen rationieren.

Bei schlechten Fressern empfiehlt es sich, den Futternapf nicht zu lange stehen zu lassen. Geben Sie dem Hund seine Mahlzeit, und entfernen Sie die Schüssel nach etwa zehn Minuten, selbst, wenn er nichts angerührt hat. Schlechtes Freßverhalten kann viele Ursachen haben. Manche Hündinnen, die läufig werden oder scheinträchtig sind, verweigern die Nahrung häufig über einen längeren Zeitraum. Auch Trauer, Trennungsschmerz oder Liebeskummer können Hunden den Appetit verderben. Zwischen dem dritten und vierten Lebensmonat fressen Hunde oft weniger, weil ihr Zahnfleisch durch den Zahnwechsel schmerzhaft angeschwollen ist. Grund können außerdem zu viele Zwischenmahlzeiten in Form von Hundekeksen oder für Menschen bestimmte Süßigkeiten sein. Auch eine falsche Konditionierung oder eine Krankheit können Ursache einer Kostverweigerung sein. Manche Hunde sind jedoch grundlos und einfach von Natur aus schlechte Fresser – hier kann manchmal ein Tierarzt mit homöopathischer Ausbildung helfen. Hunde können bis zu sieben Tagen ohne Futter durchstehen – vorausgesetzt, sie haben genug zu trinken. Spätestens nach dem zweiten Hungertag sollten Sie jedoch unbedingt den Tierarzt aufsuchen, um die Ursache der Nahrungsverweigerung zu klären. Hunde verweigern ihr Futter mitunter auch, wenn sie in die Geschlechtsreife kommen. Sie ändern in dieser Zeit ihr Freßverhalten, weil die Hauptwachstumsphase abgeschlossen ist. Einige testen dadurch aber auch ihre Stellung im sozialen Gefüge: Ist ihr Halter durch schwieriges Eßverhalten erpreßbar? Wer sich von seinem Hund nicht dominieren lassen will, sollte sich auf dieses Spiel gar nicht erst einlassen. Nach dem Motto: »Was in die Schüssel kommt, wird gefressen!«, sollten Sie Ihrem Hund ungerührt immer wieder das übliche Futter hinstellen. Eine nicht angerührte feuchte Mahlzeit sollten Sie spätestens abends (in heißen Sommerwochen früher) wegwerfen, um Verunreinigungen durch Insekteneier zu vermeiden. Hunde, die verwöhnt und sehr wählerisch beim Fressen sind, genießen bei ihren Haltern häufig einen hohen Rang. Sie haben verstanden, wie sie Herrchen und Frauchen durch Hungern dazu bewegen, die eigentlichen Köstlichkeiten herauszurücken: Leberwurstbrot zum Beispiel, Kekse oder Bananen.

Richtige Ernährung

Hunde sind weder ausschließliche Fleischfresser noch Vegetarier. Wildlebende Caniden (hundeartige Tiere wie zum Beispiel Wölfe) ernähren sich von erbeutetem Wild, von dessen Fleisch, Sehnen, Muskeln und Innereien ebenso wie dem Inhalt des Magens, der meist aus Pflanzen besteht. Außerdem fressen sie gerne Obst, Beeren, Pilze, Gräser, Kräuter, Insekten und Aas. Kurz, ihre Ernährung ist sehr ausgewogen. Alle notwendigen Nahrungsmittelbestandteile sind in hochwertigem Trockenfutter bewährter Futtermarken enthalten. Lassen Sie sich im Hundefachhandel oder vom Tierarzt über die unterschiedlichen Marken und Sorten beraten. Die Grundsubstanzen sind in der Regel dieselben. Allerdings unterscheidet sich die Verarbeitungsweise und der Gehalt an Ballaststoffen oder Eiweißen. Es ist empfehlenswert, eine Futtermarke ohne chemische Konservierungsstoffe zu wählen, denn immer mehr Hunde entwickeln dagegen Allergien.

Welpen und Junghunde bekommen ein auf sie abgestimmtes Aufbaufutter, erwachsene Hunde mit einem normalen Energiebedarf Normalfutter. Besonders energiereiches Futter ist für Leistungshunde vorgesehen. In Phasen, in denen sonst sehr aktive Hunde weniger arbeiten, sollte man von Leistungs- auf Normalfutter umstellen, damit sie nicht zu energiegeladen und zu dick werden. Der Eiweißgehalt darf nur so hoch sein, daß er auch verbraucht wird, sonst kann es im Alter zu Krankheiten führen. Für alte und kranke oder übergewichtige Hunde gibt es ein spezielles Diätfutter mit niedrigerem Eiweißgehalt. Dieses Futter sollten auch hyperaktive, sehr dominante oder aggressive Hunde bekommen, denn es trägt zu ihrer Beruhigung bei.

Trockenfutter zieht im Magen Feuchtigkeit und quillt. Es ist deshalb ratsam, es vor dem Füttern mit Wasser oder etwas Brühe anzufeuchten. Dadurch vermeidet man, daß der Hund seine Ration falsch einschätzt und zu viele Brocken herunterschlingt, die seinen Magen überdehnen könnten. Benutzen Sie zum Anfeuchten des Futters aber kein zu heißes Wasser – es zerstört die Vitamine. Gefährlich kann es werden, wenn der Hund sich unerlaubt an der Trockenfuttertüte bedient und buchstäblich bis zum Platzen vollfrißt. Geben Sie ihm in diesem Fall sofort reichlich Wasser, und suchen Sie schnell einen Tierarzt auf.

Jeder Hund verwertet Futter anders. Die Rationsvorschläge der Hersteller können daher nur als allgemeiner Mittelwert dienen: Die Futtermenge hängt von Veranlagung, Größe, Alter und Aktivitätsgrad jedes einzelnen Hundes ab. Beobachten Sie Ihren Hund deshalb, und weichen Sie von den empfohlenen Futtermengen ab, wenn Sie den Eindruck haben, Ihr Hund frißt zuviel oder zuwenig. In der Regel neigen Hundehalter dazu, ihren Hunden zu viel zu füttern. Rund 30 Prozent aller westeuropäischen und etwa 44 Prozent aller amerikanischen Hunde sind zu dick. Hunde haben kein Gespür dafür, was für sie gut ist, wenn es ums Fressen geht. In freier Natur, wo die Nahrungsmittelaufnahme wildlebender Caniden unregelmäßig ist, könnten sie bis zu einem Fünftel ihres Körpergewichts an Fleisch zu sich nehmen. Durch viele Hungertage bleibt ihr Gewicht jedoch auf einem gesunden Niveau. Übergewicht ist für den Organismus und die Gelenke sehr schädlich. Bei einem richtig ernährten Hund müssen die Rippen unter dem Fell noch gut zu fühlen sein. Falls Ihr Hund auf Diät ist, können Sie sein Hungergefühl etwas unterdrücken, indem Sie ihm rohe Karotten oder Äpfel zum Füllen des Magens geben. Die darin enthaltenen Vitamine kann der Hund allerdings nur verwerten, wenn Sie Karotten und Äpfel raspeln und mit einem kleinen Schuß Öl (für große Hunde reicht ein Teelöffel) anreichern. Eier sollten nur abgekocht verfüttert werden (Salmonellengefahr!).

Wer seinen Hund nicht mit Trockenfutter, sondern mit Selbstgekochtem füttern möchte, mit Gemüse, Fleisch und Reis etwa,
muß darauf achten, daß er ihn dabei mit ausreichend Vitami-
nen, Spurenelementen und Mineralien versorgt, die in Form
von Zusatzpräparaten im Hundefachhandel zu kaufen sind.
Zucker und Gewürze sowie Essensreste vom Tisch gehören
nicht ins Fressen, das im übrigen stets wohltemperiert sein
sollte. Rohes Fleisch (niemals Schweinefleisch!) ist zwar sehr
reichhaltig, enthält möglicherweise aber auch Viren, Bakterien,
Schimmelpilze oder Parasiten. Wer nicht riskieren will, daß
sein Hundes krank wird, sollte das Fleisch deshalb stets abko-
chen, wobei allerdings der Nährwert und vor allem der Vita-
mingehalt stark sinkt. Achten Sie in jedem Fall darauf, daß Sie
nur Fleischreste vom Schlachter verfüttern, die vorher auf ihre
Qualität überprüft wurden. Eine Alternative ist Dosenfutter,
das schonend abgekochtes Fleisch enthält. Manchmal sind allerdings auch andere Substanzen enthalten, die auf der Büchse
nicht deklariert sind. Besonders reich an Mineralien und B-Vi-
taminen ist Pansen, den Sie ruhig ungekocht verfüttern können.
Bei Pansen ist darauf zu achten, daß er ungewaschen ist, denn
durch das Waschen werden die pflanzlichen Reste herausge-
spült, in denen die wichtigen Nährstoffe enthalten sind. Pansen
aus dem Tierfachgeschäft ist häufig bereits gewaschen, und auch
der vom Schlachter ist oft schon gereinigt. Schweinefleisch ist
generell tabu, weil es die sogenannte Aujeszky-Krankheit, eine
virusbedingte Pseudotollwut, hervorrufen kann, die bei Menschen nicht vorkommt, bei Hunden aber innerhalb von ein bis
zwei Tagen tödlich endet.

Eine weitere Grundregel beim Füttern lautet: Der Hund darf
niemals Geflügel- oder Wildknochen bekommen, da sie die
Schleimhaut im Verdauungstrakt zerreißen und den Darm
durchbohren können. Tierärzte raten auch zur Vorsicht bei anderen Knochen, denn Hunde vertragen sie sehr unterschied-

lich. Während die meisten Hunde sie unbeschwert verzehren können, bekommen manche Hunde schon von einem winzigen Knochenstück schwere Verstopfungen. Der Kot wird steinhart und verursacht starke Schmerzen oder sogar Verletzungen im Darm. Wenn der Hund nicht mehr in der Lage ist, seinen Kot abzusetzen, muß der Tierarzt Parafinöl, Einläufe und Darmspülungen anwenden. Im schlimmsten Fall muß er sogar operieren. Testen Sie deshalb zunächst mit kleinen, nicht zu spitzen, Knochenteilen wie Ihr Hund auf diese von ihm freilich als Köstlichkeit empfundene Kost reagiert. Unbedenkliche Kauknochen sind Büffelhautknochen, Ochsenziemer oder getrockneter Pansen aus dem Fachhandel, die jedoch nicht denselben Reinigungseffekt für die Zähne haben wie natürliche Knochen. Kauknochen und andere Hundeleckereien sollten nur in Maßen gegeben werden: Sie machen dick, und zuviele davon können dem Hund den Appetit auf sein tägliches Futter verderben oder sogar den Magen verkleben.

Zahnpflege

Die Zähne von Hunden werden durch das Kauen von Futter zu einem Großteil gereinigt, dennoch ist es ratsam, sie regelmäßig zu bürsten. Parodontose und Karies gehören zu den häufigen Krankheiten von Hunden. Vielen Hunden muß in höherem Alter unter Vollnarkose Zahnstein entfernt werden, und nicht selten werden Zähne sogar gezogen, weil sie durch starke Zahnfleischentzündung locker geworden sind und dem Hund beim Kauen Schmerzen bereiten. Das können Sie vermeiden, wenn Sie Ihren Hund früh genug an die Zahnbürste gewöhnen. Im Fachhandel und beim Tierarzt gibt es spezielle Bürsten und Zahncremes. Putzen Sie vor allem die hinteren Backenzähne gründlich. Beim Tierarzt gibt es außerdem Medikamente in Keksform, die die Zähne reinigen.

Fellpflege

Hunde lecken ihr Fell mit der Zunge sauber, und getrockneter Schmutz fällt meist von alleine ab, trotzdem sollten Sie auf intensive Fellpflege achten. Bürsten Sie Ihren Hund regelmäßig, um Verfilzungen zu vermeiden. Bei verklebtem Fell entwickelt die Hundehaut manchmal Säuren, die stark ranzig riechen. Je nach Rasse muß das Fell der Hunde unterschiedlich oft und lange gebürstet werden. Es gibt für lang- und kurzhaarige Rassen spezielle Bürsten im Fachhandel. Wer einen reinrassigen Hund mit Papieren besitzt, kann sich auch beim Züchter nach der richtigen Fellpflege erkundigen. Reinlichkeitswahn ist bei der Pflege des Fells nicht geboten: Ein bis zweimal wöchentliches Bürsten reicht bei den meisten Hunden, es sei denn, sie haben besonders langes Fell. Hunde müssen auch nicht gebadet werden, da das Fell einen selbstreinigenden Effekt hat. Wenn es aber doch mal nötig ist, weil Ihr Hund sich in Aas oder Kot gewälzt hat und bestialisch stinkt, sollten Sie nur spezielle Hunde- oder auch Babyshampoos benutzen. Zur Fellpflege gehört von Frühling bis Herbst auch die tägliche Untersuchung auf Zecken. Sie können schwere Krankheiten übertragen (→»Die häufigsten Hundekrankheiten«, S. 93). Die unansehnlichen Tierchen beißen sich an zarten Hautpartien fest und saugen sich mit Blut voll. Dabei werden sie etwa so groß wie eine Erbse und nehmen eine graue Färbung an. Zur Entfernung von Zecken gibt es beim Tierarzt spezielle Zeckenzangen. Setzen Sie die Zange dicht an der Haut des Hundes an und drehen Sie die Zecke gegen den Uhrzeigersinn heraus. Auf diese Weise verhindern Sie, daß der Kopf steckenbleibt (s. a. S. 102).

Gegen Flöhe gibt es verschiedene Mittel. Sobald Sie bei Ihrem Hund einen Flohbefall feststellen, sollten Sie etwas dagegen unternehmen. Besser ist es aber, es gar nicht so weit kommen zu lassen und vorbeugend etwas dagegen zu tun. Lassen Sie sich von Ihrem Tierarzt über die unterschiedlichen

· Möglichkeiten der Flohabwehr beraten, denn Flöhe sind nicht nur wenig appetitlich, sie übertragen auch Bandwürmer und können krank und allergisch machen.

Spielsachen für den Hund

Spielsachen helfen vor allem jungen Hunden, sich gelegentlich allein zu beschäftigen. Das kann nützlich sein, wenn Sie Ihren Hund zuhause oder im Auto warten lassen müssen. Wenn ihm ein bestimmtes Spielzeug langweilig geworden ist, entfernen Sie es für einige Wochen. Danach wird er es wieder als etwas völlig Neues betrachten und sich damit beschäftigen. Spielzeug darf jedoch niemals so klein sein, daß der Hund es versehentlich verschlucken könnte! Auch Gummi- und Plastiksachen, die nicht hundegerecht sind, gehören niemals in den Hundekorb, schon gar keine Gummihandschuhe. Es kommt häufig vor, daß Hunde lebensgefährliche Objekte verschlucken und vom Tierarzt behandelt werden müssen (→ S. 94 f., 98).

Ohren, Augen und Pfoten

Die regelmäßige Reinigung der Ohren und Augen nach Anleitung des Tierarztes ist sehr wichtig, damit keine Entzündungen entstehen. Lassen Sie in gewissen Abständen auch die Krallen Ihres Hundes vom Tierarzt kontrollieren, denn sie müssen manchmal geschnitten werden. Schneiden Sie die Krallen aber nicht selbst, Sie könnten den Hund dabei verletzen. Noch ein Tip für den Winter: Wenn draußen Schnee liegt, bilden sich bei den meisten Hunden lästige Schneeklumpen unter den Pfoten, die sie beim Gehen stören. Um dem vorzubeugen, drücken Sie die Pfotenballen Ihres Hundes vorsichtig zusammen und schneiden Sie überstehende Haare ab. Keinesfalls sollten Sie die Haare zwischen den Ballen schneiden oder sie gar rasieren: Sobald sie nachwachsen, können sie den Hund unangenehm pieken und erheblich irritieren. Sie können die Pfotenballen aber auch vor jedem Spaziergang mit Hirschtalg einschmieren, das weist den Schnee ab.

Regelmäßiger Besuch beim Tierarzt

Einmal jährlich ist eine Routineimpfung sowie eine allgemeine Untersuchung beim Tierarzt nötig. Lassen Sie sich von Ihrem Tierarzt eingehend beraten und Empfehlungen für die Pflege Ihres Hundes geben. Hier bekommen Sie auch Entwurmungsmittel und Medikamente gegen Flöhe und Zecken. Alle drei Monate sollten Sie sich um eine Wurmkontrolle kümmern. Die Verabreichung von Entwurmungsmitteln ist zwar bequem, da Sie aber eine Belastung für den Körper des Hundes sind, sollten sie nur bei Bedarf verabreicht werden. Die schonendere Methode ist, den Hundekot alle drei Monate untersuchen zu lassen. Eine Kotprobe können Sie beim Tierarzt einreichen. Falls Ihr Hund tatsächlich Würmer hat – was bei den meisten Hunden nach einiger Zeit der Fall ist –, können Sie ihm dann das Mittel, das gezielt gegen die entsprechenden Parasiten wirkt, ins Futter mischen oder in einem Stück Käse oder Wurst verstecken. Sie können ihm die Tabletten aber auch hinten auf die Zunge legen und dann seinen Fang sanft zuhalten, bis er sie geschluckt hat.

Würmer sind heimtückisch und können erhebliche Gesundheitsschäden verursachen, vor allem bei Welpen und Junghunden. Die Larven werden aber auch von Menschen – insbesondere Kindern – aufgenommen und können zu gefährlichen Gewebeschädigungen, Entzündungen und Sehstörungen führen. Entfernen Sie den Hundekot regelmäßig aus Ihrem Garten, um zu verhindern, daß die Würmer dort heimisch werden, denn sie können unter Umständen Jahre im Boden überleben.

Autofahren mit dem Hund

Nehmen Sie Ihrem Hund im Auto grundsätzlich das Halsband ab, vor allem, wenn er unbeaufsichtigt ist. Das gilt auch beim Spiel und wenn er allein zuhause bleibt. Es kommt immer wieder vor, daß Hunde mit dem Halsband hängen bleiben und sich – schlimmstenfalls – zu Tode würgen. Zu Ihrer eigenen Sicherheit sollten Sie Ihren Vierbeiner im Auto grundsätzlich mit einem speziellen Sicherheitsgurt anschnallen. Alternativ dazu können Sie den Fahrgastraum durch ein Gitter abtrennen. Bei einer scharfen Bremsung kann der Hund jetzt nicht mehr nach vorne geschleudert werden, und wenn er nicht gelernt hat, während der Fahrt auf seinem Platz zu bleiben, kann er Sie beim Fahren nicht ablenken. Lassen Sie Ihren Hund auch nicht angeleint alleine im Auto. Er könnte sich in der Leine verheddern. Vorsicht ist auch bei Autoradios geboten. Wenn Sie gerne laut Musik hören, sollten Sie darauf achten, daß sie nicht über die Lautsprecher im hinteren Teil des Autos übertragen wird und dem Hund in die Ohren dröhnt.

In heißen Sommermonaten müssen Sie unbedingt darauf achten, daß das Auto niemals in der prallen Sonne steht. Parken Sie stets im Schatten, öffnen Sie die Fenster und überprüfen Sie in kurzen Abständen, ob die Sonne gewandert ist und ob der Hund noch kühl genug liegt. Geben Sie ihm ausreichend und wiederholt zu trinken. Der Tod durch Überhitzung kann schnell eintreten und ist besonders grausam. (→ »Hitzschlag«, S. 109 f.) Lassen Sie Ihren Hund daher bei heißen Temperaturen nie zu lange im Auto.

Die häufigsten Hundekrankheiten

Jeder Hund ist irgendwann mal krank

Überall lauern sie, die Bakterien und Viren, die Milben, Würmer, Flöhe und Zecken, um den Hund in Beschlag zu nehmen. Wer sich intensiv mit Hundekrankheiten beschäftigt und mit einem Hund lebt, könnte rasch zum Hypochonder werden. Kratzt der Hund sich allzuoft, juckt es plötzlich auch den Halter überall am Körper; es folgt eine hektische Suche nach Flöhen, wie ein Affe laust der Mensch seinem Hund das Fell. Hat sich nach einem Waldspaziergang eine Zecke in die Hundehaut gegraben, fährt der Halter sich nervös durchs Haar, tastet seine Kopfhaut und Kleidung nach den kleinen Vampiren ab. Und hat er über die von der Zecke übertragbare, bösartige Borreliose, einer Bakterieninfektion (s.u.), gehört, so bildet er sich schon nach wenigen Tagen ein, sein Hund lahme und sei matt, ja möglicherweise fühlt er selbst sich etwas sonderlich. Mißtrauisch inspiziert er die Kotabsonderungen seines vierbeinigen Gefährten, mit beunruhigenden Bildern von ekelerregenden Würmern vor dem geistigen Auge. Der bloße Anblick des hinterlassenen Haufens veranlaßt ihn, sich hastig und peinlichst gründlich die Hände zu waschen. »Je mehr man über die diversen Krankheiten nachdenkt, um so wüster werden die Phantasien«, sagt Tierarzt Frank Wolff.

Die Liste der möglichen Hundekrankheiten ist nahezu unüberschaubar. Sogar Erkrankungen, die in unseren Breitengraden schon so gut wie verschwunden waren, tauchen wieder auf, die Staupe ist eine von ihnen. Verschiedene Zivilisationskrankheiten – wie etwa Allergien – haben sich auch unter den Tieren ausgebreitet. Vor allem in Großstädten werden Hunde immer häufiger krank: nicht nur körperlich, sondern auch seelisch. Ursache sind überwiegend mangelhafte Züchtungen (genetische Defekte), schlechte Haltung, falsche Ernährung oder aus dem Ausland importierte Krankheiten – ganz zu schweigen von den zahllosen Umweltgiften. Kränkelnde und neurotische Hunde sind ein Zeichen der Zeit. Einige Krankheiten macht fast jeder Hund irgendwann einmal durch, andere befallen nur bestimmte Rassen oder einzelne Hunde. Zu den ernsteren Erkrankungen gehören u.a. die des Bewegungsapparats (zum Beispiel Hüftgelenksdysplasie, Ellenbogengelenksdysplasie, Bandscheibenvorfälle), die häufig ein Ergebnis achtloser Zuchtselektionen sind, Organerkrankungen wie zum Beispiel an Niere, Herz, Darm oder Haut sowie bakterielle und virale Infektionen. Doch auch Zahnprobleme, Hormonstörungen, Übergewicht, Neurosen und Verhaltensabnormalitäten sind weit verbreitet. Hunde mit stabiler Konstitution und einem starken Charakter, die gesund ernährt und möglichst natürlich gehalten und angemessen beschäftigt werden, sind in der Regel weniger krankheitsanfällig als solche, die vermenschlicht und artwidrig gehalten werden.

Neben dem Typ »hypochondrischer Hundehalter« gibt es freilich auch das andere Extrem: Menschen, die ihre Hunde kaum wahrnehmen und nicht beobachten, so daß ihnen krankheitsbedingte Veränderungen im Verhalten ihres Hundes gar nicht auffallen – oder diese bis zum letzten Augenblick ignorieren bzw. verdrängen. Einige Krankheiten müssen sofort behandelt werden – manchmal innerhalb weniger Stunden – sonst werden sie möglicherweise chronisch, bleiben unheilbar oder führen sogar zum Tod. Zwischen harmlosen und gefährlichen Krankheiten zu unterscheiden, ist jedoch nicht immer einfach. Es bedarf mitunter einiger Erfahrung, um im richtigen Moment zu entscheiden: Tierarzt oder nicht? Infektiöse und entzündliche Krankheiten, Verletzungen, Hitzschlag und Schock sind in der Regel immer ein Fall für den Tierarzt. Eine häufige Ursache für lebensbedrohliche Beschwerden sind verschluckte Fremd-

körper wie Plastik- und Gummiteile, Kronkorken, Knochen-
fragmente, Musikkassetten, Mullbinden, Schwämme, Steine,
Kastanien und so weiter – all das ist schon vorgekommen. Nicht
ungewöhnlich sind auch eingebildete bzw. psychosomatische
Erkrankungen, die als seelische Störungen zu bezeichnen sind,
wie etwa unter bestimmten Voraussetzungen die Nahrungsmittelverweigerung. Sie entstehen meist durch mangelnde Erziehung, schlechte Haltung oder Streß. Hier muß der Halter sein
Verhalten gegenüber seinem Hund ändern. Ein seriöser Tierarzt wird ihn darauf hinweisen, anstatt die Symptome des Hundes zu behandeln.

Beobachten Sie Ihren Hund genau. Zeigt er ein deutlich verändertes Verhalten, ist er matt und lustlos, mag er vielleicht nicht
aufstehen und verhält er sich ängstlich, aggressiv oder störrisch
– wäre das ein dringender Grund, zum Tierarzt zu gehen. Das
gleiche gilt, wenn Sie Blut im Urin oder Kot entdecken. Hinter
vermeintlich einfachen und harmlosen Krankheitsbildern können sich gelegentlich schwere Krankheiten verbergen, und ein
scheinbar eindeutiges Symptom kann oft viele verschiedene
Ursachen haben. In allen Zweifelsfällen sollten Sie einen Fach-
tierarzt aufsuchen!
    Im folgenden sind einige Beschwerden und Krankheiten be-
schrieben, die Sie unter Umständen selbst kurieren können. Sie
erhalten zudem einige Hinweise auf Erste-Hilfe-Schritte nach
einem Unfall. Auf infektiöse Krankheiten wie Leptospirose,
Parvovirose, Tollwut, Hepatitis oder Staupe wird hier nicht eingegangen, denn das regelmäßige Impfen durch einen Tierarzt
sollte eine Selbstverständlichkeit für jeden Hundehalter sein.
Dieses Kapitel kann und soll keinen Tierarzt ersetzen. Es soll
allein dazu dienen, einige alltägliche Erkrankungen zu beschreiben und soweit wie möglich einzugrenzen, um gegebenenfalls zur Beruhigung beizutragen: Jeder normal gehaltene
Hund hat irgendwann einmal Durchfall, Zecken oder einen ge-

zerrten Muskel. Die Grenze von einer harmlosen zur chronischen oder gefährlichen Krankheit ist mitunter jedoch schnell überschritten, daher sollten Sie jede Erkrankung Ihres Hundes ernst nehmen.

Durchfall

Dringend will der stubenreine, erwachsene Hund hinaus ins Freie – er winselt und fiept, läuft unruhig an der Tür auf und ab. Kommt der Halter zu spät, ist das Malheur schon geschehen: Ein wässriger Haufen, matschig wie ein Kuhfladen befindet sich auf dem Teppich. Diagnose: Durchfall. Das ist nicht weiter problematisch, wenn die Ursache »diätetisch« ist, das heißt, wenn der Hund etwas gefressen hat, was er nicht verträgt: eine neue Futtersorte zum Beispiel, unabgekochte Milch, herumliegende Abfälle oder fauliges Wasser. Der Durchfall ist in diesen Fällen fast geruchsfrei und hat oft die Farbe des verzehrten, unverträglichen Nahrungsmittels. Trotz dieses Symptoms, das den Halter in der Regel mehr stört als den Betroffenen, ist der Hund lebhaft wie eh und je und zeigt keinerlei verändertes Verhalten. Die Gegenmaßnahme: Der Hund wird ein bis zwei Tage auf eine strenge Null-Diät gesetzt. Er bekommt lediglich viel Wasser zu trinken, dem eine Prise Salz hinzugefügt wird sowie eventuell ein Schuß schwarzer Tee oder Kräutertee. Sie können ihm auch Kohletabletten eingeben, die Sie rezeptfrei in der Apotheke kaufen können. Nach spätestens zwei Tagen sollte der Durchfall aufhören. Bauen Sie die Ernährung Ihres Hundes dann langsam wieder auf, indem Sie ihn einen Tag mit Schonkost füttern: zum Beispiel Reis mit Hühnchenfleisch (ohne Knochen!) oder mit Hüttenkäse. In Ausnahmefällen, wie auf Reisen, ist es nützlich, ein einfaches Durchfallmittel parat zu haben, das den Darm entkrampft.

Falls der Durchfall nach zwei Tagen allerdings nicht verschwunden ist, ist eine Untersuchung beim Tierarzt fällig. Denn Durchfall kann auch infektiöser Natur und Symptom einer tückischen Krankheit sein, zum Beispiel Staupe oder Parvovirose, virusbedingte Krankheiten, die sich in den Organen festsetzen und an der besonders häufig Welpen aus unhygienischen Massenzuchten erkranken. Beruht der Durchfall auf einer Infektion, so verstärken sich die Symptome: Der Kot stinkt, ist besonders flüssig und wird häufiger abgesetzt. Das Allgemeinbefinden des Hundes ist empfindlich gestört. Er ist matt, lustlos und bewegungsunfreudig. In der Regel hat er auch Fieber. (Die Körpertemperatur gesunder Hunde liegt zwischen 38,5 und 39 Grad Celsius, die von kranken Hunden liegt darunter oder darüber). Bei diesen Symptomen besteht dringender Handlungsbedarf, denn es besteht Gefahr, daß der Hund durch einen extremen Flüssigkeitsverlust austrocknet. (Bei einem austrocknenden Hund schnellen mit den Fingern hochgezupfte Hautfalten zum Beispiel am Kopf nicht mehr wie üblich gummibandartig zurück). Infektiöse Erkrankungen können zudem unheilbare Schäden verursachen. Gehen Sie daher rasch zum Tierarzt.

Wichtiger Hinweis: Tritt bei einem Welpen Durchfall auf, sollte man sofort zum Tierarzt gehen, da Hunde in den ersten Monaten noch sehr anfällig und durch einen Durchfall schnell geschwächt sind.

Verstopfung

Alle Hunde lieben Knochen. Doch während die einen große Mengen davon lustvoll zerkauen können, vertragen die anderen das Knochenmaterial ganz und gar nicht. Nur ein kleines Stück, und schon ist die Bescherung da: Knochenkot bleibt im Enddarm hängen und verstopft ihn hoffnungslos. »Das piekst wahrscheinlich wie tausend Nadelstiche« sagt Tierarzt Wolff.

Für den Hund ist das eine fast unerträgliche Quälerei. Er dreht und windet sich winselnd und alle Versuche, den Kot loszuwerden schlagen fehl und verursachen um so größere Schmerzen. Einem Hund, der unter starker Verstopfung leidet, ist nur noch vom Tierarzt zu helfen. Die meisten ernsthaften Verstopfungen entstehen durch verschluckte sperrige, unverdauliche Fremdkörper wie zum Beispiel Kastanien, Steinchen, Spielsachen, kleine Bälle, Gummihandschuhe, Teppichfussel, Luftballonreste und was immer Hunde so zwischen die Zähne bekommen. Diese Gegenstände verursachen häufig eine Reizung, die zu Darmschleimhautentzündungen führt. Nicht immer reicht ein Einlauf oder ein Mittel zum Erbrechen, um das Objekt zu entfernen, mitunter muß auch operiert werden. Und nicht immer ist der Hund zu retten.

Falls Ihr Hund Verstopfungen hat, ist es ratsam, nicht zu lange zu warten und zu einem Tierarzt zu gehen. Er kann den Hund abtasten und gegebenenfalls röntgen, um entsprechende Maßnahmen einzuleiten. Falls Sie das Risiko eingehen wollen, können Sie in einigen Fällen selbst versuchen, ihn zu behandeln, vorausgesetzt, Sie wissen mit Sicherheit, daß Ihr Hund einen ungefährlichen Fremdkörper verschluckt hat, ein Stück natürlichen Stoffs etwa oder andere weiche Materialien, die sich durch den Darm bewegen können. Geben Sie ihm pro Mahlzeit jeweils einen Teelöffel Paraffinöl in Kartoffelbrei – das treibt die Reste des Fremdkörpers hoffentlich aus dem Darm. Sollte sich der Zustand Ihres Hundes im Laufe von 24 Stunden jedoch nicht verbessern, sollten Sie einen Tierarzt aufsuchen.

Erbrechen

Der Hund würgt und erbricht sich. Das kann beim Autofahren der Fall sein oder auch, wenn er Gras zur Reinigung des Darms gefressen hat. In Ausnahmesituationen kann bei einem empfindlichen Hund auch das zuvor Vertilgte zum Erbrechen führen, Schilfrohr am Fluß zum Beispiel oder Schnee. Junghunde übergeben sich durchaus hin und wieder, weil ihr Magen noch empfindlich ist, weil sie nach dem Fressen gespielt haben, weil das Futter zu rasch gewechselt wurde, weil es vielleicht nicht hochwertig ist oder weil sie die Menge uneingeweichten Trockenfutters überschätzt haben. Auch junge Hündinnen übergeben sich manchmal, wenn sich hormonelle Turbulenzen in ihrem Körper abspielen. Erbricht der Hund nur gelegentlich, so ist das meist normal. Alarmierend ist es, wenn es häufiger, vielleicht sogar mehrmals täglich passiert. Verschiedene schwere Krankheiten können hier die Ursache sein, so zum Beispiel eine Magendrehung, Darmverschlingung, Leber- und Nierenstörungen oder starker Wurmbefall. Bei manchen Krankheiten wie etwa einer Darmverschlingung muß innerhalb von vier bis sechs Stunden operiert werden, um den Hund vor dem Tod zu retten. Bei Erbrechen muß daher zu höchster Aufmerksamkeit und Vorsicht geraten werden: Gehen Sie lieber einmal zuviel als gar nicht oder zu spät zum Tierarzt!

Würmer

Spulwürmer sehen aus wie Spaghetti und sind nicht selten ebenso lang. Regenwürmern ähnlich winden sie sich träge im Kot. Nicht minder unappetitlich sind Bandwürmer, die an Bandnudeln erinnern. Hakenwürmer sind mit bloßem Auge kaum zu erkennen, und alle übrigen Würmer vergraben sich unsichtbar im Hundehaufen. Kein Hundehalter kommt um dieses Thema herum, denn Wurmeier befinden sich milliardenfach überall in der Umgebung und können vom Hund jederzeit aufgeschnappt werden. Im Kot eines infizierten Hundes gibt es Tausende von Wurmeiern. Leckt er Herrchen oder Frauchen innig über den Mund, kann er die Darmparasiten übertragen. Oft reicht es aber auch schon, daß er die Hand liebkost, die der Mensch später zum Mund führt. Besonders gefährdet sind Kinder, deren Entwicklung durch Würmer erheblich gestört werden kann. Bestimmte Bandwurmarten zum Beispiel sind für Menschen lebensgefährlich. In welchem Maße Hunde Würmern ausgesetzt sind, hängt vor allem von den Haltungsbedingungen ab. Ein Jagdhund, der regelmäßig mit der Schnauze auf dem Waldboden herumstöbert oder ein Sport- und Hobbyhund, der wöchentlich auf Hundeplätzen sowie auf Prüfungen und Hundeschauen Kontakt mit Artgenossen hat, ist der Wurmwelt besonders intensiv ausgesetzt. Stark gefährdet sind Hunde, die Kot fressen. Ein »Schoßhund« hingegen, der kaum auf die Straße kommt, ist freilich weniger exponiert. Es empfiehlt sich, einen normal gehaltenen, erwachsenen Hund jährlich zwei bis dreimal mit einer Wurmkur zu behandeln, einen Jagd- oder Sporthund sogar etwa alle drei Monate und einen Schoßhund ein bis zweimal pro Jahr.

Welpen müssen im ersten Lebensjahr häufiger entwurmt werden, im allgemeinen ab der zweiten Lebenswoche in 14tägigen Abständen (s. a. S. 164f.). Wer seinen Hund allerdings nicht regelmäßig mit den Entwurmungsmitteln belasten will, kann in den genannten Zeitabschnitten, beim Tierarzt Kotproben einreichen und nur dann eine Wurmkur machen, wenn tatsächlich Darmparasiten im Labor nachgewiesen wurden. Ein Hund, der Würmer hat, neigt dazu abzumagern, obwohl er weiter gut frißt. Sein Bauch wirkt aufgebläht, sein Aussehen ist bläßlich, Zahnfleisch und Augen verlieren an gesunder Farbe. Seine Kräfte und Energien schwinden, er wird lustloser und hat wenig Freude am Spazierengehen. Der Kot wird dünner, wenn die Darmschleimhaut gereizt ist. Ist es erst einmal so weit gekommen, ist eine Untersuchung beim Tierarzt, der vermutlich eine stufenweise Wurmkur verschreiben wird, dringend angebracht. Deshalb sind regelmäßige Kotuntersuchungen zu empfehlen.

Flöhe

»Kleine, braune Tramper« heißen Flöhe in der Tierarztpraxis Wolff. Sie wandern über den gesamten Körper des Hundes, zwacken und beißen ihn, um sein Blut zu saugen. Flöhe vermehren sich bei warmen Temperaturen sehr rasch, also durchaus auch bei Heizungsluft im Winter. Die weiblichen Flöhe legen ihre Eier gerne in der Umgebung des Hundes, in seinem Korb, auf seiner Decke oder seinem Kissen, so daß eine Flohfamilie bald ein ganzes Haus bevölkern kann. Das ist nicht nur unhygienisch und lästig, sondern kann bei Hund und Halter allergische Reaktionen gegen den Flohspeichel hervorrufen. Kleine rote Flecken auf der Haut weisen auf Flohstiche hin. Flöhe setzen auf dem Hund auch Kot ab. Das erkennen Sie an kleinen schwarzen Krümeln, vor allem an den Hinterpartien und am Bauch des Hundes. Wo Flöhe sind, gibt es meistens auch Bandwürmer, deren Zwischenträger sie sind. Flöhe scheinen sich für einige Hunde mehr, für andere nur wenig oder gar nicht zu interessieren. Woran das liegt, ist bislang nicht bekannt. Hunde reagieren auch unterschiedlich auf die vielen verschiedenen Flohpräparate. Es gibt Tabletten, Sprays, Tropfen, Puder, Shampoos, Bäder und Halsbänder. Die Flohbekämpfungsindustrie entwickelt immer neue Mittel gegen die häßlichen Tierchen. Informieren Sie sich bei Ihrem Tierarzt über die erhältlichen Abwehrmittel und homöopathischen Präparate. Probieren Sie aus, welches davon den Flöhen Ihres Hundes den Garaus macht. 99 Prozent der Flöhe leben jedoch

in der direkten Umgebung des Hundes. Der Tierarzt wird Sie
deshalb auch über alle am Tier und in seiner Umgebung durch-
zuführenden Maßnahmen aufklären.

Zecken

Fett wie eine Erbse und grau wie eine Maus ist der Holzbock,
die am häufigsten auftretende und gefährlichste Zeckensorte,
wenn er sich mit Blut vollgesogen hat. In Mitteleuropa gibt es
circa 20 Zeckenarten, zwei davon befallen Hunde besonders
häufig. In einigen Regionen Deutschlands sind sie Überträger
gefährlicher Infektionskrankheiten. Sie können die gefürchte-
ten Hirnhaut- und Gehirnentzündungen sowie die nicht minder
bedrohliche Borreliose hervorrufen. Das ist eine Bakterieninfektion, die sich durch wiederholte, plötzliche Fieberschübe
mit fieberfreien Intervallen äußert und meist von Muskel- und
Gelenkschmerzen begleitet ist. Zecken sind vom Frühling bis
zum Herbst aktiv. In Wäldern, Büschen und Wiesen lauern sie
auf ihre Opfer, an die sie sich anheften. Mit ihrem Beißwerk-
zeug bohren sie sich durch das Fell allmählich in die Haut. Ihre
Erreger geben sie entweder sofort oder erst nach einigen Tagen
ab, wenn sie sich am Blut des Hundes satt getrunken haben.
Prall wie sie dann sind, spucken sie ihre Flüssigkeit in den Hundekörper. Bei harmlosen Zecken hat das keine weiteren Folgen, allergische Reaktionen sind jedoch möglich. Die Hunde
kratzen und knabbern dann an den betroffenen Stellen, die lästig jucken. Der Zeckenbiß kann aber zu Infektionen führen.
Hunde, die sich infiziert haben, verhalten sich sonderbar. Bei
einer Gehirnhautentzündung sind sie meist launisch, gereizt,
aggressiv, ängstlich oder schreckhaft, manchmal haben sie auch
Fieber. Bei der Borreliose haben sie Gehbeschwerden, weil
ihre Gelenke entzündet sind. Sie sind geschwächt und haben
Fieber. In beiden Fällen kann nur der Tierarzt helfen.

Zum Entfernen der Zecken können Sie sich im Fachhandel oder beim Tierarzt eine Zeckenzange besorgen, mit der Sie Ihren Hund täglich von den kleinen Blutsaugern befreien. Schieben Sie die Haare des Hundes an dieser Stelle frei und setzen Sie mit der anderen Hand die Pinzette vorsichtig um den Kopf der Zecke, direkt an der Hautoberfläche des Hundes. Achten Sie darauf, daß Sie dabei den Zeckenkörper nicht drücken, denn sonst gibt der Parasit sogleich sein Sekret ab, das möglicherweise gefährliche Erreger enthält. Wichtig ist, daß Sie den Zeckenkopf samt Beißern vollständig aus dem Hund herausholen. Drehen Sie die Zange behutsam gegen den Uhrzeigersinn – meistens genügen zwei Umdrehungen – jedenfalls aber ohne zu ziehen oder zu zupfen! Eine erfolgreich herausgedrehte Zecke lebt noch! Zerdrücken Sie das Untier deshalb vorsichtig in einem Taschentuch, ohne daß Sie dabei mit seiner Körperflüssigkeit in Berührung kommen, und entsorgen Sie es anschließend so, daß es keinen Schaden mehr anrichten kann. Vorsichtshalber sollten Sie sich dann die Hände waschen.

Zecken werden vor allem von Körperwärme angezogen. Sie können Ihrem Hund regelmäßig größere Mengen Knoblauch ins Futter mischen, um das Ungeziefer abzuwehren. Ludwig Wolf Friedl (Was fehlt denn meinem Hund?) empfiehlt, Hunden in den Sommermonaten zur Abwehr täglich eine Vitamin-B1-Tablette zu geben. Die Zecken lassen sich dann zwar noch immer auf den Hund nieder, halten sich dort vielleicht auch ein Weilchen auf, aber der intensive Geruch wird sie vielleicht davon abhalten, sich anzusaugen. Nehmen Sie auf Spaziergängen durch Wald und Wiesen zudem einen Flohkamm mit, den Sie im Fachhandel oder beim Tierarzt bekommen, und bürsten Sie den Hund während einer längeren Wanderung ab und zu durch: Auf diese Weise können sie die Zecken, die sich noch nicht in die Haut gebohrt haben, beseitigen.

Milben

Milben sind schwer zu erkennen. Das ist auch besser so, denn sie sind sehr unansehnlich, ähnlich »Akteuren in einem Horrorfilm« (Wolff): Stummelbeinchen, behaart, länglich gerippt. Sie befinden sich auf der Körperoberfläche des Hundes. Grabmilben bohren sich maulwurfähnlich in die Haut hinein und legen dort ihre Eier und ihren Kot ab. An dieser Stelle fallen die Haare aus, und es entsteht ein verkrusteter Belag, der den Hund juckt. Verdacht auf Milben besteht immer dann, wenn eine zunächst harmlos wirkende Hauterkrankung gegen jede Behandlung resistent bleibt. Milben können auch die Hundeohren befallen. Das sieht dann aus wie dunkles, krustiges Ohrenschmalz. Falls Sie die Ohren mehrmals sorgfältig reinigen und der krümelige Belag trotzdem immer wieder auftaucht, so haben Sie es höchstwahrscheinlich mit Milben zu tun. In diesem Fall sollten Sie sofort zum Tierarzt gehen, denn gerade die Ohren sind äußerst empfindlich. Besonders im Sommer, wo der weiche Talg im Ohr Schmutz und Staub besonders gut bindet, besteht die Gefahr einer Gehörgangentzündung. Diese muß sorgfältig und vollständig auskuriert werden. Ein Hund, der einmal eine Ohrenentzündung hatte, bleibt sein Leben lang dafür anfällig.

Bewegungsstörungen

Eine falsche Bewegung, ein schiefes Auftreten nach einem Sprung, und schon hat der Hund sich vertreten und lahmt. Das passiert den meisten Hunden irgendwann einmal, vor allem denen, die sich viel bewegen. Ist ein Muskel gezerrt, lahmen und humpeln die betroffenen Hunde meist so stark, daß der Laie zunächst an das Ärgste denkt. Dabei ist ein harmloses Vertreten nicht weiter schlimm und heilt spätestens nach ein bis zwei Tagen von selbst. Allerdings können Hunde auch eine so unglückliche Bewegung machen, daß ihnen ein Kreuzband reißt, der Meniskus geschädigt oder vielleicht sogar die Hüfte ausgerenkt wird. In solch einem Fall muß rasch gehandelt werden, denn verletzte Sehnen oder Muskeln verwachsen innerhalb kürzester Zeit. Wenn das geschieht, hat der Arzt nicht nur Schwierigkeiten bei der Operation, auch der Heilungsprozeß ist viel langwieriger. Besondere Vorsicht ist bei einer Lahmheit der Hinterbeine geboten, denn hier ist oft von gravierenden Verletzungen auszugehen. Dies ist ganz besonders der Fall, wenn der Hund ein Bein hochhält und nicht auftreten mag. In der Regel hat er dabei starke Schmerzen. Diese beiden Komponenten zusammen – hochgezogenes Bein, erheblicher lokaler Schmerz – sollten Anlaß zu einem baldigen Tierarztbesuch sein. Sackt einem Hund ein gesamter Bereich wie zum Beispiel die Hinterhand weg, ist ohne Verzug zu handeln. Anders sieht es im allgemeinen bei einer harmlosen Zerrung aus. Wenn der Hund mit einem Vorderbein lahmt und der Schmerz nicht sofort exakt zu lokalisieren ist, kann man davon ausgehen, daß keine ernsthafte Verletzung vorliegt. Der Hund sollte aber nach zwei bis drei Tagen mit dem Humpeln aufhören, sonst sollte sich ein Arzt die Verletzung ansehen.

Bei manchen Hunden hängt eines Tages plötzlich das Krallenhorn an einer Pfote schief. Das sieht zwar besorgniserregend aus, ist aber kein Grund zur Panik. Erste Hilfe bevor Sie den Tierarzt aufsuchen ist möglich, indem Sie die Blutung stillen und einen Verband anlegen.

Schnittverletzungen

Herumliegende Glasscherben, alte Blechdosen oder scharfe Kanten: Der sensible Ballen an der Hundepfote ist rasch geschnitten. Auch bei kleineren Verletzungen fließt sofort viel

Blut, was allein jedoch kein Grund zur Aufregung sein sollte. Gefährlich können Schnittverletzungen allerdings deshalb sein, weil unter der Ballenhaut Sehnenstränge, Nervenbahnen und Blutgefäße verlaufen, die durchtrennt sein können. Deshalb ist in jedem Fall eine Erste-Hilfe-Maßnahme nötig. Nehmen Sie ein Stück Stoff, ein Taschentuch oder eine Mullbinde und schützen sie die Wunde durch einen Notverband! Bei starker Blutung bindet man das Blutgefäß oberhalb der Schnittstelle ab. Der sogenannte Ligaturverband sollte jedoch nicht mehr als zwei Stunden an der Pfote bleiben. Ist die Schnittstelle verschmutzt oder hat sich der Hund zum Beispiel an einer rostigen Dose geschnitten, sollte man in jedem Fall zum Tierarzt gehen, egal wie tief die Wunde ist. Eine tiefere Schnittverletzung muß durch Nähen oder Klammern regelrecht verarztet werden, denn sonst wächst die Schnittstelle am Ballen nicht zusammen. Das Fleisch bliebe offen und würde dem Hund bei jedem Auftreten Schmerzen bereiten.

Hat Ihr Hund sich nur oberflächlich an einer Glasscherbe geschnitten, können Sie ihn eventuell auch selbst behandeln. Reinigen Sie die Wunde, indem Sie sie zunächst behutsam mit warmem Wasser ausspülen. Legen Sie anschließend zwischen jede einzelne Zehe ein dünnes Stück Watte – denn die Zwischenzehen sind nahezu die einzige Stelle, an der Hunde schwitzen können (abgesehen vom Hecheln). Auf die Schnittwunde kommt eine Kompresse oder anderes sauberes Material, mit dem blutstillender Druck auf die Wunde ausgeübt werden kann. Binden Sie nun eine Mullbinde oder einen ähnlichen Verband um die Pfote. Schnüren Sie ihn allerdings nicht so fest, daß Sie dem Hund die Blutgefäße abdrücken. Dieser Verband sollte zwei bis vier Tage bei mehrmaliger Erneuerung getragen werden, bis die Wunde gut verheilt ist. Falls Blut den Verband mit den Pfotenhaaren verklebt, reißen Sie nicht daran, denn das könnte zu einer neuen Blutung führen. Legen Sie stattdessen die Pfote in Wasser, bis der Verband sich gelöst hat.

Die meisten Hunde versuchen leider unermüdlich, sich den Verband herunterzureißen. Hier hilft nur viel Ablenkung oder ein Trichter um den Kopf des Hundes (beim Tierarzt erhältlich), der ihn davon abhält, an der Stelle zu nagen.

Bißverletzungen

Auseinandersetzungen zwischen Rüden sind in der Regel harmlos, obwohl sie meist bedrohlich wirken. Die Hunde rei - ßen ihren Fang weit auf und greifen ihren Gegner zum Beispiel am Widerristfell oder an einer anderen weichen Stelle, an der sie gut zupacken können. Sie beißen jedoch meist nicht zu, das heißt, ihre Zähne durchdringen das Fleisch nicht. Dennoch kann es unter bestimmten Umständen und sogar bei freundlichem Spiel auch mal zu einer Verletzung kommen. Bei einem richtigen Biß kommen die vier Fangzähne zum Einsatz, es kann also sein, daß einer oder alle vier Zähne des Hundes das Fleisch des Gegners durchbohren. Wenn der »Beißer« seinen Fang löst, schließen sich die kleinen Einstiche, die seine Zähne verursacht haben, sofort wieder, und die Wunde ist mit bloßem Auge fast nicht mehr zu erkennen. Auf Hundezähnen tummeln sich jedoch ganze Heerscharen von Bakterien, die in der Wunde unter der Haut nun ihr Unheil treiben können. Wenn man nichts unternimmt, entsteht in der Regel eine Wundinfektion. Es ist deshalb notwendig, die Haut des Hundes nach einer Rauferei sorgfältig auf Durchlöcherungen zu untersuchen. Gegebenenfalls muß dazu das Fell an der entsprechenden Stelle rasiert werden. Um Unterhautentzündungen (Eiterherden) vorzubeugen, muß die Wunde desinfiziert und antibiotisch behandelt werden. Rißwunden und Abschürfungen lassen sich leichter finden und behandeln. Im Zweifel und um kein Risiko einzugehen ist es angebracht, einen Tierarzt aufzusuchen.

Erste Hilfe nach einem Autounfall

Behalten Sie nach einem Autounfall die Ruhe, handeln Sie aber ohne Verzug und mit Bedacht. Falls Ihr Hund bewußtlos ist, sollten Sie ihm das Halsband abnehmen und seine Zunge aus dem Fang ziehen, damit er nicht erstickt. Lagern Sie seinen Kopf schräg nach unten, so daß Blut oder Erbrochenes nach außen abfließen können. Ist der Hund weiterhin bewußtlos oder so schwer verletzt, daß er nicht laufen kann, gibt es zwei Möglichkeiten: Sie rufen einen Tierarzt, warten, bis er da ist, und bringen den Hund nach einer oberflächlichen Untersuchung gemeinsam mit ihm in die Praxis. Bis der Arzt an der Unfallstelle ist, kann allerdings viel Zeit vergehen. Die Alternative – und das ist eine individuelle Entscheidung – ist, daß Sie selbst den Hund auf direktem Wege zum Tierarzt bringen. Versuchen Sie in diesem Fall, einen Tierarzt telephonisch davon zu unterrichten, daß Sie in Kürze mit einem Unfallhund bei ihm eintreffen werden, so daß er sich vorbereiten kann. Um den Hund zu transportieren, brauchen Sie einen Assistenten. Sprechen Sie einen Passanten an, falls Sie keine Begleitung bei sich haben. Nehmen Sie eine Decke, einen Mantel oder eine Jacke, und legen Sie sie oberhalb des Hundekopfes oder unterhalb des Unterleibs, je nachdem, wo seine Verletzung ist, auf den Boden. Greifen Sie den Hund nun, beruhigend mit ihm sprechend, am Nackenfell bzw. an den Hinterläufen, und ziehen Sie ihn vorsichtig auf die Unterlage.

Falls Ihr Hund unerträgliche Schmerzen hat, kann es sein, daß er reflexartig nach Ihnen schnappt. Wenn Sie merken, daß das passieren könnte, ist es ratsam, einen Notmaulkorb zu bauen. Nehmen Sie zu diesem Zweck eine Mullbinde aus dem Erste-Hilfe-Koffer Ihres Autos, eine Schnur, eine Krawatte oder einen schmalen Gürtel. Legen Sie den mittleren Teil von oben über den Fang des Hundes. Führen Sie die beiden Enden um den Fang herum, und kreuzen Sie sie so fest am Unterkiefer, daß der Hund seinen Fang nicht mehr öffnen kann. Führen Sie dann die beiden Schnurenden nach hinten um den Hals des Hundes herum. Binden Sie sie am Nacken fest zusammen. Nun kann der Maulkorb nicht mehr von der Schnauze rutschen. Sobald Sie den Hund auf die Unterlage gezogen haben, greifen Sie und Ihr Helfer von beiden Seiten jeweils zwei Ecken. Ziehen Sie die Unterlage so straff auseinander, daß daraus eine Nottrage wird. Auf diese Weise können Sie den Hund zu einem Fahrzeug tragen. Am besten ist es, wenn er darin ausgestreckt liegen kann. Wenn nötig, bestellen Sie ein Taxi, dessen Fahrer bereit ist, Sie und Ihren Hund zum Tierarzt zu fahren.

Hitzschlag

Hunde schwitzen fast ausschließlich zwischen den Zehen und durch Hecheln über die Zunge. Beim Hecheln wechseln sich kurze, oberflächliche und längere, tiefere Atemzüge ab. Nur bei den tiefen Atemzügen findet ein guter Luftaustausch statt. Ist ein Hund extremer Hitze ausgesetzt, insbesondere in einem geschlossenen Fahrzeug, so versucht er die hohe Temperatur durch Hecheln auszugleichen. Der Hitze entsprechend hechelt er zunehmend schneller, seine Atemzüge werden also immer oberflächlicher und kürzer, bis er hyperventiliert. Dabei sinkt der Sauerstoffpegel im Blut und ein Temperaturausgleich findet nicht mehr statt. Die Körpertemperatur des Hundes steigt an. In dieser Situation versucht er nun um so mehr, einen Ausgleich herzustellen und hechelt immer hastiger. Hyperventilation und ein Zusammenbruch der Thermoregulation bedeuten das Schlimmste: Die Körpertemperatur steigt auf über 42 Grad Celsius, der Stoffwechsel bricht zusammen, und der Hund »verkocht sich buchstäblich selbst« (Wolff).

Um einer Überhitzung vorzubeugen, sollten Sie stets darauf achten, daß Ihr Hund bei hohen sommerlichen Temperaturen körperlich nicht überbeansprucht wird. Bringen Sie ihn an ein schattiges Plätzchen, oder lassen Sie ihn am besten gleich zu Hause. Wenn Sie ihn im Auto mitnehmen müssen, achten Sie unbedingt darauf, daß die Fenster genügend geöffnet sind, und geben Sie ihm regelmäßig ausreichend Wasser zu trinken. Parken Sie das Auto im Schatten, lassen Sie die Fenster geöffnet und sehen Sie immer wieder nach Ihrem Hund. Schon eine halbe Stunde Überhitzung kann für ihn tödlich sein. Vergessen Sie nicht, daß die Sonne wandert! Der zuvor im Schatten geparkte Wagen könnte daher alsbald in der prallen Sonne stehen. Stellen Sie Ihrem Hund während Ihrer Abwesenheit immer eine Schüssel mit Wasser ins Auto.

Sollte Ihr Hund einen Hitzschlag erlitten haben und mit heraushängender Zunge daliegen, müssen Sie sofort handeln. Legen Sie ihn sofort in den Schatten. Besorgen Sie feuchte Tücher, die Sie über seinen ganzen Körper ausbreiten. Sorgen Sie dafür, daß er ständig mit kalten feuchten Tüchern gekühlt wird, bis er vom Tierarzt versorgt wird. Mit etwas Glück kann dieser den Hund durch Infusionen noch retten.

Hauterkrankungen

Erkrankungen der Haut können äußerliche und innerliche Ursachen haben. Oft sind sie schwer zu diagnostizieren, da der Erkrankung häufig mehrere Ursachen zugrundeliegen. Bei einer anhaltenden Veränderung der Haut ist es ratsam, den Tierarzt zu Rate zu ziehen.

Entzündliche Hauterkrankungen können entstehen, wenn der Hund sich leicht verletzt hat oder von Ungeziefer gebissen wurde und die betroffene Stelle so lange leckt, bis sie entzündet

110

ist. Unterforderte Hunde lecken sich manchmal aber auch aus Langeweile die Haut wund oder knabbern daran, bis sie auf tiefere Gewebsschichten und den Knochen stoßen. Des weiteren gibt es eine erworbene oder angeborene Allergiebereitschaft, die die Haut krankhaft verändern kann. Zum Beispiel die Autoimmunkrankheiten, bei denen die körpereigenen Stoffe vom Immunsystem angegriffen werden, sind angeboren.

Allergien sind unberechenbar und haben stets einen unterschiedlichen Verlauf, weshalb es keine Therapie gibt, die bei jedem Hund anschlägt. Zu den erworbenen Allergien zählen vor allem jene, die durch den Speichel oder Kot von Flöhen übertragen werden. Diese Allergien haben mitunter zur Folge, daß die Hunde an manchen Körperteilen alle Haare verlieren und dort fast nackt sind. Hat man die Flöhe erfolgreich beseitigt, sollte man den Hund gründlich mit einem speziellen Shampoo waschen, denn Speichel und Kot der Flöhe bleiben auf der Hautoberfläche und können einen neuen Allergieschub hervorrufen. Allergien können auch durch Zecken und Milben entstehen sowie durch chemische Konservierungsstoffe in Fertigfutter. Falls es einen zeitlichen Zusammenhang zwischen der Verabreichung einer neuen Futtersorte und einer allergieverdächtigen Reaktion gibt, sollten Sie das Futter versuchsweise absetzen. Geben Sie dem Hund vier Wochen lang Schonkost aus Reis, Gemüse und Hühnchenfleisch. Ist die Hautreizung nach Ablauf dieser Zeit verschwunden, sollten Sie in Zukunft auf andere Futtermarken zurückgreifen.

Nach Ansicht von Tierarzt Wolff haben die meisten Hunde eine Futtermittelallergie. Die Fanghaut des Hundes berührt das Futter bei jeder Mahlzeit. Um die Haarfollikel herum schwillt sie an, was beim Abtasten als leichte kegelförmige Schwellung zu fühlen ist. Bei manchen Hunden setzt sich diese Allergie im Körper fort und taucht an anderer Stelle wieder auf. Allergien können auch durch Herbstgrasmilben oder beispielsweise durch einen neuen Teppich entstehen. Mittlerweile gibt es hervorra-

gende Tests zur Ermittlung des Allergieauslösers, die der Tierarzt in die Wege leiten kann. Weitere Hauterkrankungen können durch hormonelle Störungen oder stoffwechselbedingte
Probleme entstehen, aber auch angeboren sein.

Verstopfte Analdrüsen

»Schlittenfahren« wird die Erkrankung in der Umgangsspra-
che genannt, bei der Hunde mit dem Hinterteil auf dem Boden
entlang rutschen. Das sieht zwar komisch aus, die Ursache ist
für den Hund aber recht unangenehm, denn die verstopften
Drüsen im Analbereich sind gereizt, jucken und können große
Schmerzen verursachen. Außerdem können sie zu Entzündungen an anderen Körperstellen, zum Beispiel der Haut, führen.
Verstopfte Analdrüsen sind keine Seltenheit und können bis zu
einem gewissen Grad als Zivilisationskrankheit bezeichnet
werden. Früher hatten Hunde seltener mit diesem Problem zu
kämpfen. Eine Hypothese lautet, daß Hunde in der Vergangenheit anders ernährt wurden – sie bekamen oft die Reste vom
Tisch und was immer gerade zu haben war. Heute werden sie
mit Fertigfutter gefüttert, das einen weicheren Kot verursachen
kann – manchmal zu weich, um die Drüsen beim Verrichten des
»Geschäfts« auszudrücken. Das »Schlittenfahren« kann aber
auch bedeuten, daß der Hund von Spulwürmern befallen ist.
Falls Sie im Zweifel sind, ob Ihr Hund Spulwürmer oder verstopfte Analdrüsen hat, können Sie es zunächst mit einer
Wurmkur versuchen. Die ist nach 24 Stunden im Körper abge-
baut und sollte nach zwei bis drei Tagen, spätestens aber nach
einer Woche Wirkung zeigen. Tritt keine Besserung der
»Rutsch-Symptome« ein, so können Sie davon ausgehen, daß
Ihr Hund Probleme mit den Analdrüsen hat. Sie sollten dann
nicht zu lange mit einer Behandlung warten, um weitere un-
schöne Folgen zu vermeiden.

Manche Hunde sind für Analdrüsenverstopfungen besonders anfällig. Durch das Herumrutschen auf dem Hintern gelingt es ihnen mitunter, die verstopften Drüsen auszudrücken. Wenn nicht, müssen die Drüsen von Menschenhand ausgedrückt werden. Nicht die appetitlichste Angelegenheit, denn die Verstopfungsmasse stinkt nach einer Mischung aus altem Fisch und Knoblauch. Lassen Sie sich vom Tierarzt demonstrieren, wie Sie die beiden Analdrüsensäcke ausstreichen müssen, es ist nicht kompliziert; beim nächsten Mal können Sie die Behandlung dann eventuell alleine vornehmen. Es wird mit Sicherheit ein nächstes Mal geben, denn Hunde mit entsprechender Anfälligkeit haben mit diesem Problem immer wieder zu tun. Streichen Sie die Analdrüsen zur Vorbeugung alle vier Wochen aus, es reicht schon, wenn Sie sie nur halb entleeren. Es kann außerdem nicht schaden, wenn Sie die Drüsen zweimal jährlich bei Routineuntersuchungen vom Tierarzt kontrollieren lassen. Zudem können Sie zur Vorbeugung das Futter Ihres Hundes wechseln: Nehmen Sie eins mit mehr Ballaststoffen, zwischen zweieinhalb und drei Prozent. Falls Ihr Hund Fleischknochen verträgt, lassen Sie ihn ab und zu welche kauen. Auch das macht den Kot fester und massiert die Analdrüsen. Testen Sie seine Knochenverträglichkeit bitte vorsichtig, denn sonst bekommt er vielleicht Verstopfungen (→ S. 97).

Ohrenentzündung

Wenn Hunde sich auffällig häufig mit der Hinterpfote am Ohr kratzen, den Kopf schütteln, dabei vielleicht sogar jaulen und winseln und sich am Kopf nicht anfassen lassen wollen, haben sie wahrscheinlich eine Ohrenentzündung. Bei Ohren muß man rasch handeln, weil sie besonders empfindlich sind. Gehen Sie daher gleich zum Tierarzt, wenn der Verdacht auf Ohrenentzündung besteht. Eine verschleppte Entzündung kann un-

ter anderem zu chronischem Ohrenzwang oder sogar zu Taubheit oder einer Gehirnhautentzündung führen. Eine konsequente Behandlung und vollständige Ausheilung sind notwendig. Dennoch wird ein Hund, der einmal eine Entzündung am
Ohr hatte, sein Leben lang anfällig dafür bleiben.

Augenentzündung

Die Augen sind besonders empfindlich, daher sollte man bei
einer Entzündung nicht lange mit dem Tierarztbesuch warten.
Manche Rassen haben extrem anfällige Augen, vor allem solche,
deren Augenlider nach innen geklappt sind, so daß die Wimpern
auf der Hornhaut scheuern, oder jene, die keine Tränenna-
sengänge mehr haben. Jahreszeitenbedingt kann es bei allen
Hunden zu Lidbindehautreizungen kommen. Pollen, Staub,
Wasser, Kälte und Wind sind Faktoren, die zu einer Augenrei-
zung, einer Rötung der Lider und verstärktem Tränenfluß
führen können. Diese Reizungen sind meistens harmlos, sollten
aber dennoch mit einer Augentrostsalbe behandelt werden.
Keinesfalls sollten die Augen mit Kamillentee ausgewaschen
werden, da das zu weiteren Reizungen führt. Bei einer chronischen Reizung kann es im Extremfall passieren, daß die Hornhaut des Auges beschädigt wird und Sehschäden auftreten.

Mandelentzündung

Mandelentzündungen kommen häufig vor und äußern sich dadurch, daß der Hund durch Würgen versucht, den zähflüssigen
Schleim, der sich wie eine Folie vor seine Atemwege gelegt hat,
loszuwerden. Für den Halter kann das so aussehen, als ersticke
der Hund. Das wirkt zwar bedrohlicher als es ist, dennoch ist
eine solche Erkrankung ein Fall für den Tierarzt. Mandelent-

zündungen kommen häufig in unterschwelliger, subakuter Form vor. Dabei sind die Halsschleimhäute intervallsartig gereizt, was die Immunabwehrfunktionen des Hundes schwächt. Da die Schmerzschwelle bei Hunden höher ist als bei Menschen und sie nicht äußern können, daß sie im Hals Schmerzen haben, werden viele Mandelentzündungen verschleppt. Im allgemeinen wirken die erkrankten Hunde schlapp, und sie haben wenig Lust auf Beschäftigung und körperliche Aktivitäten. In akutem Zustand einer Mandelentzündung bekommt der Hund Fieber, seine Drüsen am Hals sind geschwollen, und er klingt beim Bellen heiser. Mitunter können dieselben Symptome auch auf eine Schilddrüsenerkrankung (Immunsystemschwächung) hinweisen.

Husten

Es klingt fast wie beim Menschen, wenn ein Hund hustet. Der Reiz in der Brust läßt ihn mit tiefem Ton abhusten. Dabei zieht sich sein gesamter Körper krampfartig zusammen. Husten ist immer ein Fall für den Tierarzt. Es gibt bakteriell bedingte Husten, die mit Antibiotika behandelt werden müssen. Darüber hinaus gibt es auch hochgefährliche Husten wie zum Beispiel den Zwingerhusten, der scheinbar harmlos wie jeder andere Husten beginnt und am dritten Tag plötzlich ernstere Formen annimmt: Der Hund wird sehr matt und hat Fieber. Spätestens jetzt ist eine sofortige und konsequente Behandlung nötig, wenn vermieden werden soll, daß Störungen im Herz-Kreislaufsystem oder Entzündungen im Herzbeutelbereich auftreten. Zwingerhusten ist hochgradig infektiös und kann tödlich enden. Der erkrankte Hund muß in Quarantäne gehalten werden, das heißt, jeder Kontakt zu Artgenossen ist tabu, bis die Erkrankung ausgeheilt ist. In einigen Impfstoffen, die Tierärzte Hunden jährlich verabreichen, sind bereits Stoffe gegen den

Zwingerhusten enthalten. Erkundigen Sie sich bei Ihrem Tierarzt. Falls die Stoffe in dem Präparat nicht enthalten sind, können Sie Ihren Hund speziell gegen Zwingerhusten impfen lassen. Das ist besonders dann empfehlenswert, wenn er auf engem Raum mit anderen Hunden zusammenlebt, in einer Pension untergebracht werden soll oder intensiven Kontakt mit Artgenossen hat. Hüstelt ein älterer Hund, muß auch stets untersucht werden, ob er an einer Herzschwäche leidet.

Insektenstiche

Fliegen, Mücken, Bienen, Hummeln, Wespen und Hornissen: Hunde schnappen mit Vorliebe nach allem, was an Ihrer Nase vorbeibrummt. Ungefährlich ist es, wenn die Hunde die Insekten geschickt vorne in der Maultasche fangen. Der Stich der Biene kann dann zwar zu einer Schwellung unter der Haut führen, doch die baut sich bald wieder ab, vorausgesetzt, der Hund ist nicht hyperallergisch. Bedrohlich wird es erst, wenn das Insekt im hinteren Rachen zusticht. Die Rachenschleimhaut schwillt dann nämlich rasend schnell an, so daß die Atemwege blockiert sind und der Hund keine Luft mehr bekommt. In einem solchen Fall muß man so schnell wie möglich zum Tierarzt! Eine Cortisonspritze wirkt am schnellsten und effektivsten, es gibt jedoch auch andere zuverlässige Präparate.

Zahnstein

Mundgeruch beim Hund stinkt nach gammeligem Käse und ist besonders penetrant. Die Ursache kann eine Verdauungsstörung sein, in vielen Fällen aber ist Zahnstein schuld daran. Zahnstein sieht aus wie Kesselstein im Teepott. Er splittert, wenn man dagegen klopft und schiebt sich nach und nach schmerzhaft unter das Zahnfleisch. Dadurch entstehen äußerst schmerzhafte Zahnsteinentzündungen. Zahnstein entsteht unter anderem, wenn Futterreste an Zähnen und Zahnfleisch hängenbleiben. Manche Hunde haben diesbezüglich eine besonders ungünstige Veranlagung, mitunter ist aber auch falsches Futter schuld daran. Ist es zu weich, werden die Zähne beim Kauen nicht ausreichend poliert. Die krümeligen Staubreste von Trockenfutter bleiben zudem leicht an den Zähnen kleben. Zahnstein muß der Tierarzt meist unter Narkose beseitigen. Ein Hund, der bereits einmal Zahnstein gehabt hat, sollte mindestens zweimal jährlich auf neuen Befall kontrolliert werden. Um der Zahnsteinbildung vorzubeugen, ist eine regelmäßige Kontrolle des Hundegebisses empfehlenswert. Schon ein Welpe sollte lernen zuzulassen, daß sein Halter ihm das Gebiß untersucht. Prüfen Sie, wie Ihr Hund auf feste, nicht-splitternde Fleischknochen (keine Geflügelknochen!) reagiert. Wenn er sie gut verträgt, können Sie ihm getrost ab und zu einen Knochen geben, der die Zähne beim Nagen reinigt. Vorgefertigte Kauknochen aus dem Hundefachhandel erfüllen diesen Zweck meist nicht. Besorgen Sie sich außerdem im Fachhandel oder beim Tierarzt eine spezielle Zahnbürste und Zahncreme und putzen Sie Ihrem Hund regelmäßig die Zähne, vor allem die Backenzähne. Des weiteren hat der Tierarzt eigens dafür entwickelte Medikamente in Keksform, die die Zähne beim Kauen reinigen.

Freßprobleme

Hunde haben einen unterschiedlichen Appetit. Manche fressen sehr viel und gierig, andere picken sich nur kleine Mengen heraus. Das ist normal und hängt von Größe, Rasse, Haltung und Aktivität des Hundes sowie von seiner Prägung im Welpenalter ab. Weigert sich ein Hund zu fressen, so kann das hormonelle

Gründe haben (zum Beispiel Läufigkeit oder Scheinträchtigkeit der Hündin, verliebter Rüde). Die Ursache kann aber auch eine Erkrankung, vor allem des Magen-Darm-Traktes, sein. Möglich sind außerdem »psychosomatische« Faktoren wie Trauer und Depression oder Beziehungsstörungen zwischen Halter und Hund. Für Halter kann es eine große psychische Belastung werden, wenn ihr Hund nicht mehr frißt. »Hund und Besitzer geraten in der Fütterungssituation immer mehr unter Druck, und je größer der Streß wird, desto weniger frißt der Hund. Gleichzeitig lernt der Hund, daß das »Nicht-Fressen« ihm erhöhte Aufmerksamkeit und Zuwendung seitens des Besitzers einbringt« (Bernauer-Münz, Quandt: Problemverhalten). Zwei Tage ohne Fressen ist bei ausgewachsenen Hunden akzeptabel, vorausgesetzt, sie trinken. Spätestens am dritten Tag der Nahrungsmittelverweigerung sollte der Hund aber zum Tierarzt gebracht werden. Ein zu dicker Hund braucht mehr Bewegung, viel Auslauf und Diätkost. Lassen Sie sich in Ernährungsfragen von Ihrem Tierarzt beraten.

Geschlechtshormonelle Schwankungen und Störungen

Bei Hunden sind in zunehmendem Maße Veränderungen des Hormonhaushalts festzustellen. Die Blutung einer läufigen Hündin beispielsweise dauerte einst nur circa 14 Tage, heute sind 18 Tage schon fast normal. Bei Hündinnen ist auch die Scheinträchtigkeit besonders verbreitet (→ S. 129f.). Hormonelle Schwankungen und Störungen können bei Hunden zu einer niedrigeren Reizschwelle und allgemeinem Unwohlsein führen. Oft verursachen sie sogar Erkrankungen der Haut (Dermatitis), der Gebärmutter oder der Hoden. Zurückzuführen sind diese Veränderungen im Hormonhaushalt der Hunde unter anderem möglicherweise auf unseriöse Zuchtmethoden.

Denn viele Hündinnen, die unter normalen Umständen oder in der freien Natur kaum trächtig würden, werden heute manchmal mit allen Mitteln zur Zucht eingesetzt. Da sie nur schwer oder gar nicht tragend werden, lassen ihre Halter sie mit Hormonen und – da dies längerfristig oft mit Infektionen einhergeht – Antibiotika behandeln.

Ob eine Hündin zu hormonellen Abweichungen neigt, läßt sich bei genauer Beobachtung schon beim Junghund erkennen. So können kaum merkliche oder übermäßig starke Blutungen während der Läufigkeit, eingebildete Trächtigkeiten mit angeschwollener Milchleiste, übergroßen, eventuell mit Milch gefüllten Zitzen und vergrößertem Bauch, ebenso wie zeitweilige, plötzliche Verhaltensänderungen Hinweise für hormonelle Schwankungen sein. Einen Einfluß auf diese Entwicklung zu nehmen ist schwierig, homöopathische Anwendungen sind jedoch einen Versuch wert. Bei extremen hormonellen Störungen bleibt oft nur noch die Kastration des Hundes (→ S. 127 f.).

Der Umgang mit alten, gebrechlichen Hunden

Steif ist ihr Gang, denn die Gelenke spielen nicht mehr richtig mit. Ihr Fell ist verschlissen, grau und stumpf, und an manchen Stellen schimmert die bloße Haut durch. Sie hören und sehen schlecht, sie riechen mitunter unappetitlich oder stinken sogar aus dem Maul. Sie haben Verdauungsprobleme, verlieren Gewicht und können oft den Urin nicht mehr halten, vor allem, wenn sie gerade gemütlich auf dem verbotenen Sofa liegen ... Müde wedelt ihre Rute bei Angelegenheiten, die sie in jungen Jahren zu heftigen Freudeausbrüchen verleitet hätten. Spaziergänge, auf denen sie ihren Haltern hinterherbummeln, sind mühsam geworden. Viele Dinge interessieren sie nicht mehr sehr. Deshalb benehmen sie sich häufig ungnädig und geradezu mürrisch, wenn ihnen junge Hunde auf die Nerven gehen. Scharf und unmißverständlich knurren sie die Quelle der Belästigung fort. Grundsätzlich sind sie jedoch tolerant und nachsichtig. Je nach Größe und Haltungsbedingungen werden Hunde durchschnittlich zwischen 9 und 16 Jahren alt. Die Alten haben die Aura des »Weisen« um sich: Andere Hunde spüren das und verhalten sich respektvoll. Auf ihre alten Tage werden Hunde träge, lustlos und oftmals auch sehr krank.

Spätestens an diesem Punkt zeigt sich, wie es um die Beziehung zwischen Halter und Hund bestellt ist. Denn nun ändert sich der alltägliche Rhythmus: Das Tempo der gemeinsamen Aktivitäten sinkt, während sich der Alterungsprozeß des Hundes beschleunigt. Mit jedem Monat, jeder Woche und schließlich jedem Tag wird er schwächer und abhängiger vom Halter. Für den Halter ist dies vermutlich eine größere Umstellung als für den Hund, denn er selbst altert ja erheblich langsamer. Der einst vitale Hund wird zunehmend zu einem leistungsunfähigen, pflegebedürftigen Geschöpf, das viel Zuwendung und Fürsorge braucht. Vielen Hundehaltern ist das lästig. Sie sind nicht bereit, sich auf das Siechtum ihres Hundes einzustellen und lassen ihn kurzerhand vom Tierarzt einschläfern: Problembeseitigung. Der Tod kommt in Form eines tödlichen Medikaments, das dem Hund eingespritzt wird. Der Vorgang wird Euthanasie (griech. »leichter Tod«) genannt.

Niemandem, der seinen Hund respektiert und liebt, fällt es leicht, sich von ihm zu trennen. Manchmal allerdings ist der letzte Gang zum Tierarzt die einzige Lösung, um einen schwerkranken Hund von Schmerzen und Leiden zu befreien. In diesem Fall gilt es, loslassen zu können. Es ist die individuelle Entscheidung eines jeden Halters, ob er seinen Hund bis zuletzt pflegt, oder ob er ihn erlöst. Einige Tierärzte kommen auf

Wunsch nach Hause, um den Hund in seiner vertrauten Umgebung einzuschläfern. Sei es in der Tierarztpraxis oder zuhause, bleiben Sie bis zum letzten Atemzug bei Ihrem Hund. Verlassen Sie ihn nicht vorher, denn er registriert, daß Sie bekümmert sind und vor Kummer vielleicht weinen: Es würde ihn in seinen letzten Minuten beunruhigen und in Streß versetzen. Auch Sie sollten sich nicht um diesen Abschied bringen, schließlich hat Ihr Hund sie wahrscheinlich sein ganzes Leben lang treu begleitet. Freilich ist es die schönste Variante, wenn der Hund eines natürlichen Todes stirbt. Eines Tages wacht er nicht mehr auf, oder er entschläft plötzlich beim Tierarzt. Den Leichnam können Sie anschließend vom Tierarzt in eine Tierkörperbeseitigungsanstalt überführen und fachgerecht entsorgen lassen, oder Sie selbst können ihn dort abliefern. Das ist nicht jedermanns Sache, und viele Hundehalter ziehen es vor, ihren Hund auf einem der rund dreißig deutschen Tierfriedhöfe zu begraben. Unter bestimmten Voraussetzungen ist es auch erlaubt, den Hund auf dem eigenen Grundstück zu begraben – zum Beispiel wenn es sich um kein Wasserschutzgebiet oder einen Platz direkt an öffentlichen Anlagen handelt und der Hundekörper mindestens fünfzig Zentimeter unter der Erde begraben wird. Die für Sie zuständige Behörde kann ihnen Auskunft über die Einzelheiten geben.

Der verstorbene Hund hinterläßt eine trostlose Leere im Haus, das jahrelang durch seine stille oder freudige Anwesenheit von Leben erfüllt war. Sein Tod kann ein großer Verlust bedeuten, der angenommen und durch Trauerarbeit bewältigt werden sollte. Sicherlich ist es nicht richtig, den eigenen Kindern die Auseinandersetzung mit dem Tod, eine wichtige Lebenserfahrung, ersparen zu wollen, indem man ihnen den wahren Grund für das Verschwinden ihres Hundes verschweigt. Offenheit beim Thema Tod und ein aktiver Prozeß des Trauerns hilft ihnen, den Verlust des geliebten Vierbeiners rascher zu verarbeiten.

Hündinnen

Jedes Frühjahr und jeden Herbst wird die Hündin Mel plötzlich sonderlich. Erst frißt sie ungewöhnlich viel, dann nur noch sehr lustlos. Sie ist launisch und läßt sich nichts sagen. Bisweilen reagiert sie sogar giftig. Sie will in Ruhe gelassen werden. Ihren Haltern ist sofort klar: Mel wird wieder läufig. Mit Beginn der Läufigkeit ist die Hündin sehr unruhig. Sobald sie ein ungewöhnliches Geräusch hört, rennt sie nervös zur Straße: Es könnte ja ein Rüde vorbeikommen. Die übrige Zeit liegt sie, von ihren Hormonen gebeutelt, träge auf dem Heuhaufen und schlummert. Nicht einmal mit ihrem Herrchen, von dessen Seite sie sonst kaum weicht, will sie in dieser Zeit auf den Acker fahren.

Hündinnen reagieren sehr unterschiedlich, wenn sie läufig werden. Vor, während und kurz nach der Läufigkeit ändern sie ihr Verhalten, manche stark, andere nur wenig. In der Phase vor der Läufigkeit urinieren und schlafen viele Hündinnen mehr als sonst, meist sind sie auch schmusebedürftiger. Sie drehen sich besonders gerne auf den Rücken, um sich am Bauch kraulen zu lassen. Junghündinnen benehmen sich häufig wieder welpenhaft, sie knabbern Decken, Möbel oder Schuhe an, oder sie pinkeln versehentlich wieder ins Haus.

Die erste Läufigkeit einer Hündin tritt in der Regel zwischen dem sechsten und neunten Lebensmonat auf. Der Hormonhaushalt von Mutter- und Tochterhündin ist meist ähnlich: War die Mutter zum Beispiel im Alter von acht Monaten bereits läufig, kann dies auch bei ihrer Tochter der Fall sein. Das erste Mal ist manchmal sehr kurz und so unauffällig, daß die Hundehalter davon gar nichts merken. Dies könnte ein Hinweis auf hormonelle Störungen sein. Wird die Läufigkeit einer Hündin erstmals im 14. oder 15. Monat wahrgenommen, ist die Wahrscheinlichkeit, daß das erste Mal übersehen wurde, hoch. Es gibt frühreife Hündinnen, die bereits im sechsten Monat läufig werden. Sie sind oft sehr selbstbewußt und würden in einem wildlebenden Rudel versuchen, die Rolle der Leithündin zu übernehmen. Die Ursache früher Läufigkeit kann allerdings auch sein, daß die Hündin unter Druck und Streß steht, etwa aufgrund zu strenger Erziehung. Bleibt sie dagegen weitgehend sich selbst überlassen, hat das möglicherweise eine frühe Selbständigkeit zur Folge – die Hündin ist dann für ihr Alter schon zu »vernünftig«. Dieselben Umstände können aber auch gegenteilige Konsequenzen haben. Die Hündin könnte in ihrer Entwicklung zurückbleiben beziehungsweise nur sehr langsam und zögerlich erwachsen werden.

Grundsätzlich sind Hündinnen im Vergleich zu Wölfinnen (Fähen), die erst mit zwei oder drei Jahren läufig werden, frühreif. Das hängt mit den heutigen Zuchtbedingungen zusammen, die meist darauf angelegt sind, Hündinnen so bald wie möglich tragen zu lassen. Wölfe, weibliche ebenso wie männliche, können sich nur einmal im Jahr fortpflanzen. Das schützt ihren Bestand, denn mehrere Würfe pro Jahr könnte das Rudel sich nicht leisten. Schließlich müssen die Welpen rund um die Uhr versorgt werden. Haushündinnen dagegen, die nicht um ihr Überleben kämpfen müssen, werden auch in rudelähnlichen Verhältnissen zwei- bis dreimal jährlich läufig. Die Abstände zwischen den Läufigkeiten sind verschieden, in der Regel betragen sie jedoch sechs Monate. Bei manchen Hündinnen bleibt die Läufigkeit aufgrund hormoneller Blockaden ganz aus. Läufigkeiten in unregelmäßigen Abständen deuten auf Hormonstörungen hin, die wiederum zu unterschiedlichen Erkrankungen führen können (→ S. 118f.).

Vor Beginn der Läufigkeit tritt häufig circa fünf Tage lang ein kaum sichtbarer, gelblicher Ausfluß aus, während die Schnalle (Vulva) der Hündin anschwillt. Die Läufigkeit zieht sich im Schnitt über rund drei Wochen hin. Sie ist vor allem an der Blutung zu erkennen, die von Hund zu Hund unterschiedlich stark ist, und im allgemeinen 14 bis 18 Tage dauert. Manche Hündinnen verlieren nur einige Tropfen, andere größere Mengen an Blut. Obwohl die Hündin während der Blutung an sich noch nicht aufnahmefähig ist, kann es passieren, daß sie bei einem Deckakt befruchtet wird, da sich die Spermien in ihrer Gebärmutter einnisten und zwei Tage bis zur Zeit der Empfänglichkeit überleben. Die empfängliche Phase beginnt gleich nach der Blutung und dauert etwa fünf Tage. Trifft die Hündin jetzt auf einen Rüden, bleibt sie bereitwillig stehen und schiebt die Rute beiseite. Vor und nach der Läufigkeit würde eine selbstbewußte Hündin jeden Rüden auf Abstand halten. Nach der empfänglichen Phase dauert die Läufigkeit noch einige Tage. Der in dieser Zeit manchmal auftretende Ausfluß sollte hellgelb und milchig sein. Eine grünliche Färbung könnte auf eine Entzündung hindeuten. In diesem Fall sollte man sofort zum Tierarzt gehen.

Während der gesamten Zeit der Läufigkeit gilt es, Vorsicht walten zu lassen, weil jederzeit die Gefahr besteht, daß die Hündin ungewollt gedeckt wird. Für läufige Hündinnen besteht ein gesetzlicher Leinenzwang! Wird Ihre Hündin unangeleint von einem Rüden gedeckt, können Sie das rechtlich nicht anfechten. Normalerweise ist ein solcher »Unfall« Einigungssache: Der Rüdenbesitzer zahlt für die Abtreibungsspritze beim Tierarzt, oder er kommt in anderer Weise für den »Schaden« auf. Die Abtreibungsspritze besteht aus dem Hormon Östrogen, das zu einer Anschwellung der Geschlechtsorgane und vermehrter Sekretbildung führt. Die hierbei erzeugte Flüssigkeit soll verhindern, daß sich das befruchtete Ei in der Gebärmutter einnistet. Das Östrogen wird am dritten, fünften und siebten Tag nach dem Belegen der Hündin gespritzt – das ist die sanftere Methode, bei der man die Dosierung besser einteilen kann – oder am dritten und am sechsten Tag. Eine falsche Dosierung des Hormons führt zu einer eitrigen Gebärmutterentzündung. Die Hündinnen werden im übrigen anschließend wieder läufig. Hundehalter sollten die möglichen Nebenwirkungen bedenken, bevor sie sich zur Abtreibung bei ihrer Hündin entscheiden. Es ist nicht zuletzt eine ethisch-moralische Frage, ob man sich dazu entschließen kann, einen Wurf Welpen abtreiben zu lassen. Wichtig ist jedoch auch die Frage, was aus den Welpen werden soll, wenn sie zur Welt kommen dürfen. Ist eine Hündin versehentlich gedeckt worden, gibt es medizinisch gesehen auch die Möglichkeit, sie zu kastrieren, indem man die Gebärmutter mit den Foeten entfernt – tierschutzrechtlich gesehen ein umstrittenes Verfahren. Nur bei entsprechender medizinischer Indikation (zum Beispiel eitrige Entzündungen der Gebärmutter) wäre dieser Schritt sinnvoll. Ein operativer Eingriff in dieser Phase ist für die Hündin nicht ungefährlich, da eine hohe Blutungsneigung besteht.

Praktische Tips

In Zoohandlungen und Fachgeschäften gibt es Schutzhosen für läufige Hündinnen. Diese Hose soll die Hündin allerdings nicht vor Rüden schützen, sondern den Wohnzimmerteppich oder den Autorücksitz vor Blutflecken. Die Schutzhose muß auf Spaziergängen stets ausgezogen werden, sonst kann die Hündin ihr Geschäft nicht verrichten. Die Benutzung eines solchen Hilfsmittels macht nur Sinn, wenn die Blutungen der Hündin sehr stark sind. Sonst sollte man das Tier mit dieser sehr »menschlichen« Einrichtung nicht belästigen. Die Schutzhose sollten Sie der jungen Hündin schon vor der ersten Läufigkeit immer wieder probehalber anziehen, damit sie sich daran gewöhnt. Viele Hündinnen sind während der ersten Läufigkeit durcheinander und sehr empfindlich. Es würde sie zusätzlich verunsichern, wenn man ihnen nun zum ersten Mal die lästige Hose überziehen würde. Eine Schutzhose können Sie sich übrigens auch selbst basteln: Nehmen Sie eine passende Unterhose mit breitem Bund und schneiden Sie ein Loch für die Rute aus. Dann nähen Sie quer in den Schritt der Unterhose zwei dicke Gummi- oder Stretchbänder ein und klemmen eine Damenbinde darunter.

Manche Hundehalter bevorzugen Rüden, weil ihnen die Zeit mit einer läufigen Hündin zu lästig erscheint. Sie sehen Bataillone erregter Nachbarrüden vor ihrer Gartenpforte warten, und sie befürchten, jeder Spaziergang arte in Spießrutenläufe aus, weil ihrer Hündin ein Rudel von Freiern am Hinterteil klebe. So dramatisch ist es nicht: Die Pheromone, jene chemischen Substanzen, die Hündinnen während der Läufigkeit als Duft absondern, ziehen Rüden magisch an. Dennoch kann man sich auf die Zeiten der Läufigkeit einstellen. Um den Geschlechtsduft Ihrer Hündin ein wenig einzudämmern, können Sie ihr täglich einen Teelöffel Obstessig ins Futter mischen. Sie muß sich in dieser Phase auch nicht unbedingt soviel wie sonst bewegen. Vermeiden Sie Parks, in denen es viele Hunde gibt, und umgehen Sie auch andere typische Hundetreffpunkte. Gehen Sie mit der Hündin früh morgens und spät abends spazieren, wenn nicht so viele Hunde unterwegs sind, und um die Mittagszeit nur kurz. Sie sollten andere Hundehalter bereits aus der Ferne über den Zustand Ihrer Hündin in Kenntnis setzen, so daß Rüdenbesitzer die Möglichkeit haben, ihren Hund rechtzeitig an die Leine zu nehmen. Falls dennoch einmal ein Rüde angestürzt kommt, können Sie Ihre Hündin schützen, indem Sie sie sitzen lassen und sich hinter sie stellen. Machen Sie dicht hinter ihrem Po ein V mit Ihren Füßen und umklammern Sie den Rücken Ihrer Hündin, die höchstwahrscheinlich auch zum Rüden strebt, mit Ihren Beinen. Halten Sie sie gleichzeitig am Halsband fest. Eine kleine Hündin können Sie auch auf den Arm nehmen. Seien Sie aber auch auf der Hut, wenn Ihre Hündin einer Geschlechtsgenossin begegnet. Steht eine der Hündinnen kurz vor der Läufigkeit oder hat sie sie gerade hinter sich, kann es zu einem Streit auf Leben und Tod kommen. Auch in Zeiten der allgemeinen Läufigkeit, die sich über die Frühjahrs- und Herbstmonate hinziehen, neigen viele Hündinnen dazu, unausgeglichen zu sein. Geschlechtsgenossinnen empfinden sie häufig als Erzrivalinnen: Schließlich geht es um die Rüdenwahl (s. a. S. 192 ff.).

Sterilisation und Kastration

Bei einer Sterilisation werden die Eileiter der Hündin durchtrennt, eine mittlerweile veraltete Methode, da sie große Nachteile für die Hündin hat. Die Hündin ist dann zwar nicht mehr empfänglich, aber sie wird weiterhin läufig. Außerdem besteht erhöhte Gefahr von Eierstockzysten und einer eitrigen Gebärmutterentzündung. Bei einer Kastration entfernt der Tierarzt die Eierstöcke. Alternativ kann er bei einer Totaloperation zudem die Gebärmutter herausnehmen, wenn diese eitrig entzündet ist. Zu empfehlen ist eine Kastration nur, wenn die Hündin unter schweren hormonellen Störungen leidet oder wenn ein Rüde im selben Haushalt lebt, der nicht kastriert werden soll. Die Vorteile der Kastration sind ein geringeres Krebsrisiko (Milchdrüsentumor) und das Ausschließen von Gebärmutterentzündungen, die bei Hündinnen häufig auftreten.

Falls Sie sich für die Kastration entschließen, sollten Sie einen günstigen Zeitpunkt wählen. Denn je nachdem, wann Sie diesen Eingriff vornehmen lassen, bekommen Sie unterschiedliche Ergebnisse. Wenn Sie die Hündin vor ihrer ersten Läufigkeit – dem Beginn der Pubertät – kastrieren lassen, kann die Produktion der Sexualhormone gar nicht erst in Gang kommen. Hündinnen, die vor dem ersten Zyklus kastriert werden, erkranken nicht an Milchdrüsenkrebs. Bei einer jungen Hündin kann die Operation aber auch bewirken, daß sie ihr Wesen nicht voll entwickelt, ihr welpenhaftes Benehmen beibehält und nie richtig erwachsen wird.

Eine weitere Möglichkeit ist die Kastration nach der ersten Läufigkeit, aber auch dann ist die Hündin noch nicht körperlich ausgereift. Während einige Tierärzte eine möglichst frühe Kastration – etwa drei Monate nach der ersten Läufigkeit – empfehlen, stehen andere auf dem Standpunkt, daß sie erst nach Abschluß der Persönlichkeitsentwicklung, nach etwa dem dritten Lebensjahr, durchgeführt werden sollte. Die Hündin ist dann erwachsen und voll ausgereift. Die hormonelle Umstellung durch den Eingriff wird ihr dann allerdings auch mehr zu schaffen machen. Durch eine späte Kastration ist die Wahrscheinlichkeit einer späteren Harninkontinenz (Harnträufeln, Unfähigkeit, das Wasser zu halten) erhöht. Das hängt jedoch auch mit der hormonellen und anatomischen Veranlagung einer Hündin zusammen. Im Endeffekt ist es allein Sache des Halters, sich eingehend zu informieren und seine Beweggründe zu analysieren, um sich für oder gegen eine Kastration zu entscheiden.

Nach einer Kastration dauert es in der Regel sechs bis neun Monate, bis der Hormonhaushalt sich vollständig reguliert hat. Währenddessen verhalten sich die meisten Hündinnen aufgrund der Umstellung anders als sonst. Erst nach Ablauf dieser Periode werden Sie genau wissen, wie der Eingriff sich auf das Verhalten Ihrer Hündin ausgewirkt hat. Wahrscheinlich wird sie ruhiger werden, vielleicht aber auch launischer. Grundsätzlich ändert eine Kastration den Charakter eines Hundes nicht. Viele kastrierte Hündinnen tendieren allerdings dazu, aufgrund des veränderten Stoffwechsels zuzunehmen. Das Gewicht können Sie in diesem Fall durch reduzierte Futtermengen oder Diätfutter und viel Bewegung kontrollieren.

Anti-Läufigkeitsspritze

Anstelle der Kastration gibt es beim Tierarzt auch eine Spritze, die die Läufigkeit vorübergehend unterdrückt, die »Anti-Läufigkeitsspritze«. Sie wird vier Wochen vor der erwarteten Läufigkeit verabreicht und muß alle sechs Monate aufgefrischt werden. Eine Unterdrückung der Läufigkeit kann in Ausnahmefällen vonnöten sein, zum Beispiel, wenn Sie die Hündin in den Urlaub mitnehmen wollen oder wenn sie – vorausgesetzt, sie ist keine Zuchthündin – auf Ausstellungen gezeigt werden soll. Auf die Läufigkeit von Zuchthündinnen sollte kein medikamentöser Einfluß genommen werden, denn dieser Eingriff kann hormonelle Blockaden verursachen (die Läufigkeit bleibt aus) oder die Farbe des Fells stellenweise verändern. Bei regelmäßiger Anwendung der Spritze sind entzündliche und hormonelle Veränderungen der Gebärmutter nicht auszuschließen. In jedem Fall ist die Anti-Läufigkeitsspritze ein Hormonpräparat, das den Hundekörper sehr belastet. Auch Scheinträchtigkeiten sind durch die Unterdrückung des Zyklus nicht zu verhindern.

Scheinträchtigkeit

Eingebildete Trächtigkeit, Scheinträchtigkeit genannt, kommt immer häufiger vor. Die betroffenen Hündinnen verhalten sich in dieser Phase ungewöhnlich. Manche haben ein großes Ruhebedürfnis und schlafen viel, andere werden hysterisch, ängstlich und sind dauerhaft erregt. Scheinträchtige Hündinnen gehen meist ungern spazieren. Sie wollen mehr gestreichelt werden als sonst, sie fressen wenig oder zeitweilig überhaupt nichts. Ihre Zitzen schwellen an, manchmal sogar der Bauch, und sie verlieren Fell. Sie bauen sich Nester mit allen brauchbaren Materialien, die sie finden können, und sie benutzen Gummitiere und Bälle als Welpenersatz.

Kraulen Sie eine scheinträchtige Hündin nie an Bauch und

Zitzen – das fördert die unerwünschte Milchproduktion. Kühlen Sie den Bauch stattdessen mit eßigsaurer Tonerde, die Sie in der Apotheke erhalten. Tränken Sie einen Lappen mit der Säure und legen Sie ihn der Hündin so oft und so lange wie möglich auf den Bauch. Falls die Hündin bereits zuviel Milch und eine stark geschwollene Milchleiste hat, sollten Sie zum Tierarzt gehen. Er wird ihr ein Mittel verschreiben, das die Milchproduktion hemmt. Zerstören Sie außerdem das Nest und entfernen Sie ihre als Scheinwelpen angenommenen Spielsachen. Sie sollten sie zudem so viel wie möglich beschäftigen, um sie »auf andere Gedanken« zu bringen. Lenken Sie sie ab, auch wenn sie sich zunächst weigert, bei Ihrem Unterhaltungsprogramm mitzumachen.

Wird Ihre Hündin nach jeder Läufigkeit scheinträchtig, steigt das Risiko einer eitrigen Gebärmutterentzündung. Es gibt zwei Möglichkeiten etwas dagegen zu unternehmen: Sie lassen die Hündin kastrieren, oder Sie lassen sie decken. Letztere Variante ist unter Umständen einen Versuch wert – vorausgesetzt, Ihre Hündin ist rundum gesund, hat ein gutes Wesen und Sie betreiben das Ganze mit Bedacht. Vor allem über die Welpen sollten Sie sich Gedanken machen (→»Züchten«, S. 135–139). Das Decken ist jedoch kein Allheilmittel und keine Garantie für die Verhinderung weiterer Scheinträchtigkeiten.

Rüden

Santos hat Liebeskummer. Die Nachbarhündin Mel hat es ihm angetan. Jedesmal, wenn sie läufig ist, betört sie ihn mit ihren Düften, die er über eine Distanz von über fünfhundert Metern riecht. Wiederholt hat er es geschafft, sich unter dem Gartenzaun durchzugraben oder gar darüberzuspringen, um zu ihr zu eilen. Die Hündin scheint jedesmal schon auf ihn zu warten. Ihre Halter können sie meist gerade noch rechtzeitig in Sicherheit bringen. Santos wartet dann winselnd vor dem Haus. Bald darauf erscheint seine Halterin, um den Ausreißer abzuholen. Er gehorcht nur äußerst widerwillig. Mit größter Mühe kann die Halterin ihren triebstarken, dominanten Rüden nach Hause bringen. Doch damit ist noch längst nicht alles vorbei. Tagelang frißt Santos nicht, er ist extrem unruhig, läuft sogar nachts im Haus auf und ab und winselt ohne Unterlaß.

Viele Rüden reagieren auf läufige Hündinnen ungewöhnlich heftig. Wenn sie gut erzogen sind, kann man sie aber trotzdem noch kontrollieren. Viele Rüdenhalter glauben, wenn es um »die Natur des Hundes« gehe, könne man nicht erwarten, daß der Hund folgsam sei. Gewiß, der Sexualtrieb ist natürlich und bei jedem Hund mehr oder weniger ausgeprägt. Indes, in der freien Natur, bei im Rudel lebenden Hunden oder Wölfen, dürfen sich in der Regel nur die Leittiere fortpflanzen. Die untergeordneten Rüden des Rudels akzeptieren dieses Privileg ihres Anführers und beherrschen sich in seiner Anwesenheit entsprechend. Es ist für männliche Haushunde deshalb nicht unbedingt widernatürlich, wenn ihnen ihre Halter den Kontakt mit einer läufigen Hündin verbieten. Wenn selbstbewußte Rüden eine Hündin befruchten dürfen, kann es passieren, daß sich ihr rüdenhaftes Verhalten verstärkt. Durch den Deckakt sind sie in die Position eines Leithundes gerückt. Sie fühlen sich deshalb möglicherweise auch gegenüber ihren Haltern bestärkt. Sie können eigenwilliger werden, und einige sind anschließend nur noch schwer zu kontrollieren. Bei den meisten Rüden steigert sich auch das Konkurrenzverhalten oder sogar die Aggression gegenüber Geschlechtsgenossen. Auslöser ist das männliche Sexualhormon Testosteron.

Im Gegensatz zu Hündinnen sind Rüden rund ums Jahr paarungsbereit. Wenn Ihr Rüde eine Hündin ohne Einwilligung des Halters gedeckt hat, müssen Sie für den Schaden aufkommen, vorausgesetzt, die Hündin war angeleint. Handelt es sich um eine Zuchthündin, die aus der Zucht ausgeschlossen wird, weil Ihr Rüde nicht derselben Rasse angehört, könnte die Angelegenheit teuer werden.

Sterilisation und Kastration

Bei der Sterilisation werden die Samenleiter des Rüden durchtrennt. Er wird dadurch zeugungsunfähig, sein triebhaftes Verhalten ändert sich aber nicht, weil der Körper weiterhin Sexualhormone produziert. Bei der Kastration werden die Hoden entfernt. Beide Eingriffe sind in der Regel nur zu empfehlen, wenn ein Hund so triebhaft, ungestüm und dominant ist, daß er Tag und Nacht leidet, eventuell notorisch streunt und dauerhaft unter Streß steht. Bei gutmütigen und gesunden Rüden, deren Trieb sich in Grenzen hält, ist eine Kastration meist überflüssig. Viele Hundehalter glauben, eine Kastration löse alle Probleme, die sie mit ihrem Hund haben. Die Vorstellung, ein Hund ändere dadurch seinen Charakter und werde fügsam und brav, ist ebensoweit verbreitet wie falsch. Ein schlecht erzogener Hund ist auch nach der Kastration noch schlecht erzogen.

Durch eine Kastration wird ein Rüde im allgemeinen aber ein wenig gelassener. Sein Sexualtrieb wird gedämpft oder verschwindet sogar ganz. Viele Rüden interessieren sich allerdings auch nach dem Eingriff noch für Hündinnen, und sie sind auch noch in der Lage, sich zu paaren, ohne sich freilich fortpflanzen zu können. Durch eine Kastration verändert sich der Geruch des Hundes. Er riecht nicht mehr eindeutig nach Rüde. Daher kann es vorkommen, daß Geschlechtsgenossen versuchen, ihn zu besteigen. Das kann unter Umständen dazu führen, daß er auf fremde Hunde unsicher oder sogar aggressiv reagiert. Viele kastrierte Hunde neigen zudem dazu, Fett anzusetzen. In diesem Fall sollte man das Futter reduzieren oder auf Diätfutter umstellen und für viel Bewegung sorgen.

Wenn Sie sich für die Kastration Ihres Rüden entschließen, sollten Sie den Zeitpunkt des Eingriffs genau planen. Bei Hunden, die zuchtbedingt auf Artgenossen aggressiv reagieren, empfiehlt es sich, den Eingriff vor der Pubertät vornehmen zu lassen. In diesem frühen Stadium hat sich das Sexualhormon Testosteron, das unter anderem die aggressiven Triebe steuert, noch nicht entfaltet. Allerdings bleibt ein früh kastrierter Hund oft ein ewig verspielter Junghund. Ist das nicht erwünscht, sollte man ihn erst erwachsen werden lassen und frühestens nach Vollendung der Geschlechtsreife (mit etwa 18 Monaten) oder nach Abschluß der Persönlichkeitsentwicklung (gegen Ende des dritten Lebensjahrs) kastrieren lassen. Ein Rüde ist geschlechtsreif, wenn er beginnt, beim Urinieren das Bein zu heben. Meist geschieht das zwischen dem sechsten und neunten Monat.

Jeder Hund reagiert unterschiedlich auf die Kastration. Deshalb läßt sich auch nicht vorhersagen, wie die Operation die Entwicklung des Hundes beeinflussen wird. Erst ein halbes bis dreiviertel Jahr danach – wenn die Hormonumstellung abgeschlossen ist – läßt sich feststellen, wie der Eingriff sich auf den Hund ausgewirkt hat. Während der Zeit der hormonellen Umstellung verhalten sich viele Rüden eigentümlich oder sind geradezu unberechenbar: Sie sind zeitweilig ängstlich, gereizt oder aggressiv.

Man kann einen Rüden anstelle einer Kastration auch hormonell durch Spritzen behandeln lassen (»hormonelle Kastration«). Das kann zum Beispiel eine Sofortmaßnahme sein, wenn der Hund vor Unruhe kaum noch zu bremsen ist. Die Wirkung hält bis zu etwa sechs Monaten an. Bei regelmäßiger Anwendung dieses Hormonpräparats bestehen allerdings gesundheitliche Risiken für den Hund. Es kann zu Haut-, Prostata-

und Lebererkrankungen kommen. Die hormonelle Kastration bietet Hundehaltern die Möglichkeit, sich ein Bild davon zu machen, wie sich eine Kastration auf ihren Hund auswirken würde.

Charakteristische Eigenschaften von Rüden

Rüden sind »kumpelhaft«. Sie lassen sich gerne liebevoll knuffen und mögen kräftige Berührungen, die viele Hündinnen als unangenehm empfinden würden. Grundsätzlich sind sie ausgeglichener und berechenbarer als Hündinnen, weil ihr Hormonhaushalt ihnen seltener zu schaffen macht. Das Verhalten von Rüden ist allerdings oft angeberisch und machohaft, und im allgemeinen sind sie unabhängiger und selbstbewußter als Hündinnen. Deshalb sind sie im allgemeinen auch schwieriger zu erziehen. Die meisten Rüden versuchen ihr Leben lang immer wieder, sich gegenüber ihren Haltern durchzusetzen: Sie testen ihre Autorität. Selbstbewußte Rüden neigen dazu, sich gegenüber Geschlechtsgenossen offensiv oder sogar aggressiv zu verhalten, vor allem, wenn sie nicht richtig sozialisiert oder erzogen sind. Solche Hunde entwickeln sich oft zu Raufern. Doch auch bei gut erzogenen Rüden kommt es vor, daß sie einen anderen nicht »riechen« können und ihn als Kontrahenten sehen. Sie unterwerfen ihn sofort und demonstrieren damit ihre Überlegenheit (falls Sie einen streitsüchtigen Hund haben →S. 355 ff.). Durch sorgfältige Auswahl eines Hundes sowie durch die richtige Sozialisierung und Erziehung kann man diese Probleme meist vermeiden. Selbstbewußte Rüden müssen zwar mit besonders viel Disziplin, manchmal sogar mit etwas Druck, geführt werden. Doch auch dominante Hündinnen können schwierig sein. Letztlich kommt es immer auf den individuellen Charakter des einzelnen Hundes an.

Züchten

Es gibt keine einzige Hunderasse, deren ursprünglich ausgezeichneten seelischen Eigenschaften nicht vollständig vernichtet worden wären, sobald sie zur großen Mode wurden.

Konrad Lorenz

Ein Besuch im Tierheim oder ein Blick auf die Anzeigenseite der Zeitungen genügt, um festzustellen: Hunde gibt es mehr als genug. Neben den unzähligen Zufallskreuzungen existieren mittlerweile um die 400 verschiedene Hunderassen. Viele davon sind bereits überzüchtet: Augenkrankheiten, Atemnot, Hüft- und Ellenbogengelenksdysplasie, krankmachende Körperproportionen, Charakterschwächen und andere Leiden sind die Folge. Genügend Fehlentwicklungen, um Kritiker von »Qualzucht« sprechen zu lassen. Die Zucht von Hunden ist freilich ein Gebiet, auf dem Profit zu machen ist. Und wo viel Geld lockt, gibt es auch Mißbrauch. Wie in allen kommerziellen Bereichen hat auch die Hundezucht bzw. das, was sich so nennt, seltsame Blüten getrieben und abstruse, ja bisweilen kriminelle Formen angenommen. Stichwort »Hundevermehrer«, worunter man Menschen versteht, die massenweise Hunde heranziehen, ohne sich um die Ergebnisse zu scheren. Hauptsache, die gezogenen Welpen kommen rasch weg und bringen viel Geld. Der Handel mit Hunden aus dubiosen Quellen hat Konjunktur, denn es gibt noch immer genügend Käufer, die sich trotz aller Warnungen im Endeffekt kranke und gestörte Hunde kaufen, mit denen sie nur Schwierigkeiten haben – wenn die Hunde nicht an ihren Krankheiten gestorben sind.

Falls Sie mit Ihrem Hund züchten wollen, sollten Sie das nur nach sorgfältiger Vorbereitung tun. Wichtig sind Kenntnisse über Paarung, Trächtigkeit, Geburt und Welpenaufzucht. Informieren Sie sich eingehend bei erfahrenen Züchtern und anerkannten Vereinen, und lesen Sie Literatur zu diesem Thema. Lassen Sie sich Zeit, denn immerhin übernehmen Sie bei diesem Schritt Verantwortung. Es empfiehlt sich, das Wesen Ihres Hundes von einem speziellen Richter prüfen zu lassen. Die sogenannten Wesenstests werden allerdings nur bei einigen Rassen, wie zum Beispiel Retrievern, durchgeführt und sind keine Voraussetzung oder Pflicht für das Züchten. Zugelassen werden nur reinrassige Hunde mit Abstammungspapieren. Geprüft wird, wie wesensfest die Hunde sind: Sind sie zu ängstlich oder zu aggressiv? Sind sie ausgeglichen oder haben sie einen wankelmütigen Charakter? Wie verhalten sie sich gegenüber ihrem Halter und anderen Menschen? Wie reagieren sie auf unterschiedliche Umwelteinflüsse? Sollte sich Ihr Hund beim Wesenstest normal und sicher verhalten, dann sind das gute Voraussetzungen für den Einsatz zur Zucht. Ein weiterer Vorteil ist es, wenn Sie die Eltern oder sogar die Großeltern Ihres Hundes kennen und sich von deren gutem Charakter und Gesundheit überzeugen können.

Vor der Zucht ist die körperliche Untersuchung durch einen Tierarzt nach Verbandsregeln Pflicht, um physische Mängel wie zum Beispiel eine Hüft- oder Ellenbogengelenksdysplasie auszuschließen, die sich an die Welpen weitervererben würden. Ist Ihr Hund seelisch und physisch gesund und darüber hinaus von gutem Körperbau, dann können Sie den Schritt wagen, mit ihm zu züchten. Falls Sie das professionell im Rahmen eines Verbandes tun wollen, muß ihr Hund die Zuchttauglichkeitsprüfung bestehen (Körung). Wenden Sie sich gegebenenfalls an den Zuchtwart eines Vereins, der sich mit der Rasse Ihres Hundes beschäftigt. Er kennt sich mit allen Linien der jeweiligen Rasse aus und kann Ihnen einen passenden Partner für

Ihren Hund empfehlen. Sehen Sie sich den potentiellen Rüden bzw. die Hündin nach Möglichkeit vorher an: Gefällt Ihnen das Verhalten und Erscheinungsbild des Hundes und entspricht es dem, was man Ihnen beschrieben hat? Sagen Ihnen auch der Züchter und die Bedingungen, unter denen der Hund gehalten wird, zu?

Bevor Sie mit dem Züchten beginnen, sollten Sie sich auch ausführlich über die Aufzucht und Pflege von Welpen informieren, denn damit ist sehr viel Arbeit verbunden. Viele Hündinnen haben bis zu zwölf Welpen. In den ersten Lebenstagen bewegen die sich zwar noch nicht fort, und ihre Ausscheidungen beseitigt die Mutter. Doch alsbald öffnen sie ihre Augen und beginnen, ihre Umgebung zu erkunden. Alle wie sie da sind, verrichten dann ihr Geschäft im Haus, machen überhaupt viel Dreck, purzeln durcheinander und beschäftigen ihre Umgebung rund um die Uhr, auch wenn sie noch viel schlafen. Außerdem müssen Sie sie tierärztlich versorgen und ab dem 21. Lebenstag feste Nahrung zufüttern. Entscheidend ist zudem, daß die Hunde bei Ihnen eine gute Prägung bekommen und von klein an mit den unterschiedlichsten Umweltreizen konfrontiert werden. Die Welpen sollten bis zur achten Lebenswoche bei Ihnen bleiben, dann ist es Zeit, sie an die zukünftigen Halter zu vermitteln. Sie früher abzugeben, hätte einen nachteiligen Einfluß auf ihre soziale Entwicklung.

Die beste Zeit eine Hündin decken zu lassen, ist am elften und am dreizehnten Tag der Läufigkeit. Am zwölften Tag sollte die Hündin sich ausruhen können. Züchter lassen ihre Hündin meist an beiden Tagen decken, um sicherzugehen, daß der Zeugungsakt erfolgreich war. Wenn der Rüde die Hündin penetriert hat, hängt das Paar aneinander fest, bedingt durch die Schwellung des Penis. Der Rüde dreht sich dann ab, so daß die beiden mit den Hinterteilen »aneinanderkleben«. Man darf die Hunde in dieser Stellung nicht voneinander wegziehen und gewaltsam trennen, da das zu Verletzungen führen kann. Die Vereinigung kann bis zu einer Stunde dauern, meist ist sie aber in etwa 10 bis 15 Minuten beendet.

Als Deckgebühr bekommt der Halter des Deckrüden entweder einen Welpen aus dem Wurf oder den entsprechenden Welpenpreis. Es gibt gute und schlechte Deckrüden. Bei einigen ist die Hündin im Handumdrehen gedeckt, bei anderen, vor allem bei unerfahrenen Rüden, kann es lange dauern, bis der Akt vollzogen ist. Da gerät so mancher Züchter unter Zeitdruck. Leider gibt es auch Züchter, die ihre Hündin zum Akt zwingen, indem sie ihr einen Maulkorb umlegen, sie festhalten und manchmal sogar die Pfoten zusammenbinden. Oft werden auch Hündinnen zur Zucht eingesetzt, obwohl sie nur mäßig fruchtbar sind und in freier Natur wahrscheinlich nie trächtig würden. Um zum Ziel zu kommen, lassen ihre Halter sie vom Tierarzt hormonell behandeln. Es ist nicht auszuschließen, daß diese künstliche Einflußnahme den Hormonhaushalt der Hündin unnatürlich verändert und sie diese und andere Störungen an ihre Welpen vererbt. Die Hündin sollte man zum Rüden bringen und nicht umgekehrt. Denn in seinem eigenen Revier fühlt der Rüde sich besonders stark, und die Hündin ist nicht damit beschäftigt, das ihre zu verteidigen.

Die Tragezeit einer Hündin beträgt zwischen 59 und 65 Tagen. Ob eine Hündin erfolgreich gedeckt wurde, ist zunächst nicht zu erkennen. Erst gegen Ende der Tragezeit ist eine erfolgreiche Zeugung durch Ultraschalluntersuchungen mit Sicherheit nachzuweisen. Stellen Sie der Hündin spätestens zehn Tage vor dem Geburtstermin eine Wurfkiste in einen ruhigen Raum, an den sie sich gewöhnen kann. Vor und nach der Geburt sollten Sie die Hündin sorgfältig beobachten. Sie müssen immer davon ausgehen, daß die Geburt mit Komplikationen verlaufen kann (Tierarzt!). Die Mutterhündin sollte nicht mehr als acht Welpen säugen, damit sie nicht überbeansprucht wird. Bei mehr Welpen muß der Züchter zufüttern. Nachdem die Hündin geworfen hat, ist sie theoretisch in der Lage, schon bei der nächsten Läufigkeit erneut trächtig zu werden. Verantwortungsvolle Züchter lassen aber mindestens eine Läufigkeit aus, damit die Hündin sich vollständig regenerieren kann.

Übrigens: Keine Hündin muß in ihrem Leben einmal Junge gehabt haben. Im wildlebenden Rudel werden abgesehen von Ausnahmen nur die Leithündinnen befruchtet. Es ist daher keineswegs widernatürlich, wenn Haushündinnen nie gedeckt werden. Auch die wiederholte Scheinträchtigkeit einer Hündin läßt sich durchs Decken nicht zwangsläufig in den Griff bekommen.

Hündinnen können im übrigen von mehreren Rüden hintereinander gedeckt werden. Es entsteht dann ein gemischter Wurf. Die Jungen sehen sehr verschieden aus und ähneln den jeweiligen Vätern.

Wenn Sie sich zur Zucht entschließen, ist es wichtig, daß diese unter kontrollierten Bedingungen abläuft. Die Elterntiere sollten wie oben beschrieben gewissenhaft ausgesucht werden. Die Geburt und die korrekte Aufzucht der Welpen muß sorgfältig vorbereitet werden und es muß eine reale Nachfrage bestehen. Unter diesen Voraussetzungen ist auch gegen die »Zucht« mit Mischlingen nichts zu sagen. Entscheidend ist, daß man »Zufallszüchtungen« vermeidet, damit negative Eigenschaften der Eltern oder Großeltern wie zum Beispiel Nervosität, Aggressivität oder Ängstlichkeit nicht an die Welpen weitervererbt werden. Wenn irgend möglich, sollte man eine unkontrollierte Vermehrung von Hunden vermeiden!

Elf Hundegruppen

»Ach, ist der Kleine niedlich« stoßen die Betrachter entzückt aus, und schon ist der wuschelige Welpe gekauft. Doch auch wenn er noch so putzig aussieht und für Erheiterung sorgt, zeigt er spätestens in der Geschlechtsreife Verhaltensweisen, mit denen seine Halter nicht umzugehen wissen. Viele Menschen unterliegen dem Irrglauben, Hunde seien stereotyp. Dabei unterscheiden sie sich nicht nur äußerlich in Größe und Erscheinung, sondern vor allem ganz erheblich in Charakter und Temperament. Manche Rassen sind tendenziell selbstbewußt und selbständig, andere dagegen sind eher anpassungsbereit, zurückhaltend und leichter zu führen. Es gibt ebenso viele ruhige wie temperamentvolle Hundetypen – ein Neufundländer zum Beispiel hat in der Regel ein gelasseneres Gemüt als der quirlige Jack Russel Terrier oder der lebhafte Flat Coated Retriever. Auch Spiel-, Jagd-, Wach- oder Hütetrieb sind bei den meisten Rassen unterschiedlich stark ausgeprägt. Die einen lernen und kooperieren für ihr Leben gern, die anderen bevorzugen es, auf eigene Faust zu handeln. Zudem sind einige Rassen in bezug auf Kinder geeigneter als andere. Nicht zuletzt haben sie verschiedene Ansprüche, was den Futterbedarf, die körperliche Pflege, Bewegung und Beschäftigung betrifft.

Wer sich einen Hund anschaffen will, sollte folgende Punkte klären: Wie groß soll er sein, und was darf er jährlich kosten? Wieviel Zeit beansprucht er täglich, und wieviel Erziehung, Bewegung und Beschäftigung ist nötig, um einen angenehmen Partner aus ihm zu machen? Wie kinderlieb ist er? Soll er nur ein Begleiter sein oder soll er bestimmte Aufgaben verrichten? Ist es wünschenswert, daß er gerne wacht, hütet oder jagt? Erst wenn alle diese Faktoren geklärt sind, sollten Sie Ihre Wahl treffen. Große Hunde werden in der Regel zwischen 10 und 12, kleine Hunde teils bis zu 16 Jahre alt oder sogar noch älter. Für diese Zeit nehmen Sie ein neues Mitglied in ihre Familie auf und damit übernehmen Sie die Verantwortung für das Wohl des Tieres.

Es gibt mittlerweile circa 400 verschiedene Hunderassen. Durch Kreuzung einiger weniger Hundetypen mit unterschiedlichem Aussehen und unterschiedlichen Veranlagungen wurden über die Jahrhunderte immer neue Rassen gezüchtet. Dabei sind herrliche Hunde entstanden, zum Teil aber auch überzüchtete, armselige Kreaturen mit rassebedingten Merkmalen, die einer Deformation und Verstümmelung gleichkommen und mit der Natürlichkeit und robusten Gesundheit des Hundes nur noch wenig gemein haben. Doch abgesehen vom Rassestandard sind auch unerwünschte Nebenerscheinungen wie etwa die Hüft- oder Ellenbogengelenksdysplasie oder Charakterschwächen häufig ein Ergebnis falscher Zuchtselektion.

Alle registrierten und anerkannten Hunderassen sind Hundegruppen zugeordnet. Die F.C.I. (Féderation Cynologique Internationale), die internationale Dachorganisation nationaler Hundevereine, hat sie in zehn Gruppen eingeteilt. Andere Experten fassen sie in nur sechs zusammen. In diesem Buch werden elf Hundegruppen vorgestellt. Die Hunde sind dabei nicht nach ihrem Ursprung, sondern nach ihrem Verhalten und ihren Veranlagungen zugeordnet. Die Einteilung soll Ihnen als allgemeine Richtschnur und Orientierungshilfe bei der Auswahl eines Hundes dienen. Sie stellt jedoch nur allgemeine Merkmale der jeweiligen Gruppen vor und geht nicht auf spezifische Unterschiede bei den in einer Gruppe enthaltenen Rassen ein. Jede Rasse hat ihre eigenen, spezifischen Eigenschaften, die hier im einzelnen nicht aufgeführt werden können, und jede einzelne Rasse setzt sich wiederum aus individuellen Hunden mit unterschiedlichen Charakteren zusammen. Immer wieder kommt es auch zu Charakteristika, die nicht rassespezifisch sind und die auf die jeweilige Zucht zurückzuführen sind. Mitunter gibt es einen einzigen Welpen in einem Wurf, bei dem die rassetypischen Eigenschaften und Triebe nicht oder nur mäßig ausgeprägt sind. Entscheidenden Einfluß auf das Wesen eines Hundes haben aber nicht nur die Gene, sondern auch die Aufzucht- und Prägungsbedingungen beim Züchter und anschließenden Besitzer sowie seine Haltung und Erziehung. So kann jeder grundsätzlich kinderliebe Hund zum Kinderfeind werden, wenn Kinder ihn schikaniert haben, jeder noch so lernbegierige Hund kann abstumpfen, wenn er nicht gefördert wird, und jeder Hund zum Beißer werden, wenn man ihn mißhandelt.

Falls Ihnen eine Hundegruppe besonders zusagt, sollten Sie auch recherchieren, welche Rasse für Sie in Frage kommt. Lassen Sie sich von anerkannten Fachleuten, Züchtern und Vereinen beraten, oder studieren Sie spezielle Bücher über bestimmte Rassen, die im Buchhandel zu erwerben sind. Bei letzteren ist allerdings zu bedenken, daß die Autoren selten negative Seiten der von ihnen favorisierten Rassen angeben. Adressen von kontrollierten Züchtern bekommen Sie beim Verband für das Deutsche Hundewesen in Dortmund. Überprüfen Sie jedoch die Züchter stets genau, selbst wenn sie der Kontrolle eines Verbands unterliegen (→ »Kauf und Pflege des Welpen«, S. 156). Befragen Sie auch Halter der entsprechenden Rasse – zum Beispiel in öffentlichen Parks oder in »Gebrauchshundevereinen« – über deren Erfahrungen mit ihren Hunden.

Die in der folgenden Tabelle aufgeführten Hundegruppen sind nur grob charakterisiert. Darüber hinaus gibt es zwangsläufig auch Abweichungen und Überschneidungen. Die Gruppen werden unter anderem nach Lernbegierigkeit, Arbeitswilligkeit und Führigkeit untersucht. Ein lernbegieriger Hund will stets etwas Neues lernen. Ein arbeitswilliger führt das, was er einmal gelernt hat, jederzeit gerne aus. Ein führiger Hund paßt sich leicht an seinen Halter an und läßt sich ohne viel Einflußnahme führen. Unter der Rubrik »Wichtiges Kommunikationsmittel« ist beschrieben, auf welche Weise die jeweilige Hundegruppe am intensivsten mit ihrer Umwelt in Kontakt tritt. Die Skala reicht von 0 bis +++. So sind etwa die Hütehunde mit drei +++ grundsätzlich sehr, die Lager- und Berghunde mit einem + meist nur mäßig und die Herdenschutzhunde mit 0 in der Regel fast gar nicht lernbegierig. Unter den Gruppen sind jeweils die bekanntesten Rassen genannt.

	1 Hütehunde	2 Herdenschutzhunde	3 Pinscher und Schnauzer	4 Molosser	5 Lager- und Berghunde	6 Terrier
Die häufigsten Rassen	Schäferhund, Bouvier, Collie, Border Collie, Bobtail, Briard	Kuvasz, Maremmen Abruzzen Schäferhund, Pyrenäen Berghund	Dobermann, Pinscher, zum Beispiel Zwerg- und Affenpinscher, Schnauzer, zum Beispiel Zwerg- und Riesenschnauzer	Boxer, Rottweiler, Dogge, Mastino Napoletano, Mastiff, Fila Brasileiro	Neufundländer, Bernhardiner, Leonberger, Hovawart, Berner Sennenhund	West Highland White Terrier, Yorkshire Terrier, Jack Russel Terrier, Foxterrier, Cairn, Airedeale und Border Terrier, Bullterrier
Stichwort	»Fröhliche Arbeiter«	»Eigenwillige Hofhunde«	»Drahtige Athleten«	»Massige Schutzhunde«	»Ruhige Hof- und Familienhunde«	»Freche, rauhe Gesellen«
Wichtigstes Kommunikationsmittel	Augen, Stimme	Augen	Körperhaltung, Stimme	Körperhaltung	Körperhaltung	Körperhaltung, Stimme

Allgemei-ner Cha-rakter					
heiter, sensibel, einfühlsam	sehr selbstän-dig; bei falscher Haltung und mangelhafter Führung unbe-rechenbar und aggressiv; je mehr er zu be-wachen hat, um so friedlicher ist er	sensibel, sport-lich, sehr eigen-willig und wach-sam	gegenüber Men-schen freundlich bis sanft, hohe Reizschwelle und eher träges Temperament. Neigt mitunter zu Aggressio-nen gegenüber Artgenossen und vor allem zu Rüdenbeiße-reien; aufgrund seiner Veranla-gung prädesti-niert, durch ent-sprechenden Drill für falsche Zwecke (zum Beispiel illegale Hundekämpfe) mißbraucht zu werden	ruhiges, gemüt-liches Gemüt; sensibel, eigen-brödlerisch, nur im ersten Le-bensjahr sehr verspielt; sehr wachsam; bei guter Haltung und Erziehung sehr freundlich und liebenswür-dig; guter Fami-lienhund; sehr kinderlieb; Neu-fundländer ex-tremer Wasser-hund; Berner Sennenhund eher tempera-mentvoll	sehr eigenwillig, läßt sich kaum beeindrucken; zwackt mitunter mit Zähnen, wenn ihm etwas nicht paßt; oft Probleme mit anderen Hun-den, erkennt keine Rangord-nung an, unter-wirft sich auch bei starken Schmerzen und Verletzung nicht; deshalb gegebenenfalls bereit, bis zum Tod zu kämp-fen; äußerst zäh, mutig bis »größenwahn-

	1 Hütehunde	2 Herden-schutzhunde	3 Pinscher und Schnauzer	4 Molosser	5 Lager- und Berghunde	6 Terrier
						sinnig«, da er sich immer größer fühlt als er ist; sehr quirlig und lebhaft, gute Nerven, läßt sich von unruhiger Umgebung nicht irritieren
Führigkeit	+++	0 bis +	++	++	++	+
Lernbegierigkeit	+++	0	+++	++	+	+
Arbeitswille	+++	0 bis +	+++	+ bis ++	+ bis ++	+
Spieldrang	+++	0 bis +	+++	+ bis ++	+	+++
Jagdtrieb	0 bis +	0 bis +	++	++	+	+++

Wachtrieb	++	+++	+++	+++	+++ (außer sie schlafen)	+++
Verträglichkeit mit Kindern	+++	+	++ - +++ (bei sehr guter Führung)	+++ (bei guter Führung)	+++	0 bis +
Bewegungsdrang	+++	+++	+++	++	+	+++
Sportarten, Arbeit	Agility, Flyball, Hüten, Schutzhunddienst, Behindertenbegleithund und Rettungshund	Fahrradfahrten	Schutzhunddienst, Fahrradfahrten, Fährtensuche	Begleithundetraining	Wanderungen	Jagd, Agility, Begleitung auf Pferdeausritten
sonstige Bemerkungen	Mittelgroße bis große Hunde; gezüchtet, um Tierherden zusammenzuhalten und zu treiben und zu trei-	Große bis sehr große, wollige Hunde; reine Hofschutzhunde, nur für Höfe und	Kleine bis große Hunde; Pinscher sind »Rattler«, also für die Rattenjagd gezüchtet;	Große bis sehr große schwere, kräftige Hunde; in der Antike trainierte Kriegshunde,	Sehr große und schwere, wollige Hunde; bei falscher Haltung und mangelnder Erzie-	Kleine bis mittelgroße Hunde; »Rattler« wurden für die Ratten-, Mäuse- und

1 Hütehunde	2 Herden-schutzhunde	3 Pinscher und Schnauzer	4 Molosser	5 Lager- und Berghunde	6 Terrier
ben; brauchen viel Beschäftigung und Auslauf, sonst werden sie nervös und eventuell ängstlich	größere Ländereien geeignet, sonst eventuell zu aggressiv; gezüchtet, um Schafsherden zu beschützen, als deren »Rudelmitglied« sie sich betrachten: Offensiver Teil der Herde, greifen Wildtiere, Wölfe und fremde Menschen an, bereit gegebenenfalls zu töten; arbeiten als Herdenschutzhunde Tag und Nacht	»to pinch« (engl. »kneifen«); Schnauzer gingen züchterisch aus den Pinschern hervor; der Zwergschnauzer ist ein Rattler, der Riesenschnauzer wurde einst als Viehtreiber eingesetzt; brauchen feste, konsequente Erziehung und Führung	Arenenkampfhunde; eventueller Aggression gegen Rüden bzw. Artgenossen muß frühzeitig durch konsequente Erziehung entgegengewirkt werden; in normaler Familienatmosphäre sind Molosser eher schlechte Wächter, da extrem freundlich gegenüber Menschen; der Fila Brasileiro kann allerdings	hung können auch diese freundlichen Riesen gefährlich werden; gute Familien- und Wachhunde	Fuchsjagd gezüchtet, mit dem Ziel, daß sie nie aufgeben und auch bei schmerzhaften, demütigenden Erfahrungen den Kopf wieder unter die Erde oder in den Fuchsbau stecken; Terrier leitet sich von lat. »terra« = Erde ab; brauchen konsequente Erziehung, Führung und viel Beschäftigung;

	allein, ohne Anleitung durch einen Schäfer, der nur zu Fütterungszeiten vorbeikommt und den Herdenbestand kontrolliert. Herdenschutzhunde betrachten Schafe als ihre natürlichen Begleiter, weniger Artgenossen oder gar Menschen.	auch gegen Menschen scharf sein; konsequente, feste Erziehung und Führung notwendig	häufig übertrieben verspielt und auf Apportl (Bälle und Stöckchen) fixiert; besonders geeignet für Pferdehalter
Empfohlener Erfahrungsstand des Hundehalters ++	+++ ++	+++ 0 bis +	++

1 Die häufigsten Rassen	2 Nordische Hunde, Hunde vom Urtyp	3 Lauf- und Schweißhunde	4 Vorsteh- und Apportierhunde	5 Gesellschaftshunde	6 Windhunde
	Siberian Husky, Alaskan Malamute, Karelischer Bärenhund, Chow-Chow, Eurasier, Samojede	Basset, Beagle, Bluthund, Dalmatiner, Bracke, Bayrischer Gebirgsschweißhund, Hannoverscher Schweißhund, Rhodesian Ridgeback	Deutsch, Kurzhaar, Deutsch Drahthaar, Setter, Münsterländer, Pointer, Weimaraner, Spaniel, Retriever (Golden, Labrador, Flat und Curly Coated)	Chihuahua, Löwchen, Malteser, Mops, Pekinese, Pudel, Tibetischer Hund	Afghane, Deerhound und Greyhound, Irish Wolfshound, Saluki, Windspiel, Whippet, Barsoi
Stichwort	»Naturburschen«	»Gesellige Kumpel«	»Sanfte, flexible Begleiter«	»Pfiffige, kleine Kläffer«	»Grazile Sprinter«
Wichtigstes Kommunikationsmittel	Körperhaltung	Körperhaltung	Körperhaltung, Stimme	Stimme	Körperhaltung

Allgemeiner Charakter					
	sensibel, selbständig, eigenwillig; als Jagd- und Schlittenhunde gezüchtet. Jagdhundetypen sind sehr wachsam, Schlittenhunde sind außer dem Samojede keine Wachhunde und gegenüber Menschen meist völlig aggressionsfrei; leidenschaftliche Jäger	ausgesprochen lieb und auch Artgenossen gegenüber aggressionsfrei; extremes Rudeltier, in hohem Maße geeignet für Mehrfachhaltung von Hunden; bindet sich deshalb oft intensiver an Artgenossen als an Menschen; sehr eigenwillig und stur, schwer erziehbar; Laufhunde hetzen das Wild; Schweißhunde verfolgen Fährten und sollten stets in der Nähe des Jägers	liebenswürdiger, sanftmütiger, freundlicher Hund; sehr anpassungsfähig, verspielt; arbeitet gerne und viel; sehr bewegungsfreudig; Apportierhunde lieben das Wasser, bringen erlegtes Wild zum Jäger zurück; Vorstehhunde bevorzugen den Wald (sollten im Wald allerdings jagdlich geführt werden), zeigen Wild durch starres Verharren mit hochgezogener Pfote an	sensibel und sanft, aber nicht ängstlich, wachsam, lebhaft, gewitzt; als Gesellschaftshund (»Schoßhund«) gezüchtet, aber sehr gelehrig und aufmerksam	extrem sensibel und einfühlsam (ist der Halter krank, so oft auch der Hund) feinnervig, sanftmütig, anpassungsfähig; geht sehr enge Bindung zum Halter ein; gegenüber Fremden zurückhaltend; sehr selbstbewußt und eigenwillig; »hochnäsig« in der Ausdrucksform, Kopf immer hochgehalten; Hündinnen sehr »damenhaft«. Ursprünglich als Hetzhund für die Jagd gezüchtet, jagt genetisch bedingt leidenschaftlich

1 Die häufigsten Rassen	2 Nordische Hunde, Hunde vom Urtyp	3 Lauf- und Schweißhunde	4 Vorsteh- und Apportierhunde	5 Gesellschaftshunde	6 Windhunde
		bleiben; Bluthunde haben den ausgeprägtesten Geruchssinn, spüren bis zu mehrere Tage alte Fährten auf			gern und auch allein, benutzt dabei vor allem die Augen und Ohren, weniger die Nase; immer geneigt, zu wildern, deshalb oft Leinenführung notwendig; großes Laufbedürfnis; trotz fragilen Aussehens sehr robust, zäh und ausdauernd; aggressionsfrei und kinderlieb, dennoch wachsam; wird überwiegend als Rennhund eingesetzt

Führigkeit	0 bis ++	0 bis +	++ bis +++	+++	0 bis +
Lernbegierigkeit	0 bis +	+	++ bis +++	++ bis +++	0 bis +
Arbeitswille	+ bis +++	0 bis +	++	++	+
Spieldrang	+	+	++ bis +++	++	++
Jagdtrieb	+++	+++	++ bis +++	0 bis +	+++
Wachtrieb	0 bis +	0 bis +	++ bis +++	+++	+ bis ++
Verträglichkeit mit Kindern	+++	+++	+++	+++	+++
Bewegungsdrang	+++	+++	+++	+	+++
Sportarten, Arbeit	Jagd, Schlitten-, Trainingswagenfahrten, Fahrradfahrten	Jagd, Fährtensuche, Agility, Fahrradfahrten, Begleithundetraining	Jagd, Fährtensuche, Fahrradfahrten, Begleithundeausbildung, Behinderten-, Therapie-, Rettungshund	Trickerziehung (Männchen machen, Rolle, Hindernishüpfen usw.)	Begleitung bei Fahrradfahrten und beim Joggen, Rennsport

1 Die häufigsten Rassen	2 Nordische Hunde, Hunde vom Urtyp	3 Lauf- und Schweißhunde	4 Vorsteh- und Apportierhunde	5 Gesellschaftshunde	6 Windhunde
sonstige Bemerkungen	Mittelgroße bis große, sehr kräftige Hunde; brauchen besonders viel Bewegung und Arbeit; bei Unterbeschäftigung können sie schwierig und nervös werden, schlecht fressen; Spaziergänge ohne Leine sind riskant, da sie gerne jagen und wildern; gehören in die Obhut erfahrener Hundeführer, insbesondere der extrem	Kleine bis große Hunde.	Mittelgroße bis große, schlanke Hunde; der Deutsch Drahthaar hat viel Kraft, Mut und Willen und ist auch als Schlittenhund einsetzbar; läuft häufig gemeinsam mit Huskies in Schlittenrennen; wird auch mit nordischen Schlittenhunden gekreuzt	Zwerghunde bis kleine Hunde; besonders für alleinstehende und ältere Menschen geeignet, da sie bei Krankheit notfalls auch mal aufs Katzenklo gehen können; kaum Jagdtrieb, können also auch unangeleint laufen; brauchen trotz ihrer »Schoßhundeeigenschaften« Bewegung; können bei guter Haltung ausgedehnt flitzen	Große bis sehr große, schlanke Hunde; brauchen extrem viel Bewegung, und zwar nicht nur Spaziergänge, sondern auch Touren neben dem Fahrrad und ausreichend Möglichkeiten zum Toben; in den USA, Großbritannien und der BRD gibt es Vereine, die Hunde, die nicht mehr zum Rennen eingesetzt werden können, vor dem Tod retten und sie weitervermitteln

Empfohlener Erfahrungsstand des Hundehalters	+++	+	0 bis +	0 bis +	+ bis ++

selbstbewußte Grönländer und Alaskan Malamute; in ihren Heimatgebieten arbeiten sie während des Sommers nicht und müssen sich selbständig ernähren; Fell und gefettete Haut wirken wie Isolator gegen Kälte und Hitze; ertragen auch heiße Sommertemperaturen, sollten dann aber körperlich nicht strapaziert werden

Kauf und Pflege des Welpen

Trotz vielfacher Warnungen, vor allem in den Medien, fallen immer wieder unzählige Menschen auf die Tricks dubioser »Züchter« und Händler herein. Oft kaufen sie die Hunde aus bloßem Mitleid, Motiv: das Tier aus seiner mißlichen Lage zu befreien, weil es unter übelsten Bedingungen untergebracht oder krank ist. Sei es aus dem Bedürfnis heraus, ihm zu helfen, oder schlicht aus Naivität: Der skrupellose Verkäufer jedenfalls hat sein Ziel erreicht. Bei dieser Art von Geschäft, an dem sich Händler im Ausland und die Zwischenhändler im Inland bereichern, ist programmiert, daß die Hunde krank und verstört beim Endabnehmer landen. Kaum ein Welpe ist so robust, daß er, von der Mutter getrennt und eingepfercht in einer Box, ohne individuelle Betreuung lange Reisen und mehrere Ortswechsel, oft sogar wochenlange Quarantäne, unbeschadet übersteht.

Hundehändler sind in der Regel hervorragend geschult, von erlesener Freundlichkeit, vermeintlich offen und äußerst geschickt, was die Verkaufsstrategie angeht. Immer wieder kann man von enttäuschten Käufern hören, »... aber der Mann war doch so aufgeschlossen. Er hat uns eine Menge Tips mit auf den Weg gegeben und war mit dem Welpen ausgesprochen lieb ...« Sie haben sich allerhand Humbug auftischen lassen, wie zum Beispiel, die Mutter der Welpen sei nicht zu besichtigen, weil sie sich noch von dem Schock, von ihren Jungen getrennt worden zu sein, erholen müsse. Die Ahnentafel würde nachgereicht oder die Tätowierungsnummer später eingeprägt – Versprechungen, die niemals eingehalten werden. Auch die Impfpässe sind häufig gefälscht; besonders wenn sie aus dem Ausland kommen, ist ihre Echtheit kaum überprüfbar. In der

Bundesrepublik kann im Prinzip jeder ohne weiteren Nachweis oder Kontrollen eine Zucht aufmachen und die Ahnentafeln seiner Hunde selbst ausstellen. Er kann des Scheins halber sogar seinen eigenen Verein gründen, als dessen Mitglied er sich ausgibt. Die Liste der verkaufsstrategischen Varianten, die sich Händler ausdenken, um die Ware Hund schnellstmöglich an Mann und Frau zu bringen, ließe sich beliebig fortsetzen. Erstaunlich viele Menschen fallen auf diese Methoden herein. »Sobald sie den Welpen auf dem Arm halten, werden die meisten Leute offenbar irrational, und sie kaufen den Hund trotz aller Warnungen«, sagt die Tierärztin Dagmar Walther. Die Zahl überängstlicher und verhaltensgestörter Hunde, die aus den verschiedensten fragwürdigen Quellen stammen und bei Tierärzten auf dem Untersuchungstisch landen, hat in den letzten Jahren deutlich zugenommen. Durch die unkontrollierten Importe aus dem Ausland sind im übrigen auch Krankheiten wie die lebensgefährliche Staupe wieder im Kommen.

Die Auswahl

Es gibt viele Möglichkeiten, einen Hund zu erstehen. Auch Zuchtwarte züchten mitunter selbst. Stellt sich ein Welpenverkäufer als Zuchtwart vor, so sollten Sie sicher gehen, daß er einem anerkannten Verein angehört. Bei der Suche nach einem Hund kann Ihnen auch ein Tierarzt helfen. Sie können natürlich auch im Tierheim oder über die Tierhilfe einen Hund finden. Vielleicht hat auch ein Nachbar oder ein Bekannter einen Wurf. Anzeigen in bewährten Fachzeitschriften und in lokalen Zeitungsblättern gibt es darüber hinaus in Hülle und Fülle. Die Gefahr, daß Sie in Lokalblättern auf Anzeigen von Hundehändlern stoßen, ist jedoch groß. Bei sorgfältigem und regelmäßigem Studium der Rubrik »Tiermarkt«

lassen sich einige Händler schon im Vorfeld identifizieren. Bietet etwa die Hundestation X »diverse Hundebabys« an, Kontakt über eine Handynummer, und taucht dieselbe Nummer einige Spalten weiter beim Angebot für schwarze und goldene Retriever auf, können Sie fast sicher sein, daß sich dahinter ein Hundehändler verbirgt. Gleichgültig, von wem Sie schließlich einen Hund kaufen oder übernehmen, scheuen Sie sich unter keinen Umständen, die Angaben, die man Ihnen zu dem jeweiligen Hund macht, zu überprüfen, die Umgebung des Verkäufers genau zu beobachten und alles zu fragen, was Sie wissen müssen.

Ein Hund aus dem Tierheim

Angesichts der unzähligen vernachläßigten und verstoßenen Hunde ist es zwar ehrenwert und unter bestimmten Voraussetzungen sogar empfehlenswert, einen Hund aus dem Tierheim zu retten, bei einem solchen Hund haben Sie oft jedoch nur wenige Informationen, was seinen psychischen Zustand angeht, insbesondere, wenn seine Vorgeschichte unbekannt ist. Sehen Sie sich das Tierheim in jedem Fall an, prüfen Sie, ob es gut geführt ist und ob eine angenehme Atmosphäre herrscht. Erkundigen Sie sich nach dem Charakter des Hundes, der Sie interessiert. Sie können einen Test machen, mit dem Sie überprüfen können, ob der Hund bei seinen Vorbesitzern geschlagen worden ist: Heben Sie plötzlich den Arm über dem Kopf des Hundes, so als wollten Sie ihn schlagen. Falls er ängstlich oder aggressiv reagiert, sollten Sie ihn nur übernehmen, wenn Sie sehr erfahren sind und glauben, ihn zu einem verträglichen Begleiter erziehen zu können. Sollte es nicht mehr möglich sein, ihn vollständig umzugewöhnen, so müssen Sie in der Lage sein, seine Angst zu kontrollieren und bereit sein, mit diesem Unsicherheitsfaktor zu leben. Das Tierheim sollte Ihnen die Möglichkeit geben, mit dem Hund Ihrer Wahl spazierenzugehen, damit Sie beobachten können wie er reagiert und ein Gefühl dafür entwickeln, ob Sie mit ihm zurechtkommen werden. Falls das Tierheim Welpen anbietet, können Sie bei »Promenadenmischungen«, deren Eltern nicht bekannt sind, nie wissen, wie sich Größe und Charakter entwickeln werden. Sie sollten bei der Wahl eines solchen Hundes sehr flexibel sein. Bei einem Junghund haben Sie allerdings gute Chancen, daß er positiv zu beeinflussen ist und Sie ihn nach Ihren Wünschen prägen können. Das Tierheim muß Ihnen bei der Übergabe des Hundes einen Impfpaß aushändigen, in dem nachgewiesen ist, daß der Hund ordnungsgemäß geimpft wurde. Ein vom Tierheim oder durch die Tierhilfe vermittelter Hund kostet mindestens 150 Mark Schutzgebühr. Falls Sie Ihren Hund über die Tierhilfe suchen, sollten Sie ebenfalls versuchen, so viel wie möglich über den Hund und sein früheres Umfeld in Erfahrung zu bringen.

Ein Hund vom Züchter

Am sichersten finden Sie einen gesunden und ausgeglichenen Hund über einen anerkannten Züchter, dessen Arbeit durch einen größeren Dachverband mit gutem Ruf kontrolliert wird. Der Verband für das Deutsche Hundewesen (VDH) in Dortmund kann Sie bei der Auswahl eines Hundes beraten und Ihnen Züchter und Vereine nennen, die dem Verband angeschlossen sind. Das gibt Ihnen eine gewisse Sicherheit, obwohl es keine hundertprozentige Garantie ist, weil es freilich auch unter Züchtern hie und da schwarze Schafe gibt, und auch die besten Züchter mal Mißerfolge haben können, wenn sich etwa genetisch bedingt einige Welpen nicht wie erwartet entwickeln. Die Wahl der Rasse sollte Ihren Erfahrungen und Ihrem Lebensstil angemessen sein. Ausschlaggebend sollten hier vor allem Faktoren wie die Größe, der Charakter, die Zweckbestimmung und Führbarkeit sowie der Pflegeaufwand sein und nur zu einem geringeren Maß das Aussehen. Rassehunde kosten im Schnitt 1500 Mark – weitaus teurer sind zum Beispiel Möpse (2000–3000 Mark) oder Rhodesian Ridgebacks (zur Zeit rund 4000 Mark). Bei der Entscheidungsfindung können Ihnen auch die Kapitel → Berufs- und Hobbyhunde, → Hündinnen, → Rüden, → Verhalten und Körpersprache verschiedener Hundetypen und → Elf Hundegruppen weiterhelfen.

Die allgemeinen Haltungsbedingungen, der körperliche und seelische Zustand des Hundes, eine korrekte Tätowierungsnummer, eine ordnungsgemäße Ahnentafel und ein Impfpaß sind die wichtigsten Kriterien bei der Wahl eines Hundes. Es gibt viele verschiedene Merkmale, an denen man erkennt, ob ein Züchter glaubwürdig und professionell ist. Er sollte eine oder maximal zwei Rassen züchten. Züchtet er mehrere Rassen, so liegt die Vermutung nahe, daß er seine Hunde nicht mit genügend Sorgfalt betreuen kann. Finden Sie heraus, wieviele Würfe er jährlich von seiner Hündin zieht: Ist er seriös, läßt er sie nur einmal jährlich tragen. Hat er mehrere Zuchthündinnen zugleich, sollten Sie sich sagen lassen, wieviele Würfe er pro Jahr hat. Denn falls er mehrere Hündinnen zugleich decken läßt, hat er mehrere Würfe auf einmal zu betreuen: Wer kann so viele Welpen gleichzeitig angemessen versorgen und sozialisieren? Beim Züchter *müssen* Sie darauf bestehen, die Mutter der Welpen kennenzulernen. Ihr Wesen wird Ihnen Aufschluß über den Charakter der Jungen geben. Noch besser ist es, wenn Sie auch den Vater sehen können – falls er nicht bei Ihrem Züchter lebt, müßten Sie eventuell zu ihm reisen. Verweigert Ihnen der Züchter die Bekanntschaft mit der Mutterhündin, müssen Sie damit rechnen, daß er mit verdeckten Karten spielt. Akzeptieren Sie hier keine Ausrede!

Wird Ihnen die Hündin vorgeführt, sollten die Welpen dabei sein. Beobachten Sie, wie sie mit ihnen umgeht – ob sie sie akzeptiert und mütterlich umhegt. Tut sie das nicht, gehören die

Jungen vielleicht gar nicht ihr, und sie wurde nur rasch als Scheinmutter hinzugezogen! (Es kann auch passieren, daß ein Züchter einem zu klein geratenen Wurf fremde Welpen derselben Rasse beilegt, bevor der Zuchtwart zur Abnahme des Wurfs kommt. Dieser kann den Unterschied zwischen den Welpen natürlich kaum erkennen und tätowiert alle vermeintlichen Geschwister. In einem solchen, zum Glück seltenen, Fall gibt es leider kaum eine Möglichkeit, den Betrug aufzudecken.)

Beobachten Sie auch den Umgang des Züchters mit seinen Hunden: Ist der Ton freundlich, sind die Hunde lebhaft und liebenswürdig? Haben bei ihm auch ältere Hunde und Hunde, mit denen nicht gezüchtet werden kann (zum Beispiel wegen Hüftgelenksdysplasieerkrankungen), eine Existenzberechtigung, und sind sie in guter körperlicher Verfassung? Wie sind die Hunde untergebracht – werden Sie zusammen gehalten oder leben sie einzeln im Zwinger? Sind die hygienischen Bedingungen akzeptabel? Falls Ihnen die Welpen in einem Wohnzimmer vorgeführt werden, das auffällig ordentlich und sauber ist, sollten Sie sich unbedingt die Wurfkiste zeigen lassen. Es könnte sein, daß die Welpen im Keller oder einem anderen abgelegenen Raum untergebracht sind und nur zum Zweck der Besichtigung ins Wohnzimmer geholt werden. Wenn sie zu wenig Kontakt mit Menschen haben, können sie in den entscheidenden ersten Lebenswochen nicht angemessen sozialisiert werden! Wie reagiert der Züchter, wenn ein Welpe plötzlich pinkelt oder sein Häufchen absetzt? Im Falle einer barschen Abfertigung oder einer hysterischen Säuberungsaktion, sollte er für Sie nicht mehr als Verkäufer in Frage kommen. Besonders aufschlußreich ist auch, wie die Welpen auf Sie als fremden Besucher reagieren: Kommen sie aufgeschlossen, lebhaft und neugierig auf Sie zu (so muß es sein!) oder verhalten sie sich scheu, auffällig ruhig und lustlos?

Suchen Sie sich Ihren Züchter sorgfältig aus, und besuchen Sie bestenfalls sogar mehrere Züchter, um die Unterschiede kennenzulernen. Machen Sie sich unter Umständen sogar die Mühe, auf der Suche weite Reisen zu machen. Ausgiebige Recherchen dürften Ihnen helfen, schließlich die richtige Entscheidung zu fällen. Bei glaubwürdigen und guten Züchtern beruht die Entscheidung übrigens auf Gegenseitigkeit: Sie akzeptieren nicht jeden Interessenten. Die, die sich ganz genau nach Ihren Lebensumständen und Ihren Erwartungen an den Hund erkundigen, wollen genau wissen, wem sie ihre Welpen anvertrauen. Werten Sie das als positives Zeichen. Viele Züchter verlangen sogar, daß die Abnehmer Ihrer Welpen einen Schutzvertrag unterzeichnen und sichern sich das Vorkaufsrecht für den Fall, daß der künftige Besitzer seinen Hund irgendwann weiterverkaufen will. Einige Züchter erwarten auch, daß Ihre Hunde später Ausstellungen besuchen. Die bisher genannten Kriterien sind entscheidend bei der Suche nach einem Hund. Doch auch nachdem Sie einen passenden Züchter gefunden haben, gibt es noch eine Reihe anderer Dinge zu beachten, bevor Sie den Kaufvertrag unterzeichnen.

Es kann durchaus sein, daß der Züchter Ihrer Wahl zu dem von Ihnen gewünschten Zeitpunkt keine Welpen abzugeben hat und Sie für den nächsten Wurf auf die Warteliste setzt. Wenn es soweit ist, müssen Sie Ihren Hund aus dem Wurf auswählen. Der Züchter kann Sie dabei natürlich beraten. Lassen Sie sich viel Zeit, um die Welpen zu beobachten. Die Entscheidung für einen Welpen hängt nicht zuletzt von Ihrer Erfahrung ab. Handelt es sich um Ihren ersten Hund, ist es empfehlenswert, einen zurückhaltenden Welpen, jedenfalls aber nicht den selbstbewußtesten auszusuchen. Am Verhalten der Welpen untereinander lassen sich bereits erste Züge ihres Charakters ablesen, wobei sich viele Hunde außerhalb ihres Geschwisterrudels anders als erwartet entwickeln können. Welche Welpen sind besonders abenteuerlustig, draufgängerisch und unerschrocken? Welche von ihnen versuchen besonders häufig, ihre Geschwister zu besteigen und ihnen das Futter wegzunehmen? Sie sind höchstwahrscheinlich die robusteren und dominanteren Typen. Die, die sich jedoch stark zurückhalten, sich schnell »unterbuttern« lassen und sich quietschend zurückziehen, sobald ein Geschwister auf sie zugetobt kommt, sind voraussichtlich eher unterwürfig. Sie können die Welpen etwas testen, indem Sie unvermittelt wild mit den Armen fuchteln und mit dem Fuß aufstampfen. Manche werden unsicher beiseite springen und sich ängstlich zurückziehen, während sich die robusteren davon nicht nachhaltig beeindrucken lassen. Tatsächlich suchen sich viele Welpen ihre zukünftigen Halter selber aus. Sie haben ein Gespür dafür, wer zu ihnen paßt. Kommt ein Welpe also hartnäckig immer wieder zu Ihnen zurück und sucht offensichtlich Ihre Nähe, so sollten Sie sich vielleicht für ihn entscheiden.

Auf folgende körperliche Symptome sollten Sie grundsätzlich achten: Die Augen des Welpen müssen klar und ohne Ausfluß sein (Vorsicht: Augenentzündungen!) Sein Bauch darf nicht aufgebläht sein (Vorsicht: Wurmbefall!). Er darf sich nicht auffällig häufig kratzen (Vorsicht: Läuse oder Flöhe!). Seine Ohren sollten innen sauber und ohne dunkle Verkrustungen sein (Vorsicht: Ohrenentzündungen, Milbenbefall!). Es sollte keine Verschmutzung in der Aftergegend zu erkennen sein (Vorsicht: Parvovirose!). Er muß gut gefüttert aussehen, ohne dabei zu dick zu sein, und sollte sich normal bewegen. Fallen Ihnen irgendwelche Mängel auf, sollten Sie unbedingt einen Tierarzt Ihrer Wahl zu Rate ziehen, um sicherzugehen, daß Sie sich keinen kranken Hund ins Haus holen. Verläuft die körperliche Untersuchung zufriedenstellend, kommt es nun zum Schluß zu den formellen Angelegenheiten.

Jeder Rassehund vom Züchter hat eine Ahnentafel, die korrekt ausgefüllt sein muß. Dieses Papier wird Ihnen übergeben, wenn Sie den Hund abholen, oder es wird später nachgereicht. In letzterem Fall sichern Sie sich ab, indem Sie diese Bedingung in den Kaufvertrag (→ Muster eines Kaufvertrags, S. 387 ff.) mitaufnehmen. In der Ahnentafel sollten mindestens die Eltern und Großeltern der Welpen aufgeführt sein, am besten auch die Urgroßeltern. Bei manchen Rassen müssen auch die Hüftgelenksdysplasiewerte der Eltern notiert sein. Unverzichtbar ist des weiteren die Nummer, die bei jedem Zuchthund entweder ins Ohr oder in den inneren Oberschenkel tätowiert wird. Kontrollieren Sie, ob die Nummer in der Ahnentafel, im Impfpaß und im Kaufvertrag mit der Ihres Welpen übereinstimmt. Höchstes Mißtrauen ist geboten, wenn die Tätowierzahlen verschwommen und kaum lesbar sind. Der Welpe, dessen Papiere Sie in der Hand halten, ist es dann wahrscheinlich nicht. Lassen Sie sich nicht auf die Erklärung ein, die Nummer sei gerade erst eintätowiert worden und werde mit der Zeit leserlich werden. Falls der Welpe keine Nummer hat, sollten Sie sich nicht mit dem Versprechen vertrösten lassen, das werde später nachgeholt. Darauf können Sie mit aller Wahrscheinlichkeit bis zum Nimmerleinstag warten. Sollten Sie von Ahnentafeln nichts verstehen und unsicher sein, lassen Sie sich von einer Fachperson, von einem anerkannten Dachverband oder Verein beraten. Überprüfen Sie zu guter Letzt den Impfpaß des Hundes. Geburtsdatum, Rasse, Geschlecht, Farbe sowie die Adresse des Züchters, die Zuchtbuchnummer und die Tätowierungsnummer des Hundes müssen darin vermerkt sein. Der Züchter sollte die erste Impfung gegen Parvovirose (Katzenseuche), Hepatitis (Leberentzündung), Leptospirose (Stuttgarter Hundeseuche) und Staupe vor der Abgabe des Hundes vom Tierarzt ausführen lassen. Manche Züchter lassen auch gegen Zwingerhusten impfen. Die Impfungen müssen im Impfpaß notiert und vom Tierarzt abgestempelt und unterschrieben sein. Außerdem muß der Züchter den Hund mindestens dreimal entwurmt haben (manche Tierärzte empfehlen ab dem zehnten Lebenstag einmal wöchentlich eine Wurmkur, andere ab der zweiten Lebenswoche in 14tägigen Abständen). Wann und welches Wurmkurpräparat verabreicht wurde, sollte notiert sein.

Wichtige Vorbereitungen vor Ankunft des Welpen

Nun können Sie sich beruhigt auf Ihren zukünftigen Mitbewohner einstellen und die notwendigen Vorbereitungen treffen. Bevor Sie den Hund abholen, richten Sie ihm einen Schlafplatz ein, an den er sich in Ruhe zurückziehen kann. Falls Sie es dem Welpen besonders behaglich machen wollen, können Sie ihm zum Beispiel eine Kiste basteln, die seiner Körpergröße angemessen ist und in der er sich sicher fühlen kann. Ähnlich wie Babys lieben Welpen Begrenzungen, an die sie sich anlehnen können. Sie könnten sowohl einen Pappkarton entsprechend zurechtschneiden, als auch aus einer Apfelkiste aus festem Holz eine Behausung zimmern, die der Hund selbständig aufsuchen und verlassen kann. Achten Sie darauf, daß er sich nirgendwo verletzen oder hängenbleiben kann. Legen Sie ihm eine Decke hinein, auf der er warm und weich liegt. Sobald der Hund gewachsen ist, sollten Sie sein Welpennest entfernen und eine dauerhafte Variante einrichten – zum Beispiel einen Hundekorb, ein spezielles Kissen oder eine Decke. Besonders beliebt sind Schaffelle, die man in einem Kopfkissenbezug waschen kann. Vorsicht bei Material, das der Welpe anknabbern und verschlucken könnte!

Richten Sie eine feste Futterstelle ein, zum Beispiel in der Küche oder im Vorraum, an der der Hund ungestört fressen kann. Hier sollte auch stets frisches Wasser bereitstehen. Klären Sie mit dem Züchter, welches Futter er Ihrem Hund bis zur Abgabe gegeben hat, so daß Sie dieselbe Marke besorgen können. Die meisten Züchter geben den frischgebackenen Hundebesitzern zwar eine gewiße Futtermenge mit, dennoch ist es angenehm, wenn Sie es schon parat haben und sich nach der Ankunft des Hundes um die Besorgung nicht kümmern müssen.

Kaufen Sie im Fachhandel eine Hundeleine und ein Halsband, insofern Ihnen der Züchter keines mitgeben wird. Empfehlenswert ist anstelle eines Halsbands zunächst ein Geschirr, da es die Halsmuskulatur des Hundes und vor allem seinen Kehlkopf schont. Das Geschirr umfaßt den gesamten Hundeleib, so daß kein Zug auf den Hals ausgeübt wird. Bei kleinen Rassen kann man das Geschirr weiterbenutzen, bei größeren Rassen sollte man ein passendes Halsband verwenden, sobald der Welpe aus dem Geschirr herausgewachsen ist. Im Fachhandel bekommen sie auch hundgerechtes Spielzeug. Da Welpen mit Vorliebe alles anknabbern und zum Spielen benutzen, was nicht niet- und nagelfest ist, empfiehlt es sich, ihnen gleich zu Beginn Spielzeug zur Verfügung zu stellen, mit dem sie spielen dürfen. Probieren Sie aus, welches Spielzeug Ihrem Hund am besten gefällt. Wenn Sie nach einiger Zeit merken, daß er das Interesse daran verliert, weil er zu häufig damit gespielt hat, legen Sie es für vier bis sechs Wochen weg. Er wird es später wieder wie neu betrachten.

Beseitigen Sie soweit wie möglich alle Gefahrenherde in der Wohnung. Stellen Sie besonders zerbrechliche und wertvolle Möbelstücke beiseite, und sichern Sie herumliegende Stromkabel. Lassen Sie Ihre Schuhe aber stehen – der Hund muß lernen, daß er damit nicht spielen darf! Zur Sicherheit sollten Sie allerdings Ihre Lieblingsschuhe entfernen, denn der eine oder andere Schuh wird dem Hund sicherlich in die Fänge geraten. Wenn Sie ihn auf frischer Tat ertappen, sollten Sie ihn am Nackenfell schütteln und dabei energisch »Nein!« oder »Pfui« sagen. Korrigieren Sie ihn ebenso bei allem anderen, was verboten ist. Stellen Sie Putz- und Desinfektionsmittel bereit, um

die Hundebächlein zu neutralisieren. In den ersten Tagen sollten Sie viel Zeit mit Ihrem neuen Familienmitglied verbringen. Falls Sie berufstätig sind, sollten Sie einige Tage Urlaub
nehmen: Der Welpe braucht jetzt viel Aufmerksamkeit und
Schutz.

Der Transport des Welpen

Sobald alles vorbereitet ist, kann es losgehen: Das gemeinsame
Abenteuer beginnt. Ihr Hund ist acht bis zehn Wochen alt und
darf von seiner Mutter getrennt werden, um einen neuen, aufregenden Lebensabschnitt zu beginnen. Falls Sie ihn mit dem
Auto abholen, nehmen Sie ein Familienmitglied oder eine Person, die zu Ihrem Haushalt gehört, mit. Wenn das nicht möglich
ist, sollte Sie ein guter Freund begleiten. Der Züchter übergibt
Ihnen Ihren Hund sowie den Impfpaß, die Daten der Wurmku-
ren, gegebenenfalls auch schon die Ahnentafel und wahrscheinlich ein Halsband und eine Futterration. Er wird vermutlich
auch viele Ratschläge zur Pflege und Erziehung des Hundes
parat haben und Ihnen in Zukunft beratend zur Seite stehen.
Sie oder Ihr Partner, jedenfalls aber die künftige Bezugsperson
des Hundes, sollte den Hund nun ins Auto tragen und während
der Fahrt auf dem Schoß fest im Arm halten. Die zweite Person
steuert den Wagen. Sie können den Welpen auch in einer ge-
fütterten Kiste, die Halt bietet, neben sich stellen: Hauptsache,
er sitzt stabil. Wird er zu sehr herumgeschleudert und muß er
sich übergeben, kann ihm das Autofahren für immer und ewig
verleidet sein. Fahren Sie deshalb besonders vorsichtig, vor
allem in den Kurven. Wenn Sie eine weite Strecke fahren müssen, sollten Sie mehrmals Pausen einlegen und dem Hund ausreichend Wasser zum Trinken anbieten. Leinen Sie den Welpen beim Zwischenstop unbedingt an, auch wenn er vom
Züchter noch nicht daran gewöhnt worden ist. Seine Sicherheit
im Straßenverkehr geht vor. Egal wie lange die Fahrt dauert,

geben Sie ihm nichts zu fressen, damit er sich nicht erbricht und diese unangenehme Erfahrung mit dem Autofahren verbindet. Sollte es tagsüber heiß sein, empfiehlt es sich, in der Nacht zu fahren.

Die Ankunft

Zuhause angekommen, sollten Sie nicht vergessen, dem Hund Gelegenheit zu geben, sich zu entleeren, bevor Sie mit ihm ins Haus gehen. Halten Sie begeisterte Nachbarn und fremde Kinder von ihm fern, und sagen Sie auch jeden Besuch an diesem Tag ab: Der Kleine müßte sonst für den Anfang zu viele Eindrücke verarbeiten. Wenn Sie nun Ihr Heim betreten, machen Sie nicht den üblichen Fehler, den Hund vorlaufen zu lassen. Übernehmen Sie sogleich die Führung und schreiten Sie bei der »Besichtigung« Ihres Wohnorts voran. Zeigen Sie Ihrem Hund jedes Zimmer, das er auch später betreten darf. Führen Sie ihn zu seinem Platz, und bieten Sie ihm Futter an. Falls Sie beabsichtigen, selbst etwas zu essen, sollten Sie dies zuerst tun und dem Hund anschließend seine Mahlzeit geben, egal wie hungrig er ist (→ »So lernt Ihr Hund, Sie zu respektieren«, S. 266). Wie und was Sie ihm füttern sollen, hat Ihnen vermutlich der Züchter mitgeteilt. Die entsprechenden Mengen können Sie aber auch den Hinweisen auf den Futterverpackungen entnehmen, wobei diese Angaben nur Durchschnittswerte sind, die nicht für jeden Hund richtig sind. Welpen sollten täglich mindestens vier kleinere Mahlzeiten bekommen. Lassen Sie Ihren Hund nach dem Fressen ruhen, er sollte mit vollem Magen auf keinen Fall zu sehr toben (Gefahr einer Magendrehung!).

Stubenreinheit

Welpen schlafen ausgiebig und häufig und brauchen viel Ruhe. Sobald der Kleine aufgewacht ist, greifen Sie ihn vorsichtig mit einer Hand am Nacken und mit der anderen unterm Bauch und tragen ihn nach draußen an eine von Ihnen bestimmte Stelle. Warten Sie solange geduldig, bis er sich entleert hat. Loben Sie ihn dann herzhaft und zeigen Sie Begeisterung für seine gute Tat. Welpen müssen etwa alle zwei Stunden pinkeln, vor allem aber nach dem Schlafen und dem Fressen. Man erkennt ihr Bedürfnis meist daran, daß sie suchend mit der Schnauze tief am Boden umherlaufen. Um Ihren Hund bald stubenrein zu bekommen, sollten Sie stets sofort reagieren und ihn grundsätzlich immer an dieselbe Stelle nach draußen tragen, damit er lernt, nicht wahllos überall hinzumachen. Ein in dieser Hinsicht gut erzogener Hund, wird zukünftig nie mitten auf den Bürgersteig machen, sondern sich eine etwas abgelegenere Stelle suchen.

Das eine oder andere Bächlein oder Häufchen im Haus werden Sie allerdings nicht vermeiden können. Vor allem in den ersten Tagen wird der Welpe geneigt sein, sich zuhause zu entleeren, da er hier am entspanntesten ist. Draußen lenken ihn viele Gerüche und Eindrücke ab. Schimpfen Sie anfangs aber nicht, wenn's aus Versehen drinnen passiert ist, und strafen Sie den Hund unter keinen Umständen. Stupsen Sie seine Schnauze auch nicht in die Lache, das ist eine Methode, die in die Mottenkiste gehört. Sollten Sie ihn auf frischer Tat ertappen, sagen Sie »Pfui!« und tragen ihn unverzüglich an seine Stelle nach draußen – selbst wenn bereits alles erledigt ist. Reinigen Sie anschließend den Fleck, an dem ihm das Versehen geschehen ist, mit Desinfektionsmittel oder Essigreiniger, damit der Geruch ihn später nicht dazu anregt, abermals dorthin zu machen. Wenn Sie den Hund beim nächsten Mal wieder beim Pinkeln im Haus erwischen, schütteln Sie ihn am Nacken (»Pfui!«) und bringen ihn hinaus an seine Stelle. Bei konsequentem Vorgehen sollte er spätestens nach vier Wochen stubenrein sein. Dennoch kann es auch später ab und zu noch passieren, daß er selbstvergessen zuhause etwas unter sich läßt, wenn er zum Beispiel durch Spielen abgelenkt ist oder wenn es gerade besonders warm und gemütlich ist ... Sollte der Hund mit zwölf Wochen noch immer nicht stubenrein sein, so sollten Sie noch gezielter trainieren. Achten Sie darauf, daß Sie Ihn möglichst häufig erwischen, wenn ihm das Malheur geschieht. Sagen Sie »Pfui!« oder ähnliches, und schütteln Sie ihn am Nacken. Tragen Sie ihn anschließend sofort wieder raus. Wichtig ist, daß Sie schnell reagieren. Eine Ausnahme ist Durchfall, wo es selbst bei erwachsenen Hunden zu »Ausrutschern« kommen kann. Bei einem Hund, der partout nicht stubenrein wird, kann eine psychische Störung vorliegen. Häufig haben Hunde, die als Welpen große Ängste ausgestanden haben, zum Beispiel bei einem Flugzeugtransport, Probleme mit der Stubenreinheit. Beobachten Sie Ihren Hund genau: Im Zweifel sollten Sie sich Rat bei einer Fachperson holen.

Die ersten Wochen und Monate

Die erste Nacht mit ihrem neuen Hausbewohner wird in jedem Fall unruhig werden. Stellen Sie sich darauf ein, mehrmals aufstehen und den Welpen draußen zu seiner Stelle bringen zu müssen. Viele Welpen heulen und winseln eine oder mehrere Nächte nach der Trennung von der Mutter, was sich aber meist bald gibt. Für Sie ist es zunächst einfacher, den Hund in den ersten Nächten neben Ihrem Bett schlafen zu lassen, weil Sie ihn auf diese Weise unmittelbarer beruhigen können. Wollen Sie den Hund jedoch nicht auf Dauer in Ihrem Schlafzimmer schlafen lassen, sollten Sie ihn unbedingt nach einigen Tagen der Eingewöhnung umbetten.

Grundsätzlich sollten Sie versuchen, sich auf das Wesen Ihres

Welpen einzustellen. Unterwürfige, tendenziell eher ängstliche oder verstörte Hunde müssen behutsam, aber bestimmt, an ihre neue Umwelt herangeführt werden, während robustere Vertreter neue Eindrücke rascher verarbeiten. Lange Spaziergänge braucht ein Welpe nicht. Ganz im Gegenteil, vor allem bei besonders großgliedrigen Rassen wie zum Beispiel Doggen, kann körperliche Überlastung in der Aufbauphase zu Schädigungen der Gliedmaßen führen. Zu Beginn reicht es, wenn Sie Ihren Hund raus zu seinem »Klo« bringen, im Garten mit ihm spielen, ihn ansonsten aber drinnen halten und sich dort mit ihm beschäftigen. Erst wenn er etwa drei Monate alt ist, können Sie mit kleinen Spaziergängen anfangen, deren Länge sie allmählich ausdehnen. Bis zur Vollendung des ersten Lebensjahrs sollten Sie Ihren Hund nicht zu Sprüngen auffordern, ihn möglichst keine Treppen steigen lassen und ihn auch nicht zu Fahrradfahrten mitnehmen. Damit würden Sie seine Gelenke überlasten und das Risiko eines Hüftgelenksleidens erhöhen.

Sobald Ihr Hund sich ein wenig eingelebt hat, ist ein Besuch beim Tierarzt ratsam, wo Sie den Welpen prophylaktisch untersuchen und sich über seine Pflege beraten lassen können. Der Tierarzt wird Ihnen mitteilen, welche Impfungen wann fällig sind, um den Hund gegen infektiöse Krankheiten zu immunisieren. Erst wenn er voll durchgeimpft ist, sollte er mit fremden Hunden in Kontakt kommen. Auf den Hundeplätzen der Vereine sind Hunde erst dann zugelassen, wenn Sie alle notwendigen Routineimpfungen erhalten haben. Es gibt hier allerdings einen Haken: Etwa bis zur zwölften Lebenswoche durchlebt Ihr Hund die entscheidende Prägungs- und Sozialisierungsphase, in der er kennenlernen sollte, was für sein späteres Leben wichtig ist. Ihn von anderen Hunden zu isolieren, hat erhebliche Nachteile. Sie sollten deshalb nach Möglichkeiten suchen, Ihren Hund mit Artgenossen zusammenzubringen, von denen Sie sicher wissen, daß sie durchgeimpft und gesund sind, am besten Hunde von Freunden, Bekannten und Nachbarn. Während Sie großen Wert darauf legen sollten, Ihren Welpen an andere Hunde zu gewöhnen, um ihn gut zu sozialisieren (→ »Auf die Prägung kommt es an«, S. 46), ist es gleichermaßen wichtig, einen intensiven Bezug zu Menschen zu fördern. Spielen Sie deshalb viel und regelmäßig mit Ihrem Hund. Nur ein Hund, der im Welpen- und Jugendalter gut sozialisiert wurde und ausgiebig spielen konnte, entwickelt sich zu einem ausgeglichenen und lernfreudigen Erwachsenen (s. a. »So spielen Sie richtig mit Ihrem Hund«, S. 276).

Lassen Sie sich vom tölpelhaften und lustigen Benehmen des Welpen nicht so sehr verzücken, daß Sie darüber die Erziehung vergessen. Vom ersten Augenblick, in dem er in seine neue soziale Gruppe kommt, muß er deren Gesetze erlernen. So wie seine Mutter haben Sie Vorbildfunktion. Sie übernehmen in gewisser Weise ihre Rolle und sind somit ein liebevoller Beschützer, der gleichzeitig Regeln aufstellt und Grenzen setzt. Bringen Sie Ihrem Welpen unverzüglich bei, was er darf und was verboten ist. Loben und streicheln Sie ihn bei richtigen Taten, rügen Sie ihn bei unerwünschtem Verhalten verbal oder schütteln Sie ihn am Nacken (nie schlagen oder treten! S. a. S. 282 ff.).

Gewöhnen Sie Ihren Hund früh daran, sich körperlich von Ihnen untersuchen zu lassen. Bürsten Sie ihn regelmäßig, und machen Sie seine Augen und Ohren sauber (→ »Haltung und Pflege des Hundes«, S. 79). Massieren Sie ihm auch ab und zu die Pfoten, so daß er Sie selbst dann dranläßt, wenn ihm ein schmerzhafter Splitter im Ballen steckt.

Bleiben Sie Ihrem Hund gegenüber in jeder Situation konsequent, gelassen und überlegen. Wenn Sie ihm genügend Zeit und Aufmerksamkeit widmen, ihn sorgfältig auf Ihre Lebensumstände prägen und ihn zuverlässig führen, können Sie aus ihm einen angenehmen und freudigen Begleiter machen.

Hundeverhalten

Intelligenz und Gefühlswelt von Hunden

Das Tier
Hat Er es nicht gleich uns geschaffen?
Mit gleichen Sinnen auch versehen?
Es liebt und haßt, fühlt weh und Freude:
Das müßt ihr ja doch zugestehen!
Daß es nicht auch Französisch spricht,
Das ändert doch die Sache nicht?
Friederike Kempner

Von Hunden wird häufig behauptet, intelligent seien nur die besonders lernbegierigen, gehorsamen unter ihnen, die sich leicht und rasch ausbilden lassen; die sturen, die lustlos lernen und sich immerzu widersetzen, seien die dummen Hunde. Doch die Bereitschaft, sich den Anforderungen der Umgebung anzupassen, ist kein Nachweis von Intelligenz. Border Collies etwa gelten als überaus lernbegierig und rasch in der Auffassungsgabe. Das ist der Kuvasz im Hinblick auf Ausbildung nicht. Im allgemeinen eigenwillig und sehr selbständig, bevorzugt er es, über seine Handlungen selbst zu entscheiden: Ist er deshalb weniger intelligent? Intelligenz hat viel mit genetischer Veranlagung, Temperament, Prägung, Erfahrung und Förderung zu tun. Es ist anzunehmen, daß Hunde von durchschnittlicher Begabung, die ihr Leben lang nur ihr Zuhause und die nächst gelegene Straßenecke zum Pinkeln kennengelernt haben und nicht angeleitet wurden, stumpfsinnig werden. Ihre Fähigkeit und Motivation zu lernen und Probleme zu lösen,

konnten sich vermutlich nicht entfalten. Anders beispielsweise
Hunde mit starker Persönlichkeit, die von früh an durch Spiel,
Ausbildung und Abwechslung gefördert wurden: Sie werden
eher überlebensfähig, geschickt, neugierig und clever sein.

Immerzu findet man in Hundefachzeitschriften und in Büchern
Intelligenztests, frei nach dem Motto: »Wie intelligent ist mein
Liebling?« Da sollen die Hunde ihren IQ unter Beweis stellen,
indem sie den raschesten Weg zu einem versteckten Leckerbissen finden. Hunde, die ein dickes, gefüllte Futternäpfe ver-
deckendes Brett durch Kratzen mit der Pfote oder durch
Drücken mit der Schnauze beseitigen, gelten als weniger intelligent als jene, die die Schnauze unters Brett legen und es hoch-
heben. Ein Keks verborgen unter einer umgedrehten Tasse: An-
geblich dumme Tiere suchen immer an derselben Stelle nach
dem Leckerbissen, auch wenn der bereits unter den daneben-
stehenden Becher gelegt wurde. Nicht zu vergessen auch der
Zauntrick: Man nehme einen Zaun mit mindestens einer Öffnung. Dann werfe man an dessen geschlossenem Teil ein
Bringsel drüber – der kluge Hund wird sich nicht die Mühe machen, »gedankenlos« ein Loch zu buddeln, um auf die andere
Seite zu gelangen, nein, er wird am Zaun entlangrennen und die
Öffnung suchen. Bei diesen und all den anderen vielen IQ-Tests
wird meist nicht auf die Rasse, das Alter, die Prägung oder die
»Lebenserfahrung« des jeweiligen Hundes eingegangen. Das
wäre aber notwendig, um zu einer korrekten Beurteilung seines
Kombinationsvermögens zu kommen. Etwa die mit Futter ver-
bundenen Tests: Besonders gefräßige Hunde sind in Fragen
»Freßbares« meist mit einem Erfindungsreichtum ausgestattet,
der sie rasch ans Ziel bringt. Hunde mit wenig Appetit würden
bei diesen Tests hingegen schlecht abschneiden. Nicht zuletzt ist
auch ausschlaggebend, wie und ob ein Hund erzogen ist. Falls er
von früh an gelernt hat, niemals vom Boden bzw. nur aus seiner
Futterschüssel und aus seines Halters Hand zu fressen, so wird

er sich um den Leckerbissen unter der Tasse nicht scheren. Gleiches gilt für den Zauntest: Ist ein Hund auf einem uneingezäunten Grundstück aufgewachsen, etwa auf einer großen Farm, und hat er nie einen Zaun gesehen, wäre es bei diesem Test mit seinem IQ nicht weit her. Anders der Hund, der auf vielen Spaziergängen die Beschaffenheit von Zäunen erforscht hat.

Die Aussagekraft von Intelligenztests ist daher also fragwürdig. Interessanter ist vielmehr die Tatsache, daß Hundehalter sich für dieses Thema so sehr interessieren. Stanley Corens Bestseller ›Die Intelligenz der Hunde‹ ist im In- und Ausland auf große Aufmerksamkeit gestoßen. Der Untertitel der englischen Originalfassung lautet: ›Wie intelligent ist *Ihr* Hund?‹ Freilich will sich jeder mit einem schönen, intelligenten Hund schmücken. In Wahrheit zählt jedoch mehr, ob der Vierbeiner einen guten Charakter hat und die Beziehung zu ihm stimmt. Trotzdem ist es in diesem Zusammenhang wichtig, darauf hinzuweisen, daß Tiere – auf ihre Art und Weise – intelligent sein und durchaus Gefühle haben können. Denn auch heute noch ist ein Hund kaufrechtlich gesehen eine Sache, nicht anders als ein Kühlschrank, ein Auto oder ein Besen. Die Theorien René Descartes' (1596–1650), Tiere seien seelenlose Maschinen, die rein reflexartig und ohne Bewußtsein durchs Leben wandelten, haben sich in der Einstellung vieler Menschen bis zum heutigen Tag gehalten. Auch der russische Wissenschaftler Iwan Pawlow (1849–1936) vertrat die Ansicht, das Verhalten der Tiere basiere auf rein instinktiven Reaktionen und Konditionierung. Die Fähigkeit zu denken wurde allein Menschen zugetraut. In der Schöpfungsgeschichte galt der Mensch als dem Tiere übergeordnet. Charles Darwin (1809–1882) stellte die revolutionäre Behauptung auf, Mensch und Tier entstammten denselben Wurzeln, seien also miteinander verwandt. Diese These erschütterte das Weltbild vieler, an der Einstellung zu Tieren änderte das grundsätzlich jedoch nichts.

Das Thema »Intelligenz der Tiere« ist erst in den letzten Jahren ins Gespräch gekommen und bleibt umstritten. Doch die bloße Tatsache, daß die Wissenschaft sich damit auseinandersetzt, deutet auf einen Fortschritt auf diesem Gebiet hin. Noch vor fünfzehn Jahren wurde belächelt oder als unwissenschaftlich abgetan, wer im Zusammenhang mit Tieren das Wort »Intelligenz« oder »Gefühle« erwähnte. Die Verhaltensforschung des Denkens, *Kognitive Ethologie* genannt, etabliert sich derzeit als ernstzunehmende wissenschaftliche Disziplin. Sogar der Anthropomorphismus (Vermenschlichung von Tieren), kulturgeschichtlich als frevelhafte Aufwertung des dem Menschen untertanen Tiers verachtet, wird allmählich hoffähig, wenn es darum geht, das Verhalten von Tieren zu erforschen. Dazu die Ethologin und Schriftstellerin Elizabeth Marshall Thomas: »Können Hunde denken und fühlen? Selbstverständlich. Wenn es nicht so wäre, gäbe es keine Hunde. Dennoch kommt ein Buch über Hunde per definitionem nicht ohne eine gewisse Vermenschlichung seines Gegenstandes aus, und zwar aus gutem Grund, da unsere Abneigung gegen dieses Etikett unangebracht ist. Die Erfahrungen der eigenen Spezies heranzuziehen, um das Erleben einer anderen Spezies einzuschätzen, hat sich für viele der großen Naturforscher als wertvolles Instrument erwiesen. Je versierter der Forscher, desto nützlicher das Instrument« (Das geheime Leben der Hunde). Auch der Psychoanalytiker Jeffrey Masson bricht eine Lanze für den Anthropomorphismus und weist, wie schon andere Forscher, auf einen Widerspruch hin: »Es ist wider jede Vernunft zu behaupten, daß Tiere nicht in der Lage seien, Schmerz oder Kummer zu empfinden, Hypothesen über Schmerzen und Depressionen beim Menschen aber mit Hilfe von Tierversuchen nachweisen zu wollen« (Hunde lügen nicht). Indes, weder Thomas noch Masson meinen jene Vermenschlichung, bei der die Halter ihre Lieblinge nicht mehr Tiere sein lassen, sondern sie als menschlichen Ersatz mißbrauchen.

Einige Wissenschaftler definieren die Intelligenz von Tieren folgendermaßen: »Erstens: Das betreffende Tier hat ein Ziel. Zweitens: Es macht sich ein Bild. Drittens: Es zeigt Flexibilität – sein Verhalten ist nicht Teil seines Erbprogramms, sondern es durchbricht die typischen Verhaltensmuster« (GEO Nr. 5/Mai 1996: Was denken die Tiere?). Forscher haben mittlerweile nachgewiesen, daß Tiere in der Lage sind, sich immer wieder auf neue Situationen einzustellen, planmäßig ein Ziel zu verfolgen und dies zum Teil sogar mit Hilfe von improvisierten Werkzeugen zu erreichen. Vor ein Problem gestellt, finden sie flexibel Lösungsansätze. Sie können sich Dinge merken, lernen, verschiedene Faktoren zu einem Gesamtbild verknüpfen, kombinieren und sogar umlernen. Tiere können Entscheidungen fällen und zwischen einer Alternative die Wahl treffen. Sie handeln vermutlich nicht rein instinktiv, sondern auch auf der Basis von Erfahrungswerten, Lern- und Denkprozessen. Tiere haben eine phänomenale Beobachtungsgabe. Entsprechend ihrer unterschiedlich ausgeprägten, hervorragenden Sinnesleistungen, entnehmen sie der Umwelt all jene Informationen, die sie zum Leben und Überleben benötigen.

Was die Wahrnehmung durch den Geruchs- und Hörsinn angeht, sind Hunde den Menschen haushoch überlegen. Viele von ihnen besitzen navigatorische Fähigkeiten, die sie über weite Strecken sicher zum Ziel geleiten. Intelligenz (lat. »intellegere«) bedeutet soviel wie »etwas merken, wahrnehmen, verstehen. Das Wort könnte also durchaus auf Tiere angewandt werden« (Gerhard Staguhn: Tierliebe).

Wie der Mensch haben auch Hunde verschiedene Stärken, abhängig von genetischen Anlagen, Prägung und Umwelteinflüssen und sind daher nicht alle gleich intelligent. Sie können einzelne Faktoren in einen Gesamtzusammenhang bringen, Schlüsse daraus ziehen und Entscheidungen fällen. Tatsache ist, daß sie sich ausgesprochen flexibel menschlichen Lebensverhältnissen anpassen und in deren Umfeld existieren können. Sie verstehen es meist, Situationen richtig einzuschätzen, entsprechend zu handeln und gegebenenfalls Vorteile für sich herauszuschlagen. Manche Hunde warten zum Beispiel Gelegenheiten ab, in denen sie unbemerkt Essen aus der Küche stehlen können, vor allem, wenn Besuch da ist, viel Unruhe herrscht und die Aufmerksamkeit nicht auf sie gerichtet ist. Kaum hat die letzte Person die Küche verlassen, schreiten sie zur Tat. Manche locken sogar ihre Halter durch lautes Bellen vom Eßtisch an die Haustür, um im selben Moment in die Küche zurückzurennen und den Schinken vom Teller zu stibitzen. Sie erfinden auch sonst alle möglichen Methoden, um ihre Halter auf Trab zu halten. Sie wissen, daß sie sie durch penetrantes Bellen beim Fernsehen oder Telephonieren stören und so alle Aufmerksamkeit auf sich ziehen können. Sie fangen plötzlich zu humpeln an, wenn sie einmal erfahren haben, wie sehr sie bei einer Pfotenverletzung verwöhnt werden. Sie wechseln unaufhörlich zwischen Garten und Haus, kaum drinnen, beginnen sie zu bellen, um rausgelassen zu werden, und kaum draußen, fordern sie wieder Einlaß. Und es findet sich immer wieder jemand, der ihnen bereitwillig die Tür öffnet. Dabei geht es ihnen eigentlich gar nicht um das Bedürfnis nach frischer Luft im Garten oder den wärmenden Platz an der Heizung, sondern darum, sich die Zeit zu vertreiben, ihre Umgebung zu beschäftigen und klammheimlich zu dominieren. Und sie lassen erst ab, wenn sie selbst erschöpft sind oder ihre Halter sie ignorieren. Besonders selbstbewußte Hunde haben es oft perfekt raus, die kleinsten Schwächen von Menschen gnadenlos auszunutzen, und denken sich immer wieder neue erstaunliche Tricks aus, die ihnen dazu verhelfen, ihren Willen zu bekommen.

Hunde verstehen rasch. Holt der Halter seinen Haustürschlüssel und ergreift seinen Mantel, geht's raus ins Freie. Manche Hunde machen ihr Bedürfnis, spazieren zu gehen, deutlich, indem sie selbständig die Leine holen und ihrem Halter auf den Schoß legen. Sie haben irgendwann gelernt, die Information »Halter holt Leine« mit »Spaziergang« zu verknüpfen und haben sich stufenweise die »Leinenbringmethode« erarbeitet. Viele Hunde bringen sich selbst bei, die Tür durch einen Sprung an die Klinke zu öffnen. Wenn es in Strömen regnet entscheiden sie vielleicht, den Ausflug aufzuschieben und lieber abzuwarten, bis die Sonne wieder scheint. Befiehlt man ihnen, auf ihrem Platz liegen zu bleiben, anstatt sich unter den Schreibtisch zu legen, robben sie sich zentimeterweise zum ersehnten Platz vor. Es gibt viele weitere Beispiele für »intelligentes Verhalten«, die nicht mit Instinkt oder Konditionierung allein zu erklären sind.

Tieren wurde jahrhundertelang das Denkvermögen abgesprochen, und es wurden ihnen auch keine Gefühle zugetraut. Dies ist auch heute oft noch so. Bei einfühlsamer Betrachtung – und dazu bedarf es keiner wissenschaftlichen Untersuchung – scheint offensichtlich, daß Hunde Gefühle haben. Im Vergleich zum Menschen mögen Hunde anders fühlen, und Gefühle haben wahrscheinlich auch nicht dieselbe Bedeutung: minderwertiger sind sie deshalb nicht. »Das Ausdrucksverhalten von Hunden«, sagt Dorit Feddersen-Petersen, »ist die objektivste Möglichkeit, um ihr Empfinden zu messen«. Freude, Begeisterung, Lust, Aggression, Depression, Angst, Kummer, Trauer, diese und andere emotionale Regungen zeigen Hunde klar und deutlich mit ihrer Körpersprache. Experimente haben gezeigt, daß kranke Welpen, die ohne Gesellschaft auf einem kalten Boden liegen müssen, anders vokalisieren als gesunde Welpen am warmen Körper ihrer Mutter: Sie fühlen Unbehagen und Einsamkeit und teilen sich durch entsprechende Laute mit. Unzählige Berichte und Erzählungen dokumentieren das Leid von Hunden, die aus Kummer starben, trauernd am Grab ihrer verstorbenen Halter Wache hielten oder auf der Suche nach ihrer Familie weite Strecken zurücklegten. Jeffrey Masson, der sich mit der verborgenen Gefühlswelt der Hunde beschäftigt hat, spricht den Hunden sogar intensivere Gefühle zu als den Menschen: »Sie haben nicht nur mehr, sondern auch reinere und intensivere Gefühle. Im Vergleich dazu mutet die emotionale Landkarte des Menschen wie ein undurchdringliches Labyrinth an, ein komplexes, bewußt oder unbeabsichtigt entstandenes Gewirr von Ausflüchten, Zwiespältigkeit und emotionaler Täuschung. Auf der Suche nach den Gründen für die psychologischen Hemmungen, die uns auf der emotionalen Ebene blockieren (im Vergleich zu Hunden), lernen wir vielleicht genauso direkt, aufrichtig, freimütig und eindringlich mit unseren Gefühlen umzugehen wie sie« (Hunde lügen nicht).

Die Entwicklungsphasen des Hundes

Hunde kommen blind und taub zur Welt. In der *Neugeborenenphase* nehmen sie ihre Umwelt einzig durch Berührung, Wärme, Geschmack und vermutlich ihren Geruchssinn wahr. Erst um den 13. Lebenstag herum öffnen sie die Augen. Es beginnt die kurze *Übergangsphase*. Die Welpen nehmen jetzt allmählich ihre Geschwister in der unmittelbaren Umgebung zur Kenntnis. Etwa zwischen dem 18. und 20. Tag öffnen sich ihre Hörkanäle. Die Welpen werden jetzt etwas selbständiger: Sie entleeren sich außerhalb ihrer Wurfkiste und interessieren sich für feste Nahrung. Circa ab der dritten Woche sehen sie deutlich und unternehmen erste Spielversuche. Sie untersuchen zunehmend ihre Umgebung, ihre Hundefamilie und die sie umgebenden Menschen, begleitet von ersten körperlichen und stimmlichen Ausdrucksformen. Nun beginnt die wichtige *Sozialisierungsphase*, die mindestens bis zur zwölften Lebenswoche anhält. Die Länge dieser Periode scheint zu variieren und konnte wissenschaftlich noch nicht genauer eingegrenzt werden: Sie wird deshalb oft in einem Zug mit der *Jugendphase*, die bis zur Pubertät dauert, genannt. Die Sozialisierungsphase ist entscheidend für das spätere Verhältnis des Hundes zu Menschen und Artgenossen. Sie wird deshalb auch die »sensible« oder »kritische« Periode genannt. Als besonders prägend gelten die sechste, siebte und achte Lebenswoche: In dieser *Hauptprägungsphase*, spätestens aber bis zur zwölften Lebenswoche, sollte der Hund an alles herangeführt werden, was zukünftig Teil seines Lebens sein wird (→ »Auf die Prägung kommt es an«, S. 46). Von der achten bis zehnten Lebenswoche ist gleichzeitig auch die Zeit der *größten Angsteinprägung*. Der Welpe darf hier keine bedrohlichen oder schockierenden Erfahrungen machen, denn sie werden sich ihm vermutlich ein Leben lang einprägen. Hat ihm beispielsweise lautes Geknalle in einer Silvesternacht große Angst gemacht, oder haben ihm Menschen oder Artgenossen Schmerzen zugefügt, so wird er auch in Zukunft in Situationen, die ihn an den Moment des Schreckens erinnern, kein Vertrauen entwickeln können.

Im Rudel beginnen die väterlichen Rüden, sofern sie zusammen mit der Mutterhündin und dem Wurf leben, in der achten Woche ihre Welpen zu erziehen. Dies ist der geeignete Zeitpunkt, um die Welpen von der Mutter zu entwöhnen und an ihre neuen Halter, in ihre künftige soziale Gruppe, abzugeben. Der Hundehalter sollte nun anstelle der Elterntiere unverzüglich die Rolle des Erziehers übernehmen. Haben Züchter und Halter versäumt, die Welpen bis zum dritten Lebensmonat an ihre zukünftigen Sozialpartner und die vielseitige Umwelt zu gewöhnen – weil sie sie zum Beispiel isoliert gehalten oder schlecht behandelt haben –, entwickeln diese Hunde Verhaltensstörungen: Sie sind ängstlich oder aggressiv und oft äußerst

schwierig im Umgang. Alle Phasen, vor allem in der pubertären
Entwicklung eines Hundes, gehen fließend ineinander über.
Die Dauer ist von Hund zu Hund unterschiedlich. Einige
Hunde entwickeln sich schneller als andere: Das ist abhängig
von genetischen Voraussetzungen, von den individuellen Lebensumständen, der Haltung und der Erziehung. So können
Streß und große Veränderungen, zum Beispiel ein Umzug oder
der Wechsel zu einem neuen Halter, die Entwicklung erheblich
beeinflussen und den gewöhnlichen Ablauf verzögern beziehungsweise beschleunigen. Junghunde, die unter solchen Bedingungen aufwachsen, sind häufig Spät- oder Frühentwickler.

Zwischen dem sechsten und neunten Lebensmonat kommen
Hunde in die *Pubertät*. Hündinnen werden läufig, Rüden heben
das Bein. In dieser Phase sind sie oft flegelhaft und störrisch,
gelegentlich auch launisch. Erstmals testen sie die Rangordnung in ihrer sozialen Gruppe, und vor allem selbstbewußte
Hunde beginnen, ihre Halter auf die Probe zu stellen. Diese
müssen jetzt mehr denn je deutlich machen, wer im Haus das
Sagen hat. Bei Hunden, die in dieser Phase nicht konsequent
geführt und erzogen werden, prägt sich die Ausübung von
Macht ein, und das Bedürfnis, in der Rangordnung aufzustei-
gen, nimmt zu. Hunden, denen zwischen dem 12. und 18. Lebensmonat keine Grenzen gesetzt werden, sind später häufig
tyrannisch und schwierig. Nach Abschluß der Geschlechtsreife
(um den 18. Monat) beginnen diese mangelhaft geführten
Hunde, Probleme zu machen, die sich erheblich verstärken
können, so daß aggressive und offensive Verhaltensweisen
zutage treten. Nach Eric H. W. Aldington (Was tu ich nur mit
diesem Hund?) setzt ab dem 18. Lebensmonat das territoriale
Verhalten ein: Hunde verteidigen ihr Revier und ihre Familie
gegen Fremde, indem sie sie anbellen oder sogar angreifen.
Nach Aldington ist es jetzt »höchste Zeit für Verhaltenskorrek-
turen!« Als erwachsene, ausgereifte Persönlichkeiten gelten

Hunde im allgemeinen nach Vollendung des dritten Lebensjahrs, kleinere Hunderassen auch schon früher. Das territoriale
Verhalten kann sich nach Aldington noch bis zum 40. Lebensmonat entwickeln. Zwischen dem dritten und fünften Lebensjahr festigen sich die positiven und negativen Verhaltensweisen
im Charakter des Hundes, besonders aggressive Neigungen
können problematisch werden. Den Hund zu einem solch spä-
ten Zeitpunkt umzuerziehen ist schwierig, allerdings läßt sich
die Entwicklung eines normal veranlagten Hundes auch später
durchaus noch beeinflussen, falls er keine allzu schlechten Erfahrungen gemacht hat und grundsätzlich gelehrig ist. Im Alter
werden Hunde naturgemäß ruhiger und im allgemeinen tole-
ranter. Man sagt, ab etwa acht Jahren werden Hunde weise.

Körpersprache und Laute des Hundes

Man muß sie nur sorgfältig beobachten, um sie verstehen zu lernen: Hunde setzen ihren gesamten Körper ein, um zu kommunizieren. Pfoten, Rute, Ohren, Gesicht, Augen, Lippen, Zunge und
Fang, ja sogar die Haare kommen zum Einsatz. Verstärkt wird
die Körpersprache durch spezifische Laute wie Winseln, Fiepen,
Knurren, Grummeln, Bellen, Schnaufen und Heulen. Hunde
bellen, abhängig von der jeweiligen Situation, mit unterschiedlicher Tongebung: zum Beispiel beim Spielen, zur Begrüßung
oder Kontaktaufnahme, zur Abschreckung, als Drohung, als
Aufforderung, als Hilfe- oder Sammelruf. Mit Körpergesten
und ihrer Stimme drücken sie Freude, Vergnügen, Hingabe, Bewunderung, Angst, Kummer, Einsamkeitsgefühle, Schmerz,
Aggression, Wut, Dominanz, Demut und andere Stimmungen
aus. Ein weiteres bedeutendes Mittel zum Informationsaus-

tausch sind Gerüche. Durch den Duft von Urin, Kot, Genital-
oder Mundwinkelzonen erfahren Hunde Wesentliches über
fremde Artgenossen. Hunde markieren ihr Revier mit Urin, als
warnende Botschaft für vermeintliche Eindringlinge und Herausforderer. Dominante Rüden neigen dazu, besonders häufig
ihre Duftmarken zu hinterlassen. Sie bepinkeln auch den Urin
der Hündinnen, die sie als ihr eigen betrachten, um möglichen
anderen Freiern mitzuteilen: Pfoten weg, sie gehört mir! Hündinnen sondern während der Läufigkeit Sexualdüfte ab, um damit
Rüden anzulocken.

Ein besonders breites Repertoire an Ausdrucksvarianten haben
Wölfe. Nach Dorit Feddersen-Petersen können sie rund 75 verschiedene Gesichter machen. Mit der ihnen eigenen Sprache
ordnen Wölfe die Rudelhierarchie und organisieren die Jagd, die
Aufzucht der Jungen und die Verteidigung der Gemeinschaft.
Je enger Rudelmitglieder zusammenarbeiten, desto notwendi-
ger sind klare »Absprachen« und ein ausgefeiltes Kommunika-
tionssystem. Hängt doch ihre Existenz von der gegenseitigen
Verständigung und einem friedlichen Miteinander ab. »Hoch-
soziale Tiere, wie Wölfe und Hunde mit einem differenzierten
Rangordnungsbestreben, benötigen eine Fülle von Verstän-
digungsmöglichkeiten, während mehr solitär oder paarweise
lebende Tiere weniger Kontakt aufnehmen und überwiegend
Gesten sozialer Distanzierung zeigen« (Feddersen-Petersen:
Hundepsychologie).

Hunde sind gesellige Lebewesen, die es gewohnt sind, in einer
sozialen Gruppe zu leben. Aus diesem Grund haben auch sie
die Fähigkeit, sich deutlich mitzuteilen, und ihre Ausdrucksformen sind bereits stark auf den Menschen eingestellt – selbst
wenn der sie oft mißversteht. Die Kommunikationsmittel von
Haushunden sind nicht mehr so differenziert wie die von Wölfen – vermutlich weil die Menschen die feine Mimik nicht ver-

stehen können. Nicht zuletzt sind den Hunden auch durch die unterschiedlichsten Zuchtselektionen viele Ausdrucksmöglichkeiten abhanden gekommen. So gibt es Hunderassen, die die Lefzen nicht mehr hochziehen und die Rute nicht mehr einsetzen können, sowie Rassen, bei denen die Stirn immerzu in Falten liegt oder deren Haarkleid als Kommunikationsmittel nichts mehr nützt, weil es zum Beispiel zu kurz ist (s. a. S. 195). Hunde setzen im Vergleich zu Wölfen ihre Stimme jedoch vielfältig ein, vor allem durch unterschiedliche Arten des Bellens (Wölfe bellen nur sehr selten). Versteht nicht fast jeder Halter, was sein Hund will, wenn er bellt oder winselt? An der Stellung der Rute läßt sich ablesen, ob ein Hund freudig, entspannt oder aufmerksam, lustlos, bedrückt, aggressiv oder ängstlich ist. Auch daran, wie er seinen Kopf hält oder wie er sich bewegt, läßt sich erkennen, wie er gestimmt ist. Ein freudiger Hund kann geradezu lachen, indem er die Lippen stark nach hinten zieht und das Maul leicht öffnet.

Jeder Hund offenbart durch sein Ausdrucksverhalten seinen Charakter und die Rolle, die er in seiner Gemeinschaft spielt. Welpen lernen von klein an, sich sozial zu verhalten, indem sie miteinander, mit den Elterntieren und mit Menschen spielen. Nur wenn diese Interaktionen in ihrer Jugend möglich sind, entwickeln sie gegenüber ihrer Umwelt ein normales Verhalten. Beim Spiel üben sie spaßeshalber für den Ernstfall: wie man sich zum Beispiel einem fremden Hund nähert, mit ihm Kontakt aufnimmt, wie man dominiert, angreift und notfalls kämpft, wie man jagt, sich verteidigt oder untergibt. Sie lernen, ihre Bisse zu hemmen und Spielpartner oder Kontrahenten nicht zu verletzen. Hunde, die keine Gelegenheit hatten, diese lebensnotwendigen Erfahrungen zu sammeln, sind in der Regel sozialgestört. Sie verstehen die Gesten und Laute ihrer Artgenossen nicht, reagieren ängstlich oder aggressiv. Schlimmstenfalls akzeptieren sie nicht einmal mehr die Signale der Unterwerfung und verletzen ihr Gegenüber, manchmal sogar tödlich

(→ »Verhaltensstörungen« , S. 214). Normal entwickelte und ausgeglichene Hunde sind berechenbar. Ihr Gegenüber – sei es ein Artgenosse oder ein Mensch – hat die Möglichkeit, sie einzuschätzen und angemessen auf sie zu reagieren – vorausgesetzt, er versteht ihre Sprache.

Mit dem Großteil der ihnen zur Verfügung stehenden Ausdrucksmöglichkeiten kommunizieren Hunde mit Menschen, die sie für Artgenossen halten. Meist verstehen Halter und Hund sich immer besser, je länger sie zusammenleben. Sie werden zu einem eingespielten Team. Der Halter weiß mit den Jahren das charakteristische Verhalten und das Gemüt seines Hundes richtig zu interpretieren und kann sich im alltäglichen Umgang mit ihm darauf einstellen. Der Hund ist auf seinen Halter eingestimmt, da er dessen Bewegungen und Worte einordnen und in Taten umsetzen kann. Die Bedeutung eines Wortes versteht er zwar nicht, er bringt dessen Klang aber in Verbindung mit einer Handlung. Er hat vielleicht gelernt, beim Wort »Bleib!« an einer Stelle zu warten, und weiß, wenn sein Halter »Fressen!« sagt, daß die Futterschüssel bald hingestellt wird. Da Hund und Halter sich kennen, können sie oft voraussehen, wie der andere sich in bestimmten Situationen verhalten wird. Halter besonders selbstbewußter Rüden erkennen bald, welche fremden Rüden sein Hund als Herausforderung empfindet und welche ihn nicht interessieren. Spitzt ein Hund, der gerne jagt, beim Waldspaziergang plötzlich die Ohren und reckt den Hals, den ganzen Körper gespannt aufgerichtet, die Nasenspitze bebend, weiß der Halter: Wild ist in der Nähe! Halter und Hund spüren meist auch, wenn die Laune des anderen umschlägt. Der Hund sendet ebenso subtile, oft kaum sichtbare Signale aus wie der Mensch. Ist der Halter latent aggressiv oder gestreßt (vielleicht ohne es bewußt zu merken), wird der Hund sich dieser Stimmungslage wahrscheinlich anpassen.

Im folgenden werden einige Grundzüge typischen Hundeverhaltens geschildert, die allerdings nur allgemeine Richtlinien
darstellen: Hunde unterschiedlicher Rassen verhalten sich unterschiedlich, und selbst innerhalb derselben Rasse gibt es individuelle Ausprägungen. Es gibt kein Standardverhalten, das für
jeden Hund gültig wäre, es gibt nur typische Umgangsformen
und Verhaltensmerkmale, derer sich die meisten sozial gesunden Hunde bedienen. Um das Verhalten von Hunden verständlich zu machen, läßt es sich bisweilen nicht vermeiden, Begriffe
aus dem menschlichen Verhaltensrepertoire zu benutzen, was
jedoch nicht als Vermenschlichung des Hundeverhaltens verstanden werden sollte.

Die typische Körpersprache von Junghunden

Patsch, der schwarze Junghund haut dem blonden mit der Vorderpfote auf die Schnauze: »Spiel mit mir!« Der Gebrauch der
Vorderpfote, das Pfötchen-Geben, entstammt dem sogenannten
»Milchtritt«: Säugende Welpen regen den Milchfluß der Mutter
an, indem sie mit den Pfoten im Bereich der Zitzen gegen ihren
Bauch treten. So lernen sie vom ersten Lebenstag an, daß der
Einsatz der Vorderpfote etwas Gutes bringt. Eine Erklärung
dafür, daß auch ältere Hunde noch gerne Pfötchen geben. Und
nochmals patsch! Die beiden Hunde springen wild umeinander
herum: »Dich krieg ich!« Der Schwarze besteigt den Blonden:
»Schau, wie stark ich bin!« Der läßt sich das kurz abwartend
gefallen, um sich dann flink aus der unterlegenen Position zu
winden. Er entblößt seine Zähne: »Dir werd' ich's zeigen«. Er
schnappt scheinbar nach dem Spielpartner oder zupft ihn am
Fell. Nun verfolgen sich die beiden, der Schwarze packt im
Lauf ein Stück Nackenfell des Blonden. Schon liegt dieser auf
dem Rücken und sofort steht der Schwarze über ihm, packt
seine Kehle und schüttelt den Unterlegenen. Er umfaßt den

Hals mit seinem Maul, so daß dem Blonden die Zunge raus-
hängt und er quietscht: »Autsch, das war zu doll!«. Der Schwarze
läßt sofort von ihm ab, der Blonde springt auf und schnappt
scheinbar aggressiv nach ihm: »Da, schau, wie weh das tut!«
»Schon in Ordnung, wir sind doch Freunde!«: Der Schwarze
leckt dem Blonden die Maulwinkel. Kurze Pause. Sehr kurz,
denn schon duckt sich der Blonde vorne, Brust am Boden, Hintern hoch in den Himmel gereckt, Rute begeistert wedelnd, und
bellt: »Loß, weiter geht's!« Der Schwarze springt wie eine
Katze auf den Aufforderer zu, und die beiden toben in schnellem Tempo durch den Garten. Bleiben stehen. Der Blonde legt
dem Schwarzen den Kopf über die Schulter: »Schau, ich bin
auch schon groß.« Anschließend versucht er, dominierend
seine Vorderpfoten auf den Rücken seines Gegenübers zu legen, rutscht aber ab. Nun steigen beide wie kämpfende Hengste
vorne hoch, so als wollten sie sich die Pfoten auf die Schultern
legen, und prallen mit den Oberkörpern zusammen. Diesmal
kippt der Schwarze auf den Rücken, der Blonde nutzt die Gelegenheit, springt auf ihn und schüttelt seinen Hals. Im nächsten
Moment hat sein schwarzer Partner, der überlegenere der beiden, wieder Oberwasser gewonnen, springt auf. Abermals flit-
zen die Hunde im Kreis herum. Unterdessen gesellt sich ein
dritter Hund, der jüngste im Bunde, dazu. Die Balgpartner
schenken ihm nur wenig Beachtung: »Du bist noch zu klein«.
Ab und zu darf er ein wenig mitspielen, ansonsten buddelt er
bellend Löcher in die Erde – eine klassische Übersprungshand-
lung. Nach viel Gelaufe und Gerangel sind die Hunde schließlich müde und legen sich friedlich nebeneinander schlafen:
Kraft tanken für die nächste Spielrunde.

Die typische Körpersprache von Junghund und erwachsenem Hund

Amana springt vor Léon auf und ab. Er steht aufrecht vor ihr und ignoriert sie. Sie verstärkt Ihre Aufforderung, legt den Vorderkörper tief und bellt in hohen Tönen: »Komm, spiel mit mir!« Léon hat jetzt ganz und gar keine Lust zum Tollen. Er knurrt, tief und unüberhörbar. Amana läßt nicht locker. Sie ist zu aufdringlich, und Léon liest ihr die Leviten. Ihm entfährt ein fast aufbrausendes Knurren, während er im selben Moment auf die Junghündin zuspringt und mit seiner Schnauze über die ihre greift. Noch immer knurrt er grollend, Amana macht sich klein, duckt sich, legt die Ohren flach an und unterwirft sich. In höchster Demut läßt sie ein Bächlein unter sich. »Ich seh's ja ein, ich bin zu frech gewesen«. Als sie wieder aufzustehen versucht, springt Léon mit einem Knurrlaut über sie und packt sie mit seinem großen Maul an der Kehle. »Schluß jetzt, gib Ruhe!« Amana hat die Vorderpfoten in der Luft und ergibt sich. Sie wartet auf einen guten Moment, um aufzuspringen. Léon bleibt ruhig. Er steht aufrecht, ja geradezu majestätisch da, den Kopf hocherhoben und blickt vermeintlich teilnahmslos in die Ferne. Amana will sich mit ihm gut stellen, nähert sich mit minimal geduckter Haltung und leckt ihrem autoritären Erzieher die Lefzen – eine Begrüßungs- und Unterwürfigkeitsgeste, die Wolfsjunge bei den heimkehrenden Jägern ihres Rudels anwenden, damit diese Brocken der vorgekauten Jagdbeute ausspucken. Auch Haushunde würgen bei der sogenannten Leckintention noch gelegentlich Futter für den Junghund hervor.

Léon läßt sich von Amana hofieren. Amana imitiert sein Verhalten. Wedelt er mit der Rute, wenn Besucher kommen, dann tut sie es auch. Bellt er, bellt auch sie. Wird Amana zu frech und aufmüpfig, wenn es um seine Privilegien als ranghöheres Tier geht, schnappt er drohend nach ihr: Er bestimmt den Rhythmus der Dinge – wann gespielt und wann geschlafen wird. Beim Füttern kommt er als erster dran. Ist er besonders hungrig, frißt er mitunter auch mal Amanas Schüssel leer, oder er nimmt ihr einen Kauknochen weg. Dazu muß er sich ihr nur nähern – seine Rute ist steif und horizontal erhoben, seine Augen starr auf sie gerichtet –, und schon läßt Amana mit angelegten Ohren alles stehen und liegen und huscht in sichere Entfernung. Doch so sehr sie Léon als Chef akzeptiert, so wenig hält es sie davon ab, ihn immer wieder zum Spiel aufzufordern. Sie ist begeistert, wenn er sich dazu herabläßt, mit ihr zu spielen. Meist legt sich der doppelt so große Léon galant auf den Rücken, damit Amana auf ihn springen kann: Kavaliersbenehmen. Die beiden »schnäbeln« dann mit ihren Schnauzen, die sie spielerisch ineinander verkeilen. Wenn Léon dann auf einmal wie von der Tarantel gestochen im Kreis umherrennt, tobt Amana hinter ihm her. Es ist das Fang-mich-Spiel, das immer wieder durch ein scharfes Anhalten – in startbereiter, federnd gespannter Position – unterbrochen und durch einen raschen Richtungswechsel wiederaufgenommen wird. Kommt die erwachsene Hündin Kaja zu Besuch, hat Léon keinerlei Interesse an Amana, da er sich dann ganz und gar »seinem« Gast widmet. Kaja schenkt Amana meist auch nur wenig Aufmerksamkeit, setzt ihr aber stets Grenzen und kann recht unsanft werden, wenn die Junghündin zu aufdringlich ist. Oft hegt Kaja auch mütterliche Gefühle für Amana. Sie leckt sie gelegentlich ab und beschützt sie, wenn andere Hunde zu wild mit der Kleinen umgehen.

Die typische Körpersprache von erwachsenen Rüden

Mit hoch erhobener Rute nähert Pastore sich vorsichtig dem fremden Rüden. Sein Körper bebt vor Anspannung. Seine Beine sind durchgestreckt, seine Ohren gespitzt. Der andere Hund kommt näher. Pastore verharrt kurz, fixiert ihn mit den Augen. Dann ein federnder Sprung nach vorn: Die Hunde stehen nun voreinander, dann umkreisen sie sich. Geruchstest: Pastore schnüffelt am Hinterteil des anderen, der das nur höchst unwillig zuläßt und sich entziehen will. Steife Körperhaltung. Der Fremde hat verunsichert die Nackenhaare gesträubt – dadurch wirkt er imposanter – und bewegt sich fast im Zeitlupentempo. Pastore rückt ihm nun auf die Pelle – er legt sein Kinn dominant auf den Widerrist des anderen. Der reißt den Kopf herum, bleckt die Zähne und starrt dem Herausforderer ins Gesicht. Das war das Signal, Pastore geht zum Angriff über: Er zieht die Lippen hoch, entblößt die Zähne, knurrt drohend, wirft sich mit den Vorderpfoten auf den Rücken des anderen und legt seinen aufgerissenen Fang um dessen Nacken. Der andere duckt sich, wirft sich im selben Augenblick blitzschnell auf den Boden – man kann es mit den Augen kaum verfolgen – und ergibt sich.

Der Fremde liegt auf dem Rücken, die Ohren angelegt, die Vorderpfoten hochgezogen und blickt unterwürfig weg. Pastore steht direkt über ihm, die Rute in höchster Stellung, fast zitternd vor Spannung, und knurrt beängstigend. Als der Unterlegene aufzustehen versucht, geht Pastore zum zweiten Angriff über und unterwirft ihn abermals. Diesmal ergibt der Fremde sich endgültig. Pastore hat seine Überlegenheit erfolgreich demonstriert und entläßt den anderen aus der unterwürfigen Haltung. Er widmet sich nun wieder seiner Umgebung, behält den Rivalen jedoch im Blick. Ihm entgeht keine seiner Bewegungen, und er ist jederzeit angriffsbereit. Der unterlegene Rüde respektiert Pastore und hält Abstand.

So kann es aussehen, wenn zwei selbstbewußte Rüden sich begegnen: »Rüden haben einen Kommentkampf, ein ›ritterliches‹ Fechten, das allein darauf abzielt, dem anderen zu zeigen, daß man stärker ist« (Trumler: Ratgeber für den Hundefreund). Es kommt auch vor, daß ein ranghöherer Rüde einen anderen zurechtweist, weil er sich seiner Geruchskontrolle entzogen hat. Mit großer Theatralik und Radau unterwirft er ihn, oder er jagt ihm hinterher, bis sich jener von ihm untersuchen läßt. Alpha-Rüden zeigen ihre Überlegenheit auch, indem sie den anderen Hund besteigen oder sogar anpinkeln. Es gibt einige Varianten, wenn Rüden sich »nicht riechen« können. Ebenso häufig ignorieren Rüden sich bei einer Begegnung, oder einer der beiden legt sich von vornherein nieder, um seine Unterwürfigkeit zu demonstrieren und einem Streit aus dem Weg zu gehen. Wenn Rüden sich eine Weile kennen, beginnen sie oft miteinander zu spielen und Rennen zu veranstalten. Es ist ein beeindruckender Anblick, zwei Rüden spielerisch miteinander kämpfen zu sehen: Anmutig sind ihre Bewegungen, faszinierend ihre Rituale, erstaunlich ihre perfekte Kommunikation. Aggressives Verhalten gegenüber anderen Rüden entwickeln vor allem sehr dominante und schlecht erzogene Rüden, und das meist erst nach Abschluß der Geschlechtsreife, circa ab dem 18. Lebensmonat (s. a. S. 182).

Die typische Körpersprache von erwachsenen Hündinnen

Fremde Hündinnen nehmen oft nur wenig Notiz voneinander, wenn sie sich begegnen. Nach einer kurzen Begrüßung durch Geruchskontrolle geht oft jede wieder ihrer Wege. Manche Hündinnen freunden sich an und spielen regelmäßig ausgelassen miteinander. Ältere Hündinnen erziehen mitunter ihre jüngeren Geschlechtsgenossinnen oder nehmen sie vor anderen

Hunden mütterlich in Schutz. Häufig wirkt die Läufigkeit der einen Hündin »ansteckend« auf die andere, deren Hormonhaushalt offenbar »ins Wallen gerät« und sie wenige Tage später auch läufig werden läßt. Man bezeichnet diesen Vorgang als »Brunstsynchronisation«. Manchmal imitieren Hündinnen sogar einen Deckakt: Sie beschnuppern die Genitalien der anderen Hündin, besteigen sie und reiten auf. Das kann vorkommen, wenn zum Beispiel eine Hündin läufig und die zweite in der Vorbrunst ist. Beide Hündinnen besteigen sich gegenseitig im ständigen Wechsel: Welche von beiden ist die stärkere? Während der Brunstzeit geraten Hündinnen gelegentlich heftig aneinander, etwa wenn es Streit um einen Rüden gibt oder eine der beiden in der prämenstruellen Phase und leicht reizbar ist. Die mildere Variante einer Auseinandersetzung ist, wenn die eine Hündin die andere zickig wegbeißt – sie schnappt dabei entweder in die Luft, oder sie reißt mit den Vorderzähnen ein Haarbüschel aus dem Fell ihrer Kontrahentin, allerdings ohne sie dabei ernsthaft zu verletzen. Handelt es sich um erbitterte Feindinnen, kann es jedoch sein, daß die eine die Haare ein wenig hoch stellt, kurz knurrt und dann ohne weitere Vorwarnung plötzlich angreift. In diesen Fällen kann es tatsächlich zu blutigen Beißereien kommen, die bis zum bitteren Ende ausgetragen werden, wenn die Streitenden nicht getrennt werden. Zerstrittene Hündinnen vertragen sich in der Regel nie wieder – Rüden sind weniger nachtragend. Sie spielen gelegentlich sogar mit ehemaligen Rivalen.

Die typische Körpersprache von Rüde und Hündin

Fast immer ist die Beziehung zwischen Rüden und Hündinnen friedlich, aber sie entwickeln besondere Vorlieben für bestimmte Hunde. Bei Rüden, die ihnen liegen, lassen sich Hündinnen so manche Aufdringlichkeit gefallen. Viel strenger sind sie dagegen mit solchen, die sie nicht besonders interessieren. Und Rüden nehmen so manches Benehmen von Hündinnen hin, das sie bei Rüden niemals dulden würden, beispielsweise bei sehr selbstbewußten Hündinnen, die auch mal dominierend einen Rüden besteigen und trotzdem ungescholten davonkommen. Auch in der Phase vor oder nach der Läufigkeit behandelt eine Hündin einen ihr angenehmen Rüden freundlich, während sie sich andere »Herren« konsequent durch Schnappen vom Leibe hält. Treffen Rüde und Hündin zusammen, beschnuppert er ihre Genitalien. Sie findet das dann entweder fantastisch, oder sie ziert sich unentschlossen. Schlimmstenfalls schnappt sie nach dem erfolglosen Freier. Er sollte dann rasch von ihr ablassen, um eine heftige Abreibung zu vermeiden. Ist ein Rüde von einer Hündin begeistert, wird er versuchen, sie für sich zu gewinnen – er wirbt um sie, lockt, schmeichelt und flirtet mit ihr nach Hundemanier. Das tut er, indem er fiepende Geräusche von sich gibt und ihr die Lefzen sowie den Rücken oder die Kruppe leckt. Wenn er Glück hat, lädt die Angebetete ihn zum Paarungsakt ein. Der Rüde bespringt sie von hinten und »umarmt« sie, indem er seine eingeknickten Vorderbeine um ihren Bauch klammert und sie festhält. Der Besamungsakt ist eine Angelegenheit von Sekunden, das Paar bleibt wegen der Schwellung des Penis jedoch noch durchschnittlich zehn Minuten und länger aneinander hängen. Ist die Hündin nicht läufig, spielen die beiden ausgelassen miteinander. Sie machen rasante Laufspiele und rangeln am Boden liegend. Falls der Rüde zu grob wird, fiept die Hündin. Er weiß dann, daß er sanfter mit ihr umgehen muß. So mancher Rüde bepinkelt den Urin »seiner« Hündin, um seinen Anspruch auf sie gegenüber Geschlechtsgenossen deutlich zu machen.

Léon macht stets viele Hundebekanntschaften, doch die meisten Hunde interessieren ihn nur mäßig. Manchmal trifft er allerdings auf eine Hündin, die ihm gefällt. Das ist ihm dann deutlich anzusehen: Er benimmt sich wie ein verspielter Welpe, wirft sich auffordernd in die »Vorderkörper-Tief-Stellung« (Feddersen-Petersen) und scharwenzelt um die Angebetete herum, der gesamte Körper ist in Bewegung, mit schwingenden Hüften, den Kopf hoch erhoben, sich emporreckend, umherstolzierend wie der Hahn auf dem Mist.

Die typische Körpersprache von Hunden verschiedener Rassen

Die Ausdrucksmöglichkeiten von Hunden hängt von ihrem Körperbau, der Beschaffenheit einzelner Körperteile und des Fells ab. Es kann deshalb auch zu Verständigungsschwierigkeiten zwischen den Vierbeinern kommen. Bei Terriern etwa können die Körpersignale mißverständlich sein, da sie sich in entspanntem und aggressivem Zustand kaum unterscheiden: Die Rute ist immer erhoben, und bei rauhaarigem Fell ist aufgestelltes Nackenhaar kaum zu erkennen. Hunde, die Terrier nicht kennen, können ihre Ausdrucksformen folglich fehlinterpretieren. Bei Bobtails ebenso wie bei anderen Rassen mit langem oder zottigem Fell verschwinden viele Körperteile unter einer dicken wolligen Behaarung. Die Bewegungen des Stummelschwanzes oder der Ohren sind nicht sichtbar. Selbst die Augen, aus denen situationsbedingt eine bedrohliche Fixierung abzulesen wäre, verschwinden hinter einem Vorhang von Haaren. Bobtails haben einen wiegenden Gang, während Hovawarts elastisch mit dem ganzen Körper schwingen. Treffen diese beiden Hundetypen wiederum auf einen Boxer oder Husky, könnten sie seinen steifen Gang fälschlicherweise als Vorbereitung auf einen Angriff deuten. Hunde mit (illegal) kupierten Ohren sehen ständig aufmerksam aus, selbst wenn sie gelangweilt sind. Kupierte Ruten lassen ebenfalls nur noch begrenzte Ausdrucksmöglichkeiten zu, und bei Hunden, die ihre Lefzen zuchtbedingt nicht mehr hochziehen können, ist aggressives Abwehrverhalten nicht mehr als Drohung zu erkennen. Eindeutig ist dagegen die Körpersprache des Schäferhundes. Seine Mimik wie zum Beispiel das Spielgesicht mit den waagrecht nach hinten gezogenen Mundwinkeln oder der aggressiv gekräuselte Nasenrücken sind eindeutig. Am verständlichsten sind die Kommunikationsmittel des Wolfes. Die Stellung seiner Rute, seiner Ohren, die Bewegungen seines gesamten Körpers und der Ausdruck seiner Augen sind stets deutlich sichtbar. Sein Schnauzenbereich ist aufgehellt, so daß die Mimik seiner schwarzen Lippen jederzeit ablesbar ist. Das gesamte Ausdrucksverhalten des Wolfes ist im Vergleich zum Haushund ausgeprägter und differenzierter. Treffen Hunde auf Wolfsmischlinge, verstehen sie ihre Sprache meist sofort.

Verhalten und Körpersprache verschiedener Hundetypen

Hunde haben sehr unterschiedliche Temperamente. Sie haben auch eine unterschiedlich gute Auffassungsgabe und benehmen sich situationsbedingt wechselhaft oder sogar launisch. Die einen sind ungestüm, temperamentvoll oder extrovertiert, die anderen sind ruhig, zurückhaltend und introvertiert. Hunde sind sensibel und empfindlich oder robust und »hart im Nehmen«. Sie können – je nach Situation – defensiv oder offensiv, unterwürfig oder dominant, neugierig und abenteuerlustig, gleichgültig, ängstlich oder angriffslustig, widerspenstig oder fügsam, gelehrig und eigensinnig, unsicher oder unabhängig sein. Alte Hunde haben ein gemächlicheres Gemüt als die aufbrausenden jungen. Kranke Hunde verhalten sich anders als gesunde.

Im folgenden werden verschiedene Hundetypen beschrieben. Diese Darstellung kann nur einen allgemeinen Eindruck der vielfältigen Temperamente von Hunden vermitteln. Sie kann nicht auf alle Hunde zutreffen, aber sie soll als Interpretationshilfe dienen, die das Verhalten von Hunden verständlicher macht und den Umgang mit ihnen erleichtern. Bei den geschilderten Hundetypen gibt es auch Überschneidungen, und manchmal treffen gleich mehrere Kategorien zugleich auf einen Hund zu. Viel Platz nehmen die selbstbewußten, durchsetzungsfähigen Hunde ein, weil sie am schwierigsten zu führen sind. Falls Sie einen übermäßig ängstlichen oder aggressiven Hund haben, ist es empfehlenswert, Rat bei einer anerkannten Fachperson zu suchen.

Fast alle Hunde können durch Erziehung und die richtige Führung positiv beeinflußt werden und ein ausgeglichenes Wesen bekommen, sogar noch im Erwachsenenalter. Selbst Fehlentwicklungen in der Prägungsphase (→ »Auf die Prägung kommt es an«, S. 46) lassen sich in gewissem Maße noch korrigieren. Bei einigen Hunden bringen Korrekturen rasche Ergebnisse, bei anderen hingegen dauert es lange und es kostet viel Geduld und Nerven. Freilich gibt es auch Hunde, bei denen das Wesen so starr ist oder bei denen schlechte Erfahrungen aus der Vergangenheit so verwurzelt sind, daß ihr Gemütszustand zwar positiv zu beeinflussen ist, man aber keine völlige Heilung mehr erwarten kann. In der Tabelle auf Seite 376 finden Sie eine Übersicht über einige Verhaltensweisen sowie mögliche Ursachen und geeignete Gegenmaßnahmen.

Temperamentvolle Hunde

Sie tragen den Kopf und die Rute meist hoch und sind sehr aufmerksam. Gerne geben sie »Pfötchen«. Immerzu haben sie ein Spielgesicht aufgelegt, was so aussieht, als ob sie grinsen würden. In der Tat sind sie sehr verspielt. Sie toben mit jedem gerne, denn sie sind aufgeschlossen für ihre Umwelt, sehr neugierig, und generell extrovertiert. Sie beschäftigen sich aber auch gerne allein. Temperamentvolle Hunde sind körperlich sehr rege und viel in Bewegung. In der Jugend ist ihr Temperament kaum zu zügeln, begeistert wollen sie sich auf alle potentiellen Spielpartner stürzen: Der Halter eines größeren Hundes braucht viel Kraft, um das ungestüme Tier zu bändigen. Die Energiebündel neigen in jungen Jahren dazu, in aufregenden Situationen oder angesichts von Spielmöglichkeiten stark an der Leine zu ziehen. Auch bei »Fuß!«-Übungen streben sie gerne nach vorne. Sie sind flink, äußerst wendig und manchmal sehr ungeduldig. Ungern bleiben sie im »Platz«! liegen, wenn es anderswo interessant zu werden verspricht. Ihr Gehabe sagt jedoch nichts über ihr Inneres aus: Sie können trotzdem ruhig und ausgeglichen sein. Sie brauchen jedoch viel Beschäftigung und müssen gefordert werden. Vor allem wenn sie sich langweilen, zerkauen sie bisweilen gerne was immer ihnen zwischen die Zähne kommt. Der Halter eines temperamentvollen Hundes braucht viel Geduld, Konsequenz und Durchhaltevermögen. Er sollte sportlich sein, um seinen Hund an der Leine zu bändigen oder um ihn auch mal am Kragen packen und schütteln zu können. Dieser Fall wäre zum Beispiel gegeben, wenn der Hund seinem Spieltrieb folgt und im Eifer des Gefechts, den Ruf seines Halters ignoriert.

Ruhige Hunde

Ruhige Hunde sind oft hochsensibel. Sie sind tendenziell intro-vertiert und lassen sich daher nur selten von anderen Hunden zum Spielen auffordern. Auf ein Spiel mit ihrem menschlichen Partner lassen sie sich allerdings gerne ein. Ruhige Hunde lie-gen viel und lieben ausschweifende Spaziergänge in flottem Tempo nicht besonders. Sie laufen ohne rechten Schwung und immer nur so schnell, wie es gerade sein muß. Sie haben »die Ruhe weg«. Es gefällt ihnen, geknuddelt zu werden. Gemütlich auf dem Teppich zu liegen und zu schmusen ist für sie das Höchste. Sensibel wie sie sind, bringen sie unerwartete Ereig-nisse oder eine nervöse und angespannte Atmosphäre durch-einander. Große Aufregung ist Gift für ihr Gemüt. Sie ver-ziehen sich unter Umständen in eine Ecke, sind scheu und schreckhaft. Ruhige Hunde müssen besonders einfühlsam und behutsam geführt werden. Sie eignen sich vor allem für gelas-sene Menschen mit viel Zeit und für ältere Herrschaften.

Zurückhaltende Hunde

Ihr Kopf ist selten erhoben, oft halten sie ihn sogar gesenkt, die Rute hängt tief – gerade so, als wollten sie nicht auffallen. Nur sehr vorsichtig, geradezu schüchtern, tasten sie sich an fremde Hunde heran, selten gehen sie direkt auf sie zu. Stattdessen nähern sie sich behutsam von hinten und schnuppern vorsichtig am Fremdling. Im allgemeinen ziehen sie es jedoch vor, stehen zu bleiben und zu warten, bis der andere Hund auf sie zu-kommt. Rennt er allerdings zu schnell auf sie zu, springen sie seitlich weg, unterwürfig, die Ohren angelegt. Wenn ihnen ein Hund begegnet, der sie drohend mit den Augen fixiert, lassen sie sich schnell zu Boden fallen und legen den Kopf flach auf die Erde. Grundsätzlich sind die Zurückhaltenden eher »froh«, wenn Fremde – Hunde oder Menschen – sie nicht beachten. Will ein Unbekannter sie streicheln, weichen sie einen Schritt zurück. Zurückhaltende Hunde brauchen eine längere Gewöhnungszeit, bevor sie sich auf Ungewohntes einlassen. Dieses Verhalten reizt andere Hunde, sie zu ärgern, zu jagen oder ihnen eine kleine Abreibung zu verpassen. Halter sollten auf die Zurückhaltung ihrer Hunde nicht eingehen. Sie sollten diese immer wieder mit Elan an neue Situationen heranführen, anstatt ihr zögerliches Benehmen durch Vermeidung von Kontakten noch zu fördern.

Ausgeglichene Hunde

Ihr Gemütszustand ist meist stabil: Sie sind gelassen und besonnen. Kaum etwas kann sie ernsthaft aus der Fassung bringen. Ihr Benehmen ist nicht sprunghaft, sondern berechenbar. Durch die Haltung ihrer erhobenen Rute, ihrer gespitzten Ohren und ihres fragend geneigten Kopfes signalisieren sie Aufmerksamkeit. Ihre Körperbewegungen sind locker und entspannt. Sie spielen gerne und ausgiebig, aber ohne sich zu sehr hineinzusteigern. Die Ausgeglichenen zeigen im allgemeinen kein extremes Verhalten: Sie besteigen weder andere Hunde, noch drohen sie. Gleichwohl weichen sie nicht zurück, und sie lassen sich auch nichts Unangenehmes gefallen. Ausgeglichene Hunde sind gutmütig und leicht zu führen. Sie sind angenehme, zuverlässige Begleiter.

Unausgeglichene Hunde

Ihre Launen sind äußerst wechselhaft. Mal sind sie überschäumend fröhlich, dann geradezu »depressiv« bedrückt oder gereizt und aggressiv. Sie verhalten sich oft wild und sind schlecht kontrollierbar. Kleine Veränderungen der Lebensumstände irritieren sie erheblich. Ihr Körper ist häufig unter Spannung, die

Rute erhoben, die Ohren aufgestellt. Schlechte Laune lassen sie an anderen Hunden aus, gelegentlich auch an Menschen. Sie sind oft störrisch und widersetzen sich den Anordnungen ihrer Halter. Sie spielen gerne, aber überspannen dabei hin und wieder den Bogen. Ursache ihres ungestümen Verhaltens sind häufig eine falsche Prägung in der Jugendphase, wenig Auslauf, schlechte oder mangelnde Führung, unzufriedene Halter oder extreme Veränderungen der Lebensverhältnisse, die den Hund unmittelbar betreffen. Das Verhalten kann aber auch genetisch bedingt sein – zum Beispiel, wenn der Hund aus einer Linie nervöser, »wesensunsicherer« Zuchthunde stammt. Unausgeglichene Hunde sind schwer zu führen und gehören in die Obhut ruhiger, freundlicher Hundekenner, die ihnen viel Auslauf und Beschäftigung bieten.

Hormongesteuerte Hunde

Ihre Stimmungslage wechselt von einem zum anderen Moment. Waren sie eben noch freundlich und sanft, sind sie plötzlich zickig, beleidigt und gereizt. Diese Hunde sind ungewöhnlich großen Hormonschwankungen ausgeliefert und daher unberechenbar. Sind sie eine Phase lang aggressiv, nervös und ungehorsam gewesen, können sie plötzlich extrem unterwürfig sein. Apathisch und scheinbar abwesend ziehen sie sich in sich zurück. Sie scheinen ihr Verhalten nicht steuern zu können. Hormonelle Störungen treten in zunehmendem Maße bei Hündinnen auf. Extreme Hormonschwankungen können vor, während und nach der Läufigkeit auftreten und äußern sich insbesondere durch Scheinträchtigkeit (→ S. 129 f.). Hormongesteuerte Hunde brauchen eine kontinuierliche und entschlossene Führung. Ist ihr Verhalten allerdings zu extrem, sollte man über eine hormonelle Behandlung oder Kastration nachdenken.

Ängstliche Hunde

Ihre Körperhaltung ist geduckt, in sich gezogen und wenig auffällig. Ängstliche Hunde legen sich ungerne ausgestreckt und somit ungeschützt zu Boden, sondern eher zusammengekauert. Sie bellen häufig, aber meist aus sicherem Abstand, wenn ihnen etwas nicht geheuer ist. Sogar vor Gegenständen oder Hunden, die sie schon lange kennen, springen sie schreckhaft beiseite. Aufgrund ihrer Schreckhaftigkeit sind sie unberechenbar. Ängstliche Hunde werden nie richtig straßensicher (→ S. 321 ff.), da sie bei ungewohnten Geräuschen oder unbekannten Objekten möglicherweise kopflos davonlaufen. Zuhause fühlen sich solche Hunde meist sicher. Ängstlich sind sie nur in ungewohnten Situationen.

Ängstliche Hunde befolgen Anweisungen ihrer Halter nahezu perfekt und wirken dabei oft so, als fürchteten sie, geschlagen zu werden. Im Gegensatz zu dominanten Hunden, die dazu neigen, ihren Haltern »bei Fuß« stets ein Stück vorauszueilen, bleiben die ängstlichen eher einen Schritt zurück. Sie blicken ihr Gegenüber nicht direkt an, ihre Augen sind häufig weit aufgerissen, wirken sehr wach und aufgeregt, viel Weiß ist darin zu sehen. Wenn Hunde Angst haben, erweitern sich ihre Pupillen. Die sogenannten »Angstbeißer« verbergen ihre Furcht, indem sie offensiv vorgehen und plötzlich zubeißen. Sie können aber auch unterwürfig sein und demütig bei Begrüßungen urinieren.

Hunde werden ängstlich, wenn sie schlechte Erfahrungen machen, wenn sie in den entscheidenden Phasen falsch geprägt wurden (zum Beispiel durch isolierte Zwingerhaltung in der Sozialisierungsphase), wenn sie aus genetischen Gründen so veranlagt sind oder wenn sie krank sind. Häufig sind auch die Beziehungsverhältnisse zu ihren Haltern nicht geklärt, es mangelt ihnen an Führung, und sie fühlen sich unsicher. Oft haben sie ängstliche Halter, die ihre Angst auf die Hunde übertragen.

Ängstliche Hunde sind im Umgang ebenso schwierig wie aggressive, und sie sind noch unberechenbarer, weil sie aus Angst zu Kurzschlußreaktionen fähig sind.

Falls Sie einen Hund mit extrem ängstlichem Charakter haben, sollten Sie sich von einer professionellen Fachperson, am besten einem anerkannten Verhaltenstherapeuten für Tiere, beraten und anleiten lassen. Auf jeden Fall sollten Sie Ihren Hund nie bemitleiden oder auf seine Angst eingehen. Es ist einer der üblichen Grundfehler: »Ich muß ihm in dieser Situation doch beistehen!«, meinen viele Halter und denken dabei rein menschlich. Durch die besondere Beachtung, die sie ihrem Hund in furchteinflößenden Situationen schenken, verstärken sie sein ängstliches Verhalten. Man sollte dem Hund stattdessen durch eine konsequente und selbstbewußte Anleitung Sicherheit vermitteln. Ängstliche Hunde brauchen eine besonders starke Stütze durch den Halter und eine unmißverständliche Stellung in ihrer sozialen Gruppe, die ihnen Geborgenheit gibt.

Ignorieren Sie die Ängstlichkeit Ihres Hundes grundsätzlich. Sehen Sie ihm zur Übung häufig bewußt in die Augen, damit er lernt, Ihrem Blick standzuhalten. Das wird sein Selbstbewußtsein allmählich steigern. Holen Sie ihn aus unterwürfigen und ängstlichen Körperstellungen stets heraus. Legt er sich zum Beispiel hin, obwohl Sie ihm die Anweisung gegeben haben, zu sitzen, sollten Sie ihn sogleich wieder ins »Sitz!« hochziehen. Korrigieren Sie ihn bei allen Übungen. Lassen Sie ihn »bei Fuß« auch nicht zu weit hinten laufen. Meiden Sie vor allem keine Situationen, die ihm angst machen, sondern suchen Sie sie vielmehr. Hat der Hund beim Spaziergang zum Beispiel Angst vor anderen Hunden oder einer Mülltonne, sollten Sie ihn ohne viel Aufhebens daran vorbeiführen, auch wenn Sie ihn ziehen müssen. Reden Sie mit ihm, aber ignorieren Sie die Quelle seiner Angst.

Falls Sie einen Hund haben, der in Panik gerät, wenn er auf fremde Hunde stößt – meist ein Ergebnis falscher Sozialisierung im Welpenalter –, müssen Sie sein Vertrauen sehr langsam aufbauen. Lassen Sie ihn beim Spaziergang an der langen Leine, und führen Sie ihn an anderen Hunden vorbei, so daß er zunächst einmal deren Verhalten beobachten kann. Springt er erschrocken zur Seite, wenn ein Hund auf ihn zuläuft, ziehen Sie ihn zu sich heran und gehen ruhig weiter, so als sei alles völlig normal und in Ordnung. Machen Sie solche Spaziergänge so oft wie möglich, bis Sie den Eindruck haben, daß Ihr Hund ausreichend Gelegenheit hatte, seine Artgenossen zu studieren. Verabreden Sie sich nun mit einem Freund oder Bekannten, der einen Hund hat, der kleiner ist als Ihrer. Bringen Sie die beiden Hunde auf einen eingezäunten Platz und überlassen Sie sie sich selbst. Bleiben Sie jedoch in der Nähe. Wiederholen Sie diese Treffen so lange, bis Ihr Hund Vertrauen zu seinem Artgenossen gefaßt hat. Wenn es soweit ist, bringen Sie ihn auf dieselbe Weise regelmäßig mit einem zweiten, fremden Hund zusammen, bis er auch diesen kennengelernt hat. Schließlich bringen Sie ihn mit beiden gleichzeitig zusammen. Später können Sie ihm langsam immer größere Hunde vorstellen – bis er seine Scheu völlig abgelegt hat. Dieser Prozeß kann lange dauern und kostet viel Geduld und Zeit.

Nach demselben Prinzip verfahren Sie, wenn Ihr Hund Angst vor Menschen hat. Oft empfiehlt es sich, außerhalb der eigenen vier Wände zu üben, weil die meisten Hunde auf fremdem Terrain ängstlich sind. Lassen Sie fremde Menschen frontal am Hund vorbeigehen. Bauen Sie auch dieses Gewöhnungsprogramm zunächst mit einer, dann mit einer weiteren Person und allmählich mit mehreren auf einmal auf. Fangen Sie immer mit der leichtesten Variante an und steigern Sie die Übungen vorsichtig und mit Bedacht, bis Sie den Hund dazu bewegen können, sich von den Passanten auch streicheln zu lassen.

Unterwürfige Hunde

Sie legen sich gleich zu Boden, wenn ein fremder Hund sich ihnen nähert. In dieser Stellung verharren sie so lange, bis der andere Hund sie ausreichend beschnuppert und untersucht hat. Erst dann wagen sie sich langsam hoch. Unterwürfige Hunde lehnen sich nicht auf und geben schnell nach. Auf einen Streit lassen sie es nie ankommen. Deshalb signalisieren sie in der Begegnung mit Fremden von vornherein ihre Demut, um gar nicht erst in konfrontative Situationen zu geraten. In verunsichernden Situationen legen sie sofort die Ohren flach an und bekommen dabei ein schmales, straffes Gesicht. Sie weichen dem Blick ihres Gegenübers mit abgewandtem Kopf aus. Zudem klemmen sie die Rute zwischen die Hinterbeine oder halten sie sehr niedrig. Sie bewegen sich gedrückt und ducken sich. Häufig drehen sie sich ergeben auf den Rücken und lassen sogar Urin unter sich, eine Geste, die sie aus der Welpenzeit übernommen haben. Unterwürfige Hunde geben häufig die Pfote und versuchen, ranghöheren Hunden die Mundwinkel zu lecken. Sie sind sehr empfindlich: Nach einer heftigen Schelte ihrer Halter sind sie mitunter für den Rest des Tages kaum noch zu gebrauchen und ziehen sich wie ein verletztes Reh zurück. Sie kommen meist erst spät in die Pubertät.

Unterwürfiges Verhalten kann angeboren, aber durch eine zu strenge und harte Erziehung auch anerzogen sein. Hunde mit einem solchen Charakter müssen mit Sanftmut, gleichzeitig aber bestimmt und konsequent geführt werden. Situationen, in denen sie besondere Unterwürfigkeit demonstrieren, sollten nicht vermieden werden. Vielmehr gilt es, diese Situationen bewußt zu suchen. Meiden Sie fremde Hunde folglich nicht, sondern bringen Sie Ihrem Hund bei, sie souverän zu passieren. Nehmen Sie ihn dabei »bei Fuß« und bestärken Sie ihn durch ruhige und bestimmte Worte.

Selbstbewußte, durchsetzungsfähige und dominante Hunde

Sie haben eine Fülle offensichtlicher und subtiler Verhaltensweisen, durch die sie ihre Überlegenheit demonstrieren. Selbstbewußte Hunde behaupten sich gegenüber weniger auffälligen Artgenossen, aber oft auch gegenüber ihren Haltern, wenn diese das zulassen. Sie sind unerschrocken, dominant, durchsetzungsfähig und machtbewußt. Das drücken sie unter anderem durch ihre Körperhaltung aus, die stolz und dynamisch ist. Mit einem fremden Hund konfrontiert, sträuben sie die Nackenhaare, stellen die Ohren auf und strecken die Beine durch. Wer sie töricht herausfordert, wird unterworfen. Typische Drohgebärden: lauernd und geduckt wie ein Raubtier heranschleichen, anstarren, dann die Schnauze über den Rücken oder die Schnauze des anderen Hundes legen, tiefes Knurren, dem anderen den Weg versperren, anrempeln, aufreiten, den anderen auf den Rücken werfen, sich darüber stellen oder drauflegen. »Dominant und machtbewußt« heißt nicht automatisch »gelassen und souverän«. Vor allem unausgeglichene, unbeherrschte Hunde können solche Züge haben. Dominant sind Hunde, weil sie starke Persönlichkeiten sind und stets auffallen. Die ausgeglichenen unter ihnen haben es meist nicht nötig, sich mit Streitereien abzugeben. Sie drücken ihren Status durch ihre Körperhaltung aus und ignorieren die meisten Hunde. Die Selbstbewußten pinkeln häufig möglichst hoch. Andere Hunde sollen dadurch den Eindruck gewinnen, sie seien sehr groß. Rüden der kleineren Rassen heben zu diesem Zweck manchmal beide Hinterbeine, und selbst Hündinnen heben bisweilen wie Rüden das Bein. Rüden markieren besonders häufig, um ihr Revier so weit wie möglich auszudehnen. Nach dem Geschäft scharren sie protzend mit den Hinterbeinen, eine Geste, die auch Hündinnen beherrschen. Man vermutet, daß die Hunde auf diese Weise den Radius ihrer Geruchsmarken erweitern und wie Bären Kratzmarken setzen, um imposant zu wirken. Durchsetzungsfähige Hunde sind autoritär und beanspruchen alle Rechte des Stärkeren. Unterlegenere Hunde müssen sie respektieren und ihnen den Vortritt lassen, vor allem wenn es um Futter, Ruheplätze oder »Liebesangelegenheiten« geht. Dominante Hunde bevorzugen meist höher gelegene Schlafstellen, zum Beispiel Sofas, Sessel oder breite Treppenstufen.

Hunde mit einem solchen Machtbewußtsein versuchen auch in ihrer sozialen Gruppe der Menschen die Führung zu übernehmen. Sie tun das äußerst dezent, so daß ihr Verhalten ahnungslosen Haltern häufig zunächst nicht weiter auffällt. Ihre Dominanz ist nicht an einer einzigen Verhaltensweise, sondern an mehreren zugleich festzumachen. So ist ein Hund, der gerne auf dem Sofa liegt, nicht unbedingt dominant. Er ist es erst, wenn er seinen Halter beispielsweise daran hindert, ihn von seinem Platz zu holen, oder wenn er auch in anderen Situationen seinen Willen durchsetzt. Was zunächst harmlos wirkt, kann sich rasch zu erheblichem Ärger, wenn nicht sogar zu einer Gefahr entwickeln. Dominante Hunde, die ihre Halter nicht respektieren, legen sich nur widerwillig oder gar nicht ins »Platz!«. Sie kommen nicht, wenn sie gerufen werden, folgen überhaupt nur ungern und widersetzen sich vor allem in entscheidenden Momenten. Stets behalten sie das letzte Wort. Sie nehmen sich alle möglichen Freiheiten heraus, jagen und wildern. Bestrafungen durch Schütteln am Nackenfell schütteln sie sofort verächtlich ab. Eine Unterwerfung durch das Drehen auf den Rücken lassen sie nicht zu oder nehmen es zum Anlaß, ihrerseits durch Knurren oder Zähnefletschen zu drohen. Sie starren ihre Halter herausfordernd an, bauen sich mit steifer Figur vor ihnen auf, knurren, fletschen die Zähne, schnappen oder beißen sogar. Sie lassen sich häufig nicht am Halsband anfassen und greifen mit dem Fang über die Hand ihrer Halter.

Und wehe, es nimmt ihnen jemand ihr Futter oder ihren Knochen weg! Dominante Hunde nehmen ihre Halter manchmal »in Beschlag«, indem sie sie anpinkeln. Natürlich sind sie es, die beim Rausgehen als erste durch die Haustür toben, und am liebsten verpflanzen sie sich an Stellen, von denen aus sie das häusliche Treiben am besten kontrollieren können. Die von ihnen okkupierten Schlafplätze auf Sofas, Sesseln, Betten und erhöhten Treppenstufen lassen sie sich von Niemandem nehmen. Beim Ausgehen ziehen Sie an der Leine, bestimmen die Laufrichtung und entscheiden selbst, wie lange sie an einer bestimmten Stelle verweilen. Auf Spaziergängen mit der Familie halten sie das »Rudel« zusammen, indem sie immer wieder kontrollierend um dessen Mitglieder herumlaufen und Nachzügler »eintreiben«. Sie haben einen unkontrollierten Schutztrieb und belästigen Besucher, die sie grundsätzlich als erste begrüßen. Sie springen jeden an – im Jugendalter eine Geste von Unterwürfigkeit, die sich bei diesen Hunden zu einer Dominanzgeste entwickelt: Er kontrolliert, wenn auch auf noch so freundliche Weise, die Bewegungsfreiheit der Gäste. In besonders extremen Fällen verbieten Hunde Besuchern den Zutritt zum Haus, während ihre Halter hilflos daneben stehen. Dominante Hunde neigen auch dazu, Gäste körperlich zu bedrängen, mitunter sogar aufzureiten. Sie ignorieren die Anweisung, an ihrem Platz zu bleiben, stehen immer wieder auf, um Kontakt aufzunehmen, lecken den Anwesenden wiederholt, hastig, fast wie besessen, die Hände, ringen um Anerkennung und Aufmerksamkeit. Sie stellen sicher, daß ihre Anwesenheit zur Kenntnis genommen und keinesfalls vergessen wird. Überhaupt wissen sie, wie sie ihre Halter auf Trab halten können. Einige Hunde stören regelmäßig den gemütlichen Fernsehabend oder Telephongespräche durch penetrantes Bellen. Sie verstehen es zudem, zu jeder Zeit Streicheleinheiten einzufordern. Hartnäckig, aber charmant, bleiben sie neben ihren Besitzern stehen, stupsen sie mit der Nase an, legen den Kopf bettelnd auf die Tischplatte – solange, bis jene nachgeben. Unverblümt oder dezent (die Halter merken es kaum) beherrschen sehr dominante Hunde die Menschen in ihrer unmittelbaren Umgebung. Sie bellen aufsässig, wenn sie nach draußen oder in ein bestimmtes Zimmer wollen. Sie entscheiden, wann sie Lust zum Spielen haben, und fordern ihre Halter unmißverständlich dazu auf – deren Spielaufforderungen ignorieren sie dagegen. Sie bestimmen, was sie fressen wollen und stehlen häufig Nahrungsmittel aus der Küche. Sie verweigern unerwünschtes Fressen hartnäckig so lange, bis ihre Halter die besten Leckereien rausrücken. Sie beherrschen überdies die Kunst der Ablenkung: Anstatt einer Aufforderung Folge zu leisten, legen sie sich verspielt auf den Rücken, schleppen Spielzeuge an, springen am Halter hoch, geben Pfötchen oder denken sich andere herzerweichende Manöver aus: Kurz, sie tun alles andere als das, was man von ihnen verlangt.

Dominante Hunde sind oft gute Schauspieler. Ein nicht ungewöhnlicher Trick ist, den Kranken oder Hilflosen zu spielen. Es gibt Hunde, die wissen, wie herrlich man verwöhnt wird, wenn man einen Splitter in der Pfote hat, und deshalb beginnen sie immer gerade dann zu humpeln, wenn sie etwas tun sollen, wozu sie keine Lust haben.

Dominante Hunde benehmen sich mitunter auch unterwürfig, wenn sie zu neuen Haltern kommen. Sie lecken den noch fremden Familienmitgliedern die Hand, sind äußerst freundlich und werfen sich hingebungsvoll auf den Rücken, um sich den Bauch kraulen zu lassen. Geschickt schmeicheln sie sich auf diese Weise bei ihren neuen Bezugspersonen ein. Diese erwidern das Gebaren des Neuankömmlings und behandeln ihn rücksichtsvoll, zuvorkommend und nachgiebig. Hunde, die sich unterwürfig geben, erreichen oft eher, was sie wollen, als solche, die zu dreist sind. Der Dominante benimmt sich allerdings nur so lange angepaßt, bis er in aller Ruhe seine neue Umgebung erkundet hat und sich sicher fühlt. Er macht sich sozusagen zunächst mit den Stärken und Schwächen der Menschen und Tiere in seiner Umgebung vertraut, bevor er schließlich auftrumpft. Klammheimlich verschafft er sich in seiner neuen sozialen Gruppe einen hohen Rang, den er alsbald auskostet und verteidigt. Meist dauert es Wochen bis seine Halter merken, daß sie buchstäblich einen »Wolf im Schafspelz« erworben haben. »Ein Hund braucht nur ungefähr zwei Tage, um sich an seine neue Umgebung zu gewöhnen und 14 Tage, um irgendeine Schwäche innerhalb dieser Umgebung zur Verbesserung seines Ranges zu nutzen«, schreibt der Verhaltenstherapeut John Fisher. »Menschen brauchen normalerweise etwa einen Monat, um sich mit ihrem neuen Hund zu arrangieren und seine Eigenarten kennenzulernen. Bis dahin ist es zu spät: Der Hund hat Sie um gut zwei Wochen geschlagen« (Fisher: Why Does My Dog…?).

Selbstbewußte Hunde sind Führungspersönlichkeiten, die rasch die Oberhand gewinnen, wenn man sie läßt. Ihre Dominanz kann angeboren und anerzogen sein. Während sie sich manchen überlegen fühlen, fügen sie sich aber auch der Autorität von anderen. Dominant ist der Hund in der Position, die er innerhalb seiner sozialen Gruppe einnimmt. Sind dominante Hunde auf den Geschmack gekommen und haben die Vorzüge einer Machtposition erst einmal ausgekostet, geben sie diese Stellung nur ungerne wieder auf und versuchen, bei einer »Zurückversetzung« stets, »auf der Karriereleiter wieder aufzurücken«. Sie sind meist nur etwas für erfahrene Hundehalter oder für Menschen, die bereit sind, sich intensiv mit dem Verhalten ihres Hundes auseinanderzusetzen.

Falls Sie einen selbstbewußten Hund mit ausgeprägtem Machtstreben haben, sollten Sie ihm mit standhafter Konsequenz und Entschiedenheit begegnen. Sie brauchen ein waches Auge, um jede Geste Ihres Hundes richtig zu interpretieren und gegebenenfalls rasch reagieren zu können. Das fordert viel Kraft und

Durchhaltevermögen. Selbstverständlich sollte es auch bei der anspruchsvollen und anstrengenden Erziehung selbstbewußter Hunde an Zuneigung und Freundlichkeit nicht mangeln. Beschäftigen Sie Ihren Hund angemessen und verschaffen Sie ihm genügend Auslauf, so daß er seine Energie abarbeiten kann. Bei besonders schwierigen und hyperaktiven Hunden ist es eventuell empfehlenswert, auf proteinarme Nahrung umzustellen. Lassen Sie sich hier von Ihrem Tierarzt beraten. Trainieren Sie regelmäßig und ausgiebig mit Ihrem Hund. Im Kapitel »Korrekturen« (→ S. 336 ff.) finden Sie einige Hinweise, wie Sie fehlerhaftes Verhalten korrigieren können. Analysieren Sie aber vor allem auch selbstkritisch die Beziehung zu Ihrem Hund: Sind Sie hin und wieder inkonsequent und zu nachgiebig? Überprüfen Sie anhand des Kapitels »So lernt Ihr Hund, Sie zu respektieren« (→ S. 266 ff.), ob und welche Fehler Sie vielleicht machen.

Als weiterführende Übungen empfehlen sich auch folgende Tricks, die Sie allerdings *nicht bei Hunden mit einer Neigung zu Aggressivität* anwenden sollten: Legen Sie Ihren Hund unangeleint ins »Platz!«, und entfernen Sie sich einige Schritte. Sehen Sie ihn an und rennen Sie dann unvermittelt mit erhobenen Armen auf ihn zu. Bei ihm angekommen, bewegen Sie die Arme von oben nach unten dicht über ihm, während Sie Ihren Oberkörper über ihn beugen. Loben Sie ihn, wenn er Ihre mächtige Geste ruhig hinnimmt. Springt er beiseite, wiederholen Sie die Übung, bis er liegen bleibt. Versucht er allerdings, nach Ihnen zu schnappen, so schütteln Sie ihn am Nacken oder drehen Sie ihn strafend auf den Rücken, (lesen Sie dazu bitte das Kapitel »Konditionierung, Korrektur, Belohnung und Strafe«, S. 282 ff.), und wiederholen Sie dann die Übung. Brechen Sie sie jedoch ab, wenn Sie den Eindruck haben, die Situation eskaliert, und verschieben Sie sie auf einen späteren Zeitpunkt. Legen Sie Ihren Hund außerdem gelegentlich an die Leine und lassen Sie ihn sitzen oder liegen. Gehen Sie nun auf ihn zu und greifen Sie sanft mit Ihrer Hand um seine Schnauze. Dann treten Sie kurz zurück und wiederholen die Übung. Sehen Sie dem Hund zudem mindestens einmal täglich solange in die Augen, bis er unterlegen wegsieht. Weicht er Ihrem Blick sofort aus, zwingen Sie ihn zum Augenkontakt, indem Sie seinen Kopf zu sich drehen.

Aggressive Hunde

Sie beherrschen meist das gesamte Repertoire ihrer dominanten oder extrem ängstlichen Artgenossen. Aggressive Hunde sind leicht reizbar und sehr angriffslustig. Ihre Körperhaltung ist imposant und drohend: Die Rute ist steif und erhoben, der Körper zittert vor Anspannung, die Nackenhaare sind hochgestellt, die Augen sind weit aufgerissen und zeigen viel Weiß. Aggressive Hunde starren ihr Gegenüber provozierend an, fletschen die Zähne, kräuseln den Nasenrücken, knurren, bellen warnend, schnappen und beißen. Sie sind entweder eigenwillig und machtbewußt oder sehr ängstlich. Sie haben ein ausgeprägtes Territorialverhalten und verteidigen ihr Revier offensiv. Manche sind grundsätzlich aggressiv gestimmt, andere nur in bestimmten Situationen und bei bestimmten Auslösern wie zum Beispiel Männern mit Bärten, schwarzen Hunden oder Kindern in einem bestimmten Alter.

Aggressive Hunde haben – sofern ihre Veranlagung nicht genetisch bedingt ist – in der Jugend meist schlechte Erfahrungen gemacht. Sie wurden falsch geprägt, zu brutal (Feddersen-Petersen: »Aggressionsdressur«) oder zu nachgiebig erzogen. Oft ist es eine Kombination von mehreren Faktoren. Diese Hunde stehen unter Streß, sei es aufgrund eines zu großen Drucks seitens ihrer Halter oder wegen falscher Haltungsbedingungen (zum Beispiel zu wenig Auslauf, Frustration als Ketten- oder Zwingerhund). Ursache ihres Verhaltens können jedoch auch organische und hormonelle Störungen sein, die ihre Reizschwelle stark herabsenken. Bei Rüden mit einem ausgeprägten Sexualtrieb kann die Kastration das aggressive Verhalten lindern, sie behebt das Problem aber nicht. Aggressive Hunde müssen von Könnern geführt werden und brauchen eine starke, souveräne Hand. Man sollte es bei ihnen nie auf eine Machtprobe ankommen lassen. Konflikte sollten vom Halter soweit möglich von vornherein vermieden werden.»Kommt es doch zu Drohverhalten seitens des Hundes, muß jede Gegendrohung, zum Beispiel durch Schimpfen, vermieden werden, um eine Eskalation zu verhindern. Durch sofortiges Abwenden vom Hund und anschließendes kurzfristiges Ignorieren des Tieres wird der Drohung jede Grundlage entzogen, Überlegenheit demonstriert und jegliche unbewußte Verstärkung des aggressiven Verhaltens vermieden. Der kurzfristige Kontaktabbruch ist für das Sozialwesen Hund eine eindeutige und wirksame Maßnahme, um ein Fehlverhalten deutlich zu machen und zu bestrafen« (Bernauer-Münz, Quandt: Problemverhalten). Wer aggressiven Hunden nicht Herr wird, lebt gefährlich und gefährdet Dritte. Es ist für Halter solcher Hunde deshalb empfehlenswert, sich Rat und Unterstützung bei kompetenten Fachleuten zu suchen, zumal die Beziehung meist bereits nachhaltig gestört ist und eine Vertrauensbasis mit Hilfe Außenstehender wieder aufgebaut werden muß. Aggressive Hunde müssen an die Quelle ihres übersteigerten Fehlverhaltens herangeführt und dabei korrigiert werden. Falls keine tiefgreifende oder angeborene Verhaltensstörung vorliegt, können selbst diese Hunde unter Umständen wieder zu freundlichen Begleitern umerzogen werden.

Verhaltensstörungen

»Aufsässig, wildert, geht auf Fremde und Rüden los«, ist auf dem Schild am Tierheimzwinger über den Schäferhundmischling zu lesen. Viele Hunde im Tierheim sind dort, weil sie sich unerwünscht verhielten und ihren Besitzern über den Kopf wuchsen. Paßt sich ein Hund an seine Umwelt nicht an, heißt es rasch, er sei verhaltensgestört oder gemeingefährlich. Diese Formulierungen schaffen Abstand und machen es dem jeweiligen Halter leichter, sich umgehend von seinem Tier zu trennen. Über die Ursachen des Fehlverhaltens eines Hundes wird häufig nicht nachgedacht, und vielleicht ist die Angst vor dem eigenen Tier manchmal auch schon zu groß. Die Mehrheit dieser Hunde ist jedoch nicht verhaltensgestört: Sie reagieren lediglich auf Impulse aus ihrer Umgebung und benehmen sich nicht so, wie ihre Halter es erwarten. Viele schwierige Hunde »weisen eigentlich nur eine extreme Ausprägung des Normalverhaltens auf« (Dodman: Wer ist hier der Boss?). Der als »verstört« dargestellte Hund ist häufig nur ein Störenfried, der falsch gehalten oder vernachlässigt wurde. Meistens ist er selbst unglücklich. Mag sein, daß er sich wild und ungestüm gebärdet, furchtbar an der Leine zieht, häufig mit anderen Hunden rauft, enervierend bellt, regelmäßig ausreißt oder einfach nur nicht gehorcht. Meistens ist er aber nicht richtig erzogen worden und die Beziehung zu seinem Halter ist gestört.

Die meisten Problemfälle lassen sich durch die richtige Erziehung und Haltung vollständig oder zumindest teilweise lösen, es sei denn, der Störung liegt ein genetischer Defekt oder eine falsche Jugendprägung zugrunde. Neben vielen Hundehaltern, die ihren Hund meist aus Unfähigkeit, mit ihm umzugehen, an andere abgeben oder in ein Tierheim abschieben, gibt es auch viele, die keine Mühen oder Kosten scheuen, um das Verhalten ihrer Vierbeiner zu ändern und angenehme Begleiter aus ihnen zu machen. Schon die Auseinandersetzung mit dem Problem hilft weiter: »Mit dem Verständnis für die Situation ist schon viel gewonnen. Erklärbares Verhalten belastet die Beziehung von Hund und Mensch gleich viel weniger« (Bernauer-Münz, Quandt: Problemverhalten).

Es ist nicht zu übersehen, daß die Zahl schwieriger Hunde zunimmt. Indizien für diese Entwicklung sind unter anderem eine Fülle neuer Literatur über den Umgang mit schwierigen Hunden, Artikel in Fachzeitschriften und vollauf beschäftigte Verhaltenstherapeuten für Tiere (s. a. »Warum es immer mehr Probleme mit Hunden gibt«, S. 41). Die Grenze zwischen problematischem und gestörtem Verhalten ist fließend: Leckt ein Hund sich immerzu die eigenen Glieder, ist das zunächst nur problematisch. Eine physische Erkrankung (zum Beispiel juckender Fellwechsel) oder streßerzeugende Faktoren können dieser Störung zugrunde liegen. Abhilfe ist relativ unkompliziert möglich. Wird das Lecken allerdings zur zwanghaften Gewohnheit, mit der Folge, daß der Hund Haut und Gewebe seiner Gliedmaßnahmen bis auf die Knochen zerstört, muß man von einer Verhaltensstörung sprechen. Jagt ein Hund auf heimischem Terrain einer Fährte oder einem Hasen hinterher, ist er nur schlecht erzogen. Tut er dasselbe aber ohne unmittelbaren Anlaß in fremder Umgebung, um vielleicht irgendwann auf eine Fährte oder einen Hasen zu stoßen, ist er verhaltensgestört: Eine intakte Beziehung zum Menschen besteht nicht, denn er löst sich widernatürlich von seiner sozialen Gruppe, um allein wildern zu gehen. Er ist in seiner Prägungsphase wahrscheinlich mangelhaft sozialisiert worden. Ein gesunder Hund würde seine Bezugsperson nie ohne direkten Anlaß verlassen, selbst wenn der Halter ihn mißhandelt und ihm angst macht.

Entscheidend bei der Beurteilung einer auffälligen Verhaltensweise ist nicht zuletzt, ob das Verhalten des Hundes eine erhebliche Lebenseinschränkung für ihn selbst und für die Menschen
in seiner Umgebung bedeutet. Denn mit manchen schwierigen
Hunden, wie zum Beispiel leicht erregbaren, nervösen, milde
hysterischen oder häufig kränkelnden (überwiegend ein Ergebnis mangelhafter Zucht), läßt es sich bei richtiger Erziehung
häufig ganz gut leben. Schwieriger wird es hingegen bei ex-
tremeren Formen unnatürlichen Verhaltens: Wenn Hunde bis
zur Erschöpfung ihrem eigenen Schatten, Lichtreflexen oder
Phantomen hinterherjagen, sich non-stop im Kreis drehen, bei
Gewitter und anderen lauten Geräuschen regelmäßig schwere
Anfälle bekommen oder ungehemmt sich selbst oder andere
beißen. Problematisch sind auch Hunde, die eine panische
Angst vor Menschen, Artgenossen oder bestimmten Objekten
haben oder plötzlich und scheinbar unheilbar wieder stuben-
unrein sind. Solche und andere Fälle schildert Nicholas Dodman in seinem Buch ›Wer ist hier der Boss?‹. Der amerikanische Pharmakologe und Verhaltenskundler behandelt seine
»Patienten« verhaltenstherapeutisch in Verbindung mit Anti-
depressiva und Beruhigungsmitteln. So befremdend das auf ersten Blick wirken mag, einem überaus gestörten Hund kann
dadurch häufig geholfen und die Gefahr, die von ihm ausgeht,
eingedämmt werden. Eine medikamentöse Behandlung darf
aber nur von einer entsprechenden Fachperson, einem Tierarzt
oder Pharmakologen durchgeführt werden, da eine unsach-
gemäße Verabreichung von Psychopharmaka für den Hund
lebensgefährlich werden kann. Die Ethologin Dorit Feddersen-Petersen weist darauf hin, daß die Wirkungen und Nebenwirkungen von Chemotherapien noch nicht befriedigend erforscht sind und erhebliche Zweifel an der Übertragbarkeit
menschlicher psychiatrischer Syndrome auf Hunde bestehen.

»Als Verhaltensstörung bezeichnet man wiederholt auftretende, also chronisch veränderte Verhaltensweisen oder Reaktionen auf Umwelteinflüsse, die unzweckmäßig und unangemessen erscheinen und die Adaption (= Anpassungsfähigkeit) der Tiere an ihre Umwelt beeinträchtigt« (Feddersen-Petersen: Hundepsychologie). In anderen Worten, wenn Hunde auffällig häufig unverhältnismäßig auf Situationen reagieren und beispielsweise sich selbst, ihre Artgenossen, Menschen oder andere Tiere dauerhaft gefährden oder sogar lebensbedrohlich schädigen, sind sie als gestört einzustufen. Die Ursachen drastisch normalabweichenden Verhaltens sind vor allem genetische Fehlentwicklungen, schlechte Aufzucht, artwidrige Haltung und nicht zuletzt auch Mißhandlungen. Häufig liegt einer Störung eine Fehlentwicklung in der Prägungsphase zugrunde: Die Hunde haben in diesem Zeitabschnitt gar keine oder schlechte Erfahrungen mit der Umwelt gemacht oder Menschen und Tiere nicht ausreichend kennengelernt. In den meisten Fällen jedoch sind »Verhaltensabweichungen auf problematische Mensch-Tier-Beziehungen zurückzuführen«, auf »ganz unmerklich gewachsene Kommunikationsprobleme«, die dann »plötzlich aufzutreten scheinen« (Feddersen-Petersen: Verhaltensstörungen beim Hund). Erbbedingte Schäden lassen sich im allgemeinen nicht beheben, und auch Fehlentwicklungen in den entscheidenden Prägungsphasen eines Junghundes führen mitunter zu Verhaltensweisen, die sich im nachhinein nur teilweise korrigieren lassen. Viele Störungen im Verhalten eines Hundes entstehen durch traumatische Erlebnisse in der Vergangenheit oder durch streßerzeugende, überfordernde Umwelteinflüsse: In diesen Fällen hat man oft gute Chancen, den Hund zu desensibilisieren, indem man ihn äußerst langsam an das Objekt seiner Angst heranführt und ihn somit von seinem Trauma heilt. Falls Sie einen Hund mit offensichtlich gestörtem Verhalten haben – zum Beispiel starker Aggression, panischer Angst oder zwangsneurotischem Verhalten – sollten Sie zunächst ausschließen, daß körperliche Erkrankungen schuld daran sind. Krankhaftes Verhalten läßt sich nie kategorisch über einen Kamm scheren, sondern bedarf individueller Beobachtung, Analyse und gegebenenfalls gezielter Behandlung. In jedem Fall ist es notwendig, einen Tierarzt und Verhaltenstherapeuten zu konsultieren.

Auf einem ganz anderen Blatt der Verhaltensstörung stehen die sogenannten »Kampfhunde«. In der Öffentlichkeit als »Kampfhunde« stigmatisiert, sind vor allem die Bullterrier und molossoiden Rassen wie etwa der American Staffordshire Terrier, der American Pit Bull Terrier, der Staffordshire Bullterrier, der Fila Brasileiro oder Dogo Argentino. Einige Bundesländer und Kommunen haben gesetzliche Bestimmungen zur Haltung von »Kampfhunden« oder gefährlichen Hunden erlassen. Dazu zählen teilweise auch exotische Rassen, die kaum je einer gesehen hat, oder Rassen, die nie besonders auffällig geworden sind – eine willkürliche Auswahl, die auf Unkenntnis des Gesetzgebers schließen läßt. In manchen Gemeinden müssen Halter sogar eine »Kampfhunde«-Sondersteuer zahlen. In England und den Niederlanden dürfen Hunde des Bullterrier-Typs nicht mehr gezüchtet, verkauft oder getauscht werden. In England wurde 1991 ein entsprechendes Gesetz, der »Dangerous Dogs Act«, erlassen. Dort müssen die Hunde kastriert, tätowiert und bei den Behörden registriert werden. Sie dürfen nur angeleint und mit Maulkorb ausgeführt werden, und wenn sie einmal auffällig geworden sind, werden sie umgehend eingeschläfert; da kann es schon reichen, daß ein Hund unangeleint vor seinem Zuhause gesehen wurde.

»›Kampfhund‹ ist ein populistischer Begriff, der soziologisch vieles und biologisch wenig aussagt, jedenfalls nicht das, was er zu suggerieren scheint« (Feddersen-Petersen, in: VDH: Kampfhunde?). Schuld daran, daß allenthalben von Kampfhunden die

Rede ist und daß vor allem die bullterrierähnlichen Hunde in Verruf geraten sind, ist vor allem jene wachsende Zahl von Hundehaltern, die sich bewußt scharf gezüchtete Hunde der genannten Rasse anschafft und sie mit den schauderhaftesten Mitteln als Kampfhunde abrichtet, um sie als lebende Waffe im Alltag oder im Kampfring einzusetzen – ungeachtet der Tatsache, daß Hundekämpfe hierzulande illegal sind.

Jene sogenannten »Kampfhunde«, die in den letzten Jahren in Verruf geraten sind, sind nicht grundsätzlich aggressiv. Sie sind noch nicht einmal besonders dominant. Die meisten von ihnen sind auch genetisch nicht krank. Mehrere Gutachten von namhaften Experten haben ergeben, »daß es weder aus naturwissenschaftlicher noch aus juristischer Sicht wissenschaftlich haltbar ist, sämtliche Exemplare der als »Kampfhunde« stigmatisierten Hunderassen von vornherein als gesteigert aggressiv oder gefährlich einzustufen« (VDH: Kampfhunde?). Gefährlich sind nur die Hunde innerhalb einer Rasse, die durch Zucht, Haltung und Drill widernatürlich aggressiv gemacht worden sind. Sie sind in der Tat verhaltensgestört. In der Erregung des Kampfes verspüren sie keinen Schmerz mehr, sie ignorieren die Unterwerfungsrituale von Artgenossen und kennen keine Tötungshemmung.

Diese Methode der psychischen Zerstörung von Hunden läßt sich prinzipiell bei jedem Hund wehrhaften Typs anwenden. Als gefährlich einzustufen ist jeder Hund, der einmal auffällig geworden ist, das kann sogar ein bissiger Dackel oder ein Boxer sein. Ein Bullterrier aus guter Zucht ist bei natürlicher Haltung genauso friedlich wie ein gutveranlagter Pudel oder Retriever. Dasselbe gilt für die häufig als Beißer verschrienen Schäferhunde oder Rottweiler. Eine Lösung des Problems »Kampfhund« liegt noch in weiter Ferne, zumal es sich hier um ein gesellschaftliches Problem handelt. Unterdessen wird in der Öffentlichkeit über diese Thematik heftig weitergestritten.

Ein fachunkundiger und unsachlicher Umgang mit der Thematik führt ebenso wenig weiter, wie simplistische Beschönigungen und Verharmlosungen. Letztendlich sagt das Ausmaß der gegenseitigen Beschuldigungen und hysterischen Reaktionen beim Thema gefährliche Hunde mehr über die Menschen als über die betroffenen Hunde aus.

Der Hund als Schatten der Seele:
Bemerkungen über Hundehalter

Nero
In den Augen meines Hundes
Liegt mein ganzes Glück,
All mein Innres, Krankes, Wundes
Heilt in seinem Blick.

Friederike Kempner

Kein Hund läßt sich völlig losgelöst von seiner Bezugsperson beurteilen, deren Einfluß für die Entwicklung des Tieres maßgeblich ist. Der Charakter des Menschen ist für den individuellen Umgang mit dem Hund und für dessen Verhalten mitbestimmend. Deshalb kann in einem Hundebuch nicht allein von Hunden die Rede sein. Es ist wichtig, auf einige psychologische Faktoren der Mensch-Tier-Beziehung hinzuweisen und die Rolle des Hundehalters zu beleuchten. Die in diesem Buch über diesen Aspekt gemachten Bemerkungen beruhen, sofern nicht auf die wenigen vorhandenen Quellen zu diesem Thema Bezug genommen wird, nicht auf wissenschaftlichen Untersuchungen. Sie sind das Ergebnis intensiver Beobachtungen, Recherchen und Erfahrungen, die die Autorinnen in Hundekreisen gemacht haben. Sie beschreiben einzelne Beispiele, oft extreme Varianten eines vielschichtigen Erscheinungsbilds, das in vielen Abstufungen auftritt. Sie sollen provozieren, aufmerksam machen und zum Nachdenken anregen. Denn Menschen und ihre Hunde bilden eine Beziehung, die oft nicht minder kompliziert ist als die zwischen zwei Menschen – und doch viel transparenter: Was der Halter sich im zwischenmenschlichen Bereich häufig nicht traut, läßt er in der Beziehung zu seinem Hund geschehen. Ohne Vorbehalt und Hemmung handelt er direkt, eindeutig, ja ganz einfach un-»verschämt«. Bindung, Verbindlichkeit, intensive Nähe, vertrauensvolle Hingabe, zärtliche Liebkosung, distanzlose Vereinnahmung, totale Kontrolle, Herrschsucht, kalte Ablehnung, verantwortungslose Gleichgültigkeit, brutale Mißhandlung – für jegliche Form des Umgangs stellt der Hund sich wehrlos, treu ergeben, zur Verfügung.

Hunde sind eine Projektionsfläche für menschliche Emotionen. Im Kontakt mit seinem Hund zeigt der Mensch häufig seinen wahren Charakter. Mitunter ist der Hund, auf den er oft seine Stimmungen überträgt, sogar sein Spiegelbild. Ängstliche Halter haben nicht selten unsichere Hunde, und auch aggressive übertragen ihre Wut auf ihren vierbeinigen Begleiter. Unzufriedene oder gestreßte Menschen haben häufig nervöse, unausgeglichene Hunde, die Depressiven, Unglücklichen mitunter bedrückte, introvertierte. Die meisten Hundeliebhaber suchen sich intuitiv einen Hund, der zu ihnen paßt und machen ihn bewußt oder unbewußt zu dem Begleiter, den sie brauchen. Wer unabhängig und eigenverantwortlich ist, wird sich einen Hund anschaffen, der diesen Vorstellungen entspricht, und er wird ihn entsprechend beeinflußen und prägen. Menschen, die Freundschaften nur mit selbstbewußten, selbstbestimmten Menschen ertragen können, werden sich meist eher mit einem dominanten, eigenwilligen Hund umgeben. Ein unterwürfiger wäre für sie keine Herausforderung, er könnte sie langweilen. Wer innerlich unfrei ist, wird sich ebenfalls einen passenden Hundepartner ins Haus holen und ihn in die gewünschte Richtung »trimmen«. Auf der Suche nach Freiheit, Naturverbundenheit und Unendlichkeit schaffen sich viele Menschen wolfsähnliche Hunde, wie etwa Huskys oder Alaskan Malamutes an.

»Was ist schon ein Hund? Nichts weiter als ein Gegenmittel für einen Minderwertigkeitskomplex«, soll der Komiker W. C. Fields gesagt haben. Das Bedürfnis eines Halters kann sein, seine ganze Existenz auf den Hund einzustellen, ihm untertan jeden vermeintlichen Wunsch von den Lippen abzulesen. Es gibt Menschen, die sich mit Haut und Haaren von ihren Hunden dominieren lassen. Die Vierbeiner terrorisieren sie, nutzen jede ihrer Schwächen gnadenlos aus, ja bestimmen sogar über die häuslichen Abläufe, die Sozialkontakte. Vielleicht wollen solche Halter unbewußt fremdbestimmt sein; vielleicht fühlen sie sich durch einen Sorgenhund besonders gebraucht. Und wer seinen Hund auf dem Weg in die Ferien aussetzt oder ihn mit fadenscheinigen Behauptungen ins Tierheim abschiebt, aus welchen Gründen auch immer, der entblößt seine beschränkte Beziehungs- und Bindungsfähigkeit und seinen Mangel an Verantwortungsbewußtsein.

Die Beziehung zum Tier, sagt Jürgen Körner (›Bruder Hund‹), zeige »die Sehnsucht des Menschen nach seiner verlorenen ›Natürlichkeit‹«, nach dem Paradies. Das beschauliche Leben der Tiere nähre in uns die irrige Illusion, selbst einmal frei von Zielen, Absichten und dem Zwang zur Vernunft sein zu können. In der Tat leben wir in einer von der Natur entfremdeten, hochzivilisierten und überrationalen Welt, in der Haustiere oft einen höheren Stellenwert als Menschen haben. Durch und durch vermenschlicht, werden sie als Partner-, Kinder- und Freundesersatz mißbraucht. Hunde werden zum Friseur geschleppt, in Kleider gesteckt, mit Pralinen gefüttert, in der Limousine chauffiert, bekocht und behäkelt. Menschen, die ihre Hunde auf diese Weise instrumentalisieren, sind besonders geneigt, in ihren Liebling Gefühle hineinzuinterpretieren, die er gar nicht hat – und die in Wirklichkeit ihre eigenen sind. Sie beurteilen das Verhalten des Hundes nach rein menschlichen Maßstäben, was zwangsläufig zu Mißverständnissen führen muß. Diese Menschen sind überzeugt, ihr Hund verstehe sie, Wort für Wort. Die üppigen Grabmale auf einem Tierfriedhof dokumentieren die Inbrunst, mit der Halter ihre Tiere lieben, legen Zeugnis ab von der Qualität der Beziehung: »Hier ruht Bubu. Du warst unser ein und alles« oder »Unserem treuen Rex zum Andenken«. In marmorne Grabsteine gemeißelte Bilder und Inschriften, Photos, Kerzen und Blumensträuße schmücken die Ruhestätte des einstigen Begleiters. Seine früheren Besitzer, die regelmäßig an das Grab ihrer Tiere pilgern, empfinden freilich aufrichtigen, tiefen Kummer.

Der Hund ist jeglicher Form des Zusammenseins und der Beziehung dienlich, ob als Zentrum oder Katalysator menschlicher Eigenarten oder als Spiegel der Seele und der geheimsten Träume und Wünsche. »Tierliebe«, meint Körner, »ist nur ein Umweg zu uns selbst«. Eine Beziehung bedeutet, emotional aufeinander zu reagieren, zu kommunizieren und Kontinuität mit dem anderen zu erleben. Der Hund reagiert auf die Handlungen seines Halters unverfälscht, er begegnet ihm schwanzwedelnd, aufmerksam und anhänglich. Treu ist er sogar noch, wenn er geschlagen wird. Hier hat der Mensch die denkbar größte Macht, eine Beziehung nach seinen Vorstellungen zu gestalten. Am Hund kann er seine Bedürfnisse ausagieren, und wenn sie sich mit denen des Hundes nicht decken, so muß der Hund seine Bedürfnisse eben zurückstecken oder sogar aufgeben. Manche Menschen prägen ihre Hunde so ausschließlich auf sich und ihren individuellen Lebensstil, daß jene sich in einer anderen Umgebung unter anderen Lebensverhältnissen nicht zurechtfinden würden. Soviel Einfluß ließe sich freilich auch über Menschen gewinnen – doch die könnten sich eines Tages umdrehen und gehen. Selbst die eigenen Kinder, ihren allmächtigen Eltern im Guten wie im Schlechten ganz und gar ausgeliefert, werden im Verlauf einer normalen Entwicklung autonom; sie entfalten und verändern sich emotional, kognitiv und sozial – und verlassen schließlich das Haus.

Der Entwicklung des Hundes sind biologische Grenzen gesetzt. Die Beziehung zu seinen Haltern bleibt auf demselben Niveau. Er ist sozusagen das »ewige Kind«. Ein richtig erzogener und gut gehaltener Hund hinterfragt die Rolle seiner Menschen nicht. Er akzeptiert sie vielmehr als festen Bestandteil seines sozialen Umfelds und geht mit ihnen durch Dick und Dünn. Sie sind für ihn ständige Begleiter. Sie geben ihm Führung und Struktur, ernähren und streicheln ihn. Er muß sich von ihnen nicht abgrenzen und loslösen, er stellt keine lästigen Fragen und äußert keine Kritik. Vielmehr braucht er sie und ist bis an sein Lebensende von ihnen abhängig. Seine Liebe ist bedingungslos und unerschütterlich.

Die Beziehung zum Hund bedeutet Verbindlichkeit und Intensität. Die Angst vor den Bedürfnissen, Wünschen und Gefühlen des Gegenübers sei beim Hund anders als bei den Mitmenschen gebändigt, sagt die Psychologin Susanne Beischer. Tatsächlich finden sich in Biographien von Tierhaltern »immer wieder traumatische Erlebnisse von Trennung und Verrat bereits im frühen Kindesalter«, schreibt die Psychologin und Psychotherapeutin Hanna Rheinz (›Eine tierische Liebe‹). Beischer berichtet aus ihrer Arbeit in der Kinderpsychiatrie, daß viele Kinder gestörte Beziehungen zu Menschen, vor allem zu ihren Familienmitgliedern, haben, gleichwohl aber zu großer Hingabe an Tiere fähig sind. Bei Hund oder Pferd können die Kinder, anders als in der Familie, eine Beziehung aktiv nach ihren eigenen Wünschen gestalten. Ebenso wichtig ist, daß sie der festen Überzeugung sind, ihr Tier zu verstehen und vom Tier verstanden zu werden, was sie von ihren Mitmenschen nicht behaupten können: »Meine Mutter sagt, sie hat mich lieb, aber ich glaube, daß sie das gar nicht meint«, heißt es häufig. In dieser Situation stimmen die Worte nicht mit der Körperhaltung, dem Ausdruck in den Augen und der Stimmlage überein. Ambivalenz und Deutungsvielfalt in der Kommunikation verunsichern die Kinder. Sie trauen ihrer Wahrnehmung nicht, sind stets im Zweifel, was sie glauben oder denken sollen. Nicht so in der Beziehung zum Tier: Der Hund ist unverblümt direkt, seine Sinne stehen im Einklang miteinander. Er ist, psychologisch ausgedrückt, kongruent. Seine Signale sind unmißverständlich. Die nonverbale Kommunikationsweise des Hundes ist begleitet von Körperkontakt und Zärtlichkeit, seine Botschaften sind ehrlich und ohne Doppeldeutigkeit oder Hintergedanken. Jener unverfälschte, natürliche Umgang ist es, der jeden Hundeliebhaber bewußt oder unbewußt anspricht. »Hunde«, so sagt der Psychoanalytiker Jeffrey Masson, »lügen nicht«. Tierhalter finden »die längst verloren geglaubte Sprache der Kindheit wieder..., ein Verstehen ohne Worte« (Rheinz). Hund und Mensch sind in der Lage, eine Symbiose miteinander einzugehen, sie sind aufeinander abgestimmt, ihrer Gefühle füreinander gewiß. Dem Hund kann man nichts vormachen, er läßt sich nicht täuschen, denn seine Wahrnehmungsfähigkeit ist der menschlichen weit überlegen: Er spürt oft besser als wir selbst, ob wir traurig, depressiv, zornig, ängstlich, unsicher, fröhlich oder glücklich sind. Er merkt bei einer Begegnung mit fremden Menschen schon vor uns, ob wir sie mögen werden oder nicht. Und er reagiert impulsiv, wo Menschen sich üblicherweise rational, kultiviert und wohlerzogen zurückhalten.

Die Kontrolle heftiger Gefühlsbewegungen – Affektkontrolle genannt – gilt als eine der Kulturleistungen der Menschheit, eine Errungenschaft allerdings, die angesichts der zunehmenden sozialen Zerrüttung und Kriminalisierung der Gesellschaft Einbrüche zu erfahren scheint. Auch hundeartige Tiere kennen so etwas wie Affektkontrolle: In einem Wolfsrudel etwa herrschen klare Verhältnisse. Der Umgang miteinander ist straff und hierarchisch organisiert, denn übermäßige Aggression oder Rücksichtslosigkeit gegenüber Schwächeren würde die Existenz des Rudels gefährden. Durch unmißverständliche Absprachen untereinander ist ein friedlicher und solidarischer Gruppenzusammenhalt garantiert. Beneidenswert? Für so manchen Menschen, der von den Anforderungen und der Unübersichtlichkeit der modernen Welt stark verunsichert ist, ja. Während das Leben immer unüberschaubarer wird, lebt die Beziehung zwischen Halter und Hund in einer festen, unzerrüttbaren Struktur – in einer überschaubaren Welt, die der Halter selbst geschaffen hat und in der er noch Einfluß und Entscheidungsmacht besitzt. Eine Beziehung ohne viel Worte, unkompliziert, unbeschwert und zuverlässig. Der Hund ist körperlich und seelisch Schutzschild gegen die bedrohliche Außenwelt, und sein Halter strebt täglich danach, die Qualitäten eines Rudelführers zu erlangen. Gemeinsam bilden sie eine geschlossene soziale Gruppe, die fest zusammenhält.

Wer seine Gefühle nicht wirklich kennt oder sie übermäßig kontrolliert, findet im Hund einen emotionalen Stellvertreter, einen »zentralen Gefühlsträger« (Rheinz). Sofern man ihn läßt, handelt der Hund nämlich instinktiv, impulsiv und triebhaft. Hemmungslos jagt, kackt und kopuliert er, und wenn er jemanden nicht mag, macht er daraus kein Hehl. Unerzogen läßt er seinen Launen freien Lauf, ja, selbst »der dressierte Hund behält noch einen kleinen Rest von Unanständigkeit« (Körner). Dem einen Halter kommt diese Haltlosigkeit entgegen, vielleicht findet er sogar Genuß daran. Dem anderen macht sie Angst: Des Hundes zügellose Triebhaftigkeit bedeutet für ihn Kontrollverlust, dessen unbeherrschtes Verhalten kommt für ihn einem unerträglichen Chaos gleich. Die unterdrückten Gefühle des Halters bringt der Hund zum Ausdruck, anstelle des Halters verliert er die Beherrschung. »Am Tier«, so Rheinz, »erkennt der Mensch seine eigene triebhaft-tierische Natur.« Der Hund ist oft das Alter Ego, das andere Ich des Menschen. Repräsentiert er doch die unbewußten Seiten unseres Selbst. Er ist seines Menschen Triebfeder, sein Schatten und der kleine emotionale Teufel, der die Rationalität seines Halters zu übertölpeln weiß. Wer geglaubt hat, seine Gefühle durch Beherrschung zu unterdrücken, wird durch das Verhalten seines Hundes manchmal eines Besseren belehrt. Der berühmte englische Politiker Winston Churchill litt unter schweren Depressionen, die er als »Besuch des schwarzen Hundes« beschrieb. Schwarze Hunde werden vor allem von älteren Menschen häufig mit dem Tod assoziiert – ihr Anblick löst mitunter entsprechende Ängste aus. Im volkstümlichen Aberglaube gelten sie auch heute noch als böse Dämonen.

Der Hund muß viele Lücken füllen und für zahlreiche menschliche Defizite herhalten. Sogar die Funktion als Sündenbock wird ihm auferlegt. Vieles, was er einstecken muß, gilt in Wahrheit dem unleidigen Chef, der Frau, dem nervenaufreibenden Kind, dem überlegenen Konkurrenten. Nicht zuletzt ist der Hund Vorbote und Kommunikationsmittel für Einsame, Schüchterne und Alleinstehende. Wer mit einem Hund spazierengeht, wird ebenso häufig von Interessierten und anderen Hundehaltern angesprochen wie Mütter mit ihren Kindern. Der »Aufhänger« Hund bietet immer Anlaß zu Gesprächen.

Kinder erzieht der Hund zu guten Sozialpartnern. Arbeitslosen, Alleinstehenden und Alten gibt er eine Aufgabe. Er zwingt ihnen Struktur, eine tägliche Routine und Verpflichtungen auf. Einst als Nutztier bei der Jagd, zum Hüten, Treiben, Schützen und Lastenziehen gebraucht, ist der Hund heutzutage vor allem ein Sozialfaktor geworden – treuer Begleiter, oft Therapeut und unter Umständen selbst therapiebedürftig. Die beste, gesündeste Beziehung zwischen Halter und Hund ist die fern jeder Instrumentalisierungen, Projektionen und unangebrachter Ansprüche. Gemeint ist eine Beziehung, in der der Halter seinen Hund das sein läßt, was er ist, ihn nicht für einen »besseren Menschen« hält und ihn gleichzeitig als individuelles Lebewesen mit Charakter, Gefühlen und einem eigenen Willen anerkennt – eine Beziehung, in der jeder die Rechte und Grenzen des anderen respektiert, die auf Solidarität, Kooperation und Teamarbeit beruht. Ein guter Hundehalter ist – wie der Hund – kongruent und authentisch: Seine Sinne, Signale und Verhaltensweisen stimmen mit seinen Absichten überein, und er ist mit sich und seinem Leben im Einklang. Ein Halter, der stets konsequent tut, was er sagt und was er für richtig hält, der zugleich an sein Wohl, an das seiner Mitmenschen und seines Hundes denkt, vermittelt seinem Hund Struktur, eine klare Führung und Vertrauen. Der Hund wird ihm Respekt und wahre Freundschaft entgegenbringen. Jeder, der einen Hund hält, sollte nicht nur den Hund beobachten und erziehen, sondern auch sich selbst. Der Hund wird ihm dabei helfen, denn er ist ein wichtiges Korrektiv für sein Verhalten.

Menschen und ihre Hunde

Kinder und Hunde

Wer kennt sie nicht, die Bilder von glücklichen und cleveren
Fernsehhunden, die den Kindern einer typischen Kleinfamilie
Freunde, Spielkameraden und mitunter Lebensretter sind?
Das sind nicht nur TV-Erfindungen: Für viele Familien ist das
harmonische Zusammenleben mit einem Hund Realität – mit
dem Unterschied, daß diese Hunde anders als die Fernseh-
Stars keine Helden und Genies, sondern normale Vierbeiner
sind. Kinder und Hunde, die unter sorgfältiger Aufsicht und Begleitung der Eltern miteinander aufwachsen, haben meist ein
inniges, vertrauensvolles Verhältnis zueinander, denn sie haben
gelernt, die Eigenheiten, Bedürfnisse und Grenzen des anderen zu respektieren. Kinder, die nur wenig oder gar keinen
Kontakt zu Hunden haben, sind ihnen gegenüber oft ängstlich
und unsicher. Nicht anders ist das bei Hunden: Hatten sie in der
Sozialisierungs- und Jugendphase keinerlei Begegnungen mit
Kindern, haben sie meist Schwierigkeiten, deren Verhalten und
Bewegungen zu interpretieren. Ängstliche oder aggressive Reaktionen können die Folge sein.

Für das Kind ist der Hund ein lebendiges Wesen, das es streicheln, liebkosen und als Spielpartner behandeln kann. Für den
Junghund dagegen ist das Kind vermutlich so etwas wie ein
Wurfgeschwister, mit dem es toben und rangeln kann. Der ältere Hund betrachtet es als Mitglied seiner sozialen Gruppe, der
Familie, das er beschützt. Meist toleriert der Hund die Kinder,
vorausgesetzt, sie verletzen seine ihm zustehenden Privilegien
und Rechte nicht. Solange keine Machtverhältnisse geklärt

werden müssen, stellt sich auch die Frage des Rangs nicht. Die meisten Hunde, gleichgültig ob klein oder groß, betrachten Kinder jedoch im Falle eines Machtkampfes als unterlegen. Eine Situation, in der Grenzüberschreitungen von seiten des Kindes oder des Hundes zu einer Eskalation und einem Kräftemessen führen könnten, sollten deshalb vermieden werden. Es ist Aufgabe der Eltern, dafür zu sorgen, daß Kinder den Hund nicht reizen und ihm keine Schmerzen zufügen. Ziehen am Fell, an den Ohren oder der Rute sollte verboten sein, und die Kinder sollten sich auch nicht spielerisch auf den liegenden Hund werfen (höchste Form der Dominierung!). Auch sinnlose Erziehungsmaßnahmen, die die Kinder nicht konsequent ausführen, sind nicht empfehlenswert. Wenn Kinder bereits an der Erziehung des Hundes teilnehmen dürfen, sollten sie diese führende Rolle auch außerhalb der Lernstunden beibehalten. Denn es kommt häufig vor, daß Kinder nach Beendigung einer Lektion wieder ausgelassen in einer Art und Weise mit dem Hund toben, die dessen Bedürfnis nach Struktur verwirren muß: Ist das Kind Erzieher oder ist es ein Spielgefährte, den man nicht ernst nehmen muß? Kinder verstehen das Prinzip meist, wenn man den Erzieher zum Beispiel mit einem König vergleicht: Würde er ihnen noch Respekt einflößen, wenn er plötzlich im Garten umhertollt, gackernd seinen Untergebenen nachrennt und mit ihnen rauft?

Grundsätzlich sollten alle Mitglieder einer Familie bei der Erziehung des Hundes denselben Regeln folgen. Hunde verstehen rasch, bei wem sie sich welche Freiheiten herausnehmen können: Bei sehr selbstbewußten Hunden kann das letztendlich dazu führen, daß sie sich einem Kind überlegen fühlen und das ausnutzen. Kinder können sich Ihrem Hund gegenüber beispielsweise durch das Füttern Respekt verschaffen – natürlich nur in Verbindung mit korrektem Verhalten im allgemeinen: Sie geben ihm die Hälfte seiner Mahlzeit in den Napf, und wenn er die Portion gefressen hat, füllen sie die zweite Hälfte nach.

Hunde sollten nie zu heftig mit Kindern spielen dürfen, denn ihre Zähne oder Krallen können ohne böse Absicht Verletzungen verursachen. Jüngere Kinder sollten deshalb niemals unbeaufsichtigt mit einem Hund alleine bleiben, gleichgültig, wie vertraut er ihnen ist. Der Hund muß sich zudem jederzeit in Ruhe auf seinen Platz zurückziehen und ungestört von neckenden Kindern fressen können. Eltern tragen auch die Verantwortung dafür, daß der Hund nicht versucht, die jüngsten Familienmitglieder wie Welpen zu erziehen. Das Schütteln am Nackenfell, das ältere Hunde und Muttertiere anwenden, um Welpen zurechtzuweisen, kann bei einem Säugling tödlich enden! Gefährlich kann auch Eifersucht werden: Kommt ein Neugeborenes ins Haus und verdrängt den Hund aus dem Zentrum der Aufmerksamkeit, ist möglicherweise ein Angriff auf das Kind zu befürchten. Solange die Eltern den Hund nicht vernachlässigen, seine angestammten Rechte nicht beschneiden und ihn auch nicht nervös vom Kind fernhalten, gibt es meist wenig Anlaß für bedrohliche Zwischenfälle.

Die Beziehung zwischen Kindern und Hunden sollte auf gegenseitiger Toleranz und Zuneigung aufbauen. Unter diesen Voraussetzungen profitieren beide Seiten, vor allem aber Kinder. Wissenschaftliche Untersuchungen belegen, daß Kinder, die mit Hunden aufwachsen, im allgemeinen sozialer gesinnt und verantwortungsbewußter sind. Kinder mit Haustieren sind besser in der Lage, subtile Details des menschlichen Gesichtsausdrucks zu deuten als Kinder ohne Tiere. Sie scheinen zudem mehr Mitgefühl und Mitschwingungsfähigkeit für andere Menschen zu entwickeln (Olbrich: Hunde als Helfer in der Therapie). Sie lernen, auch auf anderen Ebenen als der verbalen zu kommunizieren, und ihre Körpersprache ist in der Regel ausdrucksstärker.

Hunde wenden sich Kindern direkt, unverfälscht und unbefangen zu: Mißverständnisse gibt es nicht, das Kind fühlt sich stets verstanden und angenommen. Es kann sich dem Hund gegenüber ohne Ängste und Hemmungen öffnen – ein wichtiger Grund, warum Hunde erfolgreich in der Psychotherapie und Psychiatrie eingesetzt werden. Der Hund wertet die Intelligenz oder Leistungsfähigkeit des Kindes nicht, wie dies in der menschlichen Gemeinschaft allenthalben der Fall ist, sondern er akzeptiert und liebt es auch mit seinen Schwächen. Tiere steigern sogar die Leistungsbereitschaft von Schulkindern, denn sie »entlasten auf vielfache Weise von dem Druck, den die Erwachsenenwelt mit ihren Erwartungen, Ansprüchen, Geboten und Verboten auf Kinder ausübt« (Greiffenhagen: Tiere als Therapie). Der Hund hat immer ein offenes Ohr für die Geheimnisse des Kindes, die er naturgemäß nicht verraten kann. Er bietet zudem Schutz und Geborgenheit, sein Geruch ist dem Kind vertraut. Mit der uneingeschränkten Zugewandtheit eines Hundes kann das Kind bei Erwachsenen nicht immer rechnen. Während die Eltern ihren Berufen, Hobbies und alltäglichen Aktivitäten nachgehen, ist der Hund stets zugegen und verfügbar. Seine Reaktionen sind berechenbar, auf ihn kann sich das Kind verlassen – eine Beziehung, die weniger beeinflußt ist von alltäglichem Streß, Frustrationen und Problemen, mit denen Erwachsene häufig zu kämpfen haben.

Durch einen Hund lernen Kinder Verantwortung zu tragen – vorausgesetzt, daß die Eltern als Vorbilder dienen. Sie erfahren, daß der Hund ein leidensfähiges Lebewesen ist und der Betreuung bedarf: Er muß regelmäßig gefüttert, gebürstet, gestreichelt und ausgeführt werden. Das Zusammenleben mit Tieren stärkt auch das Selbstwertgefühl von Kindern. Indem sie sich um den Hund kümmern, fühlen sie sich gebraucht und sind mit einer sinnvollen Aufgabe beschäftigt. Es ist für sie ein Erfolgserlebnis, wenn der Hund kooperiert und sich von ihnen etwas beibringen läßt. In pubertären Phasen suchen Teenager oft eher bei Tieren als bei den Eltern Trost und Unterstützung. Kleinkinder scheinen mit besonderer Vorliebe ihre Grenzen und Kräfte an Hunden zu testen, weil diese nicht dieselbe Macht wie die Eltern verkörpern. Auch die Hunde werden, fast wie ein Geschwister, von den Erwachsenen erzogen und gelenkt. Gleichwohl verweisen Hunde Kinder, die beim Kräftemessen zu weit gehen, durch entsprechende Signale in ihre Schranken: Sie wenden sich ab, rennen davon, hauen mit der Pfote, lecken ihnen freundlich zurückweisend mitten über das Gesicht, schlimmstenfalls schnappen oder knurren sie. Dadurch lernen Kinder den Vierbeiner zu respektieren und Rücksicht zu nehmen, anstatt ihn weiter zu bedrängen.

Hunde haben ein untrügliches Gespür für das Sozialverhalten von Kindern. Sie reagieren anders auf Kinder, die sich natürlich und bescheiden benehmen als zum Beispiel auf Kinder, die verkrampft, aggressiv oder sehr verwöhnt sind. Bei den Kindern der eigenen Familie bringt ein selbstbewußter Hund viel Geduld auf. Überschreitet jedoch ein fremdes, vielleicht auch etwas barsches Kind die Grenzen oder spielt es sich in einer Weise auf, die der Hund als Herausforderung oder sogar Bedrohung empfindet, so wird er intervenieren. Sein Schutztrieb ist angesprochen, und, wenn ein Kind aus Spaß vor ihm davonläuft, auch sein Beutetrieb. Schon aus diesem Grund ist die Anwesenheit eines Erwachsenen, während Kinder miteinander toben und ein Hund dabei ist, grundsätzlich geboten. Dies gilt vor allem, während die Kinder lärmende Indianer- oder Versteckspiele spielen. Kleinere Kinder, die von zu Hause gutmütige Hunde gewohnt sind, müssen lernen, sich bei fremden Hunden behutsam zu benehmen. Denn von ihrem eigenen auf andere Hunde schließend, würden sie vielleicht unvoreingenommen auf den fremden zugehen, um ihn zu streicheln. Viele Hunde haben den Umgang mit Kindern jedoch nicht gelernt. Es ist Aufgabe der Eltern, Vorsicht walten zu lassen und dem Kind klar zu machen, wie es sich in Gegenwart unbekannter Hunde zu verhalten hat (s. a. S. 390).

Frauen und Hunde

Alleinstehenden Frauen bietet ein Hund Gesellschaft und Schutz. Sie wagen sich eher aus dem Haus, als wenn sie alleine wären, und mit einem Hund haben sie sogar die Pflicht und einen triftigen Grund spazierenzugehen. Ein Hund bietet ihnen nicht nur körperlichen, sondern auch seelischen Schutz. Hunde sind überdies Kontaktvermittler: Durch sie ist es leichter, ins Gespräch zu kommen, Bekanntschaften zu machen, vielleicht einen Partner zu finden. Für berufstätige Frauen kann ein liebevoller Hund der Gegenpol zum gefühlskalten Umgang miteinander rivalisierender Kollegen am Arbeitsplatz bedeuten, seine Zuwendung kann Streß und Frustrationen entgegenwirken. Verheiratete Hausfrauen, deren Ehemänner tagsüber arbeiten, sind durch die Anwesenheit eines Hundes nicht mehr so einsam, sie kommen raus aus der Isolation, in der sie vielleicht leben. Der Hund hellt den manchmal tristen Alltag auf, die Fürsorge für ihn verhindert ein Versinken in Depressionen und lenkt von Problemen ab.

Männer und Hunde

Alleinstehende Männer profitieren nicht anders als Frauen von der Gesellschaft eines Hundes: Er schenkt ihnen Aufmerksamkeit, Zuwendung und erleichtert ihnen einsame Momente. Arbeitslosen ist er ein emotionaler Anker und bisweilen hat er auch eine therapeutische Funktion, denn er wertet nicht und hält seine Bezugsperson jederzeit für »den Größten« – unabhängig vom Urteil einer leistungsbezogenen Gesellschaft. Männern fällt körperlicher Kontakt mit anderen Menschen oft schwerer als Frauen: Hunde geben ihnen die Möglichkeit, ohne Furcht vor Zensur oder Abwertung Zärtlichkeiten auszutauschen. Hunde sind zudem Kontakt- und Partnervermittler, mitunter auch Anlaß, einem Verein beizutreten, in dem vielleicht Freunde zu finden sind. Für Männer sind Hunde jedoch häufiger als für Frauen auch ein reines Prestige- und Imponierobjekt und manchmal sogar eine lebende Waffe. Nicht zuletzt lassen sich Minderwertigkeitskomplexe, Frustration und Gewalt in höchstem Maße auch an Hunden ausagieren.

Kinderlose Paare und Hunde

Wenn der Hund nicht instrumentalisiert, vermenschlicht und widernatürlich gehalten wird, kann er für kinderlose Paare oder für Paare, deren Kinder bereits aus dem Haus sind, eine gewisse Funktion als Kinderersatz erfüllen. Lebhaft wie er ist, sorgt er für Trubel und Bewegung in einem sonst mitunter zu ruhigen, gesetzten Haushalt. Durch seine tollpatschige oder kesse Art sorgt er für Erheiterung, er läßt sich knuddeln und schenkt Wärme. Viele Partner haben durch den Hund eine Aufgabe. Gemeinsam übernehmen sie die Verantwortung für ihn. Er ist auch Gesprächsthema, wenn es um seine Pflege, Erziehung und Entwicklung geht. Gemeinsame Spaziergänge und Ausflüge machen mit ihm zusammen mehr Freude. Er ist Bindeglied oder Ergänzung einer partnerschaftlichen Beziehung.

Alte Menschen und Hunde

Haustiere haben eine positive Wirkung auf das physische und psychische Wohlbefinden und die Gesundheit älterer Menschen. Dies gilt besonders für Hunde, weil sie im Unterschied zu anderen Haustieren intensiver Pflege und Zuwendung bedürfen: Sie müssen gefüttert, gepflegt, spazierengeführt und beschäftigt werden. Anders als zum Beispiel ein Wellensittich brauchen sie viele Streicheleinheiten und Zuspruch. Die Betreuung eines

Hundes sorgt für einen geregelten Tagesablauf. Das ist vor allem für ältere und einsame Menschen, die keiner geregelten Arbeit mehr nachgehen, von Bedeutung. Im Bemühen, ihren Hund angemessen zu ernähren, neigen sie eher dazu, auch für sich selbst zu kochen. Der Hund gibt ihnen eine Aufgabe und Verantwortung, sie fühlen sich gebraucht und in der Lage, ihr Leben selbst zu gestalten: Er ist ihr Schild gegen die Identitätskrise im Alter.

Zudem verschafft ein Hund älteren Menschen Bewegung. Das Spiel mit dem bewegungsfreudigen Vierbeiner und der tägliche Spaziergang an der frischen Luft regen den Kreislauf an, halten die Verdauung in Gang und stärken Muskeln und Gelenke. Wissenschaftliche Studien legen den Schluß nahe, daß das Risiko von Herzerkrankungen bei Hundebesitzern geringer ist als bei Menschen ohne Haustier und daß die Überlebenschancen deutlich steigen (Friedmann: Heimtierhaltung; Olbrich: Hunde als Helfer). Untersuchungen haben ferner ergeben, daß Hundebesitzer 21 Prozent weniger Arztbesuche machen als Menschen ohne Haustier (Olbrich). Das intensive und regelmäßige Streicheln des Hundes wirkt entspannend, verlangsamt den Pulsschlag und senkt den Blutdruck. Allem voran ist der Hund aber ein geselliger Begleiter, der die Lebensfreude steigert und Gefühle von Einsamkeit verdrängt. In einer Studie des Psychologen Reinhold Bergler (›Die Bedeutung des Hundes für ältere Menschen‹) erklärten sich 80 Prozent der Befragten mit Hund zufrieden mit ihrem eigenen Leben, aber nur 55 Prozent derjenigen ohne Haustiere. Keiner der Hundehalter fühlte sich unzufrieden, bei denjenigen ohne Tier waren es indes 20 Prozent.

Hunde bieten ihren Haltern eine Möglichkeit, ihre Gefühle auszudrücken. Sie schenken ihnen unvoreingenommen körperliche Wärme und Zuneigung – und stehen rund um die Uhr zur Verfügung. »Das Tier holt die Vergangenheit wieder herauf, weil es starke Gefühle auslöst, die oft mit der Kindheit und glücklicheren Lebensphasen verknüpft sind« (Greiffenhagen:

Tiere als Therapie). Die nonverbale Kommunikation mit Hunden ist streßfrei und unbelastet von Erwartungen, die andere Menschen oder Familienmitglieder möglicherweise an den alten Menschen haben. Als Anlaß für eine Kontaktaufnahme und als Gesprächsthema in der Öffentlichkeit sind sie ähnlich wie Enkelkinder eine Verbindung zur Außenwelt. Hunde sorgen für Abwechslung und geistige Beweglichkeit. Sie erzeugen zudem den »Aschenputtel-Effekt« (Olbrich): In ihren Augen wird das runzlige Gesicht einer alten Frau zum Antlitz einer Prinzessin. Sie werten nicht und akzeptieren ihren betagten Begleiter mitsamt seinen Gebrechen und körperlichen Schwächen. Kurz, Hunde steigern die Selbstachtung und das Selbstwertgefühl älterer Menschen. Außerdem fühlen sich diese vor Einbrechern und Straßendieben besser geschützt.

Die erstaunliche Wirkung von Haustieren auf Menschen wurde zuerst in den USA erkannt. In Altersheimen erleichterte der Einsatz von Hunden Ärzten und Pflegepersonal den Zugang zu Patienten, vor allem bei verwirrten und geistig gestörten Menschen. Sie entlockten den in sich Zurückgezogenen lange unterlassene Regungen und Reaktionen: ein Lächeln, einige Worte. Vor mehr als 25 Jahren führten diese Erfahrungen zur sogenannten Animal Facilitated Therapy (tiergestützte Therapie), bei der Haustiere zum Einsatz kommen, um die Heilung von Menschen mit sozialen, psychischen oder körperlichen Problemen zu fördern. Das ist nicht immer zum Wohl des Hundes, der mitunter nicht artgerecht gehalten wird und unter Umständen mit seiner Aufgabe als tierischer Therapeut überfordert sein kann. In der BRD setzt sich die tiergestützte Therapie nur schleichend durch und bleibt umstritten. In Berlin gründete sich 1988 der Verein Leben mit Tieren, der Besuchsdienste mit Hunden für ältere Menschen in Krankenhäusern und Heimen durchführt. Auch der Verband Therapiehunde Deutschland ist auf diesem Gebiet sehr aktiv.

Behinderte und Hunde

»Endlich tue ich wieder, was ich will«, ist von Behinderten häufig zu hören, die sich mit einem sogenannten »Service-« oder »Sozialhund« zusammengetan haben, damit er sie durchs Leben geleitet. Ein Großteil der positiven Aspekte, die Hunde für alte Menschen haben, gelten ebenso für Behinderte – Körperbehinderte, Blinde, Taube und Taubstumme. Die Wärme und ständige Nähe eines Tieres, seine bedingungslose Anerkennung ohne jede Wertung, der Kontakt zu ihm und durch ihn zu anderen Menschen, bestärken sie in ihrem Lebensgefühl. Behinderte fühlen sich oft hilflos und anderen Menschen ausgeliefert. Eine häufige Folge sind innere Emigration und Depressionen. Mit einem Hund an ihrer Seite fühlen die Menschen sich nicht mehr nutzlos, denn sie haben eine Aufgabe und tragen gegenüber ihrem Hund Verantwortung. Mit einem zuverlässigen Behindertenbegleithund sind sie insgesamt sicherer und unabhängiger. Er steht immer zur Verfügung. Sogar bei Regen und Sturm ist er bereit, mit seinem Halter auszugehen. Blinde empfinden ihren Hund als »ein Hilfsmittel mit Seele« (Grahovac: Verhaltensbeziehungen). Er steigert ihr subjektives Freiheitsempfinden und infolgedessen ihr Selbstbewußtsein. In seiner Begleitung bewegen sie sich flüssiger um Hindernisse herum als mit Hilfe eines Blindenstocks. Ein Blindenstock erregt bei Außenstehenden zudem Mitleid, der Hund hingegen ruft Bewunderung hervor und erleichtert die Kontaktaufnahme. Blinde sind oft geplagt von Gefühlen von Verlassenheit, Lebensangst und Resignation. Der Wunsch nach einem Führhund ist überwiegend motiviert durch eine Furcht vor Orientierungslosigkeit sowie durch intensives ein Gefühl der Wehrlosigkeit, Frustration und Isolation (Grahovac).

Als ständiger Begleiter und engster sozialer Kontakt vermittelt ein Behindertenbegleithund Geborgenheit und Schutz. Und die Behinderung seines Halters existiert für ihn nicht. Für die Halter ist der Hund eine Ergänzung und fast ein verlängerter Körperteil. Dem Körperbehinderten ersetzt er fehlende oder mangelhafte Körperfunktionen, dem Blinden die Augen und dem Tauben das Gehör (s. a. »Berufs- und Hobbyhunde«, S. 57). Das führt zu mehr Selbständigkeit, Selbstsicherheit und Gelassenheit.

Kranke und Hunde

Bei der Begegnung mit Hunden sprechen viele Kranke nach jahrelangem Schweigen plötzlich, und Depressive lächeln wieder. So manches autistische, von der Umwelt völlig abkehrte Kind reagiert auf einen Hund unmittelbar. »Mehr noch als in der Erwachsenentherapie dient bei der Behandlung von Kindern ein Tier als Brücke zwischen Arzt und Patient« (Greiffenhagen). Die nonverbale, direkte Kommunikationsweise des Hundes rührt am Innern der Seele, öffnet einen Zugang zu den Verschlossenen. Aus diesem Grund werden Hunde seit vielen Jahren erfolgreich in der Psychotherapie und Psychiatrie eingesetzt, vor allem in den USA. Doch auch bei rein körperlichen Erkrankungen haben Hunde einen positiven, psychischen Einfluß auf Patienten – aus überwiegend denselben Gründen wie bei alten und behinderten Menschen. Viel wurde über einen Hund berichtet, der die epileptischen Anfälle seines Halters im voraus spürte und ihn zuverlässig warnte.

Berufstätige und Hunde

Es gibt eine Reihe von Berufen, in denen Menschen mit Hunden zusammenarbeiten: etwa beim Wach- und Sicherheitsdienst der Polizei und Drogenfahndung, beim Zoll oder beim Hüten von Schafen. Für den Berufstätigen ist der Hund ein

Kollege und Partner. In vielen einsamen und bisweilen nicht ungefährlichen Situationen steht der Hund ihm geduldig zur Seite, bietet Schutz und erleichtert die Arbeit. Mensch und Hund sind ein Team. Jeder ist auf den anderen angewiesen und kann sich auf ihn verlassen. Die gemeinsame Aufgabe und große körperliche Nähe schaffen eine besonders enge soziale und oft auch emotionale Bindung.

Sportler und Hunde

Jäger, Rettungs- und Schlittenhundeführer sowie andere Sportler arbeiten eng mit ihren Hunden zusammen. Die gemeinsame Beschäftigung und Kooperation ist bei vielen von ihnen die Basis einer ausgewogenen Beziehung, die von gegenseitigem Respekt getragen wird. Der beste Freund vieler Jäger ist der Hund. Er leistet ihm in vielen Situationen Gesellschaft und ist für die Jagd unerläßlich. Schlittenhundeführer müssen auf den Eifer, die Ausdauer, Intelligenz und Treue ihrer Hunde zählen können. Auf so mancher Fahrt sind ihre Hunde die einzigen Lebewesen weit und breit. Sportler schließen sich häufig Vereinen an. Hier können sie Kontakt zu Gleichgesinnten finden, sich austauschen, Ausflüge veranstalten und gemeinsame Feste feiern. Das stärkt das Zusammengehörigkeitsgefühl, verdrängt einsame Momente, schafft Struktur und Regelmäßigkeit und sorgt für Aktivität und Bewegung. Zielsetzungen in Form neuer Ausbildungsschritte oder Prüfungen sowie ein erfolgreiches Erreichen des Ziels stärken das Selbstwertgefühl.

Apportierender Hund

Entspanntes Sonnenbad

Deckakt

Welpentransport

Spielende Hunde mit dominantem Gehabe

Entspannter Schlaf

Kontaktaufnahme, Geruchskontrolle

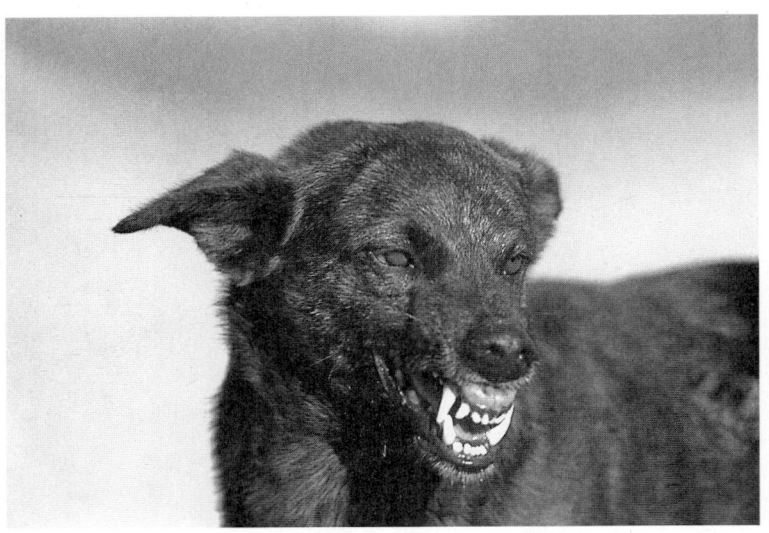

Drohgebärde

Gegenseitige Fellpflege

Genußvolle Kopfmassage

Spielaufforderung

Augen säubern

Spielanfänger

Spielfortgeschrittene

248

Gespannte Aufmerksamkeit

Unterwerfung

Widerwilliger Rückzug

Zwischen- oder Endstation: Hunde im Tierheim

TEIL II

Die Erziehung

Hunde sind konsequent, Menschen nicht.
Dorit Feddersen-Petersen

Dynamisch, konsequent und geduldig: Grundregeln der Hundeerziehung

»Was machen Sie mit dem armen Hund, Sie Tierquälerin!«, beschimpft mich eine Dame erregt. Der Grund ihrer Einmischung: Meine junge Retrieverhündin hat auf mehrfaches Rufen nicht reagiert. Ich rüge sie und verschaffe mir Respekt, indem ich zu ihr gehe, sie auf den Rücken drehe, mich über sie stelle und sie am Halsfell schüttele – genauso wie das erwachsene Hunde mit frechen jungen tun. Ich lasse mich bei meiner Erziehungsmaßnahme trotz der Beschimpfung nicht beirren. Die entrüstete Dame entfernt sich kopfschüttelnd. Ein ganz anderes Erlebnis hatte dagegen Ira Strege mit ihrem belgischen Schäferhund. Er läuft auf Spaziergängen stets ohne Leine, gehorcht aufs Wort und ist straßensicher. Eines Tages begegnete Strege in einem Park einem Ehepaar, das sich darüber aufregte, daß sie einen so großen Hund unangeleint umherlaufen ließ. Einige Tage darauf nahm Strege ihren Hund zu Übungszwecken an der Leine mit. Diesmal beschimpften sie Passanten, es sei Tierquälerei große Hunde nicht frei laufen zu lassen! Die Beispiele zeigen, daß man es nie allen ganz recht machen kann. Gerade wenn es um Hunde geht, geben viele Menschen unaufgefordert ihre Kommentare ab. Sie machen es einem oft nicht leicht, den eigenen Hund zu erziehen. Ist man konsequent und korrigiert ihn bei Fehlverhalten vor aller Augen, kann es einem leicht passieren, daß unwissende Fußgänger einen der Hundesmißhandlung bezichtigen.

Erzieht man seinen Hund nicht konsequent, bekommt man ebenfalls Ärger mit seiner Umwelt und höchstwahrscheinlich auch mit dem Hund selbst. Spätestens, wenn der flinke Vierbeiner auf Rufen nicht reagiert und auf die Straße rennt, wenn er Fahrradfahrer jagt, im Wald wildert, das Wohnhaus mit Bellen tyrannisiert, Menschen oder andere Hunde angreift und Fußgänger anrempelt, sehen die meisten Hundehalter ein, daß es besser gewesen wäre, ihr Haustier richtig zu erziehen. Es geht ja nicht nur um das Wohl von Halter und Hund, sondern auch darum, auf die Umwelt Rücksicht zu nehmen. Hundehalter sollten sich stets bewußt machen, daß sie mit Freiheiten, die sie ihrem unerzogenen Hund zugestehen, nicht nur eventuell ihn selbst gefährden, sondern auch andere Menschen belästigen. Nicht jede Mutter ist begeistert, wenn fremde Hunde ihre Kinder auf einem Spaziergang überschwenglich begrüßen, und Blindenhundführer können in gefährliche Situationen geraten, wenn sich ihr Hund durch einen heranstürzenden Artgenossen, der auf die Rufe seines Besitzers nicht reagiert, ablenken läßt. Grundsätzlich gilt: Je besser ein Hund erzogen ist, um so größer sind die Freiheiten, die man ihm zugestehen kann. Ein friedlicher Hund, der nicht wegrennt, nicht jagt und seinem Halter in jeder Situation zuverlässigt gehorcht, gefährdet und belästigt andere nicht und kann deshalb fast jederzeit unangeleint mitgenommen werden. Eine konsequente Erziehung ist aber auch deshalb notwendig, weil sie dem Hund Struktur und Sicherheit vermittelt. Auch Hunde untereinander erziehen sich immerzu. So mühsam die Erziehung manchmal sein mag, der Aufwand lohnt sich für Halter und Hund zugleich (→ »Hunde brauchen

Grenzen«, S. 35 ff.). Fazit: Zur Erziehung des Hundes braucht man ein gutes Maß an Standhaftigkeit, Disziplin und Durchsetzungsvermögen, nicht nur sich selbst gegenüber, sondern auch gegenüber der Umwelt!

Bleiben Sie gelassen und geduldig

Erziehung bedeutet zweierlei: Erstens, sich Respekt und Anerkennung beim Hund zu verschaffen, und zweitens, ihn richtig auszubilden. Die Ausbildung baut auf der Grundlage von Respekt und Anerkennung auf. Sie besteht aus Grundübungen und fortgeschrittenem Training. Ein Hund kann gut ausgebildet sein, das heißt zum Beispiel perfekt »Sitz!«, »Platz!« und »Fuß!« ausführen und dennoch schlecht erzogen sein, weil er nicht in jeder Situation und unter allen Umständen kooperiert. Hunde, die sich in entscheidenden Momenten durchsetzen und »das letzte Wort« haben, betrachten sich ihrem Halter gegenüber meist als überlegen. Es gibt viele Hunde, die auf Trainingsplätzen fleißig arbeiten, zuhause jedoch machen, was sie wollen. Nur wenige Hunde sind von Natur aus so fügsam, daß sie keiner Erziehung bedürfen. Um sich gegenüber Ihrem Hund Respekt zu verschaffen, sollten Sie stets ruhig, gelassen und geduldig bleiben. Unbeherrschtes Benehmen und lautes Geschrei beim Versuch, den Hund zu korrigieren, verängstigen und verstören ihn nur: Erziehung wird für ihn zu einer negativen Erfahrung. Das extreme Verhalten des Halters zeigt dem Hund darüber hinaus, daß sein Partner überfordert ist. Laut werden Hundehalter ja immer dann, wenn der Hund auf ihre Anweisungen nicht in der gewünschten Weise reagiert. Die Folge: Der Hund respektiert seine Bezugsperson um so weniger, und das schafft zunehmend Distanz in der Beziehung (→ »Hunde brauchen Grenzen«, S. 35 ff. und »So lernt Ihr Hund, Sie zu respektieren«, S. 266 ff.). Aggressive Hunde oder Hunde, die unter Streß stehen, weil sie sich in einer neuen Situation unsicher fühlen, setzt man mit ungeduldigem Verhalten zusätzlich unter Druck. Und zuviel Druck erzeugt bekanntlich Gegendruck: Sobald sie zu sehr in die Enge getrieben werden, wehren sich einige Hunde durch Schnappen oder Beißen. Hunde unter Druck geben diesen aber auch häufig »nach unten« ab. Sie verhalten sich dann gegenüber anderen Hunden ungehalten oder tendenziell aggressiv, solange, bis sie »Dampf abgelassen haben«.

Ihre Körpersprache zählt

Hunde reagieren vor allem auf Körpersprache. Sie registrieren sofort, wenn ihr Halter etwas sagt, was mit dessen Körperhaltung und non-verbalen Signalen nicht übereinstimmt. Selbstsicher, unverkrampft, freudig und mit Elan sollten Sie bei der Ausbildung an die Sache gehen: Ihre positive Ausstrahlung und Ihr Enthusiasmus übertragen sich dann unmittelbar auf Ihren Hund. Anregend ist für ihn auch, wenn Sie mitunter singen oder pfeifen. Entscheidend ist, daß Sie Entschlossenheit demonstrieren. Unentschlossenes Verhalten verunsichert den Hund. Der richtige Umgang mit ihm darf nicht nur mit dem Kopf erlernt, er muß sozusagen auch vom Herzen erfaßt werden. Wichtig ist Ihre Körperhaltung: Ihr Körper sollte sich wie eine gespannte Feder anfühlen, wenn Sie mit Ihrem Hund üben, elastisch und dynamisch. Schwingen Sie bei »Fuß«-Übungen die Arme locker mit, und lassen Sie Ihre Schultern entspannt. Ihre und die Bewegung Ihres Hundes sollten sich aneinander anpassen. Wenn Sie beim Gehen schlurfen, wird bald auch der Hund gelangweilt neben Ihnen her trotten.

Gegenseitige Aufmerksamkeit

Die Hundeausbildung erfordert Einfühlungsvermögen und Hingabe. Sie sollten sich konzentriert auf Ihren Hund und die Situation einlassen. Falls Sie gedanklich abwesend sind, können Sie das Üben gleich sein lassen, da auch Ihr Hund unkonzentriert sein wird. Im Umgang mit dem Hund brauchen Sie Erfahrung, die Sie nur durch häufiges Üben und durch aufmerksames Beobachten gewinnen. Achten Sie darauf, daß Sie häufig Augenkontakt mit Ihrem Hund haben, um ihn aufmerksam zu machen. Er sollte häufig zu Ihnen hochschauen, um sich zu vergewissern, ob er alles richtig macht und Ihre Anerkennung findet. Schauen Sie ihn z.B. bei einer »Fuß«-Übung ständig aufmerksam an und loben Sie ihn, sobald er Ihren Blick erwidert. Wichtig ist, daß Sie auf sein Angebot zur Mitarbeit sofort positiv reagieren. Lachen Sie ihn an, er kennt die lang nach hinten gezogenen Lippen aus seiner eigenen Sprache. Auch mit Ihrer Stimme können Sie Ihren Hund kräftig animieren. Die Aufmerksamkeit und Anerkennung, die Sie ihm während der Übungen schenken, verleiten ihn dazu, freudig mitzuarbeiten.

Immer die Kontrolle bewahren

Im großen und ganzen geht es bei der Erziehung darum, zu jeder Zeit in der Lage zu sein, freundlich aber bestimmt fast alles, was der Hund tut, zu kontrollieren: Sie entscheiden, wann er die Gäste begrüßen, wann er zur Haustür raus und wann er fressen darf – nämlich stets erst nach Ihnen. Sie und nicht der Hund entscheiden, ob er seinen Knochen behalten, ob und wenn ja, wann er aufs Sofa darf. Erscheint Ihnen dieses Prinzip als macht- und ordnungsbesessenes Gehabe, dann beobachten Sie das Verhalten eines erwachsenen Hundes gegenüber einem Welpen: Er zeigt Ihnen, was es bedeutet, Respektstier zu sein –

unerbittlich wird er den Kleinen kontrollieren und korrigieren (→ »Hundeverhalten«, S. 189 ff.).

Das Prinzip »Wehret den Anfängen« gilt auch bei der Erziehung von Hunden. Sie beginnt daher in dem Augenblick, in dem er sein neues Heim betritt, sei es als Welpe oder bereits als erwachsener Hund. Hunde gewöhnen sich innerhalb weniger Tagen an ihre neue Umgebung, und im Laufe von zwei Wochen durchschauen sie, ob und welche Grenzen ihnen gesetzt sind. Wichtig ist es deshalb, Ihrem Hund von Anfang an klar zu machen, daß Sie die Regeln bestimmen (→ »Kauf und Pflege des Welpen«, S. 156 und »So lernt Ihr Hund, Sie zu respektieren«, S. 266 ff.). Zeigen Sie ihm auch beim Spiel seine Grenzen, lassen Sie ihn nicht zu heftig werden. Schubsen Sie ihn mit »Nein!« von sich weg, wenn er Sie anspringt, damit er sich das gar nicht erst angewöhnt.

Zur Erziehung gehört auch, den Hund sozialverträglich zu machen, das heißt, ihn zum Beispiel an Postboten, Schornsteinfeger oder Kinder zu gewöhnen. Verbieten Sie Ihrem Hund von Anfang an rigoros das Jagen, und sei es nur nach einem Schmetterling oder einem Vogel – es sei denn, Sie wollen ihn jagdlich führen. So putzig das aussehen mag, wenn Sie ihm das erlauben, wecken und fördern Sie seinen Jagdtrieb: Ein paar Monate später wird er dann auch Hasen, Rehen und Möwen hinterherjagen.

Durchhalten auch in der Flegelphase

Bis zum sechsten Lebensmonat sollte der Hund alle wichtigen Grundübungen (→ S. 308 ff.) können. Prüfungsreife Perfektion und Präzision sind bis dahin noch nicht erforderlich. Die gemeinsame Arbeit mit dem Hund verbindet und schafft die Struktur für eine dauerhafte und feste Freundschaft. In der Pubertät, die bei Hunden zu unterschiedlichen Zeitpunkten eintritt (→ »Entwicklungsphasen des Hundes«, S. 180), kann die

Erziehung schwierig werden. Viele Hunde sind in dieser Phase störrisch und testen, wie weit sie mit ihrem Willen kommen. Sie verweigern sich mitunter und haben scheinbar verlernt, was man ihnen bereits beigebracht hat. In dieser Phase heißt es: Aufpassen und durchhalten! Sie müssen unbeirrt, konsequent und äußerst geduldig mit Ihren Erziehungsmaßnahmen fortfahren. Lassen Sie sich nicht verunsichern: Die Ursache des flegelhaften Verhaltens ist nicht falsche Erziehung oder das Versagen Ihres Hundes, sondern ganz einfach sein turbulenter Hormonhaushalt! Hat dieser sich wieder reguliert, sollte der Hund wie zuvor auf Sie hören – vorausgesetzt, Sie haben seine Erziehung in der Zwischenzeit nicht aufgegeben. Während der Pubertät prägt sich das bislang Erlernte tief ein.

Bis zur Vollendung des ersten Lebensjahrs sollte die Grundausbildung des Hundes abgeschlossen sein. Danach kann man die Anforderungen an Training und Fitneß steigern. Bei Rassen, die mit zwölf Monaten ausgewachsen sind, kann nun allmählich mit intensiven Sportarten oder Fahrradfahren begonnen werden. Erkundigen Sie sich beim Züchter, wann Ihr Hund ausgewachsen ist.

Bei vielen Hundehaltern ist die Auffassung verbreitet, Erziehung und Ausbildung sollten erst beginnen, wenn ein Hund etwa ein Jahr alt ist; solange sollte er sich frei entfalten können und ausschließlich lernen, sich mit Artgenossen zu verständigen. Doch wie soll ein Hund, nach zwölf Monaten bereits entscheidend geprägt, verstehen, warum ihm plötzlich liebgewonnene Freiheiten genommen werden und warum ihm sein Halter auf einmal mit unbekannter Strenge begegnet? Mit der Erziehung eines Hundes ist es wie mit dem Lernen einer Fremdsprache. Ein Kind, das zuhause zweisprachig aufwächst, lernt eine Fremdsprache fast nebenbei, während es später in der Schule oder gar als Erwachsener viel mehr Mühe damit hat.

Schwierige Situationen bewußt herbeiführen

Eine Grundregel bei der Erziehung ist, Situationen, in denen der Hund gehorchen soll, nicht zu vermeiden, sondern im Gegenteil, sie zu suchen. Wenn Ihr Hund zum Beispiel angeleint auf andere Hunde giftig reagiert, sollten Sie auf keinen Fall die Begegnung mit fremden Hunden vermeiden, sondern sie regelrecht suchen, um den Hund korrigieren zu können (→ »Korrekturen«, S. 336). Machen Sie auch keinen Bogen um lärmende Kinder, sondern führen Sie Ihren angeleinten Hund an ihnen vorbei – vorausgesetzt, daß er nicht aggressiv und bissig ist.

Auf individuelle Eigenschaften eingehen

Erziehung erfordert Einfühlungsvermögen, denn jeder Hund ist im Wesen und Verhalten verschieden, und jeder hat seine individuellen Qualitäten und Eigenarten. Einige Hunde muß man energischer erziehen, andere weniger. Ängstliche Hunde müssen anders geführt werden als mutige. Manche Hunde sind sehr sensibel, andere hingegen robust und unempfindlich. Rüden benötigen meist mehr Führung als Hündinnen, weil sie von Natur aus durchsetzungsfähiger sind und die Mehrzahl von ihnen in bestimmten Zeitabständen immer wieder versucht, sich gegenüber den Menschen in ihrer Umgebung zu behaupten. Hündinnen passen sich in der Regel bereitwilliger an. Wichtig ist die frühzeitige Erziehung, besonders bei sehr selbst- und machtbewußten Hunden, die, je älter und ausgewachsener, immer schwieriger werden. Aufgrund ihrer Stärke und ihres Gewichts müssen ganz besonders auch großwüchsige Hunde erzogen werden, denn wenn sie etwas anstellen, hat das meist weitreichendere Folgen, als wenn kleine Hunde ungezogen sind. Die allgemeine Behauptung, ältere Hunde seien nicht mehr lernfähig, ist falsch! Selbst Hunde, die in ihrer Jugend gar nicht oder falsch erzogen wurden, können noch dazulernen, wenn ihnen die nötige Aufmerksamkeit und Förderung zuteil wird – es dauert nur länger und ist mühsamer als bei Junghunden.

Angehende Hundebesitzer sollten bei der Wahl und der Führung eines Hundes unbedingt seine genetischen Anlagen berücksichtigen: Irish Setter sind Jagdhunde, Schäferhunde sind Hütehunde, Dobermänner sind Schutzhunde, Pinscher sind Rattenjäger und Huskies Schlittenhunde. Ein Husky ist im allgemeinen schwieriger zu erziehen als ein Irischer Wolfshund, und ein Rottweiler braucht in der Regel eine intensivere Anleitung als ein Golden Retriever. Viele Menschen empfinden die rassespezifischen Anlagen – zum Beispiel Jagd- und Hütetriebe – ihrer Hunde als lästig, weil sie ihrem Lebensstil entgegenstehen. Das rege Wesen eines Jack Russel Terriers etwa stört sie, weil sie selber träger Natur sind und Spaziergänge ohne viel zusätzliche Aktivitäten bevorzugen. Spezifische Rasseeigenheiten lassen sich zwar durch ausgiebiges Training unter Kontrolle bringen, ein Hundebesitzer sollte die Eigenschaften und Begabungen seines Hundes aber kennen und in der Erziehung auf seine individuellen Bedürfnisse eingehen. Denn warum sollte man sich einen Border Collie anschaffen, wenn man ihm das Hüten oder zumindest eine Ersatzaufgabe verbietet? Und wozu einen Dobermann, wenn der nicht wachen darf? (Siehe dazu auch die Hundegruppentabelle, S. 144 ff.) Hunde, deren Begabungen privat oder in seriösen Vereinen gefördert werden, können sich »ausleben«. Sie sind im allgemeinen ausgeglichener als Hunde, die keine richtige Aufgabe haben oder überwiegend sich selbst überlassen bleiben.

Ohne Konsequenz geht nichts

Bei der Erziehung sollten Sie stets konsequent sein. Es gilt, klare Grenzen zu ziehen, an denen sich der Hund orientieren kann. Was untersagt ist, sollte jederzeit untersagt sein – kleine

Nachgiebigkeiten verwirren die Spielregeln: Falls Sie den Hund während Ihrer Mahlzeiten gelegentlich vom Tisch füttern, ist es nur verständlich, wenn er künftig bettelnd die Schnauze auf die Tischkante legt oder sogar Essen aus der Küche stiehlt. Falls Sie Ihrem Hund erlauben, im Bett oder auf dem Sofa zu schlafen, wird er es nicht verstehen, wenn Sie ihm das plötzlich verbieten. Überlegen Sie sich von vornherein, was Ihr Hund darf und was nicht. Hat er sich einmal an gewisse Privilegien gewöhnt, ist es mühsam, sie ihm wieder zu nehmen.

Konsequent sollten Sie natürlich auch bei allen Aufgaben sein, die Sie Ihrem Hund stellen. Achten Sie darauf, daß er stets sofort tut, was Sie von ihm verlangen. Es gibt viele Halter, die ihren Hund auffordern zu sitzen. Der ignoriert die Anweisung jedoch und hat mit der Verweigerung sogar Erfolg, weil sein Halter es nicht so genau nimmt und sich unterdessen von anderen Angelegenheiten ablenken läßt. Für den Hund ist das die Botschaft: »Meine Bezugsperson ist nicht ernst zu nehmen« – schließlich hatte die Verweigerung für ihn keinerlei Konsequenzen. Die Folge: Der Hund entscheidet bald selbst, was er tut! Noch häufiger taucht diese Situation auf, wenn Halter ihre Hunde herbeirufen: Viele Hunde nehmen diesen Ruf nicht zur Kenntnis und folgen unbekümmert ihrer Fährte oder toben anderen Hunden hinterher. Wenn der Hundehalter nun nicht reagiert oder entnervt ohne Ergebnis hinterher schreit, merken diese Hunde schnell, daß seine Autorität anfechtbar ist. Es ist deshalb immer wichtig, Aufgaben konsequent durchzuführen, sonst übernimmt bald der Hund die Regie!

An die von Ihnen gesetzten Regeln sollten sich alle anderen Familienmitglieder ebenfalls halten, und der Hund sollte keine Gelegenheit bekommen, gegenüber einem von ihnen Machtbewußtsein zu entwickeln. Es gibt Fälle, in denen der Hund nur eine Person in seiner sozialen Gruppe respektiert, während er sich von den übrigen Familienmitgliedern nichts sagen läßt, und gegebenenfalls sogar mit Drohgebärden auf ein Eindringen in sein Revier oder einen vermeintlichen Angriff auf seine Privilegien reagiert. Bei der Ausbildung eines Familienhundes ist es deshalb notwendig, daß alle Familienmitglieder konsequent am selben Strang ziehen. Was der eine untersagt, sollten auch die anderen nicht erlauben.

Stets präzise arbeiten

Präzision ist ein weiteres Schlüsselwort. Ein geschlechtsreifer Hund sollte aufmerksam und präzise arbeiten. Es geht dabei nicht um pingeligen Ordnungswahn und Perfektionszwang, sondern wiederum um Ihren Einfluß. Je mehr Freiheiten Ihr Hund sich Ihnen gegenüber herausnimmt, desto mehr untergräbt er Ihre Autorität; darauf ist vor allem bei machtbewußten Hunden zu achten. Wenn Ihr auf Ruf herbeigeeilter, ausgebildeter Hund sich zum Beispiel nicht konzentriert mit Augenkontakt, frontal vor Ihre Füße setzt, sondern Ihnen seine Seite oder sein Hinterteil zuwendet, sollten Sie ihn umgehend korrigieren. Wahrscheinlich will er beobachten, was sich andernorts abspielt. Seine Aufmerksamkeit gilt nicht Ihnen, sondern Geschehnissen, die mit Ihnen überhaupt nichts zu tun haben (s.a. Hier!«, S. 312 ff.). Das gleiche gilt, wenn Sie Ihren Hund bei »Fuß!« gehen lassen und ihm dann das Kommando »Sitz!« geben. Setzt er sich nicht direkt neben Sie, mit seiner rechten Schulter an Ihrem linken Bein, sondern weiter entfernt oder von Ihnen abgewandt – obwohl er eigentlich weiß, wie es richtig wäre –, behält er sich selbst die Entscheidung vor, wie er die Aufgabe ausführt. Es gibt viele Hunde, die ihre Halter in dieser Hinsicht erzogen haben: Sie setzen sich irgendwohin in die Nähe, aber nicht direkt ans linke Bein. Die Halter rücken ihrem Hund daraufhin bereitwillig nach, um die Position zu korrigieren. Genau das ist aber falsch. Richtig wäre es, ihn an die gewünschte Stelle zu sich heranzuziehen (s.a. »Fuß!«, S. 317).

Präzision und Selbstkontrolle dürfen Sie allerdings nicht nur Ihrem Hund abverlangen, das gleiche gilt selbstverständlich auch für Sie: Benutzen Sie (und im übrigen alle Familienmitglieder) bei Anweisungen **stets dieselben** Worte. Es gibt viele Hundehalter, die ihren Hund mal mit »Komm!«, mit »Hier!« oder nur mit dem Namen herbeirufen. Es verwirrt den Hund in der Lernphase, wenn er unterschiedliche Worte für ein- und denselben Befehl hört, denn schließlich ist es nicht der Inhalt eines Wortes, sondern dessen Klang, den er versteht.

Ein weiterer häufiger Fehler ist das Vermischen mehrerer Anweisungen zugleich: Da wird anstelle eines klaren »Fuß!« »Hier Fuß!« oder anstelle von »Sitz!« »Komm sitz!« gerufen. Oder es wird »Platz!« gesagt, wenn eigentlich »Sitz!« gemeint ist. Viele Hundebesitzer reihen auch mehrere Aufgaben hintereinander. Sie rufen zum Beispiel »Hier!«, und weil der Hund nicht kommt, versuchen sie es mit »Platz!« oder mit »Fuß!«. Ein lernender Hund versteht aber nicht, was Sie von ihm erwarten, wenn Sie keine klaren Anweisungen geben. Richtig ist: Eine kurze Anweisung für eine Handlung. Erst wenn der Hund ausgebildet und routiniert ist, kann er nachvollziehen, was Sie von ihm verlangen, selbst wenn Sie in ganzen Sätzen mit ihm sprechen; manchmal reichen dann auch Körperbewegungen, um ihn dazu zu bewegen, eine Aufgabe auszuführen. Doch bis dahin müssen Sie viel mit ihm trainieren.

Lernen soll Spaß bringen!

Bei aller Konsequenz und Präzision während der Ausbildung, darf das spielerische Element nie verloren gehen! Der Hund soll Spaß am Lernen haben und Übungen nicht als lästige Pflicht betrachten, die er nur unter Druck ausführt. Es ist ratsam, das Training immer wieder mit Spielpausen zu unterbrechen, in denen der Hund toben und sich bei Such-, Zerr- und Wurfspielen entspannen kann (s.a. »So spielen Sie richtig mit

Ihrem Hund«, S. 276). Das gilt vor allem für Junghunde. Jede Ausbildungsstunde sollte aber mit einer kurzen Übung enden. Wird die Lektion nämlich mit wilden Spielen abgeschlossen, vergißt der Hund das Gelernte schneller. Besonders wichtig ist es, Übungen positiv abzuschließen. Wenn Sie merken, daß die Konzentration Ihres Hundes nachzulassen beginnt, sollten Sie mit einer Aufgabe abschließen, die er schon gut beherrscht. Im Idealfall hören Sie mit dem Üben auf, solange Ihr Hund noch voll konzentriert ist. Vermeiden Sie unbedingt zu unterbrechen, nachdem er etwas falsch gemacht hat. Wenn Sie die Übungszeit abschließen, nachdem Sie Ihren Hund getadelt haben und während Sie selbst frustriert sind, kann ihm das schnell die Freude am Lernen verderben. Falls eine Übung mal nicht so richtig klappen will, sollten Sie nicht krampfhaft darauf bestehen, daß Ihr Hund sie korrekt ausführt. Gehen Sie vielmehr ohne viel Aufhebens darum zu machen, zu einer Aufgabe über, die er sicher beherrscht, so daß er mit einem Erfolgserlebnis abschließen kann.

Das Maß muß stimmen

Eine weitere grundlegende Regel bei der Ausbildung von Hunden lautet: Das Maß muß stimmen. Bei aller Konsequenz, die bei der Erziehung unerläßlich ist, sollte man den Hund nicht durch übermäßige Härte oder Strenge unterdrücken. Zwar soll er die Autorität seines Halters jederzeit anerkennen, gleichzeitig soll er aber auch ein gesundes Selbstbewußtsein haben. Hunde, die so streng gehalten werden, daß sie keinerlei Freiheiten mehr haben, also nicht mehr spielen und toben dürfen, können die Zusammenarbeit verweigern oder auch aggressiv werden. Ausbildungsmethoden, die ausschließlich auf Schmerzausübung aufbauen, sind irgendwann kontraproduktiv. Es gibt Ausbilder, die ihre Hunde durch die gnadenlose Anwendung von Stachelhalsbändern so sensibilisieren, daß diese

»ihre Aggression in den Boden treten«. Auch diese Hunde sind bei der Arbeit scheinbar begeistert: Sie wedeln mit der Rute und schauen ständig angespannt zu ihrem Ausbilder hoch. Diese Hunde werden dahingehend erzogen, daß sie ausschließlich auf ihn und dessen zum Training eingesetzten Ball fixiert sind. Der Bezug ist so stark, daß sie sogar andersgeschlechtliche Artgenossen angreifen würden, um in der Nähe ihres Gebieters zu sein. Dazu kommt meistens, daß sie isoliert im Zwinger gehalten und nur zum Üben herausgeholt werden. Dankbar freuen sie sich über jeden Kontakt. Wer seinen Hund unter diesen Bedingungen ausbildet, interessiert sich vermutlich mehr für Siegertrophäen als für den Hund. Mit natürlicher Hundehaltung und Zuneigung zum Tier haben solche Methoden jedenfalls nichts zu tun.

Gemeinsam trainieren ist sinnvoll

Im allgemeinen ist es für Hundehalter und besonders für Anfänger sinnvoll, sich zu Beginn der Ausbildung in Hundeschulen, Vereinen oder bei Hundetrainern beraten und anleiten zu lassen. Vor allem, wenn Sie einen schwierigen Hund haben, mit dem Sie nicht allein fertig werden, ist es empfehlenswert, sich rechtzeitig von kompetenten, anerkannten Fachleuten unterstützen zu lassen. Überprüfen Sie bei der Auswahl eines Ausbilders jedoch genau, in wessen Hände Sie sich begeben: Viele vermeintliche Fachleute arbeiten mit inakzeptablen Methoden. Oft ist die Anleitung auf Hundeplätzen und in Vereinen dilettantisch oder sogar verkehrt. Es gibt noch immer Trainer, die altmodische Erziehungsmaßnahmen wie zum Beispiel Schlagen, an den Ohren ziehen, Einsperren oder Futterentzug anwenden. Um Ausbilder, die mit Elektroschockhalsbändern arbeiten, sollten Sie einen weiten Bogen machen.

Fragen Sie Ihren Tierarzt nach Adressen von Ausbildungsplätzen, und sehen Sie sich mehrere an, bevor Sie sich für einen entscheiden. Dies sind einige Anhaltspunkte, die Ihnen weiterhelfen könnten: Gefällt Ihnen der Umgangston der Ausbilder? Dürfen die Hunde vor den Übungen miteinander spielen? Toben auch ältere Hunde mit oder werden sie größtenteils von der Hundegruppe ferngehalten, weil sie durch falsche Erziehung bereits asozial geworden und »verdorben« sind? Arbeiten die Hunde mit Freude, ist ihr Körper locker und schwingt ihre Rute wedelnd mit, oder sind sie lustlos, ängstlich und laufen in geduckter Haltung mit eingeklemmter Rute? Wie ist das Zahlenverhältnis Trainer: Hundeführer? Haben die Trainer überhaupt Zeit, konzentriert auf die einzelnen Halter und Hunde einzugehen? Sind sie hilfsbereit, was Ratschläge angeht? Wie wirken die Hunde der Ausbilder, und was können sie? Benehmen sich deren Hunde nur auf dem Hundeplatz gut, oder sind sie auch privat sehr umgänglich? Wird in diesem Verein nur stur auf die Erziehung geachtet oder auch auf das Wesen, Verhalten und auf die Haltung der Hunde? Ein gutes Kriterium für die Auswahl ist auch, ob die Hunde bei der Übung »Platz!« gelobt werden. Wenn dem so ist, können Sie dieser Ausbildungsstätte gleich wieder den Rücken kehren, denn dort wird nicht professionell gearbeitet. Der Grund: Die Position »Platz!« bedeutet für den Hund eine natürliche Unterwerfung – auch bei wildlebenden Hunden und Wölfen ist das Zu-Boden-Legen eine Demutsgeste gegenüber überlegenen Artgenossen. Generell ist ein Lob in unterlegener Demutspose unangebracht: Erst holt man den Hund ins »Sitz!«, bevor man ihn für die korrekte Ausführung lobt.

Ein wesentlicher Vorteil von guten Hundetrainingsplätzen ist, daß dort viele Hunde gleichzeitig spielen und gemeinsam ausgebildet werden. Gerade in Gegenwart von Artgenossen sollte ein Hund lernen, zu gehorchen. Viele Hundehalter meinen, ihr Hund sei fabelhaft erzogen, weil er im eigenen Garten folgsam alle Anweisungen befolgt. Doch Hunde sollten in jeder Situation und unter allen Umständen mit ihrer Bezugsperson kooperieren. Erst dann sind sie tatsächlich richtig erzogen.

Bei schlechten Hundeplätzen kann die Tatsache, daß viele Hunde aufeinandertreffen, allerdings auch ein Nachteil sein, denn auf Hundeplätzen suchen auch Menschen mit Problemhunden Rat. Werden diese Halter nicht richtig angeleitet und ihre oft aggressiven Hunde nicht kontrolliert, kann das auch das Verhalten der anderen Hunde auf dem Platz nachteilig beeinflussen.

Die Erziehung und Ausbildung eines Hundes ist keine einmalige Angelegenheit, die nach einer bestimmten Zeit abgeschlossen ist. Manche Hunde müssen bis an ihr Lebensende erzogen werden oder suchen Stimulation durch immer wieder neue Übungen und Aktivitäten. Das gilt besonders für intelligente, neugierige oder schwierige Hunde.

So lernt Ihr Hund, Sie zu respektieren

Das Rezept für eine gute Beziehung besteht bekanntermaßen aus einer starken Mixtur aus gegenseitiger Zuneigung und Respekt. Das gilt nicht nur für Menschen, sondern auch für die Beziehung zwischen Mensch und Hund. Ein harmonisches Zusammenleben ist möglich, wenn Ihr Hund Sie respektieren kann. Mit Respekt ist hier Anerkennung, Verehrung und Toleranz gemeint, nicht Scheu und Angst. Erst wenn Ihr Hund Sie als Bezugsperson respektiert, kann die Ausbildung wirklich gelingen. Es geht darum, einen guten Kontakt zu ihm herzustellen, damit Sie beide wissen, was Sie voneinander erwarten und worauf Sie sich verlassen können. Je besser Sie miteinander kommunizieren, desto enger und harmonischer wird ihre Beziehung sein. Um das zu erreichen, müssen Sie beide lernen, die

Sprache des anderen zu verstehen und richtig auf seine Signale zu reagieren. Wichtig ist, daß Sie Ihren Standpunkt klarmachen, damit Ihr Hund versteht, was er darf und was untersagt ist. Hunde brauchen Grenzen (→ S. 35 ff.) und die Möglichkeit, sich anzulehnen. Denn erst, wenn sie die souveräne Führung durch eine geliebte Bezugsperson spüren, fühlen sie sich geborgen und wohl.

Ein friedliches, verständiges Zusammenleben hat vor allem mit Rücksichtnahme und einem höflichen, aufmerksamen Umgang miteinander zu tun. Die Schule des guten Benehmens wie sie auch unter Menschen gelten sollte, ist im wildlebenden Wolfsrudel eine Selbstverständlichkeit. Nur wenn sich alle voneinander abhängigen Mitglieder an eine Ordnung mit klaren Regeln halten, hat das Rudel eine Chance zu überleben. Höflichkeit ist keine Frage gesellschaftlichen Zwangs, sondern die Basis eines würde- und respektvollen Umgangs mit der Umwelt. Es gilt als höflich, anderen Menschen an Türen den Vortritt zu lassen; älteren Menschen einen Platz im vollen Bus abzutreten; zuvorkommend auf die Bitten anderer zu reagieren. Ebenso höflich und rücksichtsvoll sollte Ihr Hund sich benehmen. Aber auch Sie sollten ihn als Individuum respektieren, auf seine Bedürfnisse eingehen und ihn freundlich behandeln.

Es gibt einige Verhaltensmaßnahmen, die Ihnen helfen können, sich den nötigen Respekt Ihres Hundes zu verschaffen. Ob und unter welchen Umständen Sie diese Maßnahmen anwenden, liegt in Ihrem Ermessen. Entscheidend ist dabei der Charakter des Hundes: Bei sehr durchsetzungsfähigen, machtbewußten Hunden sollten eventuell alle Regeln zum Tragen kommen; bei sehr anpassungsbereiten, leicht führbaren Hunden bedarf es oft weniger, um Anerkennung zu finden. Bei besonders schwierigen Hunden, die erste Anzeichen von Aggression erkennen lassen, ist es ratsam, Rat und Unterstützung bei anerkannten Fachpersonen zu suchen. Vielleicht sind sie durch mangelhafte Zucht, falsche Prägung oder schlechte Erfahrungen so unzugänglich geworden, daß man durch die gängigen Methoden nichts erreicht. In diesem Fall muß man die Ursachen für das Fehlverhalten des Hundes erforschen und unter Anleitung Dritter darauf reagieren, um Eskalationen zu vermeiden, die gefährlich werden könnten. Ängstliche und sehr dominante Hunde bedürfen einer besonders souveränen Führung.

Damit Ihr Hund Sie respektieren und Ihren Standpunkt verstehen kann, sollten Sie in jeder Situation beherrscht, ruhig und gelassen bleiben. Um ihn kontrollieren zu können, müssen Sie auch sich selbst unter Kontrolle haben. Wütende Gefühlsausbrüche, Geschrei, unsensible, ungehemmte oder (latent) gewalttätige Maßnahmen mindern Ihr Ansehen beim Hund, der Ihnen in diesen Momenten aus Furcht zwar gehorchen mag, aber keinen positiven Respekt für Sie empfindet. Konsequent und unnachgiebig müssen Sie sein, wenn es um die Ausführung von Anweisungen oder um Verbote geht. Der Hund sollte Untersagtes unterlassen und Aufgaben zu allen Zeiten sofort und präzise ausführen (→ S. 261). Das Zusammenspiel von Stimme (möglichst sonor und bestimmt), Körperhaltung (möglichst stolz und aufrecht) und Augen (möglichst auffordernd und selbstbewußt, aber freundlich blickend) verraten, wie überlegen Sie wirklich sind. Lernen Sie die Körpersprache Ihres Hundes, und übernehmen Sie Verhaltensweisen, die er verstehen kann:

- Drehen Sie den Hund bei der Fellpflege oder beim Kraulen gelegentlich sanft auf den Rücken in die *Demutsposition*. Diese Methode können Sie auch anwenden, wenn sich Ihr Hund widersetzt, in unerhörter Weise aufbegehrt oder wenn er etwas Ernsthaftes angestellt hat: Packen Sie ihn am Nackenfell, drehen Sie ihn auf den Rücken und stellen Sie sich über ihn; dabei schütteln Sie ihn am Fell im Bereich der Kehle und sehen ihm direkt in die Augen (s.a. S. 289). Bei aggressiven Hunden ist von dieser Unterwerfungsgeste jedoch dringend abzuraten, denn es könnte für Sie gefährlich werden.

- Eine etwas mildere Rüge, vor allem für einen Welpen oder Junghund, besteht darin, ihn am Nackenfell oder vorne am Fell an seiner Kehle (mit dichtem Augenkontakt) hochzuziehen und kräftig zu schütteln. Seien Sie dabei nicht zu zimperlich, der Hund kann durchaus mal kurz fiepen: Hündinnen gehen mit ihren kessen Welpen auch nicht gerade sanft um.

- Steigen Sie gelegentlich über Ihren liegenden oder stehenden Hund, allerdings nur, während der »Platz!«-Übung, sonst sollte man ihn einfach beiseiteschieben.

- Legen Sie ab und zu unvermittelt Ihre Hand auf seinen **Nasenrücken**, aber unbedingt sanft und ohne zu drücken. Der Griff über den Fang ist ein typischer Bestandteil der Hundesprache: Hunde demonstrieren ihre Dominanz, wenn sie den Fang des unterlegenen Hundes in ihr Maul nehmen – ohne dabei zu beißen.

- Sie können Ihren Hund ebenfalls durch **Augenkontakt** kontrollieren. Starren Sie ihn intensiv an und sagen Sie rechtzeitig »Nein!«, wenn Sie ahnen, daß er im Begriff ist, etwas Verbotenes zu tun. Sehen Sie ihn darüber hinaus auch in ganz normalen Situationen immer wieder mal freundlich an, solange, bis er unterlegen wegsieht. Auch diese Geste ist Hunden aus ihrer eigenen Sprache wohl bekannt. Hunde fixieren Artgenossen mit ihren Augen als Zeichen ihrer Überlegenheit und als Drohgebärde (s.a. S. 38 u. S. 191). Es heißt, man solle Hunden niemals in die Augen starren, denn das sei eine Provokation und Bedrohung. Das ist durchaus richtig, wenn es sich um fremde Hunde handelt! Aus demselben Grund sollte man den Kopf eines fremden Hundes auch nicht mit der Hand von oben herab anfassen, sondern ihn nur von unten her am Hals streicheln. Das gilt allerdings nicht für Ihren eigenen Hund, der diese Gesten aus Respekt für Sie akzeptieren sollte. Sehr aufsässigen Rüden sollte man übrigens nicht die Brust oder den Bauch kraulen, denn dadurch erzeugt man bei ihnen jene angenehmen Empfindungen, die sie sonst ausschließlich in einer überlegenen Pose – nämlich beim Zeugungsakt – erfahren.

- Eine weitere Maßnahme, wie Sie Ihre Dominanz gegenüber Ihrem Hund deutlich machen können, besteht darin, ihn hin und wieder körperlich zu bedrängen. Wenn er zum Beispiel bei »Fuß!« geht und Ihnen immer einige Schritte voraus, ungeduldig nach vorne strebt, dann drängen Sie ihn mit Ihrem linken Bein zur Seite, indem Sie eine scharfe Linkskurve machen. Niemals sollten Sie sich von Ihrem Hund wegdrängen oder anrempeln lassen. Reagieren Sie sofort, indem Sie ihn Ihrerseits mit Ihrem Körper beiseite schieben.

Vom ersten Moment, in dem Ihr Hund – sei es ein Welpe oder schon ein erwachsener – erstmals Ihr Haus betritt, sollten Sie streng wie eine Gouvernante und gütig wie ein Weiser über sein Leben bestimmen. Wenn Sie Ihren Wohnort mit dem Neuankömmling betreten, gehen Sie vor und laufen alle Zimmer ab. Der Hund soll Ihnen folgen – nicht umgekehrt – und dabei sein neues Heim inspizieren. Machen Sie ihm bei jedem Anlaß umgehend deutlich, was er darf und was er nicht darf. Das erreichen Sie durch **Lob und Korrektur** (→ S. 282).

- Füttern Sie ihn immer erst, nachdem Sie selbst gegessen haben. Nehmen Sie ihm zur Übung kurz die Futterschüssel oder den Kauknochen weg, um zu testen, ob er das zuläßt. Falls er knurrt, schütteln Sie ihn kräftig mit »Pfui!« am Nackenfell und wiederholen die Übung, bis er wieder freundlich ist. Falls Sie hier besondere Schwierigkeiten mit einem aufsässigen, älteren Hund haben, ist es empfehlenswert, ihm sein Futter ein bis vier Wochen lang nur noch häppchenweise direkt aus der Hand zu geben und zwar immer in Verbindung mit Aufgaben (z.B. »Sitz!« oder »Hier!«), die er zuvor erfüllen muß. Der Hund lernt dadurch, daß er sich mit Ihnen als Futterquelle gut stellen muß.

Nachdrücklich können Sie sich auch Respekt verschaffen, indem Sie vor den Augen Ihres Hundes genüßlich ein Stück Brot, Käse oder Wurst verspeisen! Erst wenn der letzte Happen in Ihrem Mund verschwunden ist, füttern Sie ihn – natürlich mit seinem eigenen Futter. Es ist wichtig, daß nicht Ihr Hund darüber entscheidet, was in seinen Futternapf kommt! Diese Entscheidung bleibt allein die Ihre. Es kann passieren, daß ihm eine bestimmte Futtermarke nicht bekommt, in diesem Fall sollten Sie das Futter wechseln. Lassen Sie es aber nicht zu einer Situation kommen, in der Ihr Hund nur noch Wurstbrote oder andere Leckereien frißt und sein reguläres Futter stehen läßt. Notfalls müssen Sie ihn gnadenlos hungern (auf keinen Fall aber dursten) lassen, bis er sein Fressen wieder akzeptiert. Seinen Futternapf sollten Sie auch nicht zu lange stehen lassen, sondern nach etwa zehn Minuten entfernen, unabhängig davon, ob er gefressen hat oder nicht. Der Hund soll die von Ihnen festgelegten Futterzeiten akzeptieren und sich in seinem Freßverhalten disziplinieren.

• Der Hund muß auch die **Körperpflege**, das Bürsten des Fells und Reinigen der Zähne und Ohren, über sich ergehen lassen. Bringen Sie ihm das von Anfang an bei, indem Sie ihn schon als Welpen behutsam, aber entschieden an diese Pflege gewöhnen, und lassen Sie nicht ihn entscheiden, wann das Kämmen ein Ende hat.

Bei Hunden, die insgesamt ein ausgeprägtes dominantes und für Sie problematisches Verhalten zeigen (→ S. 206 ff.), ist es wichtig, einige Grundregeln noch genauer einzuhalten:

• Lassen Sie Ihren Hund nicht auf **erhöhte Plätze** wie etwa Sofas, Sessel, Betten oder hochgelegene Treppenstufen – vor allem nicht, wenn Sie ihn dort nicht mit Sicherheit wieder herunterholen können, sobald Sie es wünschen. Knurrt oder schnappt er von seinem Podest nach Ihnen, ist es höchste Zeit, ihn von dort herunterzuholen. Falls Sie sich an Ihren Hund in dieser Situation nicht herantrauen oder sogar fürchten müssen, gebissen zu werden, so kippen Sie das Sofa oder den Sessel um. Eine andere Möglichkeit besteht darin, am Hund eine Leine zu befestigen, bevor er seinen Lieblingsplatz aufsucht, so daß Sie ihn daran herunterziehen können. Verbarrikadieren Sie gegebenenfalls seine bevorzugten Plätze, um sie ihm abzugewöhnen und weitere Konfrontationen mit ihm zu vermeiden. Üben Sie in diesem Fall zunächst unbedingt die »Unterordnung« in einfacheren Situationen. Wenn Sie einen dominanten Hund haben, der Ihre Autorität respektiert, so können Sie ihm durchaus erlauben, sich einen bestimmten erhöhten Platz auszusuchen. Entscheidend ist jedoch, daß Sie jederzeit in der Lage sind, ihn ohne Konflikt von seinem Ruheplatz herunterzuholen. Sie sind es, der bestimmt, ob und wie lange er dort liegen darf.

- Die Wahl des Sitz- oder Liegeplatzes sollte Ihnen als Respektsperson vorbehalten bleiben. Setzen Sie sich deshalb durchaus auch mal in den Korb des Hundes oder auf seine Decke, um Ihren Anspruch deutlich zu machen. Lassen Sie auch nicht zu, daß der Hund **strategisch wichtige Stellen** im Haus erobert und beliebig belagert. Er sollte also keine Türen, Durchgänge oder Treppenabsätze blockieren, so daß niemand mehr an ihm vorbeigehen kann. Falls Ihr Hund im Weg liegt, muß er weichen; keinesfalls sollten Sie sich in Ihrer Bewegungsfreiheit von ihm behindern lassen. Rempeln Sie ihn also ruhig mal an, oder öffnen Sie entschlossen die Schrank- oder Zimmertüren vor denen er liegt, damit er Platz macht.

- Ein machtbewußter Hund, der sich bereits viele Privilegien erkämpft hat, sollte beim Hinausgehen auch **nicht als erster**

über die Türschwelle gehen. Er darf nicht vor Ihnen durch Engpässe toben oder die Treppe hinaufrasen, sondern er soll Ihnen stets den Vortritt lassen. Lassen Sie ihn konsequent absitzen und warten, oder drängen Sie sich bewußt vor. Auch beim Einsteigen ins Auto sollte der Hund warten, bis Sie ihm dazu das Signal bzw. den jeweiligen Befehl geben; das gleiche gilt fürs Aussteigen. In der Regel sollte der Hund als erster ein- und als letzter aussteigen.

- Egal, wie klein er ist, Ihr Hund sollte nicht an der **Leine ziehen** oder bestimmen, wo und wie lange Sie stehen bleiben oder sogar die Richtung Ihres Spaziergangs beeinflussen. Bringen Sie Ihm bei, locker an langer Leine und »bei Fuß« mit Ihnen zu laufen (→ S. 317 ff.). Achten Sie darauf, daß er bei unangeleintem Spaziergang in Ihrem Umkreis bleibt, bringen Sie ihm bei, auf Ruf zu kommen und verbieten Sie ihm zu jagen (s. a. S. 310 f., S. 312, S. 338 f., S. 361 f.).
- Wenn Ihr Hund dazu neigt, zu streunen und stundenlang fort zu bleiben, so mangelt es ihm an Respekt für Sie und die Beziehung ist gestört. Arbeiten Sie wie hier beschrieben daran, sich Autorität gegenüber Ihrem Hund zu verschaffen, und beschäftigen Sie ihn ausreichend durch tägliches Training und abwechslungsreiche Spaziergänge.
- Falls ihr Hund in Ihrer Anwesenheit nach seinem Geschäft **mit den Hinterpfoten scharrt**, rucken Sie kurz und knapp an der Leine oder unterbrechen Sie ihn scharf mit Worten.
- Einem sehr durchsetzungsfähigen Hund sollten Sie auch nicht gestatten, allzuhäufig zu **markieren**: Schränken Sie seinen Territorialanspruch ein, indem Sie ihn an der Leine weiter ziehen. Falls Ihr Hund Sie wiederholt anpinkelt – eine starke Dominanzgeste –, so pinkeln Sie nach Möglichkeit zurück oder unterwerfen Sie ihn stattdessen, indem Sie ihn auf den Rücken drehen.
- Seien Sie auch beim **Spielen** mit dem Hund Respektsperson. Anfang und Ende eines Spiels sollten jederzeit Sie bestim-

men und nicht er. Ignorieren Sie ihn, wenn er Sie zum Spielen auffordert, und warten Sie stattdessen auf einen Moment, in dem Sie die Initiative zum Toben ergreifen wollen. Falls Sie Zerrspiele mit einem Seil, Ast oder Ring mit ihm machen, sollten Sie sicher sein, daß Sie immer gewinnen können (→ »So spielen Sie richtig mit Ihrem Hund«, S. 276). Nehmen Sie Ihrem Hund das Spielzeug anschließend immer ab und verwahren Sie es bis zur nächsten Spielrunde. So vermeiden Sie, daß er seine Spielsachen triumphierend als Beute behält.

• War Ihr Hund eine Zeitlang allein zu Haus, sollten Sie sich bei der **Begrüßung** beherrschen. Bleiben Sie nüchtern und gelassen, während Sie hoheitsvoll die Ehrerbietungen Ihres Hundes entgegennehmen. Ihr Hund ist es, der bei der Begrüßung auf Sie zukommt, nicht umgekehrt. Das gilt auch, wenn Sie ihm morgens nach dem Aufstehen erstmals wieder begegnen. Er würde Sie unter Umständen nicht für voll nehmen, wenn Sie die Begrüßung einleiten würden und dabei auch noch überschwenglich wären. Ihren Vierbeiner beeindruckt es mehr, wenn Sie sich vom Wiedersehen mit ihm unbeeindruckt zeigen.

• Wenn Sie Besuch bekommen, sollte der Hund nicht der erste sein, der ihn begrüßt. Er sollte geduldig warten, bis Sie Ihre **Gäste** in Empfang genommen haben, dann erst ist er an der Reihe. Natürlich darf bzw. soll der Hund bellen, wenn jemand an der Haustür klingelt oder klopft. Doch sobald Sie ihn auffordern, mit dem Bellen aufzuhören, sollte er Ihnen folgen. Tut er es nicht, bellt er vielleicht sogar noch, während Sie Ihrem Besuch Einlaß gewähren, fühlt er sich offensichtlich weiter bemüßigt, Sie zu verteidigen – ein Zeichen dafür, daß er sich als Leittier für Sie verantwortlich fühlt. Extreme Formen kann dies annehmen, wenn der Hund Besuchern den Zugang zum Haus verwehrt.

• Auch ununterbrochenes Gebelle im Auto oder ein ungebremster **Verteidigungstrieb** kann ein Zeichen dafür sein, daß Ihr Hund Ihnen nicht genügend Respekt entgegenbringt, sondern sich als Autoritätsquelle betrachtet. Korrekturen in der Erziehung (→ s. a. S. 348 und S. 353 f.) und gegebenenfalls auch körperliche Rügen (→ »Konditionierung, Korrektur, Belohnung und Strafe«, S. 281) sind dann angebracht.

* Schenken Sie Ihrem Hund auch nicht immer gerade dann **Beachtung**, wenn er darum bittet. Sie bestimmen, wann er etwas bekommt und wann er etwas tun darf, egal, ob ihm zu dem von Ihnen gewählten Zeitpunkt der Sinn danach steht oder nicht. Dazu zählen besonders Streicheleinheiten oder Belohnungshappen, Spaziergänge, der Einlaß in bestimmte Räume oder in den Garten.

Wenn Sie sich konsequent und dauerhaft an die hier genannten Empfehlungen halten, sollte Ihr Hund Sie respektieren können. Vergessen Sie jedoch auch nicht, regelmäßig mit ihm zu trainieren und ihn ausreichend zu beschäftigen. Dann sollten Sie keine Probleme mit ihm haben. Falls Sie allerdings dennoch nicht weiterkommen, wäre es ratsam, eine Fachperson zu Rate zu ziehen, die Ihre Beziehung zu Ihrem Hund unter die Lupe nimmt und Ihnen entsprechende Handlungsweisen empfiehlt. Mitunter ist es hilfreich, neue Impulse zu bekommen, um eingeschliffene Verhaltensmechanismen, die Ihnen vielleicht gar nicht bewußt sind, mit der Unterstützung neutraler Außenstehender zu durchbrechen.

So spielen Sie richtig mit Ihrem Hund

Spielen ist ein essentieller Bestandteil der Sozialisierung jedes Hundes; für seine Erziehung und Ausbildung ist es unerläßlich. Das Spiel ist vor allem eine Verhaltensschule: Hier werden dominante und unterwürfige Gesten einstudiert. Spielerisch erfährt der Welpe seine Stärken und Schwächen, und er lernt, wie weit er gegenüber Artgenossen und Menschen – seinem sozialen Umfeld – gehen kann. »Es ist der Prozeß, bei dem die Konsequenzen aggressiver Interaktionen gelernt werden« (McNutt, Boggs: Running Wild). Beim Spiel probt der Hund Angriff und Verteidigung, Jagen und Beutemachen sowie das Ringen um einen Geschlechtsgenossen.

In der Beziehung zwischen Halter und Hund schafft das gemeinsame Spiel eine solide Grundlage. Es ist ein Geben und Nehmen, eine Kommunikation und Interaktion. Auch beim Spiel sind deutliche Grenzen und klare Spielregeln Voraussetzung. Viele Erziehungsschritte lassen sich vom Halter in Spiele einbauen, dadurch lernt der Hund mit Spaß, und er verbindet mit der Erziehung gleichzeitig etwas Positives. Besondere Fähigkeiten können gefördert, negative Veranlagungen zurückgedrängt werden. Hunde, deren Spieltrieb im ersten Lebensjahr anspruchsvoll, anregend und intensiv gefördert wird, bewahren sich die Lust am Spiel oft bis ins hohe Alter. Das Bedürfnis zu spielen und bestimmte Vorlieben der spielerischen Beschäftigung sind bei Hunden unterschiedlich ausgeprägt und hängen von Charakter, Rasse und Temperament ab. Mindestens jedoch bis sie erwachsen sind, haben alle Hunde, es sei denn, sie sind krank oder gestört, einen natürlichen Spieltrieb.

Grundregeln des Spiels

Spielen Sie von Anfang an viel mit Ihrem Hund und lassen Sie ihn gleichermaßen mit vielen anderen Hunden verschiedener Rassen, Größe und Altersgruppen toben. Das Spiel mit Ihnen sollte für Ihren Hund aber stets wichtiger sein, als das mit Artgenossen. Beim Spiel sind eine Reihe von Grundregeln als erzieherische Maßnahmen zu beachten.

Erstens: Sie initiieren das Spiel, und Sie beenden es. Nicht der Hund entscheidet, wann und wie lange gespielt wird, sondern Sie. Beobachten Sie die Kommunikation zwischen einem Junghund und einem erwachsenen Hund. Der Junge wird um den älteren Hund herumspringen und ihn zum Spiel auffordern. Der Erwachsene jedoch entscheidet, ob er das Angebot in diesem Moment annehmen möchte und wie lange das Spiel dauert. Ihr Hund muß es also auch hinnehmen, wenn Sie »Aus!« sagen. Lassen Sie sich von diesem Moment an nicht weiter von ihm bedrängen oder penetrant Bälle oder Stöckchen zwischen die Füße legen. Ignorieren Sie ihn.

Die zweite Regel lautet: Am Ende des Spiels sollten stets Sie gewinnen! Lassen Sie den Hund seine »Beute«, zum Beispiel einen Stock oder einen Ball, nicht davontragen und behalten. Es könnte ihm den Eindruck vermitteln, er sei der Stärkere von Ihnen beiden. Nehmen Sie ihm das Spielzeug ab – hierbei läßt sich das »Aus!« sehr gut üben (→ S. 316) –, und legen Sie es bis zur nächsten Spielstunde weg. Doch verderben Sie Ihrem Hund nicht die Lust am Spielen: Geben Sie während des Spiels gelegentlich nach, tun Sie so, als hätten Sie den Kürzeren gezogen, und lassen Sie ihn das Spielzeug stolz davontragen. So behält er das Interesse daran, seine Kräfte spielerisch mit Ihren zu messen.

Zeigen Sie Ihrem Welpen, wo die Grenzen beim Balgen liegen. Packt er mit seinen Zähnchen zu fest zu, so lassen Sie ruhig ein grelles, hochtöniges »Autsch!« hören, oder schütteln Sie ihn sogar am Nackenfell (→ »Konditionierung, Korrektur, Belohnung und Strafe«, S. 282).

Beim Rangeln und Tollen sollten Aufreiten und Anspringen grundsätzlich tabu sein, da sich diese Verhaltensweisen rasch zu dominanten Gesten entwickeln können. Greift der Hund Ihnen mit dem Fang über die Hand, so ist das im Rahmen eines Spiels akzeptabel – legen Sie als Antwort Ihre andere Hand sanft von oben um seinen Fang. Nicht akzeptabel ist diese Geste allerdings in jeder anderen alltäglichen Situation: Der Hund demonstriert damit Überlegenheit!

Gestatten Sie ihm auch nicht, Kindern oder Tieren (zum Beispiel Katzen oder Vögeln) hinterherzujagen. Das Jagen ist eine Veranlagung des Hundes, die ausschließlich im Rahmen einer Jagdhundeausbildung unter Anleitung gefördert werden sollte.

Überanstrengen Sie einen jungen Hund nicht zu sehr, lassen Sie ihn keine höheren Sprünge vollbringen, und jagen Sie ihn keinesfalls über hohe Hindernisse (Gliedmaßen schonen).

Von diesen Grundregeln abgesehen, sind der Phantasie keine Grenzen gesetzt. Lassen Sie sich etwas einfallen und fordern Sie Ihren Hund auf, mitzumachen. Manche Spiele wollen tatsächlich auch erst geübt sein, wie etwa das Apportieren von Bällen, Stöckchen oder Frisbees. Hunde wollen naturgemäß ihre Beute behalten und müssen erst lernen, sie zu Ihnen zu bringen und auf »Aus!« abzugeben. Variieren Sie bei Apportierspielen Ihre Ballwürfe: mal nach rechts, nach links, geradeaus, in die Höhe und auf den Boden. Geben Sie Ihrem Hund keinesfalls normale Tennisbälle – sie machen die Zähne kaputt – und keine zu kleinen oder zu weichen Bälle, die sich zusammendrücken lassen – er könnte sie verschlucken. Gänzlich ungeeignet als Spielzeug sind Luftballons, und auch von Steinen ist abzuraten, denn sie zerstören die Zähne. Vorsicht beim Gebrauch von Stöckchen. Sie sollten nicht zu lang, zu kurz oder zu spitz sein – es besteht die Gefahr, daß der Hund sie sich bei einer ungeschickten Bewegung oder an einem Hindernis ins Maul rammt. Hundegerechtes Spielzeug finden Sie im Fachhandel. Einem durch viel Bewegung stark überhitzten Hund sollten Sie nie kaltes Wasser zu trinken geben – dies kann zu einem Kreislaufkollaps führen. Manche Hunde können ihre Kräfte nicht richtig einschätzen und würden spielen, bis sie umfallen: Spätestens, wenn die Zunge dunkelrot bis blau anläuft, gilt es, sofort einzuhalten! Das Spiel mit Ihnen, mit Gegenständen und mit anderen Hunden sollte sich idealerweise die Waage halten. Achten Sie darauf, daß Ihr Hund nicht einseitig »spielsüchtig« wird. Es gibt viele Hunderassen, deren Jagd- und Beutetrieb so stark ist, daß sie sich mit der Zeit nur noch auf ihr Apportl – ihren Ball oder ein Stöckchen – stürzen, und nichts anderes mehr im Sinn haben. Halter mit Hunden, die leidenschaftlich gerne apportieren, machen es sich häufig sehr leicht. Anstatt ihren Vierbeiner auch anderweitig zu fordern oder ihn gar zu erziehen, beschäftigen sie ihn ausschließlich damit, Gegenstände oder Lieblingsspielzeuge zurückzubringen. Bald hat der Hund seinen Halter »dazu erzogen«, auf Anforderung stets zu werfen. Das Spiel kann dann fast zur Neurose werden. Je häufiger der Hund Wurfspiele spielt, um so fitter wird er und um so mehr Bewegung braucht er – ein Teufelskreis.

Wenn Sie merken, daß Ihr Hund beginnt, Artgenossen nicht mehr zu beachten, weil er immerzu darauf wartet, daß Sie seinen Lieblingsball werfen; wenn er Sie unablässig forsch fordernd anbellt und sogar daheim Ihre Gäste und vielleicht auch fremde Spaziergänger im Park bedrängt, mit ihm zu spielen, so wäre es an der Zeit, etwas dagegen zu unternehmen. Entfernen Sie sein Lieblingsspielzeug und ignorieren Sie ihn, wenn er Ihnen ein Stöckchen bringt. Versuchen Sie, ihn abzulenken: Rangeln Sie zum Beispiel mit ihm, spielen Sie Verstecken oder was immer Ihnen sonst noch in den Sinn kommt. Vor allem aber sollten Sie ihn intensiv mit Übungen wie z.B. »Sitz!«, »Platz!«, »Bleib!« (→ »Die Übungen«, S. 308) beschäftigen.

Ein gut trainierter, erwachsener Hund sollte seine über-schüssige Energie abbauen können: Fahren Sie mit ihm Fahr-rad, nehmen Sie ihn zum Joggen mit, lassen Sie ihn schwimmen, oder machen Sie ausführliche Wanderungen. Erst wenn Sie merken, daß Ihr Hund beginnt, sich für seine Umgebung zu interessieren und nun auch mit anderen Hunden wieder spielt, können Sie hin und wieder ein Apportl werfen, aber nur noch in Maßen! Umgekehrt genauso: Wenn er nur noch mit anderen Hunden spielen will, sollten Sie auch das reduzieren und selber wieder mehr mit ihm spielen und viel unternehmen, damit Sie aufs neue interessant für ihn werden.

Spielideen

Viele Hunde lieben es, Fußball zu spielen. Sie springen um ihren Halter herum, lauernd, in welche Richtung das runde Ding fliegen könnte. Wenn der Halter schießt, jagen sie dem Ball hinterher und bringen ihn zurück. Nehmen Sie dazu einen festen Fußball aus Leder, und lassen Sie gerade soviel Luft her-aus, daß der Hund reinbeißen kann, um ihn zu tragen.

Auch von Zerrspielen sind die meisten Hunde begeistert. Verwenden Sie ein Seil, einen geflochtenen Baumwollknoten, einen Lappen oder einen Stock. Der Hund zieht an einem, Sie am anderen Ende.

Für gemeinsamen Spaß sorgen auch Versteckspiele. Lassen Sie den Hund sitzen und mit »Bleib!« (→ S. 314f.) warten. Ver-stecken Sie sich hinter einem Baum, einem Verschlag oder Busch und rufen dann leise seinen Namen oder »Komm!« (→ S. 311f.). Wenn er Sie gefunden hat, können Sie ihn gele-gentlich mit einem Hundekeks belohnen.

Renn- und Jagdspiele sind gleichermaßen amüsant. Dabei

sollten aber nicht Sie den Hund jagen und mit ausgebreiteten Armen auf ihn zuspringen, während er sich Ihnen nähert: Das könnte später das richtige Ausführen von »Komm!« und »Hier!« erschweren. Laufen Sie dem Hund stattdessen weg, so daß er hinter Ihnen herrennen muß, um Sie zu fangen. Bei großen und schweren Hunden sollten Sie beim Toben auf Ihre Beine achten: Im Falle eines unbeabsichtigten Zusammenstoßes kann leicht ein Gelenkband reißen oder ein Knochen brechen!

Geeignete Spiele für Kinder und Hunde

Überlassen Sie Ihren Hund niemals unbeaufsichtigt jüngeren Kindern, gleichgültig wie jung oder klein er ist. Schon die spitzen, kleinen Zähnchen eines verspielten Welpen können ein Kind verletzen. Kleine Kinder kennen zudem kein Maß im Umgang mit Tieren, sie müssen das erst lernen. Sie neigen dazu, Hunde an der Rute und an den Ohren zu ziehen oder sich mit ihrem ganzen Gewicht auf sie zu werfen. Ein Welpe oder zarter Hund kann sich dabei nicht nur verletzen: Bei zu grober Mißhandlung kann es auch sein, daß er sich im Erwachsenenalter irgendwann dafür rächt oder Kinder im allgemeinen ablehnt. Zudem sollte ein heranwachsender Hund beim Spiel mit Kindern nicht merken, daß er vielleicht der Stärkere ist: Der Hund könnte sich bald überlegen fühlen. Sie sollten deshalb auch nicht gestatten, daß der Hund beim Toben auf liegende Kinder springt oder mit ihnen Zerrspiele spielt.

Auch von Fang-mich-Spielen ist abzuraten, denn das kann den Beuteinstinkt des Hundes wecken: Er würde wahrscheinlich versuchen, die rennenden Kinder mit seinen Zähnen zu packen, und die Situation könnte schnell eskalieren. Vor allem großwüchsige Hunde können Kinder im Eifer des Gefechts umrempeln und ihnen schmerzhafte Prellungen, Zerrungen oder Knochenbrüche zufügen. Am besten spielen Kinder mit ihrem Hund Fußball oder Wurfspiele. Vorsicht aber bei Hunden, die so übermütig dem Ball hinterher sind, daß sie ungestüm nach den Kinderarmen schnappen, um an das Spielzeug zu gelangen. Erst wenn Kinder älter und vernünftig genug sind, um einen Hund zu kontrollieren, kann man sie allein mit ihm spielen lassen (→ »Verhaltensmaßregeln für Kinder«, S. 390).

Konditionierung, Korrektur, Belohnung und Strafe

Es ist erstaunlich, wie viele Menschen zu altmodischen Methoden greifen, wenn es darum geht, einen Hund zu bestrafen. Da wird der Hund mit der Leine, einer zusammengerollten Zeitung oder der Hand geschlagen oder am Ohr gezogen. Auch Gerten, Spazierstöcke und andere Gegenstände kommen zum Einsatz. Manche Halter schreien maßlos, treten ihren Hund mit den Füßen, sperren ihn stundenlang in eine dunkle Kammer oder entziehen ihm tagelang sein Futter. Diese Maßnahmen zeigen, daß die Halter hilflos und überfordert sind. Anders als Katzen, die mit den Pfoten hauen, kennen Hunde das Schlagen in ihrer Körpersprache nicht. Und auch die anderen drakonischen Strafen können sie nicht verstehen. Schläge tun Hunden zwar weh und führen dazu, daß sie sich scheinbar schuldbewußt ducken. Die einzige Wirkung dieser Strafe ist jedoch, daß sie Angst vor ihrem Halter bekommen und ihn mehr als feindliche Übermacht, denn als vertrauenerweckende Respektsperson betrachten.

Viele Hundehalter strafen ihre Hunde nicht nur mit falschen Mitteln, sondern auch oft zum falschen Zeitpunkt. Falsch ist zum Beispiel, den Hund zu bestrafen, wenn er allein zu Hause war und die Wohnung verwüstet hat. Wenn der Halter nach Hause kommt, hat der Hund die Tat schon vergessen und verbindet die Strafe mit der Heimkehr des Halters. Auf diese Weise kann schnell ein Teufelskreis entstehen. Das Alleinsein bedeutet für den Hund Streß. Daher knabbert er Teppiche und Möbel an. Wird er bei der Heimkehr seines Halters bestraft, steht er beim nächsten Alleinbleiben noch mehr unter Streß, da er weiß, daß sein Halter wiederkommen und ihn abermals bestrafen wird. Je mehr der Hund unter diesem Streß steht, desto mehr wird er die Wohnung zerstören. Nur durch die richtige Art der Bestrafung zum richtigen Zeitpunkt kann ein Hund lernen, was er darf und was nicht (wie Sie Ihrem Hund abgewöhnen, die Wohnung zu zerstören, erfahren Sie in Kapitel »Korrekturen«, S. 336).

Hunde lernen durch Konditionierung

Solange Ihr Hund noch unerzogen ist und bestimmte Lernschritte nicht kennt, wird er zwangsläufig Fehler machen; er muß sie sogar machen, damit Sie ihn korrigieren oder loben können. Denn einzig anhand Ihrer Reaktionen kann der Hund lernen, zwischen richtigen und falschen Handlungen zu unterscheiden, und verstehen, was Sie von ihm erwarten. Indem Sie ihm regelmäßig und prompt auf erwünschte und unerwünschte Taten eine Antwort geben, konditionieren Sie ihn. Das Prinzip der »klassischen Konditionierung« hat der russische Physiologe Iwan Pawlow (1849–1936) definiert. Jedesmal, wenn Pawlow seinen Test-Hund fütterte, läutete er eine Glocke. Beim Anblick des Fressens lief dem Hund vor Appetit umgehend der Speichel aus dem Maul. Alsbald reichte schon der Reiz des Läutens allein, um den Speichelfluß des Hundes in Gang zu setzen. Der Hund war darauf konditioniert, das Läuten der

Glocke mit Futter in Verbindung zu bringen, so daß er nach einiger Zeit sogar heftig auf die Glocke reagierte, wenn das Futter selbst gar nicht vorhanden war.

Unter Konditionierung versteht man also einen Mechanismus, bei dem nach ausreichender Gewöhnung ein Reiz einen Reflex auslöst. Eben dieser Zusammenhang wirkt auch bei der Erziehung Ihres Hundes. Belohnt man den Hund jedesmal ausgiebig, wenn er eine Aufgabe richtig ausgeführt hat, lernt er schnell, ein bestimmtes Kommando mit einer Handlung zu verknüpfen, weil er merkt, daß dies mit etwas Positivem verbunden ist.

Man macht sich bei der Erziehung die Impulse des Hundes zunutze. Will man ihm beispielsweise das »Sitz!« beibringen, stellt man sich mit der gefüllten Futterschüssel vor den Hund und hebt sie soweit über seinen Kopf, bis er sich von allein setzt, um sie noch sehen zu können. Genau in diesem Moment sagt man »Sitz!« und belohnt den Hund mit seinem Futter. Wiederholt man diesen Ablauf regelmäßig, wird der Hund das Wort »Sitz!« (= Reiz) bald mit der Handlung sich hinzusetzen (= Reaktion) verknüpfen. Er lernt, daß die Ausführung der Aufgabe belohnt wird (er bekommt etwas zu fressen). Allmählich sagt man dem Hund dann »Sitz!«, ohne ihn anschließend mit Futter zu belohnen.

Unter Hunden wird Fehlverhalten zwar unverzüglich korrigiert, richtiges Verhalten wird aber nicht weiter beachtet. Eine Mutterhündin schüttelt ihre fiependen Welpen, die gegen den Verhaltenskodex verstoßen haben oder zu aufmüpfig waren, gnadenlos am Nacken. Ihre Korrektur kommt zuverlässig und ohne Verzug und ist so perfekt bemessen, daß der Welpe die Lektion unmißverständlich lernt, aber nicht verletzt ist. Wir Menschen hingegen haben die Möglichkeit, den Lernprozeß zu verkürzen, indem wir bei richtiger Ausführung einer Aufgabe loben und bei falscher korrigierend eingreifen. Dabei ist wichtig zu beachten, daß Korrekturen nicht weh tun dürfen. Sie müssen klar verständlich sein, also am besten aus dem Verhaltensrepertoire der Hunde stammen, und sie müssen unangenehm sein, damit der Hund vom falschen Verhalten auch wirklich abläßt.

Der richtige Lernablauf

Wenn Sie Ihrem Hund etwas beibringen wollen, sollten Sie folgenden Ablauf befolgen:

- Ihr Hund muß zunächst lernen, was Sie mit einer Aufforderung von ihm verlangen. Geben Sie ihm anfangs noch viele Hilfen und korrigieren Sie ihn sanft, bis er versteht, was er bei einem bestimmten Wort zu tun hat.
- Die Verbindung eines Wortes (Befehl) mit der daraufhin zu erfolgenden Ausführung muß sich dem Hund nun einprägen. Üben Sie täglich regelmäßig mit ihm. Ihre Hilfen sollten nun langsam aufhören, korrigieren Sie den Hund aber weiter.
- Sobald der Hund die Verknüpfung des Befehls und der Ausführung verstanden und sich eingeprägt hat, sollten Ihre Hilfen entfallen. Korrigieren Sie den Hund nun strenger, wenn er die Aufgabe nicht oder nicht richtig ausführt, z.B. durch Leinenruck oder durch Schütteln am Nackenfell (→ S. 290 f.). Es gilt, von Fall zu Fall zu unterscheiden und abzuwägen, ob Sie korrigierend, lobend oder schließlich strafend einschreiten sollten.
 Es gibt Ausbildungsrichtungen, die darauf aufbauen, den Hund bei guter Leistung zu belohnen, bei Fehlverhalten dagegen schlicht zu ignorieren. Hunde, die sich auf diese Weise erziehen lassen und gut lernen, müssen schon kleine Genies sein. Stellen Sie sich vor, Ihr Hund frißt bei Spaziergängen regelmäßig vom Boden. Ignorieren Sie ihn nun, wird der Hund in seiner Handlung nur bestärkt, zumal es für ihn natürlich ist, Freßbares vom Boden aufzunehmen. Auf den

Moment, in dem er irgendwann einmal eine verlockende
Wurstpelle liegen läßt, so daß Sie ihn loben können, können
Sie bis zum Nimmerleinstag warten.

Ihr Hund lernt vor allem durch Korrektur

Den Hund bei der Erziehung konsequent zu korrigieren, ist genauso wichtig, wie ihn ausgiebig zu loben, wenn er etwas richtig
gemacht hat. Manche Hundehalter haben Hemmungen, ihren
Vierbeiner zu korrigieren oder gar zu strafen. Sie scheuen sich
davor, ihn fest anzupacken oder zu schütteln. Die meisten
Hunde sind jedoch robuster und weniger empfindlich, als ihre
Halter meinen. Zaghaftigkeit hat wenig Wirkung. Es ist gewiß
besser, sich konsequent durchzusetzen und dem Hund während
des Trainings ab und zu ein angemessenes Unbehagen zu verschaffen als später mit den Folgen einer mangelnden Erziehung
zurechtkommen zu müssen.

Korrekturen müssen unangenehm sein, denn nur so ist der
Hund bestrebt, Fehler zu vermeiden. Den Ruck mit der Leine
(→ S. 304f.) können Sie bei vielen Übungen als Korrektur einsetzen: z.B. wenn Sie Ihrem Hund beibringen, bei »Fuß!« zu gehen, wenn er aus der »Fuß!«-Übung heraus unerlaubt auf einen
anderen Hund zustürzen will, wenn er lernen soll, niemals eine
Straße zu überqueren, bevor Sie ihm das Kommando »Fuß!« gegeben haben, wenn er begreifen soll, die Grenzen Ihres Grundstücks nicht zu übertreten und nicht vom Boden zu fressen.

In schwierigen Fällen, beispielsweise bei besonders »dickfel-
ligen« und durchsetzungsfähigen Hunden, können Sie zur Korrektur mitunter auch eine Wurfkette einsetzen. Die Wurfkette
(→ S. 306f.) soll dem Hund keine Schmerzen zufügen, sondern
ihn lediglich durch Gerassel und durch die Berührung erschrecken. Falls Sie Ihren Hund zum Beispiel rufen, er sich
aber weigert zu kommen, so können Sie sich anpirschen und die

Kette auf ihn werfen. Just in diesem Moment müssen Sie Ihre Anweisung sofort wiederholen. Bei den meisten Hunden reicht es bald schon, nur mit der Kette zu rasseln, um sie an ihre Aufgabe zu erinnern.

Positive Verstärkung durch Belohnungen

So wichtig wie die Korrekturen sind auch Belohnungen und positive Bestärkung. Sie sind notwendig, um die Lernbereitschaft zu fördern. Entscheidend ist dabei das richtige Maß der Belohnung. Viele Hundehalter belohnen ihre Hunde entweder viel zu selten, viel zu oft oder zu langsam und nicht freudig genug. Wenn der Hund Lob zu selten erfährt, haben richtige Handlungen für ihn wenig Wert. Wozu soll er sich anstrengen, wenn keine Reaktion kommt? Und woher soll er überhaupt wissen, ob er sich richtig verhalten hat? Umgekehrt verliert die Belohnung an Bedeutung, wenn sie undifferenziert und im Übermaß angeboten wird. Es gilt, den lernenden Hund bei gleichzeitiger Korrektur solange zu bestärken, bis er verstanden hat, was Sie von ihm verlangen. Wichtig ist, daß Sie sofort loben. Je schneller Sie loben, desto rascher wird auch der Hund das nächste Mal reagieren. Er erahnt das Lob schon gespannt und führt die Aufgabe flüssig durch. Ihre Hand sollte bereits da sein, wenn er sich zum Beispiel auf »Sitz!« gerade setzt. Ein kurzes, hohes und unter Spannung gesagtes »Ja« in derselben Sekunde kann die Übung sehr unterstützen.

Sobald die Lektion sich Ihrem Hund eingeprägt hat, sollte Lob nur noch spärlich kommen. Im allgemeinen wird auch zu viel mit den sogenannten »Leckerli« gearbeitet. Kleine Happen können zur Konditionierung durchaus eingesetzt werden, sie sollten aber nicht zum Hauptpfeiler der Erziehung werden, so daß der Hund nur deshalb kooperiert, weil er auf einen Belohnungshappen aus ist.

Folgendes ist eine wichtige Grundregel: Belohnen Sie Ihren Hund niemals in der »Platz-Position«. Das »Platz!« ist für den Hund grundsätzlich eine unterwürfige Position, die Sie als Disziplinierungsmaßnahme oder Überlegenheitsgeste einsetzen können. Es wäre ein Widerspruch, den Hund in dem Moment zu loben, in dem er sich auf Anforderung im »Platz!« demütig gibt. Holen Sie ihn erst ins »Sitz!« hoch, und loben Sie ihn dann ausreichend.

Lob sollten Sie allem voran durch Streicheleinheiten und durch die Tonlage Ihrer Stimme ausdrücken. Die Art des Körperkontakts sollte dem Hund individuell angepaßt sein: Manche Hunde, meist eher Hündinnen, empfinden kräftiges Klopfen als unangenehm. Sie mögen lieber sanft gekrault werden. Machtbewußte Rüden sollte man dagegen nicht an der Brust klopfen, denn in diesen Genuß kommen sie sonst nur beim Paarungsakt, in einer erhabenen Position. Es empfiehlt sich auch nicht, sehr selbstbewußte Hunde zum Lob oben am Kopf zu streicheln oder zu klopfen. Der Hund empfindet das als dominante Geste seines Halters, die eher etwas von Demütigung als von Lob hat. Klopfen Sie ihn stattdessen am Schulterblatt, oder streicheln Sie ihn an der Seite des Kopfes oder der Schnauze. Animieren Sie Ihren Hund auch stets durch ermunternde Worte; sprechen Sie in etwas höherer Stimmlage, mit Nachdruck und Freude. Während Sie mit ihm üben, können Sie ihm Ihre Anerkennung für seine Bemühungen durch kurze Spieleinlagen zeigen. Für einen gefüllten Futternapf oder eine Massageeinheit strengen die meisten Hunde sich ebenfalls gerne an.

Auch Strafe muß mal sein

Wenn Sie Ihren Hund von Anfang an durch Korrektur und Lob konsequent konditioniert haben, dürften strafende Aktionen später nur selten oder gar nicht vonnöten sein. Ist Ihr Hund jedoch besonders lernunwillig, widerspenstig oder temperamentvoll, so werden Sie um eine Strafe gelegentlich nicht herumkommen. Ein Hund sollte nur gestraft werden, wenn Sie ihm im voraus bereits ausgiebig gezeigt haben, was Sie von ihm erwarten, und er sich von Ihrer (vielleicht zu milden) Korrektur nicht beeindrucken läßt. Das Maß der Strafe sollte sich nach dem Schweregrad des »Verstoßes« richten. Darüber hinaus ist es wichtig, sich sensibel auf den individuellen Charakter des Hundes einzustellen und ihn entsprechend härter oder sanfter zu strafen. Es gibt überempfindliche Hunde, die sich nach einer deftigen Bestrafung den restlichen Tag mit eingekniffener Rute zurückziehen – in diesem Fall wäre beim nächsten Mal eine mildere Strafe angebracht –, und es gibt sehr selbstbewußte Hunde, die durch zu harte Bestrafung noch bockiger oder sogar aggressiv werden. Hunde, die schon als Welpe sehr streng für alle Unarten bestraft wurden, können auch »abhärten«. Es liegt an Ihnen, herauszufinden, wie robust Ihr Hund ist und welche Strafe seiner Konstitution entspricht.

Vermeiden Sie unter allen Umständen die am Anfang des Kapitels geschilderten Methoden: Sie führen zu einem Vertrauensbruch und belasten die Beziehung zu Ihrem Hund. Strafen, die den Hund seelisch brechen, sind tabu! Im folgenden erfahren Sie, wie Sie Ihren Hund richtig strafen:

• Milde Form der Bestrafung – Der Griff über den Fang.

Hierbei legen Sie Ihrem Hund sanft von oben die Hand über die Schnauze. Das ist eine für den Hund natürliche Geste, die er aus seiner Sprache als Dominanzverhalten überlegener Artgenossen kennt. Diese Strafe ist angebracht, wenn Ihr Hund zum Beispiel ein wenig zu forsch oder zu aufmüpfig gewesen ist.

Eine weitere Form, den Hund zu bestrafen, ist ihn zur Disziplinierung ins »Platz!« zu legen. Voraussetzung ist natürlich, daß der Hund diese Übung bereits beherrscht. Lassen Sie ihn dort solange warten, bis Sie ihm erlauben, wieder aufzustehen. »Platz!« ist für den Hund eine unterwürfige Position, die er in der richtigen Situation durchaus als Rüge empfindet. Angebracht wäre diese Bestrafung zum Beispiel, wenn Ihr Hund aus der »Fuß!«-Übung ausgebrochen ist, um zu spielenden Hunden zu eilen. Holen Sie ihn dort ab und legen Sie ihn in der Nähe einige Minuten ins »Platz!«. Er wird das Warten als sehr unangenehm empfinden. Machen Sie anschließend einige »Fuß-Übungen« mit ihm, bevor Sie ihm schließlich erlauben, mit den anderen Hunden zu spielen.

• Strenge Bestrafung – Am Nacken schütteln.

Packen Sie Ihren Hund mit einer Hand fest bei seinem Nackenfell und schütteln Sie ihn kräftig hin und her. Sie können ihn dabei auch mit den Vorderläufen vom Boden hochziehen. Bei großen Hunden nimmt man zum Schütteln beide Hände. Manche Hunde reagieren auf diese Strafe stark, andere weniger. Keine Sorge, wenn Ihr Hund fiept, das heißt nur, daß er die Strafe verstanden hat; lassen Sie dann von ihm ab. Sollte er dieselbe Missetat, für die Sie ihn eben bestraft haben, gleich wieder begehen, haben Sie nicht kräftig genug geschüttelt. Packen Sie sich den Hund unverzüglich wieder, und schütteln Sie ihn aufs neue. Diese Maßnahme ist besonders angebracht, wenn Ihr Hund etwas Unerlaubtes tut, vor allem etwas, was er sich keinesfalls angewöhnen sollte. Wenn er zum Beispiel Essen stiehlt, einem Vogel hinterherjagt oder einen Müllsack zerfetzt.

Aber aufgepaßt: Viele selbstbewußte Junghunde schütteln die Rüge ihrer Halter anschließend sofort wieder wie nasses

Wasser ab, womit sie deutlich machen, daß sie von der Bestrafung unbeeindruckt geblieben sind. Packen Sie den Hund dann sofort nochmal beim Fell, und schütteln Sie ihn abermals, damit er Sie auch ernst nimmt. Sollte er jedoch im selben Moment, in dem er sich Ihre Strafe abschüttelt, auf Sie zugelaufen kommen, so ignorieren Sie ihn. Denn das Auf-Sie-Zukommen muß für ihn immer etwas Positives bleiben.

• Totale Unterwerfung – Der Wurf auf den Rücken.

Dies ist die demütigendste körperliche Strafe. Zu diesem Mittel sollten Sie vor allem dann greifen, wenn Ihr Hund sich Ihnen gegenüber besonders respektlos verhalten, eine schwerwiegende Tat begangen und einen Narren aus Ihnen gemacht hat. Packen Sie ihn am Nackenfell und drücken Sie blitzschnell mit derselben Hand auf seinen Widerrist, während Sie mit der anderen Hand eine Vorderpfote hochziehen. Dadurch verliert er das Gleichgewicht und geht zu Boden. Drehen Sie ihn sofort auf den Rücken, stellen Sie sich über ihn und ergreifen Sie sein Fell an der Kehle, das Sie heftig hin und her schütteln sollten. Sie können den Hund dabei ruhig etwas vom Boden hochziehen. Der Hund hat die Geste erst dann vollständig akzeptiert, wenn er die Vorderbeine hochzieht, die Pfoten abknickt, den Kopf abwendet und Ihrem Blick ausweicht. Falls er herausfordernd zurückstarrt oder versucht, sich aus der Rückenlage herauszuwinden, bedrängen Sie ihn weiter, indem Sie sein Gesicht in die Nähe des Ihren ziehen, ihm tief in die Augen starren und ihn (mit »Pfui!«) weiter schütteln. Vorsicht mit dieser Strafmaßnahme bei aggressiven, bissigen Hunden! Vermeiden Sie gegebenenfalls diese Form der Strafe, um die Situation nicht zu verschärfen. Holen Sie sich besser Unterstützung bei einer Fachperson.

Selbstverständlich ist es auch notwendig, den Hund, wann immer nötig, gleichzeitig verbal zu rügen. Schreien Sie nicht –

291

denn auch ewiges Schreien kann abhärten –, sondern sagen Sie mit strenger und tiefer Stimme »Nein!«, »Pfui!« oder ähnliches.

Es bedarf des Fingerspitzengefühls, das Wechselspiel zwischen Belohnung, Korrektur und Strafe zu beherrschen, um einen Hund richtig zu konditionieren. Bei leicht führbaren Hunden reicht oft ein gelegentliches forsches »Nein!« und ausgiebiges Lob. Bei schwierigen und machtbewußten Hunden ist dagegen meist mehr Druck nötig. Bei allen genannten Techniken müssen Sie angemessen, fair, beherrscht, sensibel und prompt handeln. Das beeindruckt den Hund am meisten und bringt den größten Erfolg.

Bedarfsartikel für die Ausbildung

Die Industrie für Heimtierbedarf boomt. Jährlich geben die Deutschen allein für Bedarfsartikel für Hunde über zweihundert Millionen Mark aus: Ausbildungszubehör, Pflegeartikel, Spielzeug und Hundekleidung, alles, was man so braucht oder zu brauchen glaubt. Die Auswahl an Halsbändern, Leinen und sonstigem Ausbildungszubehör ist reichhaltig. Sei es aus Leder, Baumwolle, Nylon oder Stahl, ob einfarbig oder bunt, jede erdenkliche Variante ist zu haben. Doch während es eine Frage des individuellen Geschmacks ist, ob man seinen Hund mit einem grellfarbig-glitzernden Schmuckhalsband oder eher mit der schwer beschlagenen, breiten Rambovariante ausstattet, ist die Entscheidung für das richtige Ausbildungszubehör in bezug auf die Erziehung wichtig.

Zahlreiche Ausbildungsartikel sind ebenso teuer wie nutzlos – oder sogar schädlich für den Hund. Die Nachfrage nach diversen Hilfsmitteln ist deshalb so groß, weil viele Hunde nicht richtig erzogen sind und zum Beispiel durch Ziehen an der Leine Probleme machen. Obwohl die meisten störenden Verhaltensweisen durch natürliche, erzieherische Maßnahmen zu korrigieren wären, wählen viele Menschen künstliche Korrekturmittel, die teuer sind, oft aber nicht zum Erfolg führen. Wer seinen Hund von Anfang an richtig erzieht, wird nicht mehr als eine gewöhnliche Leine und ein normales Halsband oder Brustgeschirr benötigen.

Halsband, Brustgeschirr und Leinen

Welpen und zierliche Hunde sollten anstelle eines Halsbands an einem schlichten **Brustgeschirr** geführt werden. Das schont ihre Halsmuskulatur und den Kehlkopf. Es gibt auch Geschirre für erwachsene und große Hunde, doch die sind nur sinnvoll, wenn der Hund leinenführig ist. Erfahrungsgemäß hängen sich Hunde, die stark an der Leine ziehen, besonders gerne »ins Geschirr«, ein Effekt, der – außer bei Schlittenhunden – nicht erwünscht ist.

Sobald Ihr Welpe aus dem Geschirr herausgewachsen ist – das ist eine Frage von Wochen – sollten Sie ein geeignetes **Halsband** besorgen. Da der Hund noch nicht ausgewachsen ist, empfiehlt es sich, übergangsweise ein preisgünstiges Lederhalsband zu kaufen oder ein verstellbares Nylon-Halsband, das mitwächst. Halsbänder und Leinen aus Nylon sind sehr widerstandsfähig und haben den Vorteil, daß man sie in der Waschmaschine waschen kann. Nylon-Halsbänder halten allerdings einen Biß in den Nacken in der Regel nicht ab, und die Leinen können unangenehm in der Hand scheuern. Auch Kettenhalsbänder und Leinen aus Metall sind in der Handhabung von Nachteil.

Bei einem ausgewachsenen Hund ist ein doppelt genähtes Lederhalsband am empfehlenswertesten: Es ist nicht nur vom Material her am schönsten, sondern es hält notfalls auch einen

Hundebiß ab. Auch eine **Leine** aus weichem Leder ist beim täglichen Gebrauch am angenehmsten. Gerade während der Ausbildung, wenn Sie vielleicht häufiger an der Leine rucken müssen, macht es einen Unterschied, ob Sie die scharfen Kanten einer billig verarbeiteten Nylonleine oder schmeichelndes Leder in der Hand halten.

Prüfen Sie sowohl beim Halsband als auch bei der Leine die Verarbeitung: Auf die Nähte und die Festigkeit des Leders sowie den Karabinerhaken, den Verschluß am Leinenende, kommt es an. Die zarten »Dackelleinen« neigen dazu, nach mehrmaligem Gebrauch ihre Farbe zu verlieren, an den Nähten aufzuplatzen oder sogar zu reißen. Karabinerhaken sind oft aus zwei Teilen zusammengepreßt, weshalb sie schon bei geringen Belastungen auseinanderspringen. Haltbarer sind Haken aus einem Stück Messing. Ausschlaggebend für die Anschaffung sollte nicht der Preis, sondern die Stabilität sein. Es kostet letztendlich mehr, wenn Sie qualitativ schlechte Produkte immer wieder durch neue ersetzen müssen!

Kurzführleinen sind etwa 30 bis 45 Zentimeter lang und sollen dazu dienen, den Hund dicht »bei Fuß« laufen zu lassen. Sie taugen allerdings nur etwas, wenn der Hund diese Übung bereits perfekt beherrscht, denn den Leinenruck (→ S. 304 f.) kann man damit nicht korrekt durchführen. Mit einer Kurzführleine neigen Hundehalter schnell dazu, ihren ziehenden Hund »aufzuhängen«, denn die Leine steht ständig unter Spannung, was manche Hunde auf die Dauer aggressiv machen kann.

Fährtenleinen aus Nylon sind zehn Meter lang und werden üblicherweise bei Jagdhunden auf Schweißsuche benutzt. Sie können auch bei Apportier- und Herbeikomm-Übungen unterstützend wirken (ein leichter Ruck genügt meist, um den Hund zu sich zu holen). Fährtenleinen haben jedoch zwei gravierende Nachteile: Sie verheddern sich leicht und verbrennen die Haut an den Händen, falls die Schlaufe nicht richtig festgehalten wird, wenn der Hund plötzlich losrennt.

Häufig in Gebrauch sind die **Roll-Automatik-Leinen**, die bis zu zehn Meter lang sind. Der Hund kann sich dabei bis zum Ende der Leine bewegen und durch automatisches Aufrollen wieder herangeholt werden. Nützlich können diese Leinen sein, wenn man zum Beispiel beim Apportieren aus größerer Entfernung durch leichten Ruck auf den Hund einwirken oder wenn man mit ihm das »Hier!« (→ S. 312) einüben will. Andere Übungen lassen sich damit nicht gut trainieren, vielmehr besteht die Gefahr, den Hund zum Ziehen an der Leine zu erziehen – schließlich lernt er bei diesem System, daß er weiter laufen kann, wenn er vorwärts drängt und dabei nach und nach die ganze Leine aus dem Gehäuse zieht. Rennt der Hund zu schnell und heftig ans Leinenende, fällt mitunter das Plastikgehäuse, in dem die Rolle liegt, auseinander. Außerdem kann sich der Hund trotz des Aufrollsystems leicht in der Leine verheddern. Roll-Automatik-Leinen empfehlen sich daher nur bei unerzogenen Hunden, die auf Ruf nicht kommen. Mit Hilfe der Leine behält der Halter die Kontrolle über seinen Hund, und dieser kann viel freier laufen als an einer kurzen Leine.

Wenig empfehlenswert bei der Erziehung sind **Würgehalsbänder**, gleichgültig ob aus Metall, Leder oder Nylon. Im allgemeinen werden sie eingesetzt, wenn Hunde stark an der Leine ziehen. Diese Halsbänder ziehen sich auf Zug zusammen und sollen dem Hund die Luft abdrücken, so daß er aufhört, an der Leine zu zerren. Meist hat das jedoch die gegenteilige Wirkung: Der Hund legt sich erst recht ins Zeug, spürt Anlehnung und gewinnt den Eindruck zu führen. So mancher Hund hängt sich mit voller Kraft in den Würger hinein, Quetschungen im Halsgewebe können die Folge sein. Der erzieherische Einfluß durch den Leinenruck (→ S. 304 f.) ist beim Würger nicht gegeben, weil der Ruck zwangsläufig ins Leere geht. Falls Sie bereits einen Würger haben, können Sie ihn auch ohne den würgenden Effekt benutzen, indem Sie die beiden Ringe des Halsbands am Karabinerhaken der Leine befestigen, so daß es sich nicht mehr zuziehen kann. Achten Sie darauf, daß das Halsband nicht zu groß ist und über den Hundekopf rutscht. Wenn dem so ist, könnten Sie versuchen, einen der beiden Ringe mit einem Kettenglied am anderen Ende des Halsbands zu verbinden. Erhältlich sind auch eine Reihe von **Würgermodellen mit begrenztem Zug**, die ebenfalls nicht sehr geeignet sind, dem Hund das Ziehen an der Leine abzugewöhnen: Auch bei diesen Modellen geht der Leinenruck, während das Halsband sich zusammenzieht, verloren.

Prinzipiell abzuraten ist von **Stachelhalsbändern**, die »dezent« auch als »Schüttel-Ruck-Halsbänder« bezeichnet werden. Diese Halsbänder sind aus mehreren Metallgliedern zusammengesetzt, die nach innen gebogene Krallen haben; gleichzeitig haben sie einen begrenzten würgenden Effekt. Die Krallen sollen beim Leinenruck den züchtigenden Fanggriff der Mutterhündin am Nacken des Welpen imitieren. Tatsächlich können diese Halsbänder aber Schmerzen verursachen und zu erheblichen Verletzungen führen, vor allem dann, wenn besonders rabiate Hundehalter die Krallen mit einer Feile anspitzen! Die Erziehung mit Hilfe von Stachelhalsbändern baut auf direkte Schmerzeinwirkung auf. Allzu leichtfertig greifen Halter zu dieser Methode, in der Annahme, ihr Hund sei schwierig und bedürfe dieser rigorosen Einflußnahme. In den meisten Fällen aber ist das völlig überflüssig, und das Problem wäre durch ein schlichtes Halsband und den korrekt ausgeübten Leinenruck zu beseitigen. Bei häufigem Gebrauch des Stachelhalsbandes reiben dessen Krallen unablässig am Hals des Hundes hin und her. Dadurch bildet sich langsam eine Hornhaut, die die Wirkung des Halsbandes auf Dauer mindert. Spielende Hunde können sich zudem mit ihren Zähnen am Stachelhalsband verletzen, denn Hunde greifen besonders gerne mit ihrem Maul in die Halsgegend ihres Spielpartners. Falls einem Hund beim Spiel durch das Halsband Schmerz zugefügt wird, könnte die negative Erfahrung ihm die Freude am Toben nehmen. Besonders groß ist die Verletzungsgefahr für spielende Artgenossen, wenn Halter ihrem Hund das Halsband verkehrt herum, mit den Stacheln nach außen, anlegen.

Weit verbreitet ist mittlerweile auch der Gebrauch des **Elektroschockhalsbandes**, über das der Hund bis zu einer Entfernung von fünfhundert Metern durch Pfeif-Laute und unterschiedlich starke Stromschläge erreichbar ist. Zweck der Erfindung ist, daß der Hund im selben Augenblick, in dem er sich unerwünscht verhält – zum Beispiel, wenn er einem Radfahrer oder Hasen hinterherjagt – bestraft werden kann. Eine Methode, die, korrekt angewandt, wirksam sein kann, gleichwohl aber grausam ist und bei manchem Assoziationen von Folterpraktiken hervorruft. Befürworter führen an, sie hätten die Stromschläge des Geräts an sich selbst ausprobiert und diese nicht als quälerisch empfunden. Dem mag so sein, wenn man innerlich auf den Schlag vorbereitet ist, nicht aber, wenn er aus heiterem Himmel kommt. Viele Hunde springen vor Schreck in die Luft und schreien, wenn sie den Stromschlag verpaßt bekommen. Sie hecheln vor Aufregung oft noch lange danach. Die Stärke des elektrischen Impulses läßt sich bei Nässe, Nebel und Regen im übrigen nicht mehr einwandfrei regulieren. Die Wirkung des Elektroschockhalsbands ist noch zu wenig erforscht und sehr umstritten. Bei falscher Benutzung kann es passieren, daß der Hund den Schlag nicht mit seinem Fehler, sondern mit etwas anderem verknüpft. So löste zum Beispiel ein Hundehalter den Stromstoß versehentlich just in dem Moment aus, als ein Ast vom Baum brach – der Hund war folglich nie wieder unter Bäume zu bewegen. Der Verband für das Deutsche Hundewesen (VDH) hat den Gebrauch des Elektroschockhalsbandes in seinen Vereinen grundsätzlich verboten. Die Tatsache, daß das teure Gerät so häufig benutzt wird, zeigt allerdings, daß viele Hundehalter zwar kein Geld, aber jede Mühe scheuen, sich mit ihren Vierbeinern auf sinnvolle Weise auseinanderzusetzen.

Geschirr und Halfter

Als erzieherischer Hit wird ein **Geschirr mit Brustriemen** ange-
priesen, das Hunden das Ziehen an der Leine abgewöhnen soll.
Das Prinzip: Zwei an einem speziellen Halsband durchgeführte
Brustriemen drücken dem ziehenden Hund gegen den Brust-
korb, so daß er fast mit gespreizten Vorderbeinen weiterlaufen
müßte, um voranzukommen. Auch wenn diese Methode unmittelbar wirkt, so hat sie doch kaum einen dauerhaften Erzie-
hungseffekt. Denn bald nachdem das Geschirr durch ein normales Halsband ausgetauscht ist, wird der Hund wieder ziehen, da
er keine weitere Korrektur befürchten muß. Bei stark ziehenden Hunden können die dünnen Brustriemen aus Nylon tiefe
Schnittverletzungen verursachen.

Von kurzfristiger Wirkung ist auch das **Halfter**, das in Verbindung mit der Leine um die Schnauze des Hundes gelegt
wird. Sowie der Hund zieht, verengt sich das Halfter, übt Druck
auf den empfindlichen Nasenrücken aus und dreht den Hundekopf zur Seite. Dadurch ist der Hund gezwungen, die Richtung
zu ändern und zu seinem Halter zu blicken. Nützlich kann das
bei angriffslustigen Hunden sein, weil sie durch das Drehen des
Kopfes den Blickkontakt zum auslösenden Reiz – zum Beispiel
dem fremden Hund – verlieren. Raufer sind jedoch entweder
schlecht erzogen, oder sie sind in ihrer Jugend nicht ausreichend sozialisiert worden. Beides läßt sich durch das Halfter
nicht korrigieren, es beseitigt einzig das Symptom. Andere Erziehungsschritte wären bei diesen Hunden notwendig (→»Korrekturen«, S. 336). Im übrigen wird das Halfter von anderen
Hundehaltern oft für einen Maulkorb gehalten, mit der Folge,
daß sie ihre Hunde beiseite nehmen – und der angehalfterte
Hund durch mangelnden Kontakt zu Artgenossen immer asso-
zialer wird!

Die Wurfkette

Die Wurfkette (s.a. S. 306 f.) kann bei der Erziehung und Ausbildung eines eigenwilligen und robusten Hundes sehr nützlich
sein. Sie dient dem Überraschungseffekt, soll aber keinesfalls
weh tun – weshalb sie auch nicht schwer sein darf. Wurfketten
sind im Fachhandel erhältlich. Um sie im hohen Gras oder im
Schnee nicht zu verlieren, kann man sie durch eine bunte
Schleife kenntlich machen. Benutzen Sie anstelle der Wurfkette nie Ihren Hausschlüssel – das ist ein täglicher Gebrauchs-
gegenstand, der nicht dazu geeignet ist, den Hund zu überra-
schen, er würde später eventuell aufschrecken, wann immer Sie
den Schlüssel in die Hand nehmen, um die Tür zu öffnen. Zudem könnte der Schlüssel Schmerzen bereiten. Auch Steinchen, Münzen oder mit Nägeln gefüllte Blechdosen sind keine
geeigneten Wurfgeschosse. Sie können zu schwer sein, ausein-
anderplatzen und Platzwunden am Hundekopf verursachen.
Dringend abzuraten ist auch vom Gebrauch von Zwillen, um
einen Hund auf frischer Tat zu ertappen. Er braucht sich nur
einmal unerwartet umzudrehen, und schon hat er das Geschoß
im Auge ...

Hundepfeifen

Bei der jagdlichen Ausbildung eines Hundes werden üblicherweise Hundepfeifen eingesetzt. Sie haben meist einen Normal-
ton, mit dem der Hund herangerufen wird, und einen Trillerton,
bei dem er sich hinlegen soll. Für die gewöhnliche Hundehaltung
und -ausbildung sollten Pfeifen nicht vonnöten sein – Ihr Hund
sollte sich gar nicht erst so weit von Ihnen entfernen, daß Sie
ihn mit Ihrer Stimme nicht mehr erreichen können. Wollen Sie
dennoch mit Pfeife arbeiten, so müssen Sie dem Hund beibringen, den Pfeifton mit einer Aufgabe zu verknüpfen. Soll er zum

Beispiel auf Ton zu Ihnen kommen, so sollten Sie dies zunächst an der Leine üben. Jedesmal wenn Sie pfeifen, ziehen Sie den Hund gleichzeitig zu sich heran.

Maulkorb

Viele Halter von schwierigen, streitsüchtigen Hunden, insbesondere Rüden, legen ihnen voreilig einen Maulkorb an, in der häufig unbegründeten Angst, der Hund könne Artgenossen oder Menschen beißen. Das führt dazu, daß normal veranlagte Hunde in der Tat aggressiv gestimmt werden, da sie im Kontakt mit anderen Hunden stets frustriert werden. Falls die Hunde nicht gefährlich sind und keine Gefahr für Mensch und Tier darstellen, ist es vielmehr notwendig, sie Schritt für Schritt zu sozialisieren und auf natürliche Weise an ihre Umgebung zu gewöhnen. Ein Maulkorb richtet hier nur noch mehr Schaden an.

Finden Sie zunächst heraus, ob Ihr Hund wirklich bissig oder ob er nur sehr vorlaut und rowdyhaft ist, bevor Sie ihm einen Maulkorb anlegen. Dasselbe gilt für Hunde, die alles vom Boden fressen, was sie finden können. Auch in diesen Fällen greifen Halter schnell zum Maulkorb. Stattdessen sollten sie sich die Mühe machen, dem Hund diese Angewohnheit abzugewöhnen (→ S. 328 f.). Anders verhält es sich bei einem untherapierbar bissigen Hund: Ihm müssen sie in der Öffentlichkeit einen Maulkorb anlegen. Sobald Sie jedoch in einer Umgebung sind, in der er niemanden verletzen kann, zuhause sowieso, sollten Sie ihm den Maulkorb abnehmen.

Benutzen Sie keine schmalen Maulkörbe aus Nylon – der Hund kann bei diesen Modellen das Maul nicht öffnen und hecheln. Empfehlenswerter sind Maulkörbe aus Leder, bei denen er genug Luft holen kann. Erkundigen Sie sich im Fachhandel, denn nicht jeder Maulkorb ist sicher. Denken Sie daran, daß besonders aggressive Hunde auch noch mit Maulkorb bei jeder Gelegenheit zum Angriff übergehen. Sie können den Gegner dabei provozieren und ihn dazu zwingen, sich zu verteidigen. Wehren können sie sich allerdings nicht, die Verletzungsgefahr ist daher größer. In manchen Urlaubsländern ist das Anlegen des Maulkorbs Pflicht.

Die Ausbildung des Hundes

Respekt zwischen Halter und Hund ist wie bereits mehrfach angesprochen die Grundlage jeder Ausbildung. Ein Großteil der unten genannten Ausbildungsschritte ist nützlich für den täglichen Umgang miteinander und bildet einen Grundstock an Benimm-Regeln, die das Zusammenleben harmonisieren. Die Übungen sorgen für die Wahrung des »Hausfriedens« und machen den Hund zu einem angenehmen Sozialpartner. Nicht zuletzt dienen sie auch dazu, den Hund zu fordern und zu beschäftigen; in riskanten Situationen schützen und kontrollieren sie ihn.

Ein Begriff für eine Handlung

Die hier benutzten Worte, die der Hund lernen soll, um das auszuführen, was Sie von ihm verlangen, sind überwiegend dem allgemein üblichen Vokabular der Hundeerziehung entnommen. Sie können freilich auch andere Begriffe wählen oder sogar erfinden. Sei es auf englisch, spanisch, italienisch, arabisch oder in einer Phantasiesprache: Wichtig ist nur, daß die Worte kurz und knapp sind und sich klanglich deutlich voneinander unterscheiden. Wenn Sie ein bestimmtes Wort als Anweisung für eine Übung gewählt haben, sollten Sie dabei bleiben. Sie verwirren den Hund, wenn Sie Ihr Vokabular ständig ändern. Differenzieren Sie genau, wann Sie welche Anweisungen geben. Es gilt: Ein Begriff für eine Handlung! Schreien Sie auch nicht, es reicht, wenn Sie mit normaler Lautstärke sprechen, so als unterhielten Sie sich mit einem Freund. Später können Sie sogar flüstern. Sollte Ihr Hund nicht wie gewünscht kooperieren, ist es meist besser, ihn körperlich zu korrigieren, etwa durch Schütteln am Nackenfell (→ S. 290) oder indem Sie ihn auf den Rücken drehen, als ihn durch Geschrei harthörig zu machen. Insgesamt ist es sinnvoll, auf Dauer überwiegend mit Handzeichen zu arbeiten, wie sie unten bei den Übungen beschrieben werden (→ S. 308). Hunde haben zwar ein phänomenales Gehör, orientieren sich aber überwiegend an der Körpersprache ihres Gegenübers.

Alltägliche Handlungen mit Übungen verknüpfen

Vor allem zu Beginn der Ausbildung, wenn der Hund noch ein Welpe ist, aber auch später im Erwachsenenalter, sollten Sie viele Grundübungen mit alltäglichen Handlungen verknüpfen: Auf diesem Wege erhalten Handlungen, die der Hund selbständig ausführt, einen Namen und können später abgerufen werden. Setzt sich der Welpe etwa vor Sie hin, wenn Sie die Futterschüssel über seinen Kopf halten, dann benennen Sie die Bewegung mit »Sitz!«; kommt er auf Sie zugerannt, rufen Sie »Komm!« oder »Hier!«, wenn Sie ihn, sobald er bei Ihnen angekommen ist, frontal vor sich ins Sitzen drücken (→ »Hier!«, S. 312 ff.). Mit den meisten Übungen sollten Sie langsam und behutsam beginnen, sobald der Hund zu Ihnen nach Hause gekommen ist.

Die verbreitete Ansicht, der Hund dürfe eine neue Übung

erst lernen, wenn er die vorangegangene beherrscht, ist falsch: Sie können ihm alle Grundübungen (→ S. 321–335) gleichzeitig beibringen, allerdings ohne ihn durch endloses Üben zu überfordern. Bis zur Vollendung des sechsten Lebensmonats sollte der Hund die im folgenden geschilderte Grundausbildung absolviert haben.

Jede Übung sollten Sie durch ein bestimmtes Wort wie zum Beispiel »Lauf!« beenden oder durch eine neue Übung ablösen. Sonst erkennt er nicht, wann die Übung beendet ist, und entscheidet bald selbst, wann er aufhören möchte.

Loben Sie den Hund stets, wenn er einen Ausbildungsschritt verstanden und richtig ausgeführt hat. Lassen Sie jede Übung nach Möglichkeit mit einem Erfolgserlebnis enden, so daß sich Ihrem Hund die positive Erfahrung einprägt. Das hat eine weitaus bessere Wirkung, als wenn Sie nach viel Arbeit und Mühe erst dann aufhören, wenn der Hund bereits unkonzentriert ist und dazu übergeht, Unsinn zu machen. Brechen Sie lieber vorher ab, solange er noch gut mitmacht.

Die im folgenden aufgeführten Übungen sind nur der Grundstock einer Ausbildung. Es liegt an Ihnen, Ihrem Hund beizubringen, was für Ihr tägliches Leben wichtig ist oder womit Sie ihn beschäftigen wollen. Denkbar ist fast alles, doch passen Sie Ihre Anforderungen seiner Konstitution an: Strapazieren und überarbeiten Sie ihn nicht, lassen Sie aber auch keine Langeweile aufkommen. Das Prinzip der Ausbildung sollte sein, den Hund zur Selbständigkeit zu erziehen. Er soll im Laufe der Zeit selber entscheiden können, was in einer bestimmten Situation zu tun ist, ohne daß Sie ihm dazu eine Anweisung geben.

Wenn Hunde sehr widerspenstig und uneinsichtig sind, liegt das meist am mangelnden Respekt für ihre Halter oder an Mißverständnissen zwischen beiden. Eine Analyse der Beziehung und konsequente Schritte sind dann angebracht (→ »So lernt Ihr Hund, Sie zu respektieren«, S. 266). Grund für die Verweigerung kann allerdings auch sein, daß der Hund krank ist und Schmerzen hat. Dies herauszufinden mag einen Besuch beim Tierarzt nötig machen.

Der richtige Einsatz von Leinenruck und Wurfkette

Leinenruck

Der Leinenruck ist bei der Erziehung eines Hundes ein wichtiges Ausbildungsmittel. Vor allem, wenn Sie ihm beibringen wollen, bei »Fuß!« zu gehen, nicht vom Boden zu fressen oder das Grundstück nicht zu verlassen, können Sie ihn auf diese Weise leicht korrigieren. Der richtige Ruck will allerdings gekonnt sein. Denn Sie müssen so rucken, daß Sie den Kehlkopf des Hundes nicht verletzen. Gleichzeitig muß der Ruck aber auch so effektiv sein, daß der Hund ihn als unangenehm empfindet und bemüht ist, sich selber zu korrigieren.

Der Ruck muß blitzschnell, kurz und plötzlich sein, vergleichbar etwa mit einem vor- und zurückschnellenden Gummiband. Die größte Wirkung entsteht durch den Überraschungseffekt und den Impuls, den Sie dem Hund geben. Um seinen Kehlkopf nicht zu verletzen, sollten Sie **nie von vorne nach hinten rucken**. Stattdessen rucken Sie grundsätzlich nur von links nach rechts beziehungsweise von rechts nach links. Die Härte des Rucks hängt natürlich von der Statur des Hundes ab. Der Ruck, der für einen Bernhardiner richtig ist, würde einen Terrier vielleicht aus dem Gleichgewicht bringen. Bei einem Welpen und Junghund sollten Sie selbstverständlich nicht zu stark rucken, da seine Nackenmuskulatur noch nicht ausgebildet ist.

Am besten üben Sie den Leinenruck »trocken«, bevor Sie ihn am Hund probieren. Bitten Sie zu diesem Zweck eine andere Person, das Leinenende für Sie zu halten, oder haken Sie es an einer möglichst elastischen Stelle, wie zum Beispiel einem

Drahtzaun, fest. Halten Sie eine mittellange Leine (ungefähr 110 Zentimeter) – sie darf nicht zu kurz sein – mit beiden Händen fest in der Mitte, die Fingerknöchel weisen dabei nach oben. Ihre Hände müssen so dicht nebeneinander liegen, daß sich der linke und der rechte Zeigefinger berühren. In der Ausgangsposition sollte der Hund links bei »Fuß!« gehen. Die Leine muß sichtbar durchhängen. Ihr »Hauptruckarm« ist in dieser Stellung der rechte, die linke Hand liegt nur unterstützend an der Leine. Sobald Sie beabsichtigen zu rucken, geben Sie mit der Leine kurz in Richtung Hundehalsband nach, rucken dann vor Ihrem Bauch einmal horizontal scharf nach rechts und geben sofort wieder nach. Bei dieser Bewegung ist die Leine nur für einen Bruchteil einer Sekunde angespannt. Der Ruck soll auf die linke Halsmuskulatur des Hundes wirken, der Kehlkopf dabei aber verschont bleiben. Falls Ihr Hund rechts von Ihnen geht, ist der »Hauptruckarm« der linke, die rechte Hand liegt unterstützend an der Leine. Sie rucken horizontal von rechts nach links. Üben Sie nach der Trockenübung nun mit dem Hund – wobei Sie selbstverständlich nur rucken sollten, wenn es einen Anlaß dazu gibt (→ »Die Übungen«, S. 308).

Falls der Hund beim Rucken aus seiner Position gebracht wird, so haben Sie mehr gezogen als geruckt. Richtig ist es, wenn er auf derselben Stelle stehenbleibt und sich durch den von Ihnen gegebenen Impuls selbst korrigiert bzw. unterläßt, was er gerade vorhatte – wie zum Beispiel etwas vom Boden zu fressen. Vor allem bei großen Hunden ist es anfangs nicht leicht, den Ruck korrekt auszuführen. Probieren Sie es immer wieder, bald werden Sie ein Gefühl für die richtige Bewegung bekommen, jedenfalls spätestens dann, wenn Ihr Hund beginnt, auf die Korrektur zu reagieren und aufmerksam zu Ihnen aufblickt.

Die Wurfkette

Die Wurfkette (s.a. S.298) dient der Impulsgebung und dem Überraschungseffekt und sollte auf keinen Fall Schmerzen verursachen. Setzen Sie sie gezielt ein, wenn der Hund etwas tut, von dem er sehr wohl weiß, daß es untersagt ist. Sie sollten die Wurfkette also nicht bei Welpen einsetzen. Falls Ihr Hund auf Ruf nicht zu Ihnen kommt, falls er heimlich etwas vom Boden frißt oder unablässig bellt, immer dann, wenn Sie ihn an seine Lektionen erinnern wollen, wirkt die Wurfkette Wunder.

Die unvermittelt durch die Luft rasselnde Kette erreicht den Hund auch in einiger Entfernung und macht Sie unberechenbarer: Er muß nun stets fürchten, auf frischer Tat ertappt und korrigiert zu werden. Würden Sie zu ihm hinrennen, um ihn zum Beispiel am Nacken zu schütteln, ginge der Überraschungseffekt verloren, und außerdem könnte der Hund der Zurechtweisung entfliehen.

Auf die Kette wird er zunächst mit Gleichgültigkeit reagieren, denn er verbindet damit anfangs nichts. Sensibilisieren Sie ihn dafür, indem Sie ihn an einer langen Leine laufen lassen. Raunen Sie dem Hund nach kurzer Zeit »Hier!« oder »Komm!« zu, aber so leise, daß er es nur hört, wenn er aufmerksam ist. Falls er nicht reagiert, werfen Sie die Kette – im Idealfall treffen Sie ihn dabei am Bauch oder Hinterteil. Der Hund wird jetzt erschreckt zu Ihnen blicken. Bestärken Sie ihn nun, zum Beispiel mit »Ja« oder »Fein«, wiederholen Sie dann sofort die Anweisung, und ziehen Sie ihn umgehend in die der Anweisung entsprechende Position zu sich heran (beim »Hier!« ziehen Sie ihn frontal vor sich. Der Hund sollte sich dann sofort hinsetzen). Haben Sie das Ganze circa drei- bis fünfmal geübt, werden Sie feststellen, daß Ihr Hund lernt, die Wurfkette als Korrekturmittel ernst zu nehmen. Vergessen Sie nicht, den Hund unverzüglich zu loben, sobald er Sie aufmerksam ansieht und sich auf Sie zubewegt.

Sobald Sie erreicht haben, daß Ihr Hund auf die Wurfkette reagiert, setzen Sie sie ein, wann immer es nötig ist, das heißt vor allem, wenn der Hund nicht in Ihrer unmittelbaren Reichweite oder durch die Leine direkt mit Ihnen verbunden ist. Werfen Sie die Kette überraschend, und zögern Sie nicht, den Hund zu treffen; es tut ihm nicht weh, das Rasseln empfindet er jedoch als unangenehm. Beim Einsatz der Wurfkette kommt es insbesondere auf das richtige »Timing« an. Hat der Hund zum Beispiel ein weggeworfenes Butterbrot auf dem Boden entdeckt und steuert er nun zielstrebig darauf zu, sollten Sie solange warten, bis er fressen will. Erst dann werfen Sie die Kette. In dem Moment, in dem die Kette auftrifft, rufen Sie scharf »Pfui!«.

Achten Sie darauf, daß Sie den Hund nicht schon vorher durch ein »Pfui!« vor seinem bevorstehenden »Vergehen« warnen. Es kann zwar sein, daß er sofort darauf reagiert, aber er wird dann immer wieder versuchen, vom Boden zu fressen, da ihm nie etwas passiert. Er weiß, daß Sie ihn rechtzeitig warnen, Sie werden für ihn berechenbar. Ertönt das »Pfui!« nicht, glaubt er, daß Sie ihn nicht beobachten, und er wird in Ruhe fressen. Richtig ist in diesem Fall daher, die »Warnung« zu unterlassen, sich notfalls anzuschleichen und die Kette im richtigen Moment zu werfen: Treffen, »Pfui!«.

Heben Sie die Kette nach Gebrauch immer sofort wieder auf und stecken Sie sie weg. Sie sollte aber nicht ununterbrochen in Ihrer Tasche rasseln, denn damit verfliegt auf Dauer die Wirkung. Es ist sinnvoll, die Wurfkette in der Lernphase stets bei sich zu tragen, am besten in der Hand, damit Sie in jeder Situation unverzüglich einschreiten können. Nach einer Weile wird es ausreichen, mit der Kette zu rasseln, um eine unerwünschte Handlung des Hundes zu unterbrechen.

Die Übungen

Leinenführigkeit

Zunächst sollten Sie Ihren Hund an die Leine gewöhnen, damit ihm durch den Straßenverkehr keine Gefahr droht. Sie sollten Ihren Welpen gleich zu Beginn mit dem Halsband vertraut machen. Legen Sie ihm das Halsband in der Wohnung an und beobachten Sie ihn. Viele Hunde versuchen, sich diesen unbekannten neuen Gegenstand um ihren Hals abzustreifen. Doch egal, wie sehr der Hund sich kratzt und windet, das Halsband sollte dranbleiben. Versuchen Sie unterdessen, ihn abzulenken. Spielen Sie zum Beispiel mit ihm. Sobald er das Halsband vergessen hat, können Sie es ihm wieder abnehmen. Wiederholen Sie diese Übung möglichst ein paar Mal pro Tag, bis der Hund sich an das Halsband gewöhnt hat.

Legen Sie ihm dann immer wieder locker die Leine an, so daß er ein Gefühl dafür bekommt, mit Ihnen verbunden zu sein. Sobald der Welpe die Leine akzeptiert hat, können Sie kleine Strecken mit ihm spazieren gehen. Lassen Sie ihn behutsam spüren, daß Sie es sind, der über die Richtung des Weges entscheidet. Wenden Sie beim Gehen häufig, gehen Sie mal nach links, mal nach rechts. Die Leine sollte nie straff sein, sondern stets locker durchhängen. Lassen Sie Ihren Hund spüren, daß es für ihn angenehm ist, wenn die Leine nicht gestrafft ist und Druck auf ihn ausübt. Das erreichen Sie, indem Sie den Hund konsequent zu sich heranziehen, sobald er zu sehr von Ihnen wegläuft. Bleiben Sie auch gelegentlich stehen und lassen Sie ihn nach vorne streben. Warten Sie dann solange, bis der Hund feststellt, daß der unangenehme Leinenzug aufhört, sobald er sich in Ihre Richtung zurückbewegt.

Es dauert höchstens einige Wochen, bis Ihr Hund verstanden hat, daß er sich in dem Radius, den die Länge der Leine erlaubt, aufhalten soll. Wenn er angeleint ist und nicht bei »Fuß!« läuft, darf er sich an der lockeren Leine frei bewegen, das heißt, gleichgültig, ob er vor Ihnen, hinter Ihnen, links oder rechts neben Ihnen läuft. Hauptsache, die Leine hängt sichtbar durch. Bei einem älteren und kräftigeren Hund, der nicht leinenführig ist, müssen Sie die Leine wie oben beschrieben (→ S. 304 f.) blitzartig rucken, um zu erreichen, daß er Sie nicht mehr wie einen Schlitten zieht (s. a. »Korrekturen«, S. 336). Rucken Sie aber nicht erst, wenn die Leine schon stark unter Zug steht, sondern sobald sie nicht mehr deutlich herunterhängt.

»Sitz!«

Ihren Hund sitzen zu lassen ist die leichteste Übung, da er diese Position bei vielen Gelegenheiten fast automatisch einnimmt. Verbinden Sie die Aufforderung »Sitz!« mit einer alltäglichen Handlung, zum Beispiel dem Füttern des Hundes. Füllen Sie seinen Futternapf (rufen Sie dabei »Komm!« und warten Sie bis er bei Ihnen ist). Halten Sie den Napf so weit über seinen Kopf, daß er ihn in den Nacken legen muß, um die Schüssel mit seinen Augen verfolgen zu können. Dabei wird er sich setzen. Just in dem Moment, in dem er zu dieser Bewegung ansetzt, sagen Sie »Sitz!«. Das gleiche können Sie hin und wieder mit einem Hundekeks üben, den Sie Ihrem Hund über den Kopf halten. Während er sich setzt, sagen Sie wieder »Sitz!«. Sobald er sitzt, loben Sie ihn erfreut und geben ihm den Keks. Zur Unterstützung der Übung können Sie den Zeigefinger hochhalten. Der Hund wird so auch ohne Worte bald verstehen, daß der erhobene Finger »Sitz!« bedeutet. Lassen Sie ihn später, wenn er beginnt zu verstehen, was Sie von ihm erwarten, auch ohne Futteranreiz und zu den unterschiedlichsten Gelegenheiten hinsetzen. Wenn überhaupt noch nötig, können Sie zur Unterstützung mit einer Hand sein Hinterteil sanft, aber entschieden zu Boden drücken, während Sie die Aufforderung »Sitz!« aussprechen. Mit der anderen Hand heben Sie wieder den Zeigefinger als Sichtzeichen. Weigert sich ein Hund dauerhaft, sich zu setzen, so sollte man einmal daran denken, den Tierarzt zu konsultieren: Er könnte zum Beispiel Schmerzen haben.

»Lauf!«

Die Aufforderung »Lauf!« sollte immer dann erfolgen, wenn Sie den Hund aus einer Übung freigeben. Das ist wichtig, um das Ende einer Übung zu definieren. Lassen Sie Ihren Hund etwa bei »Fuß!« gehen, so lösen Sie diesen Befehl auf, indem Sie »Lauf!« sagen. Gegebenenfalls stupsen Sie ihn dabei an oder drücken ihn von sich weg. Zur Unterstützung können Sie einen Arm von sich schwingen und dabei mit dem Finger die Richtung anzeigen. Der Hund darf nun an lockerer Leine oder unangeleint herumlaufen. Übungen wie »Sitz!«, »Bleib!«, »Hier!« und »Komm!« sollten Sie stets mit »Lauf!« beenden.

»Komm!«

Die Aufforderung »Komm!« soll dem Hund signalisieren, daß er sofort zu Ihnen kommen soll. Das kann zum Beispiel während eines Spaziergangs nützlich sein, wenn Sie ihn heranholen wollen. Das »Komm!« können Sie bequem bei alltäglichen Handlungen üben, etwa wenn Sie den Hund füttern wollen. Sobald er den Futternapf gesichtet hat, wird er vermutlich auf Sie zugelaufen kommen. Sagen Sie in diesem Moment sofort »Komm!«. Zur Animierung hilft es, ihn fröhlich zu locken – z.B. »fein, ja, fein!« – und sich dabei begeistert auf die Schenkel zu klopfen. Wichtig ist, die Aufforderung »Komm!« nur einmal auszusprechen. Bewegt Ihr Hund sich auf Sie zu, unterstützen

Sie dies durch Ihr Lob »fein, ja, gut« und signalisieren ihm dadurch, daß er auf dem richtigen Weg ist. Ändert er die Richtung, sagen Sie sofort »Pfui!«; wendet er sich Ihnen daraufhin wieder zu, loben Sie ihn aufs neue. Jede richtige Handlung sollte sofort unterstützt, jede falsche sofort getadelt werden.

Da es Hunden schwer fällt, mit ungenauen Anweisungen umzugehen, sollten Sie darauf achten, daß Ihr Hund auf die Aufforderung »Komm!« immer folgendermaßen reagiert: Er soll sofort zügig herankommen, und zwar so dicht, daß er Sie berührt. Danach soll er solange in dieser Position stehenbleiben, bis Sie die Anweisung durch ein »Lauf!« oder durch einen anderen Befehl auflösen. So vermeiden Sie, daß der Hund selbst entscheidet, wie nah er an Sie herankommt. Bleibt er nämlich einen Meter von Ihnen entfernt stehen, ist er außerhalb Ihrer Reichweite und kann sich unter Umständen Ihrer Einflußnahme entziehen. Zudem schließen Sie durch diese genaue Ausführung aus, daß Ihr Hund nur kurz zu Ihnen gelaufen kommt, um dann gleich wieder davonzurennen, beispielsweise zu anderen Hunden, mit denen er gerade gespielt hat.

Sie sollten das »Komm!« bald bei jeder Gelegenheit üben, besonders immer dann, wenn der Hund zufällig oder bewußt auf Sie zusteuert. Loben Sie bei richtiger Ausführung jedesmal begeistert. Rennen Sie ihm nie hinterher, er wird sich sonst bald einen Spaß daraus machen, vor Ihnen wegzulaufen. Bleiben Sie stattdessen beim »Komm!« stets stehen, und gehen Sie nie auf den Hund zu, bestenfalls rückwärts von ihm weg. Sobald der Hund leinenführig ist, können Sie diese Übung mit mehr Nachdruck an der Leine üben. Lassen Sie ihn an einer circa zwei Meter langen Leine laufen. In dem Augenblick, in dem Sie ihn freudig mit »Komm!« zu sich heranlocken, ziehen Sie ihn sanft, aber zügig zu sich heran.

»Komm mit!«

Mit »Komm mit!« fordern Sie Ihren Hund auf, Ihnen auf einem Spaziergang zu folgen, ohne daß der Abstand von Ihnen zu groß wird. Hilfreich kann diese Aufforderung sein, wenn der Hund scheinbar endlos an einer Stelle verweilt, um zu schnüffeln, Sie aber weitergehen wollen. Ziehen Sie zu diesem Zweck kurz an der Leine, sagen Sie »Komm mit!« und bewegen Sie sich fort. Wenn der Hund schon größer ist, können Sie einmal kurz und abrupt an der Leine rucken (→ S. 304). Schon bald wird er verstehen, daß er auf die Aufforderung »Komm mit!« weiterlaufen soll, und wird dies bald auch unangeleint tun.

»Hier!«

Beim »Hier!« wird dem Hund ein kombinierter Bewegungsablauf abverlangt. Er soll aus der Ferne auf Sie zulaufen und sich frontal vor Sie hinsetzen. Dies erfordert seine volle Aufmerksamkeit. Die Anweisung »Hier!« ist eine schwierige Aufgabe, denn der Hund muß aus allen, noch so interessanten Situationen abrufbar sein und kooperieren. Besonders wichtig ist diese Übung, da der Hund in jeder Situation, die für ihn oder andere riskant werden könnte, kontrollierbar sein muß, zum Beispiel, wenn ein Hase oder eine läufige Hündin auf der gegenüberliegenden Straßenseite sind.

Manche Hunde setzen sich automatisch vor Ihre menschlichen Begleiter, wenn sie gerufen werden; die Aufforderung »Hier!« kann in diesen Fällen schon von Anfang an eingesetzt werden. In der Regel muß diese Aufgabe jedoch regelmäßig und viel geübt werden. Am besten läßt sich dem Hund das »Hier!« beibringen, wenn es ums Futter geht. Nehmen Sie seinen Napf und locken Sie ihn mit seinem Namen herbei. Sobald er zielstrebig auf Sie zugerannt kommt, rufen Sie »Hier!«. In dem Moment, in dem er bei Ihnen angelangt ist, heben Sie den Futternapf über seinen Kopf, so daß er sich setzt. Falls nötig, drücken Sie sein Hinterteil mit einer Hand herunter. Sagen Sie dabei aber **nicht** zusätzlich »Sitz!«, denn bei der Aufforderung »Hier!« muß er sich von alleine setzen. Falls der Hund nicht frontal vor Ihnen sitzt, so korrigieren Sie ihn sofort, indem Sie ein paar Schritte rückwärts trippeln und abermals stehenbleiben. Machen Sie dies solange, bis er gerade sitzt. Sollten Sie mit dieser Methode nicht zurechtkommen, so können Sie versuchen, ihn in die richtige Position zu schieben, bis er gerade vor Ihnen sitzt.

Wenn diese Übung alleine nicht ausreicht, etwa bei einem Hund, dem Futter nicht sehr wichtig ist, so legen Sie ihn an eine lange Leine, rufen aus einigen Metern Entfernung »Hier!« und ziehen ihn im selben Moment sanft, aber schnell zu sich heran. Drücken Sie sein Hinterteil wortlos mit einer Hand herunter, während Sie die Leine vorne hochziehen, so daß er frontal und direkt vor Ihnen sitzt. Heben Sie als unterstützendes Handzeichen einen Zeigefinger. Sollte der Hund sich schief vor Sie setzen, korrigieren Sie ihn mit der Hand, oder Sie gehen trippelnd ein paar Schritte rückwärts, wiederholen »Hier!« und drücken ihn abermals in die gewünschte Position.

Sobald Ihr Hund verstanden hat, worum es Ihnen geht – das dauert in der Regel eine Weile –, können Sie auch ohne Leine üben. Es hilft, wenn Sie sich mit gegrätschten Beinen hinstellen und mit einem Zeigefinger zu Boden zeigen, während Sie den Hund rufen. Wenn er auf Sie zukommt, können Sie ihn auch in die frontale Stellung bringen, indem Sie ihn links und rechts am Halsband greifen und vor sich ziehen; dann heben Sie einen Zeigefinger hoch, so daß er sich setzt und zu Ihnen aufschaut.

Rennen Sie Ihrem Hund niemals hinterher, falls er auf Ihren Ruf nicht folgt, sondern laufen Sie in die entgegengesetzte Richtung. Hunde mit einer guten Bindung an ihre Halter toben dann in der Regel hinterher. Die einzige Ausnahme, in der Sie

Ihrem Hund während der »Hier!«-Übung hinterherlaufen sollten, ist gegeben, wenn er Ihren Ruf bewußt ignoriert und Sie
ganz sicher sind, daß Sie ihn schnell erreichen können, ohne
daß er Ihnen entwischt. Schütteln Sie ihn dann am Nacken oder
werfen Sie ihn auf den Rücken und stellen Sie sich kurz über
ihn. Sofort im Anschluß an diese Strafe müssen Sie einige
Schritte rückwärts gehen und noch einmal »Hier!« rufen, damit
Ihr Hund deutlich versteht, was Sie von ihm erwarten (s.a.
»Korrekturen«, S. 336). Bei korrekter Ausführung nicht vergessen: ausgiebig loben!

Bei apportierfreudigen Hunden wie vor allem Retrievern,
läßt sich das »Hier!« gut mit einem Ball üben. Nehmen Sie den
Lieblingsball Ihres Vierbeiners und rufen Sie ihn mit »Hier!«.
Kurz bevor er bei Ihnen angekommen ist, öffnen Sie blitz-
schnell Ihre Beine, rufen »Lauf!« und werfen den Ball durch
Ihre Beine hindurch hinter sich. Der Hund sollte dann durch
Ihre Beine laufen. Diese Übung eignet sich besonders auch für
Hundesportler, da sie die Geschwindigkeit des herankommen-
den Hundes beschleunigt. Sobald Sie das so oft geübt haben,
daß der Hund die Aufforderung »Hier!« verstanden hat, lassen
Sie die Beine geschlossen; er wird dann scharf vor Ihnen ab-
bremsen und sich setzen – falls er stehenbleibt, drücken Sie sein
Hinterteil hinunter. Vorsicht allerdings bei großen Hunden:
Ein Aufprall gegen Ihre Beine könnte zu Verletzungen führen.

»Bleib!«

Die Aufforderung »Bleib!« gehört zu den leichteren Übungen.
Sie ist nützlich, weil man den Hund jederzeit warten lassen
kann, etwa, wenn man zuhause Gäste begrüßt oder wenn man
kurz beim Bäcker einkauft. Der Hund soll beim »Bleib!« sitzend oder liegend solange verharren, bis Sie ihn durch eine
neue Aufforderung aus der Warteposition herausholen. Jeder

Hund versteht diese Anweisung im Nu, wenn Sie sie bei alltäglichen Handlungen üben, vor allem wiederum beim Füttern. Bereiten Sie sein Fressen vor. Rufen Sie Ihren Hund dann mit »Komm!« bzw. »Hier!«. Sobald er sitzt, sagen Sie bestimmt »Bleib!«, heben eine Hand wie ein Indianer zum Gruß (senkrecht aufgestellt, so daß der Hund die Handfläche sieht) und bewegen sich mit dem Futternapf einige Schritte fort, zum Beispiel in Richtung der üblichen Futterstelle. Sobald der Hund sich erhebt, um Ihnen nachzueilen, packen Sie ihn am Halsband oder am Nackenfell und bringen ihn exakt auf dieselbe Stelle und in dieselbe Position zurück. Sagen Sie wieder »Bleib!« mit Indianergruß. Bewegen Sie sich abermals auf die Futterstelle zu. Wann immer der Hund sich ohne Aufforderung erhebt, gehen Sie zu ihm und bringen ihn konsequent jedesmal in die ursprüngliche Position zurück. Wiederholen Sie das so oft, bis er schließlich geduldig darauf wartet, daß Sie ihn abholen. Stellen Sie den Futternapf dann am Futterplatz ab, gehen Sie zu Ihrem Hund zurück und hinten um ihn herum, so daß Sie schließlich mit Ihrem linken Bein an seiner rechten Seite zum Stehen kommen (»Fuß!«-Position, s. S. 317) Loben Sie ihn ausgiebig und beenden Sie die Übung durch die Aufforderung »Lauf!« oder »Fressen!«

Bei der Übung »Bleib!« ist es wichtig, den Hund jedesmal »abzuholen«, anstatt ihn aus der Entfernung zu rufen, weil er sonst nicht hundertprozentig lernt, ruhig und geduldig auf Sie zu warten. Er wäre stets auf dem Sprung in Erwartung der erlösenden Aufforderung, zu Ihnen rennen zu dürfen. Sie können Ihren Hund selbstverständlich auch abholen und eine weitere Übung wie zum Beispiel »Fuß!« anschließen. Die Warteperioden sollten Sie nach und nach beliebig verlängern und sich dabei hin und wieder aus dem Sichtbereich des Hundes entfernen. Ein ausgeglichener und gut erzogener Hund wird dann in jeder Situation geduldig auf Sie warten.

Bei einem gut ausgebildeten Hund sollte sich das »Bleib!« irgendwann erübrigen, denn grundsätzlich sollte er solange in der Position – zum Beispiel »Sitz!« oder »Platz!« – verharren, in der Sie ihn abgelegt haben, bis Sie ihm eine andere Anweisung geben.

»Aus!«

Ein Hund, der seinen Halter respektiert, lernt rasch, alles, was er im Maul hält, auf Aufforderung abzugeben. Im Rudel treten die rangniedrigeren Hunde den ranghöheren auf die entsprechenden Signale hin stets sofort alles ab. Übt man früh genug, gibt auch jeder Haushund seine »Beute« frei, sei es ein Knochen, Futter, ein Spielzeug oder ein Stöckchen, wann immer man das von ihm verlangt. Tut er das nicht, ist vermutlich die Beziehung zwischen Halter und Hund gestört.

Zur Übung von »Aus!« geben Sie Ihrem Hund zum Beispiel einen Kauknochen aus dem Fachhandel. Lassen Sie ihn ein Weilchen genüßlich daran kauen. Umfassen Sie dann mit der einen Hand den Knochen, während Sie »Aus!« sagen – ein junger Hund wird in der Regel bald nachgeben. Zur Verstärkung können Sie mit der anderen Hand auch sein Maul öffnen oder ihn sogar am Nacken schütteln.

Bei selbstbewußten und älteren Hunden, die es auf eine Machtprobe ankommen lassen, müssen Sie energischer eingreifen. Nehmen Sie mit der einen Hand den Knochen oder greifen Sie schräg ins Maul, wenn es sich um einen Ball handelt. Mit der anderen Hand schütteln Sie den Hund kräftig am Nacken und sagen bestimmt (aber nicht laut!) »Aus!«. Anstelle des Nackenschüttelns können Sie auch mit dem Leinenruck arbeiten (→ S. 304 f.). Probieren Sie das immer wieder in den unterschiedlichsten Situationen – bald versteht der Hund, daß er Ihnen auf Anfrage alles übergeben soll. Sollte er sich jedoch weiterhin wehren oder sogar knurren, schlimmer noch, nach

Ihnen schnappen, so ist es höchste Zeit zu analysieren, warum Sie sich nicht durchsetzen können und Ihr Hund Sie nicht respektiert. Falls Sie hier nicht weiterkommen und die Situation zunehmend an Schärfe gewinnt, ist es dringend empfehlenswert, bei einer anerkannten Fachperson Rat zu suchen.

»Fuß!«

Ein »bei Fuß!« laufender Hund sollte sich ruhig und konzentriert an der linken Seite seines Halters fortbewegen, ohne sich von Gerüchen, Hunden, Menschen oder anderen Dingen ablenken zu lassen. Das kann besonders in unbekannter Umgebung, in verkehrsreichen Gebieten und in Menschenmengen nützlich sein; nicht zuletzt, wenn Ihr Hund zu Nervosität, Unsicherheit oder Aggression neigt. Um ihm das »Bei-Fuß-Gehen« beizubringen, muß er leinenführig und mindestens drei Monate alt sein.

Beginnen Sie die Übung, indem Sie »Fuß!« sagen, den Hund an der Leine hinter Ihrem Rücken auf Ihre linke Seite führen (dabei die Leine von der rechten in die linke Hand geben) und ihn wortlos ins »Sitz!« drücken. Er sollte nun mit seiner rechten Schulter an Ihrem linken Bein sitzen und mit Ihnen geradeaus sehen, oder besser noch, aufmerksam zu Ihnen aufblicken. Loben Sie ihn, wenn er Augenkontakt zu Ihnen sucht. Den Hund hinten um sich herum in die »Fuß-Start-Position« zu bringen ist deshalb sinnvoll, weil es für den Hund leichter ist, den Menschen als Wendepunkt zu benutzen, anstatt sich um die eigene Achse in die richtige Stellung zu drehen. Die Bewegung wird dadurch flüssiger, und außerdem bereiten Sie den Hund schon darauf vor, auch ohne Leine in die »Fuß-Position« zu gehen.

Haben Sie Ihren Hund in die »Fuß-Position« gebracht, sagen Sie nun ein zweites Mal »Fuß!« und gehen mit der Leine in beiden Händen voran. Ihr Hund sollte bei der Übung stets so laufen, daß sich seine Vorderbeine auf der Höhe Ihrer Beine befinden, während die Leine locker durchhängt. Er sollte den Kopf waagerecht halten oder zu Ihnen aufblicken, und er darf während der gesamten Übung nicht am Boden schnüffeln (achten Sie darauf, daß er vor der Übung dazu Gelegenheit hatte). Sobald der Hund sich aus der Position entfernt, etwa zu weit nach vorn drängt oder zu weit hinten bleibt, rucken Sie die Leine – anfangs nur leicht – seitwärts, wie oben beschrieben (→ S. 304 f.). Fällt er weit hinter Sie, ziehen Sie ihn mit der Leine auf die Höhe Ihres Beins nach vorne. Sagen Sie anfangs des öfteren »Fuß!«, vor allem, wenn Sie den Hund durch den Leinenruck korrigieren, damit er lernt, die Anweisung mit der Bewegung zu verknüpfen (Ruck – »Fuß!«). Vergessen Sie nicht, den Hund regelmäßig zu loben, wenn er richtig neben Ihnen hergeht (»Fein – Fuß!«).

Üben Sie dies zunächst in Intervallen auf kurzen Strecken, und denken Sie daran, die Übung am Ende stets aufzulösen! Bleiben Sie dazu stehen, und drücken Sie den Hund ohne verbale Anweisung am Hinterteil ins »Sitz!« hinunter. Auf diese Weise lernt er, sich automatisch hinzusetzen, wenn Sie während der »Fuß!«-Übung stehenbleiben. Geben Sie ihm dann den Befehl »Lauf!«.

Verlängern Sie allmählich die Dauer der Übung und verändern Sie zwischendurch Ihr Tempo, denn ein Tempowechsel erhöht die Aufmerksamkeit und macht das Üben für den Hund abwechslungsreicher. Gehen Sie mal normal, schreiten Sie dann wieder eilig, joggen Sie eine Weile locker dahin oder schleichen Sie betont langsam. Korrigieren Sie den Hund dabei jedesmal, wenn er nicht auf der gewünschten Höhe Ihres Beins bleibt. So lernt er, sich auf Ihre Bewegungen zu konzentrieren und sich Ihrem Schritt anzupassen. Läuft Ihr Hund zu langsam, machen Sie häufiger Rechtswendungen (rucken, wenn er hinter Ihnen bleibt), läuft er zu schnell, machen Sie Linkswendungen, wobei

Sie ihn bewußt mit Ihrem linken Bein nach links abdrängen (dazu das Tempo mit wenig Einsatz der Leine reduzieren, dann sofort abbiegen und in den Hund »hineingehen«). Gehen Sie auch Kreise und Achten, um Baumstämme oder Laternenpfosten herum. Anmutig sind Kehrtwenden: Sie gehen mit dem Hund »bei Fuß!«. Lösen Sie Ihre linke Hand von der Leine, drehen Sie sich dann beim Gehen um 180 Grad nach links und führen Sie dabei die Leine über rechts hinter Ihrem Rücken herum, wobei Sie die Leine von der rechten in die linke Hand geben. Unterdessen läuft der Hund rechts in einem Halbkreis hinter Ihrem Rücken um Sie herum, so daß er wieder an Ihrer linken Beinseite ankommt.

Erst wenn Ihr Hund gelernt hat, sich an der Leine Ihrem Rhythmus anzupassen, können Sie beginnen, auch ohne Leine zu üben. Verfahren Sie wie oben beschrieben: Den Hund mit »Fuß!« wie oben beschrieben in die Startposition bringen, beim zweiten »Fuß!« vorwärtslaufen. Animieren Sie ihn anfangs, indem Sie beim Gehen übertrieben mit Ihrem angewinkelten linken Arm schwenken (etwa wie ein Soldat beim Marschieren). Läuft Ihr Hund nicht korrekt neben Ihnen, ziehen Sie ihn am Halsband oder am Nackenfell ruckartig zu sich heran. Zur Sicherheit sollten Sie eine Wurfkette bei sich haben, die Sie dem Hund hinterherwerfen können, falls er versucht, sich Ihrem Zugriff zu entziehen, indem er nach vorne wegschießt. Lösen Sie die »Fuß!«-Übung stets durch eine neue Anweisung wie »Lauf!« auf, oder ersetzen Sie sie durch eine andere Aufgabe, wie später zum Beispiel das »Platz!«. Üben Sie das »Bei-Fuß-Gehen« ohne Leine ebenfalls mit Rechts-, Links- und Kehrtwendungen sowie mit Kreisen und Achten.

Beherrscht der Hund diese Übungen, können Sie beginnen, ihn aus einiger Entfernung ins »Fuß!« zu rufen. Stellen Sie sich zunächst ein paar Schritte entfernt frontal vor ihn und sagen Sie »Fuß!«. Er sollte sich nun an Ihrer rechten Seite vorbei, hinter Ihrem Rücken in die Startposition an Ihre linke Seite begeben. Falls er das anfangs noch nicht versteht, legen Sie ihm wieder die Leine an und ziehen ihn in die gewünschte Position. Vergrößern Sie allmählich den Abstand zum Hund. Später können Sie ihn ohne Leine auch aus weiterer Entfernung und aus unterschiedlichsten Positionen ins »Fuß!« rufen. Klopfen Sie auffordernd erst an Ihren rechten Schenkel und, wenn der Hund bei Ihnen angekommen ist, an Ihren linken, um ihm durch Handzeichen klar zu machen, daß er um Sie herum gehen soll.

Apportierfreudige Hunde wie etwa Retriever oder Terrier können Sie motivieren, »bei Fuß!« freudig aufzublicken, indem Sie einen Ball in Ihre rechte Hand nehmen und vor die Brust halten. Wenn der Hund zu Ihnen hochspringt, um den Ball zu erreichen, drücken Sie ihn energisch hinunter, oder Sie rucken an der Leine und wiederholen »Fuß!«. Gelegentlich sollten Sie ihm jedoch Gelegenheit geben, mit dem Ball zu spielen, damit er für dieses Lockmittel weiterhin Interesse zeigt. Lösen Sie die »Fuß!«-Übung wie beschrieben mit »Lauf!« auf, und werfen Sie den Ball im selben Moment nach rechts vorne von sich. Wenn Sie den Ball immer nach rechts werfen, wird der Hund sich in Erwartung der Balljagd allmählich immer enger an Ihr Bein schmiegen.

Reduzieren Sie mit der Zeit die verbalen Hilfen. Es ist besser, wenn Ihr Hund lernt, selbständig zu handeln, indem er auf Ihre Körpersprache achtet und Ihre Absichten zur Kenntnis nimmt. Das erfordert Aufmerksamkeit und Konzentration. Es gibt Hundeschulen, in denen erwartet wird, daß der Halter seinem Hund unablässig verbal mitteilt, wohin er zu gehen gedenkt. Abgesehen davon, daß es für den Hund verwirrend ist, fortwährend mit »links!«, »rechts!«, »kehrt!« oder anderen Anweisungen überhäuft zu werden, nimmt man ihm auch die Möglichkeit, selbst einzuschätzen, wohin sein Halter sich begeben möchte.

Ein gut konditionierter, konzentriert arbeitender Hund registriert jede kleinste Bewegung oder sogar Bewegungsintention
seines Begleiters und kann auch ohne verbale Anweisung sofort
darauf reagieren. Aufmerksame und freudig arbeitende Hunde
laufen locker, mit waagerechter, schwingender Rute, den Blick
auf das Gesicht Ihrer Bezugsperson gerichtet.

Straßensicherheit

Hundeleinen sind bei der Erziehung sehr hilfreich und bei unerzogenen Hunden unentbehrlich. Aber es ist grundsätzlich
erstrebenswert, Hunden ein möglichst leinenfreies Leben zu
gönnen. Das ist möglich, wenn der Hund aufs Wort folgt, in
der Nähe seines Halters bleibt und unter allen Umständen
kommt, wenn er gerufen wird. Doch obwohl diese Grundvor-
aussetzungen in den meisten Fällen nicht gegeben sind, läßt
die überwiegende Zahl von Hundehaltern ihre Hunde in der
Stadt unangeleint umherlaufen. Dabei sind die meisten Hunde
nicht straßensicher. Viele von ihnen laufen zwar flüssig in der
Nähe ihrer Halter mit, wenn sie jedoch auf der gegenüberliegenden Straßenseite einen potentiellen Spielgefährten sehen,
rennen sie, ohne nach links oder rechts zu schauen, über die
Straße. Für Rüden sind läufige Hündinnen besonders ver-
lockend, und Hunde, die gerne jagen, würden jedem Hasen hin-
terhertoben, den sie zu Gesicht bekommen. Kein Wunder also,
daß schon so mancher Hund unter ein Auto geraten ist. Dabei
ist es nicht schwer, Hunde zu 99 Prozent straßensicher zu machen; so sicher, daß sie sogar ohne menschliche Begleitung vor
jedem Randstein Halt machen. Eine hundertprozentige Sicherheit gibt es allerdings nie, denn natürlich kann es immer zu un-
vorhergesehenen Situationen kommen. Ängstliche Hunde sollten niemals unangeleint in verkehrsreichen Gegenden laufen
dürfen: Ein knatternder Auspuff, eine quietschende Bremse

oder die zischende Hydraulik eines Busses könnten sie derart in Panik versetzen, daß sie kopflos auf die Straße rennen.

Hunde können rasch lernen, Straßen als Grenzen zu betrachten, die sie nur an der Seite ihrer Halter überqueren dürfen. Um sie unangeleint laufen lassen zu können, müssen sie allerdings auch prompt und zuverlässig auf Ruf reagieren; nur dann sind sie wirklich straßensicher. Üben Sie deshalb auf jeden Fall mit Ihrem Hund das Kommando »Hier!« (→ S. 312 ff.). Der Hund sollte nur »Fuß bei!« an Ihrer Seite über die Straße gehen dürfen. Viele Hundehalter lassen ihren Hund am Straßenrand warten und geben ihn frei, sobald die Ampel auf grün geschaltet hat. Der Hund läuft dann meist voraus. Autofahrer, die an einer Kreuzung abbiegen, achten aber meist nur auf die Fußgänger, vorauseilende Hunde übersehen sie dabei häufig. Um Ihrem Hund beizubringen, am Randstein anzuhalten und die Straße nur mit Ihrer Erlaubnis zu überqueren, reicht es daher auf Dauer nicht, den Hund an jeder Ampel sitzen zu lassen und ihm dann das Lauf- oder Fußkommando zu geben. Der Hund konzentriert sich bei dieser Methode nur auf seinen Halter, nicht aber, was das eigentlich wichtige ist, auf die Straße selbst. Ein Hund wird erst dann verläßlich straßensicher, wenn er merkt: die Straße ohne meine Bezugsperson zu betreten ist unangenehm, mit ihr zusammen ist es dagegen angenehm.

Zeigen Sie schon Ihrem Welpen die Straßengrenze, indem Sie ihn an jedem Randstein vor dem Überqueren sitzen lassen. Wenn er auf Aufforderung noch nicht sitzt, drücken Sie konsequent jedesmal sein Hinterteil herunter. Wenn Ihr Hund fünf Monate alt geworden ist, sollten Sie deutlicher werden. Gehen Sie mit ihm an lockerer Leine auf eine Straße mit einem hohen Randstein zu. Halten Sie am Rand des Bürgersteiges aber nicht an, sondern gehen Sie bis auf die Straße. Warnen Sie den Hund auch nicht zuvor verbal, denn er soll aufpassen und lernen, Straßen selbständig zu erkennen. Im selben Augenblick, in dem der Hund mit seiner Vorderpfote über den Randstein auf die

Straße tritt, rucken Sie einmal kurz und konsequent an der Leine (seitwärts rucken, nicht rückwärts, → S. 304 f.), und schieben ihn dann sofort energisch auf den Bürgersteig zurück in die Sitzposition. Loben Sie ihn anschließend und gehen Sie mit ihm bei »Fuß!« – und zwar nur bei »Fuß!« – über die Straße. Auf der anderen Seite darf er wieder an lockerer Leine laufen; dazu geben Sie ihm die Anweisung »Lauf!«. Das müssen Sie von nun an immer so machen, wenn Sie mit dem Hund spazierengehen. Sollten Sie mal nicht üben – weil Sie es zum Beispiel zu eilig haben oder weil die Ampel schon grün ist – und den Hund frei über die Straße mitlaufen lassen, wird er nie lernen, den Randstein als Grenze zu respektieren.

Üben Sie zu Beginn nur an hohen Randsteinen, damit der Hund erkennt, wo die Grenze ist. Üben Sie auch an möglichst vielen verschiedenen Stellen, um ihm klar zu machen, daß alle Straßen ohne die Aufforderung »Fuß!« für ihn tabu sind. Betreten Sie die Straßen auch aus verschiedenen Winkeln. Wenn Sie nämlich regelmäßig nur an ein oder zwei Stellen üben, muß Ihr Hund glauben, es ginge Ihnen nur um diese speziellen Punkte und nicht um Straßen im allgemeinen. Laufen Sie selbst während der Übung stets bis auf die Straße, heimtückisch lockend sozusagen, und rucken Sie jedesmal mit der Leine, wenn der Hund unaufgefordert mitgekommen ist. Er darf unter keinen Umständen über die Straße, bevor er nicht gesessen hat und bei »Fuß!« mitgenommen wurde. Ihr Hund muß anfangs Fehler machen, denn nur durch Ihre Korrektur kann er lernen, zwischen Richtig und Falsch zu unterscheiden. Es gilt, einen Überraschungseffekt zu erzeugen. Ihr Hund soll so aufmerksam und selbständig werden, daß er alleine entscheiden kann, wo er anhalten muß.

Sobald Ihr Hund gemerkt hat, daß der Randstein eine Grenze ist, wird er stur auf dem Bürgersteig stehen bleiben. Sie müssen jetzt ein wenig »gemein« sein: Gehen Sie bei normalem Tempo bis zum Leinenende auf die Straße, so daß sich die

Leine spannt; Ihr Hund muß währenddessen auf dem Bürgersteig stehen bleiben. Ziehen Sie nun an der Leine, so als wollten Sie ihn vorsichtig auf die Straße schleifen. Ziehen Sie stetig ohne Ruck. Passen Sie den Zug der Leine bitte der Größe Ihres Hundes an. Wenn Ihr Hund sich gegen den Zug stemmt und keinesfalls auf die Straße will (er hat seine Lektion perfekt gelernt!), gehen Sie zu ihm zurück, stellen sich in »Fuß-Position« mit Ihrem linken Bein an seine rechte Seite und loben ihn begeistert. Dann nehmen Sie ihn wieder bei »Fuß!« mit über die Straße. Lassen Sie sich bei dieser Übung nicht vom Grün der Fußgängerampeln oder von ungeduldig hupenden Autofahrern von Ihrem Vorhaben abbringen.

Allmählich können Sie an immer niedrigeren Randsteinen üben, zuletzt auch an Straßen ohne Bürgersteig. Hunde können auch ohne Bordstein bald differenzieren, wo die Straße beginnt. Beherrscht Ihr Hund diese Aufgabe, können Sie beginnen, an einer übersichtlichen, kaum befahrbaren Straße ohne Leine zu üben. Wiederum laufen Sie bis auf die Straße. Bleibt Ihr Hund sitzen, gehen Sie zurück in die »Fuß-Position«, loben ihn und nehmen ihn bei »Fuß!« über die Straße mit. Kommt er Ihnen allerdings unaufgefordert nachgelaufen, so zerren Sie ihn etwas unsanft am Halsband, am Nacken- oder Wangenfell auf den Bürgersteig zurück und rügen ihn dabei verbal (»Pfui!«). Sobald er sitzt, loben Sie ihn, nehmen ihn bei »Fuß!« und gehen mit ihm über die Straße. Steigern Sie diese Übung allmählich, indem Sie die Reize erhöhen. Nehmen Sie zum Beispiel die ganze Familie oder Freunde mit: Alle sollten auf die Straße schlendern. Bleibt der Hund sitzen, loben Sie ihn ausgiebig, wenn nicht, zerren Sie ihn wie oben beschrieben auf den Bürgersteig zurück. Das gleiche können Sie auch üben, indem Sie ein Stöckchen oder einen Ball auf die Straße werfen, freilich nur in möglichst verkehrsarmen Gegenden. Erst wenn Ihr Hund allen Verlockungen zum Trotz und unter allen Umständen am Straßenrand wartet, bis Sie ihn »bei Fuß!« abholen, haben Sie beide es geschafft. Testen Sie über eine geraume Zeit jedoch immer wieder, ob der Hund sich an seine Aufgabe erinnert. Daß er ohne Sie niemals auf die Straße darf, muß ihm in Fleisch und Blut übergehen.

Alleine bleiben

Ihr Hund sollte schon recht bald, nachdem er bei Ihnen eingezogen ist, lernen, alleine zu bleiben, denn es wird immer wieder Situationen geben, in denen Sie ihn nicht mitnehmen können oder wollen. Freilich dürfen Sie einen Welpen nicht zu lange sich selbst überlassen, aber Sie sollten ihn früh daran gewöhnen, daß er gelegentlich auch ohne Sie auskommen muß. Sobald Ihr Hund sich bei Ihnen eingelebt hat, beginnen Sie, ihn kurz alleine zu lassen. Gehen Sie wortlos ohne Ankündigung für eine kurze Weile ins Nebenzimmer und verschließen Sie die Tür. Lassen Sie sich nicht von seinem Gefiepe und Gewinsel irritieren oder sogar dazu bewegen, die Übung abzubrechen. Warten Sie den Augenblick ab, in dem der Hund das Winseln gerade unterbricht und kehren Sie erst dann zu ihm zurück. Loben Sie Ihren Hund freundlich, aber sehr verhalten und ruhig. Wiederholen Sie diese Übung immer wieder, vor allem, wenn sich ein konkreter Anlaß bietet. Gehen Sie nun gelegentlich auch mal aus dem Haus, etwa um den Mülleimer zu leeren.

Machen Sie nie viel Aufhebens von Ihrem Fortgehen und Zurückkommen: Dadurch erregen Sie den Hund zu sehr, der zu glauben beginnt, daß Ihre Ausflüge etwas ganz Besonderes sind und entsprechender Reaktionen bedürfen. Vielmehr soll er lernen, sein Alleinsein gelassen hinzunehmen und als normale Routine zu betrachten. Begrüßen Sie ihn deshalb nie überschwenglich, wenn Sie heimkehren, selbst wenn es Ihnen schwerfällt. Vergessen Sie in der Lernphase jedoch nicht, den Hund jedesmal, wenn Sie zu ihm zurückkommen, ruhig zu loben. Steigern Sie nun allmählich – und behutsam auf die Reaktionen des Hundes achtend – die Zeit der Trennung. Ein günstiger Zeitpunkt, den Hund länger alleine zu lassen, ist, wenn er sich vorher beim Spiel oder auf einem Spaziergang verausgabt hat und sich ermüdet schlafen legt.

Hat Ihr Hund sich daran gewöhnt, gelegentlich auch ohne Gesellschaft auszukommen, können Sie die Phasen Ihrer Abwesenheit nach und nach weiter steigern – allerdings nur, wenn das wirklich nötig ist, zum Beispiel, weil Sie berufstätig sind. Als Rudeltier sollte kein Hund zu oft und zu lange sich selbst überlassen bleiben. Falls Sie nicht sicher sind, wie sich Ihr Hund während Ihrer Abwesenheit verhält – ob er zum Beispiel unablässig bellt –, können Sie zur Kontrolle die Geräusche mit einem Tonband aufnehmen.

Wenn Ihrem Hund die Einsamkeit besonders schwerfällt, können Sie ihm auch eine Kassette vorspielen, auf der Sie Ihre eigene Stimme aufgezeichnet haben. Manchmal reicht es schon, das Radio laufen zu lassen, während Sie unterwegs sind. Gesetzt den Fall, Sie haben einen Anrufbeantworter und das Telephon steht in der Nähe des Hundes, können Sie auch von unterwegs Ihre eigene Nummer wählen und nach der Ansage einige Worte aufs Band sprechen. So hat Ihr Hund den Eindruck, daß Sie in der Nähe sind. Bei sorgsamer Gewöhnung lernt jeder Hund, allein zu bleiben. Wenn Ihr Hund auf Ihre Abwesenheit mit Trennungsangst reagiert, ständig bellt oder die Wohnung verwüstet, sollten Sie die Ursache für sein Verhaltens herausfinden und sich gegebenenfalls Rat bei einer kompetenten Fachperson suchen (s.a. »Korrekturen«, S. 336).

Das Grundstück nicht verlassen

Viele Grundstücke liegen an Straßen, sind aber nicht eingezäunt. Das kommt vor allem in ländlichen Gebieten vor. Dort fahren vielleicht nicht so viele Autos wie in städtischen Regionen, doch die Autos, die vorbeikommen, sind um so überraschender und meist auch viel zu schnell. Auf dem Land verlockt darüber hinaus das Wild auf den umliegenden Wiesen und Feldern zum Jagen, und auch läufige Hündinnen oder streunende Rüden sind mitunter gerne unterwegs. Sei es in der Stadt oder auf dem Land, zur Sicherheit von Spaziergängern, Auto- und Radfahrern und nicht zuletzt zur Sicherheit des Hundes selbst, sollten die Vierbeiner lernen, das Grundstück unter keinen Umständen zu verlassen. Unsichere Hunde und Hunde mit einer sehr starken Bindung an ihre Halter neigen allerdings selten dazu, sich zu weit vom Haus zu entfernen.

Gehen Sie zur Übung mit Ihrem Hund mehrmals das Grundstück ab, und zeigen Sie ihm dessen Grenzen. Lassen Sie ihn mit den Vorderpfoten über die Grenze des Grundstücks hinaustreten, um ihn dann unmittelbar zu korrigieren: Greifen Sie den Welpen am Nacken, schütteln Sie ihn einmal kräftig und setzen Sie ihn zurück aufs Grundstück; bei einem älteren Hund wenden Sie den Leinenruck an (→ S. 304 f.). Trainieren Sie das regelmäßig an den unterschiedlichsten Stellen am Rande Ihres Grundstücks, so daß der Hund versteht, daß es Ihnen um das gesamte Areal und nicht nur um bestimmte Teilabschnitte geht. Beim gewollten Verlassen Ihres Grundstücks lassen Sie den Hund an der Grenze ohne Anweisung sitzen, indem Sie sein Hinterteil herunterdrücken. Er soll wie gesagt aufmerksam sein und lernen, selbständig zu handeln. Dann erst geben Sie ihn durch »Lauf!« frei. Grenzt Ihr Grundstück an eine Straße, nehmen Sie Ihren Hund wie immer »bei Fuß!« mit (→ »Straßensicherheit«, S. 321).

Nicht vom Boden
und aus fremder Hand fressen

Wer kein Risiko eingehen will, sollte seinem Hund beibringen, nichts zu fressen, was auf dem Boden liegt, und auch von Fremden nichts anzunehmen. Denn hin und wieder liegen vergiftete Nahrungsmittel herum; und jeder Einbrecher würde als Erstes den Hund mit einer Köstlichkeit zum Fressen bestechen. Natürlich sollten vor allem Wachhunde lernen, alles Freßbare, das ihnen nicht von Halters Hand gereicht wird, links liegen zu lassen. Wenn Sie Ihrem Hund beibringen, ausschließlich aus seinem Napf oder aus Ihrer Hand zu fressen, vermeiden Sie im übrigen, daß er Nahrungsmittel aus der Küche stiehlt.

Zunächst gilt es, Essensreste am Boden, zum Beispiel am Straßenrand, nicht zu umgehen, sondern mit dem angeleinten Hund direkt darauf zuzusteuern. In dem Moment, in dem er fressen will, schütteln Sie den Welpen am Nacken oder Sie rucken beim älteren Hund an der Leine (→ S. 304f.). Da es jedoch nicht so häufig vorkommt, daß Nahrungsmittelreste herumliegen, und es folglich nicht genügend Gelegenheiten zum Üben gibt, ist es ratsam, selbst Essen auszulegen. Beginnen Sie mit einem Hundekeks. Legen Sie ihn an eine sichere Stelle im Garten oder im Park, wo er nicht sofort von Vögeln oder anderen Hunden gefressen wird. Gehen Sie nun mit dem Hund auf den Keks zu und rucken Sie in dem Moment an der Leine, in dem er mit seinem Fang danach greifen will (Welpen am Nackenfell schütteln!). Entfernen Sie den Keks vom Boden, lassen Sie den Hund sitzen und geben Sie ihm dann einen anderen Keks aus Ihrer Tasche. Wiederholen Sie diese Übung solange, bis er versteht, worum es Ihnen geht.

Doch dessen nicht genug, legen Sie nun nach und nach an verschiedenen Stellen die unterschiedlichsten Nahrungsmittel aus – zum Beispiel ein Wurststück, Käse, Brot oder ähnliches.

Verfahren Sie wie oben angegeben, geben Sie dem Hund diese Nahrungsmittel allerdings anschließend nicht aus der Hand, denn sie gehören nicht zu seiner, sondern zu Ihrer gewöhnlichen Kost, in deren Genuß er gar nicht erst kommen sollte. Aus der Hand bekommt der Hund grundsätzlich nur einen Hundekeks, sonst gewöhnt er sich womöglich an, jedesmal wenn er auf dem Boden etwas gesichtet hat, bettelnd zu Ihnen zu laufen. Anfangs können Sie den Hund zusehen lassen, während Sie die verlockenden Leckereien auslegen, später sollte er jedoch überrascht werden. Nachdem er an der Leine verstanden hat, was Sie von ihm erwarten, gehen Sie dazu über, ohne Leine zu üben. Bleiben Sie dicht beim Hund, um ihn notfalls sofort am Nacken schütteln zu können. Wenn Sie ihn für die Wurfkette ($\rightarrow$ S. 306 f.) sensibilisiert haben, ist es noch effektiver, ihn damit zu erschrecken. Bei konsequentem und häufigem Training wird Ihr Hund der Versuchung, vom Boden zu fressen, bald widerstehen.

Was die Fütterung durch Fremde anbelangt, so verfahren Sie ähnlich. Suchen Sie sich einige freundliche Passanten oder Bekannte, die der Hund noch nicht kennt und die gewillt sind, an der Übung teilzunehmen. Bitten Sie die Testpersonen, dem Hund einzeln und zu unterschiedlichen Zeitpunkten erst Kekse, dann andere beliebige Nahrungsmittel anzubieten. Schütteln Sie den Welpen und rucken Sie beim älteren Hund an der Leine, wenn er Anstalten macht, das Angebot anzunehmen. Aus der Entfernung können Sie wiederum mit der Wurfkette arbeiten. Wenn der Hund in einer Pension untergebracht ist, in der er von einem Hundepfleger gefüttert wird, sollte er sein Futter nur aus seinem eigenen Futternapf bekommen.

»Korb!«

Nützlich ist es, wenn Sie Ihren Hund an seinen Ruheplatz schicken können, zum Beispiel, wenn Besuch kommt oder Sie mit Gästen tafeln. Ist der Ruheplatz ein Hundekorb, so können Sie beispielsweise das Wort »Korb!« benutzen. Es ist leicht, ihm schon früh beizubringen, auf seinen Platz zu gehen. Wann immer er sich ermüdet zum Schlafen an eben jene Stelle zurückzieht, können Sie im selben Moment das entsprechende Wort aussprechen. Kommen Sie von einem Spaziergang zurück, zeigen Sie auf seinen Platz, gehen selber in dessen Nähe und sagen »Korb!«. Falls er nicht von alleine dorthin geht, ziehen Sie ihn am Halsband sanft dorthin. Es hilft, ihn anfangs jedesmal mit einem Hundekeks zu belohnen, wenn er Ihre Aufforderung befolgt hat. Wiederholen Sie die Übung häufig, bald wird er auf Anforderung sofort auf seinen Platz eilen. Wenn er seinen Platz wieder verläßt, sobald er seine Belohnung bekommen hat, bringen Sie ihn sofort an dieselbe Stelle zurück, und lassen ihn mit »Bleib!« (→ S. 314 f.) solange dort verweilen, bis Sie ihm erlauben, sich zu entfernen.

»Platz!«

Die »Platz-Position« gehört zu den schwierigsten Übungen, da Hunde es nicht lieben, sich in eine unterwürfige Haltung zu begeben. Es ist deshalb besonders mühsam, dominanten Hunden das »Platz!« beizubringen. Dieses Kommando ist jedoch sehr nützlich, zum Beispiel, um Hunde gelegentlich ruhig zu stellen, etwa während eines Gesprächs oder beim Warten in der Tierarztpraxis. Diese Anweisung ist oft sogar noch sicherer als das »Hier!«, um den Hund in jeder Situation unter Kontrolle zu bekommen, vor allem, wenn es um seine Sicherheit und die anderer geht. Außerdem ist gerade diese Übung ein guter Test, anhand dessen Sie prüfen können, ob Ihr Hund Sie respektiert. Das »Platz!« kann auch als Rüge angewendet werden, wenn der Hund etwas »ausgefressen« hat. Deshalb sollten Sie einen Hund in der »Platz-Position« auch nie verbal loben oder ihn gar mit einem Keks in diese Stellung locken. Sie sollten ihn erst dann loben, wenn Sie ihn wieder ins »Sitz!« hochgeholt haben. Das »Platz!« ist eine natürliche Geste aus der »Hundesprache«, mit der sich rangniedrigere Tiere ranghöheren unterwerfen.

Einem Welpen sollten Sie das »Platz!« noch nicht abverlangen, doch sobald der Hund etwa vier Monate alt ist, ist es an der Zeit, es ihm beizubringen; mit sechs Monaten sollte er sich auf Anweisung umgehend zu Boden legen. Zum Einüben des Kommandos, sollte der Hund neben Ihrem linken Bein stehen: Nehmen Sie mit Ihrer rechten Hand seine rechte Vorderpfote hoch, und drücken Sie blitzschnell mit Ihrer linken Hand auf seine Schulterblätter beziehungsweise den Widerrist. Gleichzeitig sagen Sie »Platz!« Der Hund verliert durch den Druck auf dem Rücken das Gleichgewicht und legt sich automatisch zu Boden. Achten Sie darauf, daß der Druck der Statur des Hundes angemessen ist. Holen Sie ihn anschließend ins »Sitz!« hoch und loben Sie ihn ausgiebig. Da der Hund sich im »Platz!« in einer Unterwerfungsposition befindet, sollten Sie ihn mit einem sanften, langgezogenen »Sitz!« (»Sieetz!« ausgesprochen) aus dieser Stellung holen. Wird das »Sitz!« zu hart ausgesprochen, bleibt der Hund möglicherweise in der Unterwerfung. Je unterwürfiger der Hund im »Platz!« liegt, desto schwieriger wird das Aufstehen. Zur Unterstützung können Sie anfangs zusätzlich mit der flachen Hand auf Ihren linken Oberschenkel klopfen und gleichzeitig mit Ihrem Körper eine rasche Aufwärtsbewegung machen, indem Sie sich auf die Zehenspitzen stellen. Zuletzt geben Sie ihn durch »Lauf!« frei, oder Sie nehmen ihn »bei Fuß!«. Freilich können Sie ihn auch mehrmals hintereinander ins »Platz!« gehen lassen. Übertreiben Sie es aber nicht zu sehr, denn diese Übung ist dem Hund wie gesagt nicht unbedingt angenehm. Zeigen Sie als unterstützendes Handzeichen mit dem Zeigefinger zum Boden, während Sie »Platz!« sagen.

Üben Sie das Kommando »Platz!« nur aus dem Stand – der Hund sollte niemals vorher absitzen, denn er soll später in der Lage sein, sich bei schnellem Tempo und in freiem Lauf ins »Platz!« zu werfen. Das Tempo würde wesentlich verringert, wenn er gelernt hätte, sich zuvor erst zu setzen. Außerdem wäre das »Platz!« als Strafe keineswegs so intensiv, weil es durch den Zwischenschritt »Sitz!« erheblich verzögert wäre.

»Sitz!« und »Platz!« aus der Bewegung

Einen Hund aus der Bewegung und aus der Entfernung zum Sitzen oder Liegen zu bringen, kann unter Umständen sehr hilfreich sein, vor allem, wenn Sie ihn in unsicheren oder gefährlichen Situationen schnell unter Kontrolle bringen wollen. Um das zu üben, lassen Sie Ihren Hund entweder »bei Fuß« oder an der langen Leine gehen. Just in dem Moment, in dem Sie »Sitz!« sagen (bitte wieder ein sanftes, langgezogenes »Sieetz!« verwenden), erheben Sie den Zeigefinger der freien Hand, rucken mit der anderen Hand die Leine behutsam rückwärts und nach oben, so daß der Hund zum Sitzen kommt, und gehen sofort weiter. Die Leine lassen Sie währenddessen am Boden liegen. Falls der Hund aufsteht, bringen Sie ihn sofort in dieselbe Position, an dieselbe Stelle zurück. Bleibt er sitzen, gehen Sie nach ein paar Schritten zurück, laufen (wie bei der »Fuß«-Übung) mit Ihrem linken Bein an seiner linken Körperseite vorbei und hinten um ihn herum, bis Sie mit Ihrem linken Bein an seiner rechten Schulter stehen. Loben Sie ihn und gehen Sie dann mit »Fuß!« weiter, oder geben Sie ihn durch »Lauf!« frei. Ebenso verfahren Sie beim »Platz!«. Rucken Sie die Leine hierbei jedoch nach vorne unten. Wichtig ist, daß Sie den Hund nicht mit der Leine zum Boden ziehen. Denn darauf wird er mit Gegenzug reagieren. Rucken Sie nur kurz an der Leine und lassen Sie darauf sofort wieder locker. Sollte er sich dennoch nicht hinlegen, rucken Sie abermals, aber wieder nur kurz. Zeigen Sie gleichzeitig mit dem Zeigefinger der anderen Hand nach unten. Gehen Sie alleine ein paar Schritte weiter und holen Sie den Hund anschließend wie oben beschrieben ab (erst loben, wenn Sie ihn vom »Platz!« ins »Sitz!« hochgeholt haben!).

Wenn er diese Übung verstanden hat, können Sie beginnen, auch ohne Leine zu üben. Anstelle des Leinenrucks drücken Sie den Hund nach Bedarf am Hinterteil ins »Sitz!« oder Sie schütteln ihn am Nackenfell ins »Platz!« herunter (s. a. S. 341 f.) – selbstverständlich nur, wenn er Ihre Anweisung nicht befolgt.

»Steh!«

Ab und zu kann es nützlich und abwechslungsreich sein, den Hund stehend warten zu lassen, anstatt ihn gleich ins »Sitz!« oder »Platz!« zu bitten. Vor allem Hunde, die häufig auf Ausstellungen gezeigt werden, müssen lernen, länger zu stehen, ohne sich fortzubewegen. Üben Sie diese Aufgabe, indem Sie Ihren Hund neben sich her laufen lassen – an lockerer Leine oder »bei Fuß!«. Sagen Sie »Steh!«, stützen Sie ihn im selben Moment mit der einen Hand von unten am Bauch, um zu verhindern, daß er sich setzt, und drücken Sie gleichzeitig mit der anderen Hand sanft auf seinen Nacken oder Kopf – so halten Sie ihn in waagerechter Stellung. Zarte, lange Streichelzüge sind dabei erlaubt. Sie wirken beruhigend. Entfernen Sie sich zunächst einen halben Schritt, dann immer weiter. Wiederholen Sie das Wort »Steh!« in der Anfangsphase häufig, damit der Hund die Anweisung versteht. Falls er sich setzt, gehen Sie sofort zu ihm zurück und holen ihn wieder hoch, indem Sie ihn in der Bauchgegend umfassen und sein Hinterteil hochziehen. Eine andere Möglichkeit ist, vor ihm stehend vorsichtig an der Leine zu rucken, so daß der Hund sich genötigt sieht, aufzustehen. Macht er nun Anstalten, auf Sie zuzugehen, sagen Sie abermals »Steh!«. Zur Unterstützung zeigen Sie waagerecht mit dem Zeigefinger auf ihn. Wiederholen Sie diese Übung so oft, bis der Hund wirklich stehen bleibt, auch wenn Sie um ihn herumgehen und versuchen, ihn abzulenken. Stellen Sie den Hund zwischendurch einmal so hin und spielen Sie mit einem Ball! Wenn er wacker stehengeblieben ist, holen Sie ihn stets von rechts ab, indem Sie links an ihm vorbei und hinten um ihn herumgehen (s.a. S. 317 ff.). Auf die Dauer sollte der Hund die Übung auch aus der Bewegung heraus beherrschen – zum Beispiel, wenn Sie mit ihm locker gehen oder joggen – sowie aus der Entfernung.

»Gib Laut!« – »Aus!«

Es ist nicht jedermanns Sache, seinen Hund auf Anweisung zum Bellen zu bringen, da die meisten Hunde ohnehin von selbst anschlagen, wenn Fremde an der Haustür klingeln oder sich Ihrem Grundstück nähern. Für jeden Hundehalter ist es jedoch wichtig, seinen Hund dazu zu bringen, das Bellen wieder einzustellen. Um es kontrollieren zu können, müssen Sie Ihrem Hund zunächst beibringen, auf Aufforderung hin Laut zu geben. Auf »Schluß!«, »Aus!« oder einen anderen Hinweis, muß er dann sofort still sein. Er sollte auch nicht nach kurzer Zeit aufs neue loslegen. Sie erreichen das, indem Sie den Hund vor sich sitzen lassen und einen Hundekeks vor ihm hochhalten. Wählen Sie ein kurzes Kommando wie »Bell!« oder »Gib Laut!«. Animieren Sie Ihren Hund zu bellen, locken Sie ihn begeistert mit Hilfe eigener körperlicher Spannung. In Erwartung des Hundekekses wird der Hund nach einer Weile zu bellen beginnen, um Sie aufzufordern, ihm die Köstlichkeit zu geben. Lassen Sie ihn kurz bellen, spornen Sie ihn dabei an (z.B. »Guter Hund, gib Laut!«), und sagen Sie dann prompt »Aus!« (oder »Schluß!«), während Sie ihm im selben Augenblick den Keks geben. Zwangsläufig wird er aufhören zu bellen, um die Belohnung zu verschlingen. Bei entsprechend häufiger Wiederholung wird er die Bedeutung Ihrer Worte bald verstanden haben und darauf reagieren.

Kombinierte Übungen

Mehrere Übungen hintereinander sorgen für einen anmutigen und flüssigen Bewegungsablauf und können situationsbedingt sehr nützlich sein. Einige Kombinationen werden in verschiedenen Vereinen unterschiedlich gehandhabt. So lernen die Halter von Retrievern, ihren Hund aus dem »Sitz!« mit »Hier!« herbeizurufen. In anderen Vereinen werden die Hunde aus dem »Sitz!« abgeholt oder aus dem »Platz!« herbeigerufen. Den internationalen Prüfungsregeln gemäß, sollen Halter Ihren Hund zum Beispiel sitzen und warten lassen, anschließend zu ihm zurückgehen, links an ihm vorbei und hinten um ihn herum laufen, dann neben ihm stehen bleiben und ihn schließlich »bei Fuß!« nehmen. Eine andere Variante ist, den Hund ins »Platz!« zu legen, sich zu entfernen oder sich sogar zu verstecken, um ihn schließlich mit »Hier!« herbeizurufen. Auch die Kombination »Fuß!« – »Platz!« – »Sitz!« – »Fuß!« ist üblich. Grundsätzlich sind die unterschiedlichsten Kombinationen denkbar, lassen Sie Ihrer Phantasie freien Lauf.

Korrekturen

Korrekturen in der Erziehungs- und Ausbildungsphase sind bei fast jedem Hund notwendig, da er nur durch Fehler wirklich lernen kann. Unvermeidlich sind Korrekturen bei Hunden, die besonders eigensinnig und selbstbewußt sind. Sollte Ihr Hund sich bei den Ausbildungsschritten oft nicht so wie erwünscht verhalten oder sich sogar widersetzen, ist es ratsam, ab dem fünften Lebensmonat, spätestens aber während seiner Pubertät, strenger zu werden und ihn konsequenter zu korrigieren: Je früher desto besser. Korrekturen sind in der Regel auch unerläßlich bei Hunden, die in ihrem ersten Lebensjahr gar nicht oder falsch erzogen wurden. Da sie sich in der Regel eine oder mehrere Unarten angewöhnt haben, ja, sich mitunter flegelhaft wie pubertierende Hunde benehmen, muß man sich ihnen gegenüber energisch mit regelmäßigen Korrekturen durchsetzen. Bei einem schwierigen Hund ist es aber auch wichtig, die Beziehung zwischen ihm und seinem Halter zu analysieren: Respektiert er ihn oder nimmt er ihn in Wahrheit überhaupt nicht ernst? Ist er vielleicht unterfordert? Es gibt auch unter Hunden regelrechte »Workaholics«! Viele Probleme erwachsen aus ungeklärten Spannungen und Mißverständnissen zwischen Halter und Hund. Daher sind klare Verhältnisse und Strukturen Voraussetzung jeder Ausbildung. Vorsicht ist geboten bei extrem dominanten, aggressiven oder sehr ängstlichen Hunden. In diesen Fällen ist es ratsam, eine kompetente Fachperson bei der Erziehung miteinzubeziehen. Vergessen Sie bei den im folgenden aufgeführten Korrekturen nie, Ihren Hund bei richtiger Ausführung einer Übung sofort zu loben!

Der Hund zerrt an der Leine

Falls Ihr Hund trotz aller »Fuß!«-Übungen an der Leine zerrt, haben Sie wahrscheinlich nicht richtig oder nicht konsequent genug an der Leine geruckt. Viele Hundehalter neigen dazu, eher zu ziehen als zu rucken, weshalb auch kaum eine Wirkung einsetzt. Üben Sie den Leinenruck wie auf Seite 304 beschrieben, und scheuen Sie sich nicht, bei einem temperamentvollen und kräftigen Hund auch mal härter, mit mehr Tempo und falls notwendig auch mehrmals hintereinander zu rucken. Rucken Sie aber immer seitwärts, das heißt, wenn der Hund »bei Fuß!« oder an der langen Leine zu Ihrer Linken läuft von links nach rechts, und wenn er an langer Leine zu Ihrer Rechten läuft, von rechts nach links. Wenn der Hund an der langen Leine vor Ihnen läuft, strecken Sie Ihren Arm aus und rucken seitwärts nach links bzw. rechts. Bei regelmäßiger, richtiger Korrektur, wird Ihr Hund bald aufhören, an der Leine zu zerren, und er wird vermutlich insgesamt ruhiger werden.

Der Hund weigert sich, ins »Sitz!« zu gehen

Wenn Ihr Hund nur mit großer Verzögerung auf Ihre Aufforderung zum Sitzen reagiert oder sich nur im Zeitlupentempo hinsetzt, sollten Sie gleichzeitig mit der Aufforderung »Sitz!« seitwärts und ein wenig nach oben an der Leine rucken. Währenddessen drücken Sie das Hinterteil des Hundes mit Ihrer anderen Hand zu Boden. Wirkungsvoller ist es noch, wenn Sie bei Beendigung der Übung »Fuß!« mit der rechten Hand nach rechts rucken und mit den Fingerspitzen der linken in seine linke Flanke drücken. Falls all das noch keinen Erfolg bringt, ist zu überlegen, ob der Hund sich vielleicht nicht setzen mag, weil er Schmerzen hat. Schließen Sie diese Möglichkeit auf jeden Fall aus, bevor Sie ihn weiter korrigieren.

Sollte Ihr Hund besonders übermütig oder unwillig sein und wie wild herumspringen, um dem »Sitz!« auszuweichen, so nehmen Sie die Leine mit der rechten Hand bis auf 30 Zentimeter kurz (nicht kürzer, denn dann haben Sie keine Möglichkeit zum Rucken mehr). Ziehen Sie nun sein Hinterteil mit Ihrer linken Hand an Ihr linkes Bein. Rucken Sie dann sofort mit der rechten Hand an der Leine, und drücken Sie dem Hund mit der linken Hand in die Flanke.

Der Hund kommt auf Ruf nicht

Eine der häufigsten Schwierigkeiten bei der Ausbildung von Hunden ist das Herankommen. In sicherer Entfernung von ihren Haltern lassen sich mangelhaft erzogene und selbstbewußte Hunde oft viel Zeit, wenn sie gerufen werden, oder sie ignorieren die Aufforderung sogar gänzlich. In diesem Fall müssen Sie mehr mit der Leine üben. Gehen Sie mit Ihrem Hund an langer Leine spazieren, und rufen Sie ihn ab und zu mit »Hier!« beziehungsweise mit »Komm!« (→ S. 310 f.). Im selben Moment rucken Sie einmal kurz und deutlich seitwärts an der Leine. Kommt der Hund jetzt nicht sofort zu Ihnen, ziehen Sie ihn unverzüglich zu sich heran. Wenn auch das auf Dauer nicht hilft, nehmen Sie eine Wurfkette zu Hilfe, die Sie zeitgleich mit Ihrem Ruf auf Ihren Hund werfen, um ihn daraufhin ohne Verzug zu sich heranzuziehen (s.a. S. 304). Sobald er gelernt hat, diese Handlungen – Rufen, Kette werfen, Herankommen – miteinander zu verknüpfen, lassen Sie die Kette weg. Üben Sie das Heranrufen auch, indem Sie Ihre Aufforderung fast nur flüstern, in einer Lautstärke, die der Hund gerade noch hören kann, wenn er aufmerksam ist.

Eine weitere Möglichkeit der Korrektur ist, ihn abzuholen, wenn er auf Ruf nicht kommt. Sie können sich anschleichen oder auf ihn zurennen, jedenfalls aber müssen Sie sicher sein können, daß Sie ihn erwischen, sonst macht er sich einen Spaß daraus, »Fang-mich« mit Ihnen zu spielen. Wiederholen Sie den Befehl währenddessen nicht, denn Sie haben ihn bereits einmal gegeben. Schnappen Sie den Hund, drehen Sie ihn auf den Rücken und schütteln Sie ihn ordentlich. Er lernt, Ihre Rüge mit der Nichterfüllung der Aufgabe zu verbinden, wenn Sie sofort anschließend einige Schritte zurückgehen und die Übung (»Hier!«) wiederholen. Loben Sie ihn mit »Fein!« oder ähnlichem, sobald er Anstalten macht, sich in Ihre Richtung zu bewegen. Machen Sie nicht den üblichen Fehler, Ihre Aufforderung beim Herankommen des Hundes ständig zu wiederholen, also nicht: »fein, ja hier, komm, hier, fein«. Ihr Hund wird so bald »harthörig«, weil er Ihre Anweisungen nicht mehr ernst nimmt. Vor allem für größere Menschen gilt: Beugen Sie sich beim Heranrufen nicht mit dem Oberkörper nach vorn – der Hund deutet das eventuell als eine Drohgeste und bleibt auf Abstand. Bleiben Sie gerade stehen oder gehen Sie in die Hocke. Wenn Ihr Hund zu Ihnen gekommen ist, können Sie ihn gelegentlich auch mit einem Hundekeks belohnen.

Der Hund will nicht »bleiben«

Temperamentvollen und verspielten Hunden fällt es besonders schwer, auf die Aufforderung »Bleib!« solange sitzen oder liegen zu bleiben, bis der Halter sie aus dieser Position erlöst. Sie springen immer wieder unruhig auf oder jagen einem Spielpartner oder anderen Verlockungen hinterher. Meist ist es allein ein Mangel an Übung, wenn der Hund das »Bleib!« nicht bis zum Ende durchhält. Proben Sie es, so oft Sie können, und zwar nicht nur in speziellen Übungsstunden, sondern auch in ganz alltäglichen Situationen, in denen Sie den Hund im Auge behalten können: wenn Sie zum Beispiel das Essen zubereiten, wenn Sie am Schreibtisch sitzen oder fernsehen.

Legen Sie den Hund ab, und lassen Sie ihn mit »Bleib!« warten. Fangen Sie mit kurzen Phasen an, die Sie mit der Zeit ausdehnen, je nachdem, wie sicher Ihr Hund ist. Loben Sie ihn, wann immer er geduldig gewartet hat. Holen Sie ihn jedesmal aus der »Bleib!«-Übung ab (s.a. S. 314 f.). Sollten Sie ihn im »Platz!« warten lassen, muß er solange liegen bleiben, bis Sie ihm beim Abholen die Anweisung »Sitz!« geben. Er darf nicht schon selbständig aufstehen, kaum daß Sie sich neben ihn gestellt haben. Bauen Sie die »Bleib!«-Übung langsam auf. Entfernen Sie sich zunächst nur ein paar Schritte, lassen Sie Ihren Hund kurz warten, und gehen Sie wieder zu ihm zurück. Dann beenden Sie die Übung. Das nächste Mal entfernen Sie sich etwas weiter und gehen dann wieder zu ihm hin. Mit der zunehmenden Entfernung zum Hund, verlängern Sie gleichzeitig auch die Zeitabstände, bis Sie zu ihm zurückkehren. Wenn Sie merken, daß dies Ihrem Hund Schwierigkeiten macht, verringern Sie die bislang gemeisterte Entfernung, verlängern aber die Zeit, die er abwarten muß. Wenn Sie sich zum ersten Mal aus seinem Blickfeld entfernen, sollten Sie die bereits gemeisterte Entfernung zunächst ebenfalls verringern.

Der Hund gibt auf »Aus!« nicht ab

Weigert sich ein Hund, auf »Aus!« abzugeben, was immer er im Fang hat, stecken meist »Beziehungsprobleme« mit dem Halter und sein Beutetrieb dahinter. Sollte sich dieses Problem schon über lange Zeit hinziehen und zu einer Machtprobe zwischen Ihnen und Ihrem Hund geworden sein, sollten Sie als erstes die Beziehungsstruktur analysieren, denn Ihr Hund scheint Sie nicht zu respektieren. Arbeiten Sie daran, das zu ändern (→ »So lernt Ihr Hund, Sie zu respektieren«, S. 266). Sobald Sie merken, daß Ihr Hund auf Ihr verändertes Verhalten positiv reagiert, können Sie beginnen, den Befehl »Aus!« zu üben. Nehmen Sie zunächst einen größeren Gegenstand zu Hilfe, den Sie ihm leicht abnehmen können, ohne ihm dabei ins Maul zu fassen: etwa einen weichen Fußball. Sie können aber auch einen langen Stock oder einen großen Kauknochen an einer Schnur befestigen. So können Sie dem Hund die »erbeuteten« Objekte in einem Moment, in dem er unaufmerksam ist, wegziehen, ohne ihn anzufassen. Reagiert er später immer noch nicht auf Ihre Aufforderung, versuchen Sie, ihn am Nacken zu schütteln, bis er sein Maul öffnet. Eine andere Variante besteht darin, den Hund bei der Übung angeleint zu lassen und beim Wort »Aus!« forsch an der Leine zu rucken (→ S. 304 f.). Das »Aus!« können Sie auch gut beim Apportieren üben: Loben Sie den Hund ausgiebig, sobald er den begehrten Gegenstand an Sie abgegeben hat, und werfen Sie diesen sofort wieder von sich. Der Hund lernt auf diese Weise, daß das Bringen und Abgeben ein Spiel sein kann.

Der Hund geht nicht ins »Platz!«

Da das »Platz!« für Hunde eine unterwürfige Haltung ist, weigern sich oft vor allem selbstbewußte und eigensinnige Hunde, diese Position auf Anweisung einzunehmen. Gerade bei dieser Übung zeigt sich, wie es um den Respekt gegenüber dem Halter bestellt ist. Zunächst muß Ihr Hund die Aufforderung »Platz!« gelernt haben und verstehen, was Sie von ihm verlangen (→ S. 330 ff.). Wenn Sie dieses Stadium bereits erreicht haben, er sich aber eindeutig widersetzt, sollten Sie etwas forscher vorgehen. Drücken Sie ihn nun nicht mehr bei aufgehobener Vorderpfote an den Schulterblättern herunter – was für ihn keineswegs unangenehm ist –, sondern schütteln Sie ihn stattdessen blitzartig am Nacken. Das Schütteln sollte nur sehr kurz sein, vergleichbar mit der Rüge eines erwachsenen Hundes, der einem Welpen mit einer raschen Schnappbewegung des Mauls ins Nackenfell fährt. Lassen Sie nach der raschen Schüttelbewegung sofort wieder los. Meist weicht der Hund der unangenehmen Korrektur aus und legt sich zu Boden. Falls er jedoch auf halber Höhe verharrt, schütteln Sie ihn in kurzen Intervallen weiter, bis er im »Platz!« liegt.

Bei älteren Hunden können Sie anstelle des Schüttelns mit der Leine arbeiten: Rucken Sie zeitgleich mit der Aufforderung »Platz!« senkrecht und blitzschnell einmal in Richtung Boden. Dazu dürfen Sie die Leine nicht zu kurz nehmen, denn sonst ziehen Sie am Hundehals, anstatt zu rucken. Die Leine anschließend sofort wieder locker lassen. Rucken Sie gegebenenfalls mehrmals hintereinander, bis der Hund sich hingelegt hat. Den Leinenruck wenden Sie ebenfalls an, wenn Sie Ihrem Hund an der langen Leine beibringen wollen, sich auch entfernt von Ihnen ins »Platz!« zu legen.

Der Hund prescht nach vorn

Manche Hunde gehen zwar gut »bei Fuß!«, doch sobald sie durch einen starken Reiz – zum Beispiel einen anderen Hund oder einen Hasen – abgelenkt werden, schießen sie neugierig von der Seite ihres Halters fort. Sie konzentrieren sich in diesem Fall weder auf die »Arbeit« noch auf ihren Halter. Mehr Training ist hier vonnöten, um die Konzentrationsfähigkeit zu steigern. Machen Sie deshalb bei »Fuß!«-Übungen viele Wendungen, nach links, nach rechts, drehen Sie sich im Kreis, laufen Sie Achten, gehen Sie mal langsam, mal schnell, rennen Sie ein Stück und bleiben Sie dann wieder unvermittelt stehen. Besonders wichtig ist es, Linksdrehungen zu machen, bei denen Sie den vorwärtsstrebenden Hund mit dem linken Knie bedrängen und in die Drehung schieben. Den Hund auf diese Weise körperlich zu bedrängen, ist eine klare Dominanzgeste, mit der man ihn unterwirft. Geht man immer nur geradeaus, kann der

Hund das Gefühl bekommen, daß er das Team führt. Geht man dagegen viele Wendungen, muß er sich anpassen und wird dadurch schnell seiner dominanten Position enthoben. Je abgelenkter Ihr Hund ist, desto mehr sollten Sie durch abwechslungsreiche Wendungen seine Aufmerksamkeit fordern.

Um Ihrem Hund des weiteren klar zu machen, daß er nicht vorprellen darf, rucken Sie sobald er seine Stellung neben Ihrem linken Bein verläßt sofort scharf an der Leine (→ S. 304) und wiederholen das Kommando »Fuß!«. Wenn er diese Korrektur annimmt und ruhig in Höhe Ihres Beins weiterläuft, loben Sie ihn mit Worten und einer Streicheleinheit. Rucken Sie jedoch gleich nochmal, wenn er weiter von Ihnen wegdrängt. Bewegt sich Ihr Hund nur leicht aus der »Fuß-Position« heraus, so können Sie ihn auch mit der Hand ruckartig am Halsband oder am seitlichen Nackenfell an Ihr Bein heranziehen.

Schwieriger ist es, wenn Ihr Hund unangeleint ist und aus der Stellung herausstürmt – es ist ja jetzt leicht für ihn, sich Ihres Tadels zu entziehen. Hier sollten Sie eine Wurfkette parat haben, deren wirksamen Einsatz der Hund jedoch schon kennengelernt haben sollte (→ S. 306 f.). Halten Sie die Kette unmerklich in der Hand, falls Sie vermuten, daß Ihr Hund seine Aufgabe bei nächster Gelegenheit wieder vergißt und vorpreschen wird. Im selben Augenblick, in dem er ansetzt, um davonzusprinten, werfen Sie die Kette auf sein Hinterteil. Wenn er nicht völlig ungestüm und wild ist, wird er innehalten und sich entweder selbst zu Ihrem Bein zurückbegeben, oder er wird abwarten, daß Sie zu ihm aufschließen und ihn abholen. Gegebenenfalls rucken Sie ihn wieder am Nackenfell zu sich heran. Ist er Ihnen trotzdem entglitten, so sollten Sie ihn abholen (ihm dabei aber nicht sinnlos hinterherrennen) und ihn kräftig am Nackenfell schütteln oder ihn sogar strafend auf den Rücken drehen (→ S. 290 f.). Das muß alles so schnell wie möglich gehen, damit der Hund Ihren Tadel auch mit seinem Fehlverhalten verknüpft. Kaum haben Sie ihn gerügt, müssen Sie ihn wieder auffordern, hinten um Sie herum in die »Fuß-Position« zu kommen. Sollten Sie ihn allerdings erst nach längerer Zeit erwischen, so fangen Sie von neuem an und greifen Sie dieses Mal schneller ein.

Der Hund apportiert nicht

Einige Hunde zeigen keinerlei Interesse, Gegenstände zu apportieren, obwohl sie der Rasse nach diese Veranlagung haben. Oft liegt es daran, daß in dieser Hinsicht nicht genug mit ihnen gespielt wurde und ihr »Bringtrieb« noch nicht erwacht ist. Das Apportieren kann man auch älteren Hunden noch beibringen. Nehmen Sie zu diesem Zweck zu unterschiedlichen Übungszeiten abwechselnd andere Spielzeuge und spielen Sie selbst begeistert damit – gleichgültig, ob Ihr Hund Sie ignoriert. Es bedarf eventuell einiger Ausdauer – manchmal mehrerer Wochen –, bis der Hund Interesse an dem Spielzeug zeigt. Überlassen Sie es ihm gelegentlich, so daß er alleine damit spielen kann. Wichtig ist bei dieser Übung: Es wird zunächst nur gespielt. Der Hund soll sich amüsieren und allmählich immer erwartungsfreudiger auf den Gegenstand blicken, dem Sie sich so intensiv widmen. Erst wenn sein Interesse durch das Spiel geweckt worden ist, sollten Sie beginnen, mit ihm zu arbeiten. Werfen Sie das Spielzeug in alle möglichen Richtungen, halten Sie es hoch, und animieren Sie Ihren Hund zum Springen und Ziehen. Nach ausreichendem Spiel sollte er beginnen, dem geworfenen Gegenstand hinterherzurennen, um ihn zu fangen. Viele Hunde bringen ihn dann meist selbständig zum Halter zurück, haben sie doch gelernt, daß er dann aufs neue geworfen wird. Es gibt aber auch Hunde, die sich mit ihrer Beute vergnügen und gar nicht daran denken, sie zurückzubringen. Ist das bei Ihrem Hund der Fall, nehmen Sie ihn an eine lange Leine. Werfen Sie das Spielzeug nur ein paar Meter weit und warten

Sie, bis er es fest ergriffen hat. Ziehen Sie ihn dann schwungvoll (nicht rucken!), ohne daß der Gegenstand aus seinem Maul fällt, zu sich heran – während Sie gleichzeitig eine entsprechende Anweisung, zum Beispiel »Bring!« geben –, und nehmen Sie ihm den Gegenstand ab, um diesen sofort wieder zu werfen. Eine andere Möglichkeit ist, das Spielzeug zu werfen, mit dem Hund mitzulaufen und ihn, wenn er den Gegenstand ergriffen hat, mit einer Drehung zu sich heranzuziehen.

Der Hund kann nicht alleine bleiben

Viele Hunde können nicht allein zuhause bleiben. Sobald ihr Halter das Haus verläßt, bellen sie ununterbrochen oder verlieren sich in heilloser Zerstörungswut. Häufig sind diese Hunde nicht ausgelastet, sie haben wenig Selbstvertrauen, stehen unter Streß oder leiden sogar unter Trennungsangst. Falsche Aufzucht, zu frühe Trennung von der Mutter und weite, unbetreute Transporte im Welpenalter können die Ursache sein. Grund für die Unfähigkeit, alleine zu bleiben ist nicht selten, aber auch, daß die Hunde ihre Halter nicht respektieren und es gewohnt sind, permanent im Mittelpunkt zu stehen. Sie »gestatten« es ihren Haltern nicht, sich ohne sie zu entfernen. In diesem Fall muß der Halter seine Beziehung zum Hund verändern und lernen, sich durchzusetzen. Viele Menschen tragen zum Fehlverhalten ihres Hundes zusätzlich bei, indem sie von ihrem Kommen und Gehen viel Aufhebens machen, anstatt sich ganz normal zu verhalten und dem Hund keine besondere Beachtung zu schenken.

Auf die Verwüstung der Wohnungseinrichtung reagieren viele Menschen aus Empörung falsch: Wenn sie nach Hause kommen, strafen sie ihren Hund, obwohl die Tat schon längst begangen worden ist. Das Ergebnis: Der Hund beginnt, die Rückkehr seines Halters zu fürchten. Er steht dann bereits unter Streß, während er alleine ist, und wütet um so mehr. Als Grundregel gilt: Sie dürfen Ihren Hund nur dann mit »Pfui!« und durch Schütteln am Nacken- oder Halsfell bestrafen, wenn Sie ihn auf frischer Tat ertappen, wenn er also noch dabei ist, etwas zu zerkauen oder zu zerreißen. Andernfalls müssen Sie ihn ignorieren. Lassen Sie ihn beim Aufräumen gleichwohl spüren, daß Sie schlecht gelaunt sind. Bei der Rückkehr dürfen Sie ihn auch nicht bemitleiden: Er könnte das als Bestätigung seiner Missetaten auffassen. Sperren Sie ihn beim nächsten Mal, wenn Sie das Haus verlassen, in einen Raum, in dem er wenig kaputt machen kann. Manchmal zerstören Hunde im übrigen nur deshalb etwas, weil sie nicht in einem bestimmten Raum eingesperrt sein wollen. Hier hilft es schlicht und einfach, beim Weggehen alle Zimmertüren offen zu lassen. Falls Sie einen Hund haben, der während Ihrer Abwesenheit unaufhörlich bellt, sollten Sie ihn bei der Rückkehr einfach ignorieren. Gehen Sie an ihm vorbei, ohne ihm auch nur ein Fünkchen Beachtung zu schenken. Loben Sie ihn nur dann, wenn er beim Heimkommen zufällig still ist. Ein guter Augenblick, um die Haustür zu öffnen, ist, wenn Ihr Hund beim Bellen gerade eine kleine Ruhephase einlegt. Treten Sie sofort ein, und begrüßen Sie ihn zurückhaltend, aber freundlich und ruhig lobend. Warten Sie eventuell ein Weilchen lautlos in der Nähe der Haustür, um diesen Zeitpunkt abzupassen.

Um das Problem grundsätzlich zu lösen, sollten Sie zunächst überprüfen, ob Sie Ihren Hund vielleicht zu lange allein lassen. Fünf Stunden sollten das Maximum sein, wobei Sie Ihrem Hund als Rudelwesen dann schon einiges zumuten. Hat er täglich genug Auslauf und Beschäftigung? Falls nicht, fordern und fördern Sie ihn mehr. Wer von Ihnen beiden hat im Haus das Sagen? Sollten Sie allein sich den Wünschen und Bedürfnissen des Hundes beugen, und nicht auch umgekehrt, ist es an der Zeit, die Verhältnisse zu ändern.

Üben Sie das Weggehen möglichst oft und zunächst in kurzen Abständen. Lassen Sie Ihren Hund an verschiedenen Orten allein: Vielleicht kann er sich zum Beispiel im Auto oder im Garten eher daran gewöhnen. Zuhause können Sie ihm das Alleinbleiben erleichtern, indem Sie das Radio anstellen, eine mit Ihrer Stimme besprochene Kassette abspielen oder von unterwegs gelegentlich für ihn hörbar auf Ihren Anrufbeantworter sprechen. Auch mit einem Kauknochen aus dem Fachhandel kann er sich leichter die Zeit vertreiben.

Besonders viel Geduld müssen Sie haben, wenn Ihr Hund extrem ängstlich ist und Ihnen auf Schritt und Tritt folgt. Nehmen Sie sich regelmäßig Zeit, um sich auf ein Sofa oder an einen Tisch zu setzen. Vielleicht hat Ihr Hund ein Kissen, auf dem er für gewöhnlich neben Ihnen ruht. Rücken Sie dieses Kissen über Tage, Wochen und Monate stets ein wenig weiter von sich fort, und lassen Sie den Hund dort »Platz!« machen. Ist er brav und bleibt liegen, so beenden Sie die Übung mit »Lauf!« und loben ihn kräftig. Verlängern Sie allmählich die Zeitspanne, die der Hund auf seinem Platz bleiben muß. Jeder Zentimeter ist ein Erfolg, bewahren Sie die Nerven. Schaffen Sie zwischen sich und Ihrem Hund allmählich so viel Distanz, daß Sie ihn im Nebenzimmer ablegen können, zunächst bei geöffneter, später bei halbgeschlossener und schließlich bei geschlossener Tür. Üben Sie das solange, bis Sie auch aus dem Haus gehen können, erst für eine kurze Weile, dann immer länger.

Für Hunde, die ständig bellen, hat die Hundeindustrie ein Halsband mit einem kleinen Tank entwickelt, in den Zitronenöl gefüllt wird. Sobald der Hund bellt, sprüht das Öl durch ein Ventil auf die empfindliche Hundenase. Der Geruch ist dem Tier so unangenehm, daß es ihm buchstäblich die Sprache verschlägt. Für Hunde, die aus Angst bellen, ist diese Methode jedoch denkbar ungeeignet. Denn das Bellen ist das einzige, was ihnen in dieser Situation Erleichterung verschafft. Verlieren sie nun die Möglichkeit, gegen ihre Angst anzubellen, fressen sie die Furcht in sich hinein. Sie werden verschlossen und neurotisch. Die einzige Gegenmaßnahme ist eine stückweise, geduldige Umgewöhnung durch Beschäftigung, Auslauf, Ausbildung und Übungen, die das »Alleinebleiben« trainieren. Wenn all das bei Ihrem Hund nicht hilft, bleibt als letzte Möglichkeit, ihn einige Tage in eine für ihn fremde Umgebung zu bringen. Dazu eignen sich besonders Hundepensionen, in denen die Hunde einzeln und nicht zusammen gehalten werden, aber die Anwesenheit anderer Hunde bemerken. Wichtig ist jedoch, daß die Pension nicht so überfüllt ist, daß den ganzen Tag über gekläfft wird! Die Unterbringung sollte angenehm und die Betreuer fachkundig und freundlich sein, dann lernen fast alle Hunde rasch, sich den neuen Gegebenheiten anzupassen und allein zu bleiben.

Der Hund bellt unkontrolliert

Hunde bellen in der Regel, wenn Besuch kommt, wenn Passanten an Haus oder Garten vorbeilaufen oder eine Gefahr zu drohen scheint. Manche Hunde hören allerdings mit dem Bellen nicht auf, obwohl sie von ihren Haltern dazu aufgefordert werden. Häufig respektiert der Hund seinen Halter in diesen Fällen nicht und meint, er sei für ihn verantwortlich. Ein Hund sollte ruhig sein, sowie er seinen Halter über nahenden Besuch oder eine Gefahr in Kenntnis gesetzt und die Anweisung »Aus!« bekommen hat. Überprüfen Sie, ob Ihr Hund genügend Beschäftigung hat – vielleicht ist das Verwarnen von »Eindringlingen« seine einzige Aufgabe? Üben Sie mit ihm »Gib Laut!« (→ S. 334 f.). Bei einem hartnäckigen Kläffer sollten Sie den Griff zum Nackenfell (Schütteln! → S. 290) mitunter nicht scheuen. Sollte auch das nicht helfen, können Sie die Wurfkette benutzen, vorausgesetzt, Ihr Hund hat sie als Korrekturmittel kennengelernt (→ S. 306). Werfen Sie die Kette auf den Hund, während Sie »Aus!« oder »Schluß!« sagen. Bei empfindlichen Hunden reicht es meist, mit der Kette zu rasseln. (Zu speziellen Halsbändern, die Dauerkläffen unterbinden sollen, s. o.).

Der Hund verbellt unvermittelt Passanten oder Gäste

Manche Hunde ignorieren beim Spaziergang im Park zum Beispiel zehn Menschen, bellen den elften aber plötzlich und unvermittelt drohend an. Oder sie erschrecken durch diese Gebärde bereits hereingeladene Gäste. Ursache dieses Verhaltens ist meist ein ausgeprägtes Selbstbewußtsein des Hundes, der sich mangels Respekt für seinen Halter verantwortlich fühlt. Sein Schutzdrang ist groß und unkontrolliert, und vielleicht bereitet es ihm auch Spaß, die mächtige Wirkung seiner Drohgebärde zu sehen. Hier gilt es, möglichst häufig und intensiv mit dem Hund zu trainieren und seine Macht einzuschränken. Auch wenn er aus Angst bellt: Er darf Radfahrer, Männer mit Hüten oder was immer ihn provoziert, nicht als Bedrohung betrachten und offensiv reagieren.

Holen Sie Ihren Hund keinesfalls zu sich heran, wenn Sie auf einem Spaziergang in der Ferne zum Beispiel einen Radfahrer sichten: Auf diese Weise steigern Sie nur sein Interesse, Fremde anzubellen. Sollte Ihr Hund wieder jemanden verbellen, laufen Sie stattdessen zu ihm, packen ihn am Nackenfell und schütteln ihn mit »Pfui!« kräftig durch (→ S. 290). Tun Sie das jedesmal, wenn er ohne plausiblen Grund unvermittelt Passanten bedroht. Möglich ist auch der Einsatz der Wurfkette: Rügen Sie ihn verbal, während Sie die Kette nach ihm werfen. Üben Sie anschließend mit ihm, ohne Aufhebens an der gleichen Person vorbeizugehen.

Der Hund wird nicht stubenrein

Wird ein Hund nicht stubenrein, können dahinter mehrere Ursachen stecken. Vielleicht hat er noch nicht verstanden, was von ihm erwartet wird. Schütteln Sie ihn am Nacken, wenn Sie ihn auf frischer Tat ertappen, und tragen Sie ihn, unabhängig davon, ob bereits »alles erledigt« ist, nach draußen zu dem von Ihnen als »Klo« bestimmten Platz. Desinfizieren Sie die verschmutzte Stelle im Haus, so daß sie geruchsneutral wird und den Hund nicht zu abermaliger Verunreinigung animiert. Ein häufiger Auslöser für den »Toilettengang« im Haus kann eine Fehlkonditionierung des Welpen sein, der zum Beispiel darauf trainiert wurde, ausschließlich auf Zeitungspapier zu machen. Hier sind Umkonditionierung und ein »Anfängerkurs« in Stubenreinheit nötig (→ »Kauf und Pflege des Welpen«, S. 156). Loben Sie Ihren Hund, wenn er durch Winseln sein Bedürfnis, nach draußen zu gehen, anmeldet und sein Geschäft auch dort erledigt.

Macht Ihr Hund sich nicht bemerkbar, wenn er raus muß, können Sie ihn in einen hohen Karton setzen, kurz bevor zu erwarten ist, daß er sich wieder entleert. Der Karton muß oben offen sein, die Grundfläche den Maßen des Hundes entsprechen, und die Wände müssen so hoch sein, daß er nicht herausklettern kann. Jeder Hund wird nun zu winseln beginnen, wenn er seine Notdurft verrichten will, denn normal veranlagte Hunde verunreinigen ihr eigenes Lager nicht. Nehmen Sie Ihren Hund umgehend hoch und bringen Sie ihn ans Freie. Auf diese Weise lernt er, sein Bedürfnis anzumelden.

Die Ursache von Stubenunreinheit kann auch ein Dominanzproblem sein: Der Hund markiert daheim sein Revier, um sich möglichst weit auszubreiten. In diesem Fall sollten Sie sich bei ihm mehr Respekt verschaffen (→ »So lernt Ihr Hund, Sie zu respektieren«, S. 266). Schütteln Sie ihn am Nackenfell, wenn Sie ihn auf frischer Tat ertappen. Grund für eine plötzliche Unsauberkeit kann ferner Trennungsangst sein. Hier gilt es, das Selbstbewußtsein des Hundes zu stärken und ihn ans Alleinbleiben zu gewöhnen (s.a. S. 325 und S. 345).

Beruht die Unsauberkeit des Hundes auf einer Verhaltensstörung, sollten Sie sich bei einer anerkannten Fachperson Rat suchen. Ein verhaltensgestörter Hund verunreinigt sogar seinen eigenen Ruheplatz – möglicherweise ein Hinweis darauf, daß er als Welpe weite Strecken per Lastwagen, Bahn oder Flugzeug transportiert wurde und keine Gelegenheit hatte, sich außerhalb seiner Transportkiste zu entleeren. Ausgewachsene Hunde, die zu viel Zeit isoliert in einem Zwinger verbracht haben, neigen ebenfalls dazu, ins Haus zu machen, selbst, nachdem sie stundenlang spazierengeführt wurden. Der Grund: Sie sind von den Eindrücken draußen so überwältigt, daß sie sich vor Aufregung nicht lösen können; es geht erst, wenn zu Hause die Entspannung eintritt. Diese Hunde sollte man so viel wie möglich auf bekanntem Terrain an neue Eindrücke gewöhnen, damit sie allmählich sicherer werden und ihr Geschäft auch draußen verrichten können. Sofort kräftig loben, wenn sich der erste Erfolg einstellt!

Mitunter machen Junghunde, die eigentlich schon stubenrein sind, ins Haus: selbstvergessen, vielleicht aufgeregt. Das ist normal, dennoch sollten Sie Ihren Hund in diesem Fall am Nackenfell packen und nach draußen an seine Stelle bringen. Das gleiche kann auch Hündinnen kurz vor der Läufigkeit passieren oder auch alten Hündinnen mit einer Harninkontinenz. Lassen Sie einem Junghund Zeit, reagieren Sie auf plötzliche Verunreinigungen nicht panisch und bleiben Sie ruhig. Einige Hunde brauchen einfach länger. Normal veranlagte Hunde werden sogar stubenrein, ohne daß man überhaupt eingreift. Das dauert allerdings länger und kann sich bis zum achten Monat hinziehen. Deshalb ist das Training zur Stubenreinheit schon angebracht. Manche Junghunde, die die ersten Lebenswochen in einem Zwinger verbrachten, aus dem sie in einen Auslauf gehen konnten, sind vom ersten Tag an stubenrein und stellen sich an die Tür, wenn sie raus müssen.

Der Hund frißt Kot

Viele Hunde, vor allem junge, fressen den Kot anderer Tiere oder sogar die Exkremente von Menschen, als wären sie eine Delikatesse. Vermutlich wissen sie instinktiv, daß im Kot Mineralstoffe enthalten sind. Es wird oft behauptet, kotfressende Hunde müßten einen Ernährungsmangel ausgleichen. Doch da die meisten Hunde heutzutage angemessen ernährt sind, ist die naheliegendste Erklärung: Der stinkende Haufen riecht und schmeckt einfach köstlich – so jedenfalls wird der Hund es empfinden. Einige dominante Hunde wollen durch das Kotfressen vielleicht den Geruch der Verursacher beseitigen, und einige Hündinnen übertragen das arttypische Fressen des Welpenkots instinktiv auch auf andere Hunde. Die Absonderungen von Kuh, Pferd oder sogar Mensch sind für den Hund prinzipiell nicht schädlich. Wenn er aber von einem auf den anderen Tag beginnt, den Kot von Artgenossen zu fressen, sollten Sie zum Tierarzt gehen und seinen Kot untersuchen lassen. Es könnte sein, daß er Kokzidien – das sind einzellige Parasiten – hat, die medikamentös behandelt werden müssen. Auch im Kot vieler anderer Tiere können Infektionserreger wie Bakterien (zum Beispiel Salmonellen) oder Parasiten versteckt sein. Es ist deshalb sinnvoll, dem Hund beizubringen, die Haufen aller Tiere zu verschmähen, denn er selbst kann nicht zwischen gesunden und ungesunden Ausscheidungen unterscheiden.

Um Ihrem Hund das Kotfressen abzugewöhnen, dürfen Sie ihn nie um Kothaufen herummanövrieren, in der Absicht, ihn gar nicht erst in Versuchung zu bringen: So lernt er nie, davon zu lassen! Suchen Sie stattdessen nach Haufen, gehen Sie di-

rekt darauf zu, und schütteln Sie den Hund sofort am Nackenfell oder rucken Sie seitlich an der Leine, wenn er Anstalten
macht, davon zu kosten (s.a. S. 328 f.).

Der Hund stiehlt Essen

Bringen Sie Ihrem Hund zunächst bei, daß er nichts vom Boden fressen darf (→ S. 328 f.). Denn wenn ein Hund sich einmal
angewöhnt hat, alles zu fressen, was ihm vor die Nase kommt,
kommt er auch eher in Versuchung, Eßbares aus der Küche zu
rauben. Falls er anschließend noch immer meint, Ihre Nahrungsmittel vom Tisch oder von der Küchenplatte seien auch
für ihn bestimmt, sollten Sie ihn verführen, um ihn korrigieren
zu können. Legen Sie zum Beispiel eine Schinkenscheibe so auf
den Eßtisch, daß sie halb herunterhängt, und versuchen Sie ihn
beim Diebstahl zu erwischen: Schütteln Sie ihn schimpfend am
Nacken oder werfen Sie aus dem Hinterhalt die Wurfkette auf
ihn. Das wird ihn nach mehrmaliger Korrektur eines Besseren
belehren.

Der Hund springt übertrieben und vor allem
an fremden Menschen hoch

Wenn Hunde an Menschen hochspringen, ist das eine Be-
grüßungs- und Freundlichkeitsgeste. Sie wollen das Gesicht der
begehrten Person lecken – Küßchen geben. So nett gemeint es
auch ist, kann dies recht lästig werden, wenn es sich nicht allein
auf den Halter beschränkt. Der würde vielleicht noch Nach-
sicht walten lassen, wenn er dabei schlammbeschmiert und naß
geworden ist. Fremde anzuspringen, seien es Besucher oder
Spaziergänger, geht in jedem Fall zu weit. Zumal sich das Hochspringen im Erwachsenenalter auch zu einer dominanten Ge-

ste entwickeln kann: Der Hund springt zum Beispiel an eintreffenden Gästen hoch, um ihnen gleich zu Beginn klar zu machen, daß er über das Territorium herrscht und die Bewegungen der Gäste einzuschränken weiß; eventuell betrachtet er die Besucher sogar als seine eigenen Gäste. Oft verstärken die Halter dieses Verhalten unbewußt, indem Sie dem Hund in diesen Momenten die Aufmerksamkeit zukommen lassen, die er einfordert. Es ist deshalb ratsam, Hunden schon vom Welpenalter an zu verbieten, Menschen anzuspringen. Das tun Sie, indem Sie ihn beim Sprung mit »Nein!« oder »Pfui!« unwirsch am Nackenfell herunterziehen. Haben Sie das versäumt, als Ihr Hund noch klein war, sind härtere Mittel nötig, vor allem bei großen Hunden. Die wirksamste Methode ist, ihn sein Ziel – das Gesicht – nicht erreichen zu lassen: Ziehen Sie, während er springt, blitzschnell Ihr Knie hoch. Er springt so in das Hindernis und fällt auf den Boden zurück. (Achten Sie darauf, daß der Aufprall nicht zu stark ist). Drücken Sie den Hund sofort herunter und loben Sie ihn sofort, wenn er sitzen bleibt. Er wird schnell lernen, unten ist es angenehm, oben nicht. Wenn Sie ihn nur wegschubsen oder das Knie hochziehen und ihm dann nicht zeigen, daß es besser ist, wenn er unten bleibt, verwirren Sie den Hund; er fühlt sich ausgestoßen.

Der Hund »reitet auf«

Ein aufreitender Hund versucht in der Regel durch diese Geste, den Menschen zu dominieren. Lassen Sie deshalb niemals zu, daß er an Ihrem Bein aufreitet, in der Annahme, er sei nur verspielt oder der »Arme« stille damit sein unbefriedigtes Sexualbedürfnis. Schubsen Sie ihn jedesmal schimpfend herunter, gegebenenfalls schütteln Sie ihn zusätzlich kräftig am Nackenfell.

Der Hund rauft häufig mit Artgenossen

Hunde, vor allem Rüden, die zuviel raufen, sind meist schlecht erzogen: Sie sind ungestüm und dominieren oft das Leben ihrer Halter. Die Ursache kann auch eine Verhaltensstörung sein – zum Beispiel, wenn der Hund schlechte genetische Anlagen hat, auf Aggressivität gezüchtet ist oder in seiner Jugend mangelhaft oder gar nicht sozialisiert wurde. Falls Ihr Hund übertrieben angriffslustig ist und sich wahllos auf andere Hunde, beziehungsweise Geschlechtsgenossen stürzt, die ihm in die Quere kommen, sollten Sie bei einer kompetenten Fachperson Rat und Unterstützung suchen. Hier ist ein Therapieprogramm nötig.

Bei Hunden, die aufgrund mangelnder Führung und Erziehung zu Raufern geworden sind, läßt sich das Problem meist leichter beseitigen. Analysieren Sie Ihr Verhältnis zu Ihrem Hund. Vermutlich respektiert er Sie nicht und betrachtet sich Ihnen gegenüber als überlegen. Arbeiten Sie an Ihrer Beziehung, damit Sie den Hund unter Kontrolle bekommen (→ »So lernt Ihr Hund, Sie zu respektieren«, S. 266). Gleichzeitig sollten Sie ihn fordern und sich bei seiner Erziehung Punkt für Punkt durchsetzen. Beschäftigen Sie ihn ausreichend, und verschaffen Sie ihm genügend Auslauf, damit er ausgelastet ist. In der Regel reicht das, um den Hund in jeder Situation kontrollieren zu können.

Gehen Sie fremden Hunden niemals aus dem Weg. Im Gegenteil: Suchen Sie Begegnungen mit Artgenossen, denn Ihr Hund wird nur aus seinen Fehlern und Ihrer Korrektur lernen. Wenn Sie Konfrontationen meiden, verschlimmern Sie das Problem nur, weil Ihr Hund den Eindruck gewinnen wird, daß von Artgenossen etwas Unangenehmes ausgeht. Anstatt sich mit ihnen auseinanderzusetzen, wird er immer asozialer. Macht Ihr Hund während des Umlernprozesses weiterhin Anstalten, sich während eines Spaziergangs auf andere Hunde zu stürzen, so rucken Sie sofort konsequent an der Leine, und zwar im selben Moment, in dem er zum Sprung ansetzt. Gleichzeitig sagen Sie forsch »Pfui!«. Wenn er ruhig weitergeht, loben Sie ihn. Loben Sie ihn auch stets, wenn er an anderen Hunden vorbeiläuft, ohne sie weiter zu beachten. Läuft er frei und sieht es aufgrund seiner Körpersprache (hochgestellte Ohren, steif aufgerichtete Rute, gespannter Körper) danach aus, als werde er in Kürze eine Rauferei anzetteln, so versuchen Sie schon vorher, ihn gleichzeitig verbal rügend am Nacken zu schütteln. Strafen Sie ihn nicht nach einer Rauferei, denn er könnte das mißverstehen und glauben, er habe sich nicht tapfer genug geschlagen. Mischen Sie sich in eine Auseinandersetzung zwischen Hunden nie ein, im Zweifelsfall gehen Sie sonst als einziger Verletzter daraus hervor.

Fängt Ihr Hund allmählich an, Ihre Korrekturen zu verstehen, so ermahnen Sie ihn schon im voraus mit Worten, falls Sie den Eindruck haben, er bereite sich gerade darauf vor, zum Angriff überzugehen. Bleiben Sie stets ruhig, gehen Sie aber zügig an dem anderen Hund vorbei. Lenken Sie Ihren Hund durch kleine Übungen und Wendungen ab, und sprechen Sie währenddessen mit ihm (nicht vor Schreck verstummen). Bleiben Sie keinesfalls wie angewurzelt stehen, das gibt Ihrem Hund zuviel Zeit, sich auf den vermeintlichen Gegner zu konzentrieren und Sie dabei zu vergessen. Schreien Sie nicht, werden Sie nicht nervös und ängstlich – das stachelt Ihren Hund nur an. So schwierig das sein mag, versuchen Sie sich zu beherrschen und souverän zu bleiben. Wenn Sie Ihrem Hund Ihre Unsicherheit zeigen, wird er die Situation als gefährlich einstufen und entsprechend wehrbereit sein.

Sobald Ihr Hund ruhig bleibt, wenn Sie in raschem Tempo mit ihm an anderen Hunden vorbeigehen, üben Sie dasselbe mit ihm in langsamerem Tempo. Kann er auch das, kommt die dritte Stufe: Legen Sie ihn ins »Platz!«, und lassen Sie die anderen Hunde (mit oder ohne Halter) an ihm vorbeigehen. Dabei zwingen Sie ihn, sich den anderen Hunden zu unterwerfen. Mit Mut, Ausdauer und vor allem ausreichendem Training werden Sie ihn so bald zu einem angenehmen Begleiter erzogen haben.

Kleine Rangeleien unter Rüden sind normal und haben nichts mit einer Verhaltensstörung oder einer gesteigerten Aggressivität zu tun. Rüdenkämpfe wirken auf viele Menschen grausam und beängstigend, doch was so bedrohlich aussieht, ist meist nur Imponiergehabe: Eberhard Trumler hat das »Angabe-Duell« genannt. Die Hunde geraten im allgemeinen kurz aneinander, bis sich einer von beiden unterwirft. Die Rangordnung zwischen den Rüden ist dann in der Regel geklärt. Die Streitenden verletzen sich nur sehr selten. Das ist von der Natur so eingerichtet, denn wildlebende Rudel können es sich nicht leisten, Mitglieder durch Streitereien zu verlieren. Kein Grund zur Panik also, wenn Rüden sich ab und zu in die Haare geraten. Das ist jedoch nur akzeptabel, wenn es einen Anlaß für Streitereien gab und einer der beiden Hunde angegriffen hat und der andere sich zwangsläufig verteidigen mußte. Falls Ihr Rüde in eine Rauferei verwickelt ist, sollten Sie Ruhe bewahren, auch wenn das manchmal schwierig ist. Lautes Geschrei stachelt die Kontrahenten nur an. Außerdem lenken Sie Ihren eigenen Hund dadurch ab, was dem Gegner am Ende die Gelegenheit bieten könnte, doch noch zuzubeißen. Meist endet das Gefecht sowieso bald, denn Hunde mit gesundem Sozialverhalten einigen sich fast immer. Die Gefahren bei einer Rangelei einschätzen zu können lernen Hundehalter durch Erfahrung.

Falls Sie das Ende der Auseinandersetzung schneller herbeiführen wollen, sollten Sie nicht neben den kämpfenden Hunden stehenbleiben, sondern sich entfernen. Der Besitzer des anderen Hundes sollte in die entgegengesetzte Richtung gehen. Die Hunde haben dadurch eine Entschuldigung, sich voneinander zu trennen, um ihren Haltern nachzueilen.

Wer in eine Auseinandersetzung zwischen Hunden eingreift, tut das auf eigene Verantwortung und muß die Konsequenzen selber tragen, sogar, wenn er vom fremden Hund gebissen wird. In der Regel zahlt keine Kranken- oder Unfallversicherung im Falle einer Verletzung: Sollten Sie sich dennoch einmischen, fassen Sie auf keinen Fall zwischen die Streitenden, denn Sie würden sich dabei mit ziemlicher Wahrscheinlichkeit erheblich verletzen – die kämpfenden Hunde können in dieser Situation nicht zwischen Ihnen und dem Gegner unterscheiden. Schlagen Sie auch nicht auf die Hunde ein, denn sie würden glauben, daß ihnen der Schmerz vom gegnerischen Hund zugefügt wird, und erst recht in Rage geraten. Kommt es tatsächlich einmal zu einem ernsthaften Kampf – sei es zwischen Rüden oder zwischen Hündinnen –, bei dem sich keiner der beiden Hunde unterwerfen will, können Sie und der andere Halter gleichzeitig Ihren eigenen Hund an den Hinterläufen packen und hochziehen. Haben die Hunde sich jedoch bereits fest ineinander verbissen, können Sie beziehungsweise der andere in das Halsband des Beißers greifen und es herumdrehen, so daß Sie dem Hund die Luft abschnüren. Reden Sie beruhigend auf den festgebissenen Hund ein, denn er hat einen Muskelkrampf. Durch die verminderte Luftzufuhr und die ruhigen Worte entkrampfen sich die Muskeln und der Kiefer öffnet sich. Lassen Sie das Halsband in diesem Augenblick sofort los. Sie können das Halsband auch mit Hilfe eines kurzen, aber festen Stocks zusammendrehen. Diese Methode ist zwar rabiat, sie ist aber die einzig wirksame, mit der man zwei ineinander verbissene Hunde voneinander trennen kann.

Der Hund ist gegenüber Artgenossen
zu unterwürfig

Einige Hunde wirken bis zur Pubertät seelisch ausgeglichen. Doch dann reagieren sie plötzlich so unterwürfig auf andere Hunde, daß sie sich sofort zu Boden werfen. Vielleicht haben diese Hunde schlechte Erfahrungen gemacht, vielleicht ist ihr Verhalten aber auch genetisch bedingt. Schon Welpen können sehr ängstlich und unterwürfig sein, was meist die Folge einer schlechten Sozialisierung ist. Wichtig ist, diesen Hunden nicht durch eine mitleidsvolle Stimme oder die Vermeidung der beängstigenden Situationen »zu helfen«. Sie sollten genau das Gegenteil tun. Suchen Sie regelmäßig Begegnungen mit Artgenossen. Demonstrieren Sie Stärke, und vermitteln Sie Ihrem Hund Sicherheit. Nehmen Sie ihn konsequent »bei Fuß«, und gehen Sie ohne viel Aufhebens am fremden Hund vorbei. Ihr Hund wird auf diese Weise bald merken, daß ihm nichts passiert, wenn er sich bei einer Begegnung nicht sofort zu Boden wirft (s.a. S. 205). Im Extremfall sollten Sie jedoch Rat bei einer anerkannten Fachperson suchen.

Der Hund hat Angst vor bestimmten
Artgenossen oder Menschen

Wenn ein Hund Angst gegenüber einem bestimmten Artgenossen zeigt, so kann das daran liegen, daß er mit einem Vertreter derselben Rasse schlechte Erfahrungen gemacht hat. Es kann aber auch sein, daß er die Rasse mit ihren spezifischen Verhaltensmerkmalen nie kennengelernt hat und nicht mit ihr kommunizieren kann (s.a. S. 195 f.). Bringen Sie Ihren Hund behutsam und so oft wie möglich mit der jeweiligen Rasse zusammen (zum Beispiel über einen speziellen Verein), so daß er ihre Sprache lernt. Sie sollten jedoch sicher sein, daß die Kontakthunde friedfertig sind und keine Gefahr besteht, daß Ihr Hund (wieder) schlechte Erfahrungen macht. Wenn ein Hund Angst vor bestimmten Menschen hat, kann das ebenfalls an negativen Erfahrungen liegen: Vielleicht ist der Hund schlecht behandelt oder mangelhaft sozialisiert worden, vielleicht kennt er auch einfach bestimmte Kleidungsstücke nicht, die die angsteinflößenden Menschen tragen. Hier gilt dasselbe Prinzip: Langsam und behutsam Vertrauen aufbauen, am besten zunächst mit Menschen aus dem engeren Bekanntenkreis. Über Futtervergabe, Spiel und Spaziergänge kann sich der Hund nach und nach an einzelne und später an mehrere Personen zugleich gewöhnen (s.a. S. 202 ff.).

Der Hund streunt

Streunende Hunde langweilen sich zuhause oft. Sie werden nicht genügend gefordert und beschäftigt. Häufig respektieren sie auch ihre Halter nicht. Wenn Sie feststellen, daß Ihr Hund streunt, sollten Sie sich ausgiebig mit ihm beschäftigen. Lassen Sie ihn mit Übungen und Spielen »arbeiten«, und verschaffen Sie sich bei ihm Respekt (→ S. 266). Bringen Sie ihm zudem bei, das Grundstück nicht zu verlassen (→ S. 327). Falls Ihr Hund nicht schon ein »eingefleischter« Streuner ist, der dies bereits seit Jahren tut, wird er seine Ausflüge bald beenden. Schließlich ist es viel interessanter und lohnender, in Ihrer Nähe zu bleiben.

Der Hund jagt Wild, Rad- oder Autofahrer

Jagende Hunde sind ein echtes Ärgernis, sie gefährden andere und vor allem auch sich selbst. Jäger haben in bestimmten Situationen das Recht, einen wildernden Hund zu erschießen. Die Verfolgunghatz auf einen Hasen kann unter einem Auto enden. Radfahrer können umgestoßen und Passanten verletzt werden. Nicht zuletzt kann der Hund sich verirren und von Fremden aufgegriffen werden.

Fast jeder Hund hat einen natürlichen Jagdtrieb. Aber er sollte seinen Halter respektieren und so gut erzogen sein, daß er stets in dessen Nähe bleibt. Schon im Welpenalter sollte man dem Hund die Jagd auf Vögel und andere Lebewesen verbieten. Denn dabei kommen die flinken Vierbeiner erst auf den Geschmack: Die Jagd auf Vögel ist nur der Auftakt zur späteren »Großwildjagd«. Haben Sie diese frühzeitige Korrektur versäumt und Ihr Hund hat sich zum haltlosen Jäger entwickelt, so ist es schwieriger, ihm dieses Verhalten wieder abzugewöhnen. Überprüfen Sie, ob Ihr Hund aus Langeweile jagt, ob er vielleicht zu wenig Auslauf und Beschäftigung hat. Ein umfassendes Trainingsprogramm wäre in diesem Fall nötig: Erziehung und Beschäftigung.

Hat sich der Jagdtrieb bereits stark verfestigt, müssen zusätzliche Maßnahmen zur Um- bzw. Abgewöhnung ergriffen werden. Nehmen Sie Ihren Hund beim Spaziergang in einer wildreichen Gegend an eine längere Leine. Sollte nun vor Ihren Augen ein Hase auftauchen oder ein Reh grasen und Ihr Hund bereits erwartungsvoll die Ohren spitzen, vor Anspannung zittern, bereit, sogleich loszusprinten, müssen Sie sofort eingreifen: Werfen Sie mit »Pfui!« eine Wurfkette auf ihn, und ziehen Sie ihn dann mit »Hier!« forsch und rasch an der Leine zu sich. Üben Sie das zu jeder erdenklichen Gelegenheit. Ist Ihr Hund besonders hartnäckig, sollten Sie ihn heftig am Nackenfell schütteln, sobald er in die Absprunghaltung geht – oder ihn sogar auf den Rücken drehen (s.a. S. 291). Korrigieren Sie ihn jedesmal von neuem, wenn er auch nur die geringsten Anstalten macht, zu jagen. Auf keinen Fall sollte man schreiend hinter dem jagenden Hund herlaufen. Für ihn sähe das so aus, als jage man mit, und er würde dadurch noch mehr angestachelt.

Wenn Ihr Hund Radfahrer und Autos verfolgt, können Sie Situationen inszenieren, um ihn zu korrigieren. Bitten Sie Bekannte, die der Hund noch nicht kennt, mit dem Fahrrad an Ihnen vorbeizufahren, so daß Sie die Chance haben, wie oben beschrieben einzugreifen und den Hund an der Leine zu korrigieren (»Pfui!«, Wurfkette, »Hier!«). Eine andere Variante ist, mit einer zweiten Bezugsperson des Hundes zu arbeiten. Diese verkleidet sich so, daß der Hund sie aus der Ferne nicht erkennt (zum Beispiel mit Hut und Bart). Sobald der Hund den Radfahrer erreicht hat, sollte dieser vom Rad springen und ihn ordentlich am Nackenfell schütteln; besser noch ist, wenn Sie im Hinterhalt lauern und ihn selbst strafen. Der Überraschungseffekt vermittelt dem Hund allmählich, daß das Jagen vor allem unangenehme Seiten hat. Nach ähnlichem Prinzip können Sie üben, wenn Ihr Hund Autos verfolgt. Bitten Sie Bekannte oder ein getarntes Familienmitglied langsam in einem Auto zu fahren, dessen Motorengeräusch dem Hund nicht vertraut ist. Tobt der Hund hinter dem Auto her, hält der Fahrer an (vorsichtig bremsen!) und wirft die Wurfkette. Ist es eine Bezugsperson, kann sie auch zügig aussteigen, den Hund auf den Rücken drehen und ihn strafend am Halsfell schütteln.

Der Hund benimmt sich schlecht beim Tierarzt

Viele Hunde haben es nicht gelernt, sich beim Tierarzt gut zu benehmen. Sie verhalten sich gegenüber dem Tierarzt aggressiv, oft aber auch gegenüber ihrem Halter. Mit Knurren, Schnappen oder Beißen versuchen sie, sich jeglicher Behandlung zu entziehen. Das ist für den Tierarzt eine Zumutung und gefährdet alle an der Untersuchung Beteiligten, die durch Bisse verletzt werden könnten.

Der Besuch beim Tierarzt kann für einen Hund, der das nicht von früh an geübt hat, durchaus verunsichernd sein. Schließlich riecht es in der Tierarztpraxis intensiv nach Medikamenten und vielen Tieren. Die anderen Patientenbesitzer und vielleicht auch der Tierarzt und dessen Assistenten sind dem Hund fremd. Dennoch muß er lernen, mit dieser Situation umzugehen.

Sei es aus Unerzogenheit, schlechten Erfahrungen oder Angst: Wenn Ihr Hund sich beim Tierarzt unkooperativ zeigt und sich schlecht benimmt, ist es wichtig, ihn zu disziplinieren. Keinesfalls sollten Sie ihn durch beruhigende Worte wie »Ist ja schon gut, fein, keine Angst« in seinem Verhalten bestärken. Setzen Sie sich stattdessen durch. Lenken Sie den Hund durch Übungen wie »Sitz!« oder »Platz!« ab. Bleiben Sie währenddessen immer ruhig und bestimmt. Sobald der Hund knurrt, sollten Sie ihn verbal rügen und unter Umständen auch am Nackenfell schütteln. Setzen Sie ihn jedoch nicht so sehr unter Druck, daß er panisch reagiert. Falls die Situation zu eskalieren droht, zögern Sie nicht, ihm einen Maulkorb anzulegen, damit er weder Sie noch den Tierarzt beißt.

Grundsätzlich sollten Sie überprüfen, ob Ihr Hund Sie überhaupt respektiert. Wenn das nicht der Fall ist, sollten Sie sich wie in diesem Buch beschrieben (→ S. 266) den nötigen Respekt bei ihm verschaffen. Trainieren Sie regelmäßig mit Ihrem Hund, bis er die Grundausbildung (→ S. 308) beherrscht. Es ist außerdem hilfreich, wenn Sie Ihren Tierarzt immer wieder mal auch ohne konkreten Anlaß besuchen. Klären Sie zuvor, ob er damit einverstanden ist. Halten Sie sich mit Ihrem Hund dann einige Zeit im Wartezimmer auf, und gehen Sie sogar, wenn möglich, ohne viel Aufhebens von der Sache zu machen ins Behandlungszimmer. Unterhalten Sie sich mit dem Tierarzt, und lassen Sie ihn den Hund freundlich begrüßen. Lassen Sie Ihren Hund während der Unterhaltung im »Sitz!« oder »Platz!« warten. Falls er das gut mitgemacht hat, schadet es nicht, wenn der Tierarzt oder Sie ihn zum Abschluß mit einem Keks belohnen.

Der Hund gewöhnt sich auf diese Weise allmählich an den Besuch beim Tierarzt und lernt, daß er nichts Schlimmes befürchten muß. Der Erfolg setzt sich jedoch nur ein, wenn Sie sich bei Ihrem Hund durchsetzen und ihn gut erzogen haben!

Kleine Kunststücke und Spiele

»Pfote!«

Pfötchen-Geben ist für den Hund eine natürliche Geste. Er hat sie schon als Welpe eingesetzt, als er mit den Pfoten gegen die Zitzen seiner Mutter drückte, um mehr Milch zu bekommen. Bei erwachsenen Hunden ist das Pfötchen-Geben eine Bettelbewegung, mit der sie ihre Unterlegenheit demonstrieren. Dieser guten Voraussetzungen wegen kann man seinem Hund schon früh und leicht beibringen, auch auf Aufforderung die Pfote zu geben.

Heben Sie dazu eine Vorderpfote des Hundes mit Ihrer Hand vom Boden auf und sagen Sie dabei »Pfote!«. Halten Sie die Pfote einen Moment in Ihrer Hand, und setzen Sie sie dann wieder zu Boden. Unterdessen streicheln Sie den Hund mit der anderen Hand lobend. Wenn Sie das oft genug geübt haben, wird Ihr Hund die Pfote bald auf Aufforderung heben. Belohnen Sie ihn durch Ihre Reaktion stets für diese Geste, durch die er zeigt, wie verbunden er mit Ihnen ist.

Den Freßnapf holen

Den Freßnapf für Sie zu holen ist eine nette Aufgabe, die Sie Ihrem Hund beibringen können. Er wird diese alltägliche »Pflicht« mit größtem Vergnügen erfüllen, zumal da er weiß: anschließend gibt es was zum Fressen! Für diese Übung brauchen Sie einen leichten Freßnapf mit einem gut greifbaren Rand. Benutzen Sie keine Aluminiumschale, da sie die Zähne des Hundes verletzt. Setzen Sie den Napf wie einen Frisbee ein – der Hund soll lernen, ihn nicht nur als Futterschüssel, sondern auch als Spielzeug zu betrachten. Zeigen Sie deshalb selbst größtes Interesse für diesen Gegenstand. Spielen Sie zunächst allein damit, und zeigen Sie sich äußerst begeistert, um den Hund zu animieren. Werfen Sie die Schüssel hin und her, auf und nieder und lassen Sie sie über den Boden rollen. Spielen Sie solange damit, bis der Hund das Objekt neugierig beschnuppert und es schließlich selbst aufhebt. Nimmt er den Freßnapf hoch, belohnen Sie ihn mit einem Hundekeks. Wiederholen Sie das so oft, bis der Hund beginnt, den Napf zu apportieren. Jedesmal, wenn er ihn bringt, belohnen Sie ihn. Verbinden Sie das Werfen der Schüssel mit einer klaren Anweisung wie zum Beispiel: »Bring die Schüssel!« Bald wird es ausreichen, diese Worte auszusprechen, und der Hund wird den Napf selbständig holen. Haben Sie Geduld, es kann etwas dauern, bis der Hund diese Übung verstanden hat.

Die Zeitung holen

Nach demselben Prinzip bringen Sie dem Hund bei, die Zeitung zu holen. Rollen Sie eine nicht zu dicke Zeitung zusammen, und schnüren Sie sie mit einem Paketband fest. Werfen Sie die Zeitung spielerisch umher, bis der Hund Gefallen daran findet, ihr hinterherzujagen, um sie zu fangen. Belohnen Sie ihn jedesmal mit einem Hundekeks, wenn er die Zeitung aufnimmt. Verbinden Sie die Übung allmählich mit einer Anweisung wie »Hol die Zeitung!«. Nach häufiger Wiederholung wird der Hund die Zeitung apportieren, wenn Sie ihn dazu auffordern.

Suchspiele

Hunde stecken ihre Nase stets gerne in alles hinein, was interessant riecht. Fährten und alle möglichen duftenden Dinge sind für sie das Höchste. Nutzen Sie diese Lust am Schnüffeln für eine Aufgabe, die dem Hund Freude bereitet. Graben Sie drei bis fünf Löcher in die Erde, nur wenige Zentimeter tief. In eines der Löcher legen Sie einen (für den Hund) gutriechenden Gegenstand (zum Beispiel Kekse in einer kleinen Büchse oder eine getragene Socke) – aber nichts Eßbares, sonst bringen Sie dem Hund bei, alles vom Boden zu fressen. Bedecken Sie die Löcher mit Erde. Der Hund darf Sie dabei beobachten. Graben Sie dann den Gegenstand vor seinen Augen aus und zeigen Sie ihm, was Sie gefunden haben. Wiederholen Sie die Übung, indem Sie den Hund zunächst von Loch zu Loch führen. Zeigen Sie ihm das Loch, in dem sich der Gegenstand befindet. Legen Sie diesen anschließend abwechselnd in andere Löcher und lassen Sie den Hund selber suchen. Helfen Sie ihm anfangs dabei, das Objekt zu finden. Allmählich wird der Hund seine Nase einsetzen, um herauszufinden, wo das Versteck ist. Diese Aufgabe können Sie, sobald er das Prinzip verstanden hat, steigern, indem Sie mehrere Gegenstände in verschiedenen Löchern verstecken. Der Hund darf jeweils nur dort graben, wo Sie tatsächlich etwas versteckt haben. Hat er etwas gefunden, belohnen Sie ihn und loben ihn ausgiebig.

Die Such- und Apportierspiele können Sie nach einiger Zeit schwieriger machen: Der Hund kann an verschiedenen Stellen versteckte Bringsel, zum Beispiel Bälle oder Apportier-Säckchen aus Leinen, sogenannte Dummies, für Sie holen. Sie können ihn auch neben sich sitzen lassen und mehrere Bringsel in unterschiedliche Richtungen werfen. Der Hund will zuerst das Bringsel holen, das Sie zuletzt geworfen haben. Bringen Sie ihm jedoch bei, dieses bis zum Schluß liegen zu lassen und zunächst eines der anderen zu apportieren. Das tun Sie, indem Sie ihn anfangs begleiten und ihn später durch Ihre Stimme dirigieren. Auch die Freisuche macht vielen Hunden Spaß: Werfen Sie einen Ball, ohne daß er sieht wohin. Er soll lernen, ihn zu suchen. Helfen Sie ihm anfangs, indem Sie ihn an die Stelle führen. Später kann der Hund dann selbständig suchen.

Fährten legen

Bei der Jagd nehmen Hunde die Fährte des Wildes auf. Sie verfolgen die Spur, bis sie an ihr Ziel gelangen. Jagdhunde werden speziell dazu ausgebildet, Wild auf diese Weise aufzuspüren. Jeder Hund verfolgt Fährten instinktiv, doch Jagdhunde sind dafür besonders geeignet. Falls Sie Ihren Hund nicht speziell für die Jagd ausbilden wollen, ist es allerdings nicht ratsam, ihn Wildfährten verfolgen zu lassen. Sie können sein Bedürfnis aber stillen, indem Sie selbst Fährten legen. Das macht dem Hund vielleicht sogar mehr Spaß, weil er am Ende stets seine »Beute« bekommt. Ziehen Sie sich dicke Stiefel oder andere feste Schuhe an. Gehen Sie auf eine Wiese, auf der Sie ungestört sind. Suchen Sie sich einen bestimmten Fleck aus und rubbeln Sie mit den Fußsohlen ein Quadrat in den Boden. Die Idee dabei ist, daß Sie Ihren Geruch möglichst intensiv auf dem Fleck verteilen. Dann treten Sie einen kleinen Pfad, indem Sie mit Ihren Schuhen den Boden aufrauhen. Am Ende des Pfades – er sollte anfangs nicht zu lang sein – deponieren Sie eine kleine »Beute«, allerdings nicht so klein, daß der Hund sich daran verschlucken könnte: zum Beispiel eine gutriechende Dose, in der Sie Hundekekse versteckt haben. Lassen Sie ihn die Belohnung aber nicht vom Boden fressen, sonst gewöhnt er sich daran, alles Eßbare aufzulesen. Nun führen Sie Ihren Hund auf Ihre Fährte: zuerst auf das Quadrat und von dort aus auf den Pfad. Helfen Sie ihm dabei, bis er die Belohnung gefunden hat. Üben Sie das mit immer wieder neu gelegten Fährten, bis der Hund das Prinzip verstanden hat. Sie müssen stets darauf achten, daß Sie Ihre Fährte selber wiederfinden können. Denn falls Sie sie verlieren, können Sie dem Hund keine Hilfestellung geben und ihm nicht beibringen, worum es geht. Sobald dieses Unterhaltungsprogramm erste Erfolge zeitigt, können Sie die Anforderungen steigern, indem Sie die Fährte komplizierter gestalten.

Slalom durch die Beine laufen

Viel Spaß macht auch die Übung, Ihren Hund beim Gehen durch Ihre Beine hindurch Slalom laufen zu lassen. Um ihm das beizubringen, nehmen Sie einen Hundekeks in die Hand. Machen Sie einen großen Schritt und verharren Sie in dieser Position, so daß Ihre Beine ein umgedrehtes V bilden. Nun locken Sie den Hund mit dem Keks durch Ihre Beine hindurch. Fordern Sie ihn dabei mit »Zick-zack!« oder einem anderen Kommando auf. Sobald er hindurch ist, geben Sie ihm den Keks. Wiederholen Sie das einige Male. Wenn Ihr Hund gemerkt hat, daß er einen Keks bekommt, wann immer er sich durch Ihre Beine schlängelt, fangen Sie allmählich an, die Hand hochzuziehen, so daß er den Keks nicht erreicht. Lassen Sie ihn aber nicht danach hochspringen, sondern drücken Sie ihn auf den Boden zurück. Dann nehmen Sie den Keks in die andere Hand, machen einen zweiten großen Schritt und locken den Hund abermals durch Ihre Beine hindurch. Steigern Sie die Übung, indem Sie sich langsam mit großen Schritten vorwärtsbewegen und den Hund jeweils mit dem Keks durch Ihre Beine lotsen. Lassen Sie ihn anfangs allerdings nicht zu lange auf seine Belohnung warten, damit er nicht den Gefallen an der Übung verliert.

»Tanzbär!« oder »Hübsch!«

Eine nette Übung ist auch, dem Hund beizubringen, einen Belohnungskeks in der Pose eines »Tanzbärs« abzuholen. Er sollte sich dazu senkrecht aufrichten, auf dem Hinterteil sitzend und die Vorderpfoten in der Luft. Das sieht so aus wie ein Bär, der sich erhoben hat, um zum Beispiel Honig aus einem Baumstamm zu holen. Diese Übung können kleine Hunde besonders gut, aber auch große Hunde können sie lernen. Nur sehr große Hunde tun sich mit diesem Kunststück eher schwer.

Nehmen Sie einen Hundekeks, und halten Sie ihn direkt über den Hundekopf, zunächst nur einige Zentimeter darüber, so daß der Hund ihn mit seiner Schnauze noch erreichen kann. Warten Sie solange, bis Ihr Hund den Kopf in den Nacken legt und zum Keks aufblickt. Sagen Sie nun »Tanzbär!« oder »Hübsch!«, und geben Sie ihm den Keks in dieser Stellung. Er soll den Keks möglichst sanft aus Ihrer Hand nehmen. Üben Sie das regelmäßig mit viel Geduld. Heben Sie dann nach und nach den Keks immer höher über den Kopf des Hundes. Das Ziel ist, daß Ihr Hund sich ohne Sprung vorsichtig aufrichtet, um den Keks zart aus Ihrer Hand zu nehmen. Falls er ungestüm danach schnappt, schubsen Sie ihn barsch mit »Pfui!« herunter. Beginnen Sie die Übung gleich aufs neue (»Tanzbär!«), und ermahnen Sie Ihren Hund leise mit »Vorsicht, vorsicht!« oder ähnlichem. Sollte Ihr Hund das Springen und Schnappen nach dem Keks nicht lassen, verringern Sie den Abstand des Kekses über seinem Kopf zunächst wieder, um ihn erst dann wieder zu verlängern, wenn der Hund den Keks vorsichtig nimmt. Sobald der Hund auch nur die geringsten Anstalten macht, seine Vorderpfoten hochzuheben, loben Sie ihn sofort und geben ihm den Keks. Bald wird er sich voll aufrichten, um seine Belohnung abzuholen.

Goldene Regeln der Hundehaltung und -erziehung

- Ein Hund ist kein Spielzeug, sondern ein individuelles, hochsoziales Wesen
- Hunde sollten nicht vermenschlicht werden
- Hunde sollten von seriösen Züchtern oder aus verantwortungsvoller privater Hand stammen, jedoch nie aus zweifelhaften Quellen und Massenzuchten
- Die Beziehung zwischen Halter und Hund sollte auf gegenseitigem Respekt beruhen
- Halter sollten die Bedürfnisse ihres Hundes respektieren, ihm aber auch klare Grenzen setzen, ohne ihn zu unterdrücken
- Halter sollten ihrem Hund gegenüber konsequent, souverän und freundlich gelassen auftreten
- Je konsequenter, geduldiger und ausgeglichener der Halter, um so besser kann der Hund sich an ihm orientieren

- Hunde sollten am Leben ihrer Halter teilnehmen dürfen, sie sollten nicht ausgesperrt werden oder zu lange alleine bleiben
- Ein Hund muß sozialisiert werden: Er sollte sich schon früh intensiv mit Artgenossen, Menschen, Geräuschen und unterschiedlichsten Situationen vertraut machen können
- Hundehaltung erfordert Rücksicht auf die Umwelt
- Erziehung ist notwendig, um dem Hund Struktur und Sicherheit zu vermitteln und ein harmonisches Zusammenleben zu ermöglichen
- Hunde brauchen Zeit, um das von ihnen Geforderte zu verstehen. Sie sollten weder psychisch noch physisch überfordert werden
- Hunde sollten nur im richtigen Moment, stets konsequent und immer artgerecht korrigiert oder bestraft werden: Schlagen oder Treten zerstört die Beziehung zum Halter
- Die Korrektur durch den Leinenruck sollte stets richtig ausgeführt werden (seitwärts, nicht von vorne nach hinten rucken)
- »Platz!« sollte niemals über das »Sitz!«, sondern direkt aus dem Stand beigebracht werden
- Halter sollten schwierige Situationen aus erzieherischen Zwecken suchen, anstatt sie zu vermeiden (Hunde beispielsweise an angsteinflößende Objekte oder Lebewesen heranführen, Raufer regelmäßig in Kontakt mit anderen Hunden bringen)
- Ängstliche Hunde sollten nie bemitleidet, sondern konsequent und bestimmt angeleitet werden. Von Situationen, die diesen Hunden Angst machen, sollten Halter kein Aufhebens machen, vielmehr sollten sie ihrem Hund durch eigenes selbstbewußtes und zielstrebiges Handeln die Angst nehmen
- Anweisungen sollten nur einmal ausgesprochen und nicht ständig wiederholt werden

- Anweisungen sollten immer präzise und mit demselben Vokabular gegeben werden
- Anweisungen sollten bestimmt, aber mit ruhiger Stimme ausgesprochen werden
- Halter sollten ihre Hunde nicht anschreien
- Hunde sollten möglichst artgerecht gehalten und an ihr Umfeld angepaßt werden
- Hunde brauchen Beschäftigung und Zuwendung
- Erwachsene Hunde sollten täglich mindestens dreimal spazierengehen dürfen
- Hunde sollten nicht ausschließlich an der Leine spazierengeführt werden. Sie brauchen Möglichkeiten, zu spielen und sich auszutoben. Falls sie regelmäßig davonlaufen, müssen sie gezielt erzogen werden
- Hunde sollten nie auf Bürgersteige, Parkwege oder in der Nähe von Kinderspielplätzen koten. In der Stadt sollten Hundehalter den Kot ihres Hundes umgehend beseitigen
- Hunde dürfen nie vom Tisch gefüttert werden
- Hunde sollten immer erst nach der Mahlzeit ihrer Halter fressen
- Halter sollten ihrem eigenen Hund ab und zu freundlich direkt in die Augen schauen, bis er den Blick abwendet
- Schwierige und sehr selbstbewußte Hunde gehören nicht aufs Sofa oder ins Bett
- Problematischen Hunden sollte nie mit Angst oder falschem Mitleid, sondern mit besonderer Entschlossenheit begegnet werden. Wenn das nicht möglich ist, sollte eine Fachperson zu Rate gezogen werden
- Hunde sollten als letzte durch die Haustür gehen
- Hunde müssen regelmäßig gepflegt werden
- Futterumstellungen sind langsam durchzuführen
- Hunde brauchen einen Ruheplatz, an den sie sich ungestört zurückziehen können
- Schlafende Hunde sollten nicht unnötig geweckt werden

- Kinder und Hunde sollten nie miteinander alleine gelassen werden
- Altersschwache und kranke Hunde bedürfen besonderer Pflege und Zuwendung
- Altersschwache oder sehr kranke Hunde, die durch Einschläfern erlöst werden müssen, sollten in den Armen ihrer Halter sterben dürfen, am besten zu Hause. Falls ein zweiter Hund vorhanden ist, sollte er anwesend sein, damit er seinen Partner später nicht vergeblich sucht
- Der Tod eines Hundes ist ein Verlust, mit dem sich alle Familienmitglieder – auch Kinder – auseinandersetzen sollten

Die Entwicklungsphasen des Hundes

1. und 2. Lebenswoche:
Neugeborenenphase (vegetative Periode). Die Welpen spüren in diesem Stadium nur Wärme und Berührung. Sie können schmecken und vermutlich riechen, aber weder sehen noch hören

Circa Ende der 2. Woche:
Übergangsphase. Die Welpen öffnen die meist himmelblauen Augen um den 13. Lebenstag herum

2. bis 3. Woche:
Die nun immer besser sehenden Welpen beginnen, die nähere Umgebung zu erforschen. Circa zwischen dem 18. und 20. Tag beginnen sie zu hören. Sie entleeren sich allmählich außerhalb ihrer Wurfkiste, ohne Hilfe ihrer Mutter, und fressen selbständig; erste Spielversuche

Circa 3. bis mindestens 12. Woche:
Sozialisierungsphase (»sensible/kritische Periode«). In dieser Zeit machen Welpen entscheidende Erfahrungen mit ihrer Umwelt, die sie für den Rest ihres Lebens prägen

Circa 6. bis 8. Woche:
Höhepunkt der Prägungsphase. Um die 8. Woche optimaler Zeitpunkt für Sozialisierung und Trennung von der Mutter und Gewöhnung an eine neue soziale Gruppe. Der Hund sollte nach der 8. Woche in der Sozialisierungsphase alles kennenlernen, womit er sich im späteren Leben auseinandersetzen muß: Menschen, Tiere, Gegenstände, Bewegungsabläufe, Geräusche.

8. bis 10. Woche:
Die Phase größter Angsteinprägung: Jedes Ereignis in diesem Entwicklungszeitraum, das der Hund als sehr bedrohlich empfindet, kann sich bei ihm lebenslang als traumatisches Erlebnis im Gedächtnis festsetzen

Circa ab dem 3. Monat:
Jugendphase

6. bis 9. Monat:
Erste Pubertätsphase. Geschlechtsreifung. Die Hündin wird erstmals läufig, der Rüde beginnt, beim Pinkeln das Bein zu heben. Meist von flegelhaftem Verhalten begleitet. Der Hund ist in der Regel störrischer und hat alles Erlernte scheinbar vergessen. Konsequent und geduldig bei der Erziehung bleiben! Einordnung in die soziale Gruppe findet statt

12. bis 18. Monat:
Zweite Pubertätsphase. Viele Hunde entwickeln in dieser Phase aggressive Neigungen, die jetzt durch noch konsequentere Erziehung eingegrenzt werden sollten, denn später ist die Einflußnahme viel schwieriger

18. bis 40. Monat:
Beginn des territorialen Verhaltens. Die meisten Hunde beginnen, ihren Halter, oft auch dessen Familie und deren Eigentum

zu verteidigen. Viele Hunde, vor allem Rüden, beginnen nun das Raufen mit Geschlechtsgenossen, wenn es um vermeintliche Privilegien oder die Rangstellung geht

Circa 36. Monat:
Abschluß der Persönlichkeitsentwicklung
Ab vier Jahren:
Reifes Erwachsenenalter

Alle Phasen können sich aufgrund physischer und psychischer Eindrücke und Erfahrungen (zum Beispiel Krankheit, Besitzer- oder Ortswechsel, antiautoritäre oder zu strenge Erziehung) stark verschieben.

Verhaltensweisen, Ursachen und eventuelle Gegenmaßnahmen

Verhaltensweise des Hundes	Ursachen	Gegenmaßnahmen
Markieren (besonders häufiges Urinieren)	Abstecken des Reviers; Imponiergehabe	Ist nur bei sehr dominanten Hunden einzuschränken – durch Weiterziehen an der Leine
Markierungskratzen (kräftiges Scharren mit den Hinterläufen nach dem Koten oder Urinieren)	Vermutlich das Vergrößern der persönlichen Marke durch Streuung des Geruchs; Imponiergehabe. Je stärker ein Hund scharrt, um so selbstbewußter ist er	Bei unauffälligen Hunden akzeptabel, nicht aber bei sehr dominanten; unterbinden durch Schimpfen (»Pfui!«) oder Wegziehen an der Leine. Hört durch allgemeines Erziehungstraining meist von alleine auf
Bein beim Urinieren extrem hoch nehmen (bei einigen Hunden kommt es sogar fast zum Handstand)	Imponiergehabe: Je höher der Hund seine Marke setzt, um so größer wirkt er auf nachfolgende Hunde, die daran schnuppern. Sehr selbstbewußte Hunde urinieren besonders hoch – auch dominante Hündinnen heben mitunter das Bein	Nicht nötig, durch allgemeines Erziehungstraining läßt diese Neigung automatisch nach
Tiere und Menschen anpinkeln	Starke Dominanzgeste: Unterwerfung des Angepinkelten	Schütteln am Nacken und schimpfen, dann ins »Platz!« legen; allgemeines Erziehungstraining. Doch Vorsicht! Hunde, die es wagen,

		ihre Halter anzupinkeln, sind innerhalb ihrer sozialen Gruppe oft schon so problematisch, daß sie sich jeglicher Korrektur widersetzen – eventuell Rat bei einem anerkannten Ausbilder suchen
Urinieren in der Rückenlage	Extreme Unterwürfigkeitsgeste, meist Verhalten von Welpen, deren Mütter sie zum Urinieren anregen	Nicht nötig, es sei denn, der Hund ist extrem ängstlich: Erziehungstraining unter besonderer Beachtung seiner Ängstlichkeit → S. 202f.
Vor dem Koten oder Hinlegen um die eigene Achse drehen	Instinktive Handlung, um das Gras flachzutreten; nicht mehr bei allen Hunden vorhanden	Nicht nötig
Gras fressen	Magenreinigung: Das Gras wickelt sich um gefressene Haare und andere störende Teile und reizt zum Erbrechen; Fremdkörper werden aus dem Magen ausgestoßen. Viele Hunde fressen Gras auch bei Wetterumschwung	Nicht nötig
In Aas wälzen	Vermutlich »Parfümauflegen«, aus Lust am Geruch, um den Eigengeruch zu tarnen (etwa bei der Jagd) oder um Informationen an andere Hunde zu vermitteln	Falls unerwünscht, Hund mit der Nase bis auf circa 20–30 cm Abstand zum Aas schieben, am Nacken schütteln und schimpfen (»Pfui!«)

Verhaltensweise des Hundes	Ursachen	Gegenmaßnahmen
Nach dem Fressen Schnauze seitlich am Boden abwischen und sich halb darin wälzen	Genußäußerung, wenn dem Hund das Fressen geschmeckt hat. Finden sich in den Maulwinkeln noch Futterreste, so wischt er sie am Boden ab und wälzt sich darin – eventuell um den Geruch wie Parfüm auf dem Fell zu bewahren	Nicht nötig
Fressen/Knochen vergraben und meist behutsam mit der Schnauze Erde darüberschieben	Futterreserven anhäufen. (Kommt gelegentlich auch in der Wohnung vor – der Hund versucht, seinen Knochen z.B. unter dem Teppich zu verstecken)	Nicht nötig
Kuhle zum Reinlegen graben	Kühlung und Geborgenheit: Eine frisch gegrabene Kuhle in Erde oder Sand ist kühl und behaglich. (Kommt auch mal in der Wohnung vor – der Hund simuliert das Graben einer Kuhle und legt sich auf die betreffende Stelle)	Nicht nötig

Pfötchen geben	Unterwürfigkeitsgeste: Aus dem Milchtritt der Welpen entstandene Bettelbewegung	Nicht nötig
Aufreiten (Bespringen) bei Tier oder Mensch	Frustrierter Sexualtrieb oder Dominanzgeste – der Aufreitende unterwirft den Besprungenen; häufig unter spielenden Junghunden zu beobachten	Bespringt der Hund seinen Halter: Sofort am Nacken schütteln, vom Bein stoßen und ins »Platz!« legen. Allgemeines Erziehungstraining
Pfote oder Kopf auf den Rücken eines Hundes auflegen	Dominanz, Imponiergehabe	Allgemeines Erziehungstraining
Schnüffeln an den Genitalien eines anderen Hundes oder auch an seinen Maulwinkeln	»Geruchskontrolle«: Überprüfung von Geschlecht und Rang des anderen Hundes. Imponiergehabe. Ranghohe Tiere »fordern ihr Recht auf Kontrolle«, lassen sich selbst aber selten kontrollieren	Nicht nötig
Steifer Gang (plötzliches Stelzen) mit durchgedrückten Beinen, Ohren aufgestellt, Rute hoch aufgestellt	Imponiergehabe, provozierende, drohende Geste vor allem gegenüber anderen Hunden	Durch kräftiges »Pfui!« oder Werfen der Wurfkette eine eventuelle Rauferei verhindern. Beim angeleinten Hund an der Leine rucken, schimpfen (»Pfui!«) und schneller gehen. Allgemeines Erziehungstraining

Verhaltensweise des Hundes	Ursachen	Gegenmaßnahmen
Lefzen hoch- bzw. heruntergezogen, Maulwinkel weit vorne, Nasenrücken gekräuselt, Rute hochgestellt, Nackenhaare aufgestellt	Drohgebärde, Vorbereitung zum Angriff	Angriff durch Schimpfen (»Pfui!«) und eventuelles Werfen der Wurfkette verhindern oder mehrmals an der Leine rucken, schimpfen und schneller gehen
Mit dem Fang über die Schnauze eines anderen Hundes oder um das Handgelenk von Menschen greifen, eventuell dabei knurren und starrer Blick	Dominanzgeste: Der Hund demonstriert seine Überlegenheit. Wenden sehr selbstbewußte Hunde auch bei Menschen an	Wenn der Hund mit dem Fang über die Hand eines Menschen greift: Sofort mit der Hand (Fangersatz) über die Schnauze des Hundes greifen, ihn dann ins »Platz!« legen. Allgemeines Erziehungstraining
Bewußtes Anstarren anderer Hunde oder Menschen	Dominanzgeste und Drohgebärde	Wenn der Hund seinen Halter anstarrt: Blick erwidern, bis der Hund wegschaut; bei einem aggressiven, fremden Hund Blick abwenden, um keinen Angriff zu provozieren
Anderen Hunden oder Menschen in den Weg laufen	Testen der Rangordnung: Ranghohe Hunde gehen unbeirrt geradeaus, rangniedrigere weichen aus oder bleiben stehen	Wegabschneiden beim Halter: Den im Weg stehenden Hund anrempeln und beiseite drängen; den angeleinten Hund »bei Fuß« nehmen, viele Linksdrehungen und Wendun-

		gen machen ($\rightarrow$ S. 317). Allgemeines Erziehungstraining
Ungestümes Vordrängeln durch Haustüren	Dominanzgebaren, vor allem in Kombination mit anderen typischen Dominanzgesten. Ranghöhere Tiere haben in Engpässen grundsätzlich den Vortritt, wobei souveräne Hunde diese Geste oft nicht nötig haben	Vordrängeln beim Menschen: Mensch sollte an Türen selbst vordrängeln oder den Hund sitzen und warten lassen. Allgemeines Erziehungstraining
Hochgelegene Ruheplätze wie Treppen, Sofas oder Betten aufsuchen	Dominanzgebaren, vor allem in Kombination mit anderen, typischen Dominanzgesten. Ranghohe Tiere haben auf hochgelegenen Plätzen einen besseren Überblick über ihr Rudel bzw. ihre soziale Gruppe	Sehr selbstbewußte, dominante Hunde vom Platz verweisen, bei Verweigerung am Nackenfell herunterziehen, notfalls auch an der Leine. Allgemeines Erziehungstraining
Nackenhaare hochstellen	Unsicherheit, Habachtstellung: imponierende Körpervergrößerung durch Aufstellen der Nackenhaare	Allgemeines Erziehungstraining

Verhaltensweise des Hundes	Ursachen	Gegenmaßnahmen
An Maulwinkeln anderer Hunde oder über den Mund von Menschen lecken	Futterbetteln, unterwürfige Begrüßung: Aus dem Welpenalter übernommene Geste; bei wildlebenden Hunden oder Wölfen hat es den Zweck, erwachsene Tiere zum Hervorwürgen von Futterreserven zu animieren	Lecken beim Halter: Falls aus hygienischen Gründen unerwünscht (Übertragung von Würmern möglich!), Lecken durch »Pfui!« verbieten und Hund nach unten drücken, dort aber freundlich streicheln
An Menschen hochspringen	Unterwürfige Begrüßungsgeste, kann sich aber auch zu einer Dominanzgeste entwickeln: Hund will das Gesicht des Menschen erreichen, um seine Maulwinkel zu lecken (»küssen«). Bei sehr dominanten Hunden kann das Hochspringen Bedrängen bedeuten	Beim Sprung des Hundes nach hinten ausweichen, so daß er ins Leere springt oder Knie hochziehen, so daß er sein Ziel nicht erreicht. Hund runterdrücken, unten herzlich loben und liebkosend ans Bein drücken
Zum Halter aufblicken	Interesse, Kooperation, Aufmerksamkeit	Nicht nötig, doch zur Unterstützung bei Übungen gelegentlich loben, wenn Hund freudig aufblickt

Maulwinkel weit nach hinten, Lefzen nach oben bzw. unten gezogen, Zähne freiliegend, Stirn meist faltig	»unterwürfiges Grinsen«	Nicht nötig
Rute schwingt locker auf halber Höhe	Aufmerksamkeit, freudiges Interesse, Wohlbefinden	Nicht nötig
Rute zwischen den Hinterbeinen einklemmen	Angst oder extreme Unterwerfung	Allgemeines Erziehungstraining, um den Hund in die soziale Gruppe einzuordnen und ihm Sicherheit und Geborgenheit zu vermitteln
Beim Nähern anderer Hunde kriechen, in geduckter Haltung schleichen	Abwehrdrohen, sich »Kleinmachen«, Unterwürfigkeitsgeste, Vorbereitung auf spielerischen oder ernsten Angriff, Tarnung	Bei Hunden, die gerne raufen, allgemeines Erziehungstraining
Auf den Rücken legen, Vorderpfoten hochgezogen und eingeknickt	Unterwürfigkeitsgeste: Rangniedrigerer Hund zeigt Unterwürfigkeit oder ergibt sich infolge einer Auseinandersetzung oder Aufforderung zum Bauchkraulen	Bei extrem ängstlichen und unterwürfigen Hunden allgemeines Erziehungstraining und langsames Gewöhnen an verunsichernde Situationen → S. 202 u. S. 205. Bei Aufforderung zum Bauchkraulen nicht nötig

Verhaltensweise des Hundes	Ursachen	Gegenmaßnahmen
Geduckte Kopfhaltung, Blick gesenkt oder abgewendet, Kinn an die Brust gedrückt, Ohren flach an den Kopf angelegt, Stirnhaut straff gespannt, auch »Grinsen«, Geschlechtsteile entblößt	Unterwürfigkeitsgeste, Angst	Bei extrem ängstlichen und unterwürfigen Hunden allgemeines Erziehungstraining und Gewöhnen an verunsichernde Situationen → S. 202 u. 205
Plötzliches Kratzen, Lecken, Kauen oder Pfote ins Maul stecken in bestimmten Situationen	Verlegenheitsgeste	Allgemeines Erziehungstraining
Winseln	Unbehagen, Ungeduld, starkes Bedürfnis, Aufmerksamkeit zu erregen, Angst, Unterwerfung, Begrüßung, Verteidigung, Schmerz	Gegebenenfalls den Grund des Unwohlseins beseitigen, es sei denn, der Hund ist ungeduldig (z.B. drängende Aufforderung zum Spazierengehen, zu anderen Hunden rennen wollen. In diesem Fall allgemeines Erziehungstraining)

Fiepen	Starkes Unwohlsein oder dringendes körperliches Bedürfnis, Schmerzempfinden, Unterwerfungsgeste	→ Winseln
Grummeln, Grunzen (z. B. beim Gestreicheltwerden)	Wohlbehagen, Genuß	Nicht nötig
Bellen	Spielaufforderung, Aufforderung zur Erfüllung eines Bedürfnisses, Aufmerksamkeit erregen, Drohgebärde/Warnung, Verteidigung, Begrüßung, Freude, Erregung, Kontaktaufnahme, »Herbeirufen«	Bei unkontrolliertem Bellen allgemeines Erziehungstraining und situationsbedingtes Training, → »Korrekturen« S. 336
Heulen	»Chorheulen«, Wohlbefinden, Kontaktaufnahme, »Herbeirufen« der sozialen Gruppe, Aufforderung z. B. zum Spiel	Nicht nötig

Verhaltensweise des Hundes	Ursachen	Gegenmaßnahmen
Knurren	Spielaufforderung, Warnung, Vorbereitung zum Angriff	Bei sehr dominanten Hunden in unangebrachten Situationen (Anknurren von Menschen) allgemeines Erziehungstraining, Übungen zum Verschaffen von Respekt, Einordnung in die soziale Gruppe. Eventuell Schütteln am Nacken, Schimpfen (»Pfui!«) oder Rucken an der Leine. Vorsicht bei aggressiven Hunden, Rat bei einem anerkannten Ausbilder oder Therapeuten suchen!
Starkes Hecheln	Schwitzen, starker Schmerz, Aufregung (vor allem in ungewohnten Situationen), Unsicherheit	Vorsicht bei großer Sommerhitze und Überhitzung durch körperliche Überanstrengung (Hitzschlag/Kreislaufkollaps!), → »Die häufigsten Hundekrankheiten«, S. 93; bei schmerzbedingtem Hecheln u.U. Tierarzt aufsuchen; bei Aufregung für Beruhigung sorgen

Muster eines Kaufvertrags

1. Herr/Frau: (Name, Anschrift, Telephon)

. . . .

verkauft an

Herrn/Frau: (Name, Anschrift, Telephon)

. . . .

den Hund: . . . .

(Rasse, Rüde/Hündin, Name, Tätowiernummer, Wurfdatum, Farbe und Abzeichen, Zuchtbuchnummer/angemeldet zur Eintragung in das Zuchtbuch)

2. Die Ahnentafel wird übergeben/nachgeliefert.

3. Der Verkäufer leistet volle Gewähr für die Richtigkeit der in der Ahnentafelabschrift bzw. in der Meldung zum Zuchtbuch enthaltenen Angaben.

4. Der Verkäufer erklärt, daß der Hund frei von sichtbaren oder versteckten Mängeln oder Krankheiten ist.

oder

daß der Käufer den Welpen trotz der Mängel erwerben will und einen ausgehandelten Preisnachlaß erhält.

oder

Die Parteien sind sich darüber einig, daß der Hund folgende sichtbaren Mängel hat (Ausführung der Mängel). Der Verkäufer haftet dafür nicht.

5. Für versteckte Mängel wird keine Haftung übernommen.

oder

Der Verkäufer haftet für folgende – auch versteckte Mängel (wie z.B. …) innerhalb einer Frist von

6. Der Verkäufer versichert, daß der Hund von einem Tierarzt untersucht, entwurmt und geimpft wurde (Grundimmunisierung) und händigt dem Käufer bei Übergabe des Welpen den Impfpaß aus.

gegebenenfalls:
Der Verkäufer verpflichtet sich,

- mit dem Hund die Ausstellungen des (Nennung des Verbands/Vereins) zu besuchen;
- den Hund auf Hüftgelenksdysplasie (HD) röntgen zu lassen;
- den Hund gegebenenfalls zur Zucht einzusetzen;
- der Verkäufer kann den Rüden kostenfrei zum Decken einsetzen.

7. Der Verkäufer ist bereit, den Käufer bezüglich des Hundes jederzeit zu beraten.

8. Die Verantwortung für Leben und Gesundheit des Hundes geht mit der Übernahme auf den Käufer über. Der Käufer bescheinigt, den Hund besichtigt zu haben. Der Käufer verpflichtet sich, den Hund tiergerecht und absprachegemäß zu halten (z.B. Familienanschluß, keine Zwingerhaltung, besondere Art der Ernährung, keine Überforderung, regelmäßige tierärztliche Kontrollen und Impfungen etc.).

9. Für den Fall, daß der oben genannte Hund abgegeben werden soll, ist der Verkäufer zu unterrichten. Er behält sich das Vorkaufsrecht (Kaufpreis beträgt in diesem Fall ... DM) / das Vorschenkrecht vor, das er binnen einer Frist von ... Wochen in Anspruch nehmen muß. Falls der Hund nicht an den Verkäufer zurückgeht, ist diesem Name und Anschrift des neuen Eigentümers mitzuteilen.

10. Der Verkäufer behält sich das Recht vor, den Hund jederzeit zu besuchen. Bei ernsten Verstößen gegen die o.g. Vereinbarungen kann der Verkäufer den Hund jederzeit zurückholen (zum Preis von ... DM).

11. Die Übergabe des Hundes erfolgt am:
Der Kaufpreis beträgt DM:
Der Kaufpreis ist bei Übergabe des Hundes fällig.
oder
Der Käufer leistet eine Anzahlung in Höhe von DM:
Der Rest ist bei Übergabe des Hundes fällig. Wenn der Hund nicht zum Vereinbarungstermin abgenommen wird, verfällt die Anzahlung.

12. Der Käufer verpflichtet sich, bei Zuwiderhandlungen gegen die Vereinbarungen eine Vertragsstrafe von DM ... zu zahlen.

13. Ort/Datum: (der Käufer)   (der Verkäufer)

. . . .
Unterschrift   Unterschrift

Verhaltensmaßregeln für Kinder im Überblick

- Alle Hunde sind verschieden – manche mögen und kennen Kinder, andere nicht
- Nie auf einen fremden Hund zulaufen und ihn auch nicht ohne Erlaubnis streicheln. Am besten erst streicheln, nachdem er Gelegenheit hatte, zu schnüffeln. Den Hund dann in der Halsregion, unterhalb der Schnauze, nicht gleich oben am Kopf streicheln
- Nie einem fremden Hund in die Augen starren
- Nie vor einem Hund davonlaufen, weder im Spiel noch aus Angst. Stattdessen ruhig bleiben und sich ganz langsam entfernen
- Hunde nie an der Rute, den Ohren oder dem Fell ziehen; nie auf die Rute treten; sich nicht mit dem ganzen Körper über ihn legen; ihn nicht ärgern oder erschrecken
- Sich nie bei einem Hund, den man nicht genau kennt, auf eine niedrigere Stufe begeben, zum Beispiel durch Setzen oder auf den Boden legen
- Nie über einen schlafenden Hund steigen
- Nie einen Hund beim Schlafen oder Fressen stören
- Nie einen Hund beim Kauen eines Knochens stören, und nie versuchen, ihm einen Knochen oder Futter wegzunehmen
- Nie bei Streitereien zwischen Hunden eingreifen
- Nie ohne Aufsicht von Erwachsenen im Beisein eines fremden Hundes toben und ihn nicht durch Geschrei, wildes Herumspringen oder Gestikulieren provozieren
- Nie ohne Beisein eines Erwachsenen mit dem Hund spielen. Vorsicht mit seinen Zähnen. Nie die Hand wegziehen, wenn der Hund sie in seinen Fang genommen hat, sondern ruhig abwarten, bis er sie freigibt
- Nie versuchen, einen Hund ohne Anleitung der Eltern zu erziehen

Anhang

Glossar

Aalstrich: Dunkler Streifen im Fell, der auf dem Rückgrat vom Nacken bis zur Rute verläuft

Abrufen: Hund herbeirufen, herbeipfeifen oder -winken

Abzahnen: Wechsel der Milchzähne, der mit etwa vier Monaten beginnt und in der Regel mit sieben Monaten beendet ist

Abzeichen: Farbflecken im Fell, die regelmäßig oder auch unregelmäßig verteilt sein können

Afterkralle (auch Afterklaue, Afterzehe oder Wolfskralle genannt): Rudimentärer, fünfter Zeh an den Hinterpfoten, der nur bei manchen Hunden vorkommt

Ahnentafel: Abstammungsurkunde eines Hundes, in der mindestens die Eltern, aber auch andere Vorfahren, die Tätowier- und Zuchtbuchnummer, besondere Kennzeichen, Name und Wurfdatum, Züchter und Besitzer des Hundes eingetragen sind

Albinismus: Angeborene Pigmentlosigkeit oder Pigmentmangel. Fell und Haut sind fast weiß, Lefzen, Nase sowie Iris rötlich, die Krallen weiß und durchscheinend

Animal Assisted Therapy: Tiergestützte Therapie, bei der Haustiere, insbesondere Hunde, eingesetzt werden, um Menschen mit körperlichen, seelischen oder sozialen Problemen zu helfen

Ankörung: → Körung

Anthropomorphismus: Die Vermenschlichung tierischen Verhaltens

Apfelkopf: Kopfform einiger Zwerghunde. Apfelartig aufgewölbte Schädelkapsel und Stirnpartie; unerwünschte Erscheinung bei Hunden

Appell: Mitarbeit des Hundes. Ein Hund mit gutem Appell gilt als leicht erziehbar

Apportieren: Heranbringen ausgewählter Gegenstände, wie Stöckchen, Ball, → Dummy oder auf der Jagd geschossenes Wild

Alpha-Tier: Ranghöchstes Tier in einem Rudel

Askariden: Spulwürmer

Außenlinie: Obere und untere Umrisse eines Hundes, die zur Beurteilung seines Äußeren aufgelistet werden

Bastard: Mischling aus zwei Rassen oder zwei Arten (zum Beispiel Hund und Wolf)

Behang: Lange, hängende Ohren (zum Beispiel die Ohren bei Schweißhunden)

Belegen: Bezeichnung für die Paarung. Der Rüde belegt die Hündin

Blesse: Weiße Fellfärbung zwischen Stirn und Nase, zum Beispiel in Form eines Sternchens oder Streifens

Blue Merle: → Merlefaktor

Blutlinie: Die in der Ahnentafel eines Rassehundes verzeichnete Ahnenreihe

Bracken: Jagdhunde wie zum Beispiel die französische oder die italienische Bracke

Brackieren: Das Jagen mit Bracken

Brand: Gelblich bis rötlich-braune Abzeichen im Haarkleid schwarzer Hunde (zum Beispiel beim Rottweiler oder Dobermann)

Buschieren: Jagd mit einem Jagdhund durch dichten Buschbestand, wobei der Jäger dem Hund dicht folgt

C.A.C. (Certificat d'Aptitude au Championat): Anwartschaft auf das nationale Schönheitschampionat

C.A.C.I.B. (Certificat d'Aptitude au Championat International de beauté): Anwartschaft auf das internationale Schönheitschampionat

C.A.C.I.T. (Certificat d'Aptitude au Championat International de Travail): Anwartschaft auf den internationalen Leistungssiegertitel

Caniden (Canidae): Familie der hundeartigen Raubtiere, Wölfe, Schakale und Kojoten

Decken: → Belegen

Domestikation: Zähmung und Züchtung von Haustieren aus Wildtieren

Dominanz: Überlegenheit eines ranghöheren Rudeltiers. Auch: Erbanlagen, die sich stets durchsetzen und andere unterdrücken

Dominantes Verhalten: Verhalten ranghoher Tiere, um ihren Rang zu demonstrieren

Drahthaar: Kurzes, hartes, meist etwas gebogenes Stockhaar, s.a. Rauhhaar

Dysplasie: Fehlentwicklung oder Fehlbildung der Gelenke, wie etwa bei der Hüftgelenksdysplasie oder der Ellenbogengelenksdysplasie

Dummy: Apportier-Säckchen aus Leinen; Attrappe anstelle von Beute

Ektropium: Nach außen gerollte Augenlider, führt zu chronischen Entzündungen der Lidbindehaut und sollte operiert werden. Tritt zum Beispiel oft beim Basset oder Pyrenäen-Berghund auf

Ellenbogengelenksdysplasie: Erbliche, krankhafte Veränderungen der Ellenbogengelenke

Entropium: Nach innen gestülpte Augenlider. Die Wimpern kratzen dabei auf dem Auge, die Folge sind ständige Reizungen des Augapfels mit Tränenfluß und entzündlichen Rötungen. Sollte operiert werden

Erbkoordination: Instinktive Bewegungen, die schon Welpen beherrschen, wie etwa der → Milchtritt oder das Saugen

Ethologie: Wissenschaftszweig innerhalb der Biologie, der das tierische Verhalten erforscht

Euthanasie (griechisch »leichter Tod«): Einschläfern eines alten oder schwerkranken Hundes mit Hilfe eines tödlich wirkenden Medikamentes oder der Überdosierung eines Betäubungsmittels

Fahne (auch Fahnenrute genannt): Rute mit langen, seidigen Haaren

Faking (englisch »täuschen, fälschen«): Künstliche Verschönerungen, Manipulationen am Hund, vor allem bei Hundeausstellungen

Fang: Gesamte Schnauze des Hundes

Fährte: Wildspur oder künstlich gelegte Spur, die Hunde mit Hilfe des Geruchssinns verfolgen

Faßbeinig: Fehlstellung der Hinterbeine; O-Beinigkeit

F.C.I. (Féderation Cynologique Internationale): Internationale Dachorganisation der Hundevereine

Federn: Lange, seidige Haare am hinteren Rand der Hinterbeine (s.a. Hose)

Feldarbeit: Arbeit mit einem Vorstehhund im Feld

Fledermausohr: Stehohr mit abgerundeter Spitze (zum Beispiel bei der Französischen Bulldogge)

Formwert: Bewertung eines Hundes auf Ausstellungen entsprechend dem Rassestandard

Fransen: Lange Haare an den Ohren

Figurant: Stummer Darsteller, zum Beispiel vermeintlicher Dieb bei der Schutzhundausbildung

Führigkeit: Die angeborene oder erworbene Anpassungsfähigkeit des Hundes an seinen Halter

Genotyp: Erbanlagen eines Hundes

Geschlossenes Auge: Die Augenlider umschließen das Auge so fest, daß das Weiße kaum noch zu erkennen ist

Gestromt: Schwarze Streifen auf hellem Fell

Getigert: Farbflecken auf meist hellerem Fell, auch schwarze Punkte auf weißem Fell (zum Beispiel bei der getigerten Dogge)

Grannenhaar: Hartes Deckhaar, das länger als die Unterwolle ist

Hasenpfote: Lange, schmale, feste Pfote. Bei schnellen Hunden wie Windhunden erwünscht

HD: Hüftgelenksdysplasie. Erbliche, krankhafte Veränderung der Hüftgelenke. Es gibt HD-Befunde von 0 bis IV. Hunde mit einem geringen HD-Wert dürfen nur unter bestimmten Bedingungen, die mit einem hohen Wert gar nicht zur Zucht eingesetzt werden

Hinterhand: Hinterer Teil des Hundes vom Becken bis zur Hinterpfote

Hitze: → Läufigkeit

Hose: Längere Haare an den Oberschenkeln der Hinterbeine (s.a. Federn)

Hybride: Nachkomme aus der Kreuzung zweier Arten oder Rassen, → Bastard

Haube: Dunklere Färbung auf der Stirn und auf dem Kopf

Inzucht: Paarung blutsverwandter Hunde, um Erbgut zu intensivieren. Die Inzuchtfaktoren dürfen nicht mehr als 25 Prozent betragen, da sonst keine Verbesserung, sondern eine wesentliche Verschlechterung der Zucht eintreten könnte. Wenn überhaupt, sollten nur erfahrene Züchter Inzucht betreiben

Karpfenrücken: Stark nach oben gewölbte Lendenpartie. Bei den meisten Rassen unerwünscht

Katzenpfote: Kurze, feste, rundliche Pfote wie bei Terriern

Kehlhaut: → Wamme

Kippohr: Stehohr, bei dem die oberste Spitze nach vorne kippt, typisch etwa beim Collie

Knopfohr: Kurzes, hoch angesetztes Ohr. Der hängende Teil ist V-förmig und liegt am Schädelrand an

Kokzidien: Einzellige Parasiten, die im Hundedarm schmarotzen. Verdacht auf Kokzidien besteht, wenn ein Hund den Kot von Artgenossen frißt; tiermedizinisch behandlungsbedürftig

Kondition: Körperliche Verfassung, Fitneß

Konditionierung: Gewöhnung des Hundes an bestimmte Abläufe oder Kommandos. Ein Reflex soll bei der Konditionierung auch dann zustande kommen, wenn an die Stelle des ursprünglichen auslösenden Reizes ein anderer tritt. Der Hund wird zum Beispiel konditioniert, ohne zu ziehen »bei Fuß« an der Leine zu gehen. Dazu wird anfangs mit dem Kommando »Fuß!« gearbeitet und an der Leine geruckt, sobald der Hund zieht. Durch den unangenehmen Reiz lernt der Hund bald, nicht mehr zu ziehen. Der Reiz des Wortes »Fuß!« reicht dann, um ihn entspannt »bei Fuß« gehen zu lassen

Körung: Prüfung zur Zuchtzulassung nach den Richtlinien des zuständigen Rassezuchtvereins

Korkenzieherrute: Mehrfach gedrehte Rute ähnlich der Korkenzieherdrehung

Kraushaar: Einzelne Haare, die einzeln in sich gedreht sind wie etwa beim Pudel. Kann bei langen Haaren zu starken Verfilzungen führen

Kreuzung: Paarung zweier Tiere verschiedener Rassen, Arten oder Gattungen oder zweier Tiere derselben Rasse, die jedoch nicht verwandt sind

Kuhhessigkeit: X-beinigkeit der Hinterbeine

Kupieren: Kürzen der Rute oder der Ohren durch einen Tierarzt. Das Kupieren der Ohren ist in der BRD seit dem 1.1.1987 verboten. Das Kupieren der Rute darf nur in besonderen Fällen nach tierärztlicher Indikation erfolgen

Kurzhaar: Kurzes Haarkleid ohne Unterwolle

Kruppe: Der letzte Teil der Rückenlinie über dem Becken

Kynologie: Lehre vom Hund

Langhaar: Langes Haarkleid

Laufhund: → Bracken

Lauf: Bein des Hundes

Läufigkeit (auch Hitze genannt): Paarungsbereitschaft der Hündin, die durch eine Blutung angezeigt wird. Dauer circa drei Wochen. Erste Läufigkeit und somit auch Eintritt in die Pubertät in der Regel zwischen dem sechsten und neunten Lebensmonat; anschließend in regelmäßigen, circa sechsmonatigen Abständen

Lefzen: Seitliche Lippen des Hundes

Leistungszeichen: Nachweis einer bestandenen Leistungsprüfung (zum Beispiel Schutzhundeprüfung).

Linienzucht: → Inzucht, bei der immer Tiere der väterlichen oder der mütterlichen Linie zur Zucht herangezogen werden, um das Erbgut zu stabilisieren und zu intensivieren

Lohfarbe: Rost- bis igelbraune Fellfärbung

Lösen: Absetzen des Kots

Markenfarbig: Eine andere Bezeichnung für Hunde, die ein → Abzeichen haben

Markieren: Durch Urinieren körpereigene Duftmarken auf die Duftmarken anderer Hunde setzen, um deren Geruch zu überdecken

Maske: Dunkle Schnauze, die von der Restfärbung scharf abgesetzt ist

Merlefaktor: Ein Defektgen, das bei der Zucht eingesetzt wird, um die Färbung des Fells, der Haut und der Augen zu beeinflussen. Kann zu gesundheitlichen Schäden wie Blind-, Taubheit oder Schwachsinn führen

Milchtritt: Instinktive, erbkoordinierte Bewegung der noch blinden Welpen, die mit den Pfoten gegen die Zitzen der Mutter drücken, um mehr Milch zu bekommen. Das Pfotengeben älterer Hunde ist aus dem Milchtritt hervorgegangen

Molosser: Bezeichnung für doggenartige Hunde wie Bordeauxdogge, Fila Brasileiro oder Bullmastiff

Nasenspiegel: die meist feuchte Nase

Paß: Gangart einiger Hunde. Dabei werden jeweils die parallelen Läufe, zum Beispiel links vorne und links hinten, gleichzeitig nach vorn gesetzt. Der Körper führt dabei eine seitliche Schaukelbewegung aus

Pigmentierung: Farbstoffablagerungen an den Lid- oder Lefzenrändern oder der Nase

Platten: Dunkle, große Flecken im Haarkleid, wie bei einer Kuh

Prägung: Eigenarten eines Hundes, die durch Erfahrungen, Lernvorgänge und Umwelteinflüsse in der Prägungsphase erworben wurden

Prägungsphase: Besonders sensibler Lebensabschnitt eines Welpen oder Junghunds circa zwischen der 3. und 12. Lebenswoche (Höhepunkt circa zwischen der 6. und 8. Woche), der maßgeblich für seine Entwicklung ist

Rasse: Abzweigung einer Art. Hundegruppe mit ähnlichen Eigenschaften und Merkmalen, die sich von anderen unterscheidet

Rauhhaar: Rauhes Fell. Jedes Haar ist im Halbkreis gebogen und steht in verschiedenen Richtungen vom Körper ab. Kurzes Rauhhaar nennt man Drahthaar

Reinrassig: Nicht gekreuzt, von einer reinen Rasse abstammend

Reizschwelle: Die Stärke eines Reizes, der zu einer Reaktion führt. Es gibt rasse- und prägungsbedingt Hunde mit einer hohen oder einer niedrigen Reizschwelle

Rezessiv: von dominanten Erbanlagen überdeckt. Erbanlagen, die sich in späteren Generationen unter bestimmten Voraussetzungen wieder durchsetzen können

Ringelrute: Über den Körper nach vorne gebogene Rute, deren Spitze meist ein kleines Stück seitlich am Rücken getragen wird. Bei zu stark oder sogar doppelt geringelten Ruten geht die Schnelligkeit der Hunde ein wenig verloren, da zwei Rückenwirbel eingeengt sind

Rosenohr: Ohr, im Halbkreis gebogen, nach hinten am Kopf anliegend getragen, so daß die rosenartige, innere Ohrmuschel sichtbar wird, zum Beispiel beim Whippet

Rüde: Männlicher Hund

Rute: Schwanz des Hundes

Rattler: Rattenfänger wie zum Beispiel Terrier

Säbelrute: Erst am Rutenende beginnende Krümmung wie beim Foxhound

Sattel: Dunkle Fellfärbung in Sattelform auf dem Rücken des Hundes, tritt zum Beispiel oft beim Bluthund auf

Scherengebiß: Schneidezähne des Oberkiefers greifen über die des Unterkiefers

Schlag: Gruppe von Hunden derselben Rasse, die gemeinsame Merkmale aufweisen

Schnalle: Vulva (Scheide) der Hündin

Schleppjagd: Jagd, meist Reitjagd, bei der mit Fuchsschweiß eine künstliche Fährte gelegt wird, die von der Hundemeute abgesucht wird

Sichelrute: Wie eine Sichel gekrümmte Rute

Sodomie: Geschlechtliche Beziehung zwischen Mensch und Tier, auch Zoophilie genannt

Sozialhunde: Oberbegriff für Blindenführ- und Behindertenbegleithunde sowie → Therapiehunde

Sozialisierungsphase: Phase eines Welpen und Junghundes von der 3. bis circa 12. Lebenswoche, in der er sich an seine Umwelt, an Menschen und Artgenossen gewöhnt. Ein schlecht sozialisierter Hund wird sein ganzes Leben lang gegenüber seiner Umwelt Unsicherheiten und Ängste zeigen

Spursicherheit: Wenn der Hund beim Verfolgen einer Spur nie von der Fährte abkommt bzw. auf eine andere Querspur wechselt

Stammbuch: → Ahnentafel

Standard: Typische, vom → FCI vorgeschriebene Merkmale einer Rasse. Das gewünschte Zuchtziel

Stockhaar: Dichte Unterwolle mit mittellangen Deckhaaren (zum Beispiel beim Deutschen Schäferhund)

Stöberhund: Hund, der bei der Jagd das Wild aufscheucht

Stop: Höhe des Stirnabsatzes, Abstand zwischen Nasenrücken und Stirn

Stummelrute: Kurze, stummelhafte Rute

Submission: Unterwerfung eines Hundes, die er durch bestimmte Gesten ausdrückt

Tan (Bräunung): Bezeichnet eine gelb- bis rostbraune Färbung

Therapiehunde: »Streichelhunde«, die in der → Animal Assisted Therapy zum Einsatz kommen, aber auch Begleithunde für Kranke, die Bewegung brauchen

Trimmen: Scheren des rauhhaarigen Fells mit dem Trimmesser

Trocken: Hunde mit »trockenem Körper« haben einen markanten kräftigen Körperbau ohne Fettunterlagerung, an dem Muskeln, Sehnen, Adern und Knochen deutlich zu sehen sind, wie etwa beim Dobermann

Tulpenohr: Sehr spitz zusammenlaufendes, fast dreieckiges Stehohr

Überbau: Die Rückenlinie des Hundes ist hinten höher als vorne

Überbiß: Der Oberkiefer reicht weit über den Unterkiefer hinaus

Unterbiß: Der Unterkiefer reicht weit über den Oberkiefer hinaus

Unterwolle: Weiche, kurze Haare unter dem Deckhaar

Vieräugler: Helle Felltupfen direkt über den Augen, die wie ein zweites Augenpaar wirken, typisch zum Beispiel beim Schweizer Sennenhund

Vorbiß: → Überbiß

Vorderhand: Der gesamte vordere Bereich des Hundes, inklusive Schultern, Brust und Pfoten

Vorstehen: Verharren des Jagdhundes beim Sichten von Wild; dabei ist eine Vorderpfote hochgezogen

Vorstehhund: Jagdhund, der dem Jäger durch starres Verharren und hochgehobene Vorderpfote das Wild anzeigt

Wamme (auch Kehlhaut genannt): Lose Haut, die an der Kehle herunterhängt, wie vor allem beim Bluthund

Wellhaar: Gewellte Unterwolle und Deckhaar wie beim Barsoi

Welpe: Junghund von der Geburt bis circa zum zweiten Lebensmonat

Wesen: Ererbte oder erworbene Charakterzüge, Verhaltensweisen des Hundes

Wesensfest: Ein ausgeglichener, nervenstarker Hund

Widerrist: Der Bereich zwischen den Schulterblättern, an dem die Größe eines Hundes gemessen wird

Widerristhöhe: Höhe des Widerrists

Wurf: Alle Welpengeschwister gehören zu einem Wurf

Zangengebiß: Aufeinandertreffende Schneidezähne

Zotthaar: Lange, ineinander verdrehte und verfilzte Haare, die in Locken herabhängen wie beim Komodor

Zuchtbuch: → Ahnentafel

Zuchtschau: Hundeausstellung, auf der Züchter ihre Hunde von Richtern gemäß den Rassestandards bewerten lassen

Zuchtselektion: Die vom Züchter ausgewählten Elterntiere, deren Eigenschaften ihm zur Fortpflanzung geeignet erscheinen

Zuchtwart: Einem Verband angehörender, ehrenamtlicher Mitarbeiter, der die Züchter seiner Rasse beim Züchten berät (zum Beispiel Rüdenwahl), der den Wurf abnimmt, kontrolliert und die Welpen tätowiert

Körperbau des Hundes

Literaturhinweise

Alderton, David: Hunderassen. BLV, München, Wien, Zürich 1995

Aldington, Eric H.W.: Was tu ich nur mit diesem Hund? Gollwitzer, Weiden 1994

Aldington, Eric H.W.: Von der Seele des Hundes. Gollwitzer, Weiden 1986

Benjamin, Carol Lea: Mother Knows Best. Howell Book House, New York 1985

Bergler, Reinhold: Die Bedeutung des Hundes für ältere Menschen. Hrsg.: Interessengemeinschaft Deutscher Hundehalter e.V., Hamburg 1990

Bergler, Reinhold: Mensch & Hund. edition agrippa, Köln 1986

Bernauer-Münz, Heidi; Quandt, Christiane: Problemverhalten beim Hund. Gustav Fischer, Jena, Stuttgart 1995

Brackert, Helmut; van Kleffens, Cora: Von Hunden und Menschen. Geschichte einer Lebensgemeinschaft. C.H. Beck, München 1989

Die Mönche von New Skete: Wer kennt schon seinen Hund? Ullstein, Frankfurt/M, Berlin 1995

Dodman, Nicholas: Wer ist hier der Boss? Vom Umgang mit eigenwilligen Hunden. Hoffmann und Campe, Hamburg 1997

Dudman, Helga: Schopenhauers Pudel, Hitchcocks Terrier und 67 andere verkannte Hunde. dtv, München 1998

Evans, Mark: The Complete Guide to Puppy Care. Mitchell Beazley, London 1996

Feddersen-Petersen, Dorit: Verhaltensstörungen beim Hund und ihre Behandlung. In: Der praktische Tierarzt 77, Heft 12, 1996

Feddersen-Petersen, Dorit: Hunde und ihre Menschen. Franckh-Kosmos, Stuttgart 1992

Feddersen-Petersen, Dorit: Hundepsychologie. Franckh-Kosmos, Stuttgart 1989

Feddersen-Petersen, Dorit; Ohl, Frauke: Ausdrucksverhalten beim Hund. Gustav Fischer, Jena, Stuttgart 1995

Fisher, John: Why Does My Dog …? Bantam Books, London 1991

Friedmann, Erika: Heimtierhaltung und Überlebenschancen nach

Herzkranzgefäß-Erkrankungen. Hrsg.: Interessengemeinschaft Deutscher Hundehalter e.V., Hamburg 1983

Fox, Michael: Partner Hund. Müller Rüschlikon Verlags AG, Cham 1994

Friedl, Ludwig Wolf: Was fehlt denn meinem Hund? BLV, München 1992

Garber, Majorie: Die Liebe zum Hund. S. Fischer, Frankfurt 1997

Gebhardt, Heiko/Haucke Gert: Die Sache mit dem Hund. Rasch und Röhring, Hamburg 1990

Grahovac, Ursula: Verhaltensbeziehungen zwischen blinden Menschen und ihren Führhunden. Unveröffentlichte Dissertation an der Humboldt-Universität zu Berlin 1997

Greiffenhagen, Sylvia: Tiere als Therapie. Knaur, München 1991

Hahn, Andrea (Hrsg.): Das Hunde-Buch. Philip Reclam jun., Stuttgart 1997

Hammerl, Elfriede: Kleine Philosophie der Passionen: Hunde. dtv, München 1997

Haucke, Gert: Hund aufs Herz. Rowohlt, Reinbek bei Hamburg 1996

Hallgren, Anders: Hundeprobleme – Problemhunde? Oertel und Spörer, Reutlingen 1993

Hallgren, Anders: Lehrbuch der Hundesprache. Oertel und Spörer, Reutlingen 1995

Henschel, Uta: Was denkt das Tier? In: GEO, Nr. 5, 1996

Körner, Jürgen: Bruder Hund & Schwester Katze. Kiepenheuer & Witsch, Köln 1996

Krämer, Eva-Maria; Lausche, Katharina: Mein Hund. Rowohlt, Reinbek bei Hamburg 1993

Lorenz, Konrad: So kam der Mensch auf den Hund. dtv, München 1965

Mann, Thomas: Herr und Hund. Fischer, Frankfurt a.M. 1960

Marshall Thomas, Elizabeth: Das geheime Leben der Hunde. Rowohlt, Reinbek bei Hamburg 1994

Masson, Jeffrey M.; McCarthy, Susan: Wenn Tiere weinen. Rowohlt, Reinbek bei Hamburg 1996

Masson, Jeffrey M.: Hunde lügen nicht. Heyne, München 1998

McNutt, John; Boggs, Lesley: Running Wild. Dispelling Myths of the African Wild Dog. Halfway House, Südafrika 1996

Menschen, Tiere, Emotionen. Der Spiegel Special, Nr.1, 1997

Morris, Desmond: Dogwatching. Die Körpersprache des Hundes. Heyne, München 1987

Niepel, Gabriele: Hunde helfen heilen – Möglichkeiten und Grenzen des Einsatzes von Hunden in der Therapie. Hrsg.: Verband des Deutschen Hundewesens (VDH), Dortmund 18.10.96

Olbrich, Erhard: Hunde als Helfer in der Therapie: Wie helfen Sie? Welche Effekte sind sicher? Hrsg.: Verband des Deutschen Hundewesen, Dortmund 18.10.96

Reuter, Christoph: Die Streuner vom Strand. In: GEO, Nr.6, 1996

Rheinz, Hanna: Eine tierische Liebe. Zur Psychologie der Beziehung zwischen Mensch und Tier. Kösel, München 1994

Serpell, James (Hrsg.): The Domestic Dog. Cambridge University Press, Cambridge 1995

Staguhn, Gerhard: Tierliebe. Eine einseitige Beziehung. Hanser, Wien 1996

Stern, Horst: Sterns Bemerkungen über Hunde. Kindler, München 1971

Tellington-Jones, Linda: Der neue Weg im Umgang mit Tieren. Franckh-Kosmos, Stuttgart 1993

Trumler, Eberhard: Mit dem Hund auf du. Piper, München 1971

Trumler, Eberhard: Hunde ernst genommen. Piper, München 1974

Trumler, Eberhard: Ratgeber für den Hundefreund. Piper, München 1977

Verband des Deutschen Hundewesens (Hrsg.): Kampfhunde? Gefährliche Hunde? Dortmund o.J.

Verein für Deutsche Schäferhunde/Verband für das Deutsche Hundewesen (Hrsg.): 12 Goldene Regeln im Umgang mit Hunden. Augsburg, Dortmund o.J.

Ziemen, Erik: Der Hund. Abstammung – Verhalten – Mensch und Hund. Goldmann, München 1988

Adressen

Dogs' University
Großenasperweg 29
24649 Wiemersdorf
Tel.: 04192/899 223
Bei Fragen und Problemen können
sich die Leserinnen und Leser
dieses Buchs gerne an die Leiterin
der Dogs' University, Frau Ira M.
Strege, wenden.

Verband für das Deutsche
Hundewesen (VDH) e.V.
Westfalendamm 174
44141 Dortmund
Tel.: 0231/56 500-0
Fax: 0231/59 24 40

Interessengemeinschaft
Deutscher Hundehalter e.V.
Auguststr. 5
22085 Hamburg
Tel.: 040/45 47 61

Leben mit Tieren e.V.
Gustav-Mahler-Platz 2
12163 Berlin
Geschäftsstelle:
Westfälische Str. 62
10709 Berlin
Tel. und Fax: 030/893 38 20

Verband Therapiehund
Deutschland
Barbara Puhl
Dellweg 23
25792 Neuenkirchen/
Dithmarschen
Tel.: 04837/706
Fax: 04837/747

Tiere helfen Menschen e.V.
Graham Ford
Münchener Str. 14
97204 Höchberg
Tel.: 0931/488 55

Deutscher
Blindenführhundhalterverein e.V.
Helga Schmitzius
Möckernstr. 11
30163 Hannover
Tel.: 0511/63 25 81
Fax: 0511/63 25 37

BRH – Bundesverband für das
Rettungshundewesen e.V.
Holthoffstr. 11
45659 Recklinghausen
Tel.: 02361/21 584
Fax: 02361/108 311

Tier-Tod-Telephonhilfe
0180/52 43 224

Register